Johnny L. Bertolio

LE VIE DORATE

UN'ALTRA LETTERATURA ITALIANA: DA SAN FRANCESCO A IGIABA SCEGO

Codice di sblocco
911-6A1-757-41A

LŒSCHER EDITORE

 IL LIBRO IN DIGITALE
Questo corso è distribuito sulla piattaforma myLIM per computer e tablet.

❶ **REGISTRATI SU IMPAROSULWEB**
Vai sul sito *imparosulweb.eu* e registrati scegliendo il tuo profilo. Completa l'attivazione cliccando il link contenuto nell'e-mail di conferma. Al termine della procedura sarai indirizzato nella tua area personale.

❷ **SBLOCCA IL VOLUME**
Usa il **codice di sblocco** che trovi stampato su questo libro per sbloccarlo su Imparosulweb e per accedere anche alle espansioni online associate.

❸ **SCARICA L'APPLICAZIONE MYLIM**
Clicca sul pulsante **Libro digitale** e segui le istruzioni per scaricare e installare l'applicazione.

❹ **SCARICA IL LIBRO ATTIVATO**
Entra nella libreria di myLIM facendo login con il tuo account Imparosulweb e clicca sulla copertina del libro attivato per scaricarlo. Sfoglia le pagine e i pulsanti ti guideranno alla scoperta delle risorse multimediali collegate.

© Loescher Editore - Torino 2021
www.loescher.it

I diritti di elaborazione in qualsiasi forma o opera, di memorizzazione anche digitale su supporti di qualsiasi tipo (inclusi magnetici e ottici), di riproduzione e di adattamento totale o parziale con qualsiasi mezzo (compresi i microfilm e le copie fotostatiche), i diritti di noleggio, di prestito e di traduzione sono riservati per tutti i paesi. L'acquisto della presente copia dell'opera non implica il trasferimento dei suddetti diritti né li esaurisce.

Le fotocopie per uso personale del lettore possono essere effettuate nei limiti del 15% di ciascun volume dietro pagamento alla SIAE del compenso previsto dall'art. 68, commi 4 e 5, della legge 22 aprile 1941 n. 633.

Le fotocopie effettuate per finalità di carattere professionale, economico o commerciale o comunque per uso diverso da quello personale possono essere effettuate a seguito di specifica autorizzazione rilasciata da:

CLEAredi, Centro Licenze e Autorizzazioni per le Riproduzioni Editoriali, Corso di Porta Romana 108, 20122 Milano

e-mail *autorizzazioni@clearedi.org* e sito web *www.clearedi.org*.

L'editore, per quanto di propria spettanza, considera rare le opere fuori dal proprio catalogo editoriale. La fotocopia dei soli esemplari esistenti nelle biblioteche di tali opere è consentita, non essendo concorrenziale all'opera. Non possono considerarsi rare le opere di cui esiste, nel catalogo dell'editore, una successiva edizione, le opere presenti in cataloghi di altri editori o le opere antologiche.

Nel contratto di cessione è esclusa, per biblioteche, istituti di istruzione, musei ed archivi, la facoltà di cui all'art. 71 - ter legge diritto d'autore.

Maggiori informazioni sul nostro sito: *www.loescher.it*

Ristampe

6	5	4	3	2	1	N
2027	2026	2025	2024	2023	2022	2021

ISBN 9788858341001

In alcune immagini di questo volume potrebbero essere visibili i nomi di prodotti commerciali e dei relativi marchi delle case produttrici. La presenza di tali illustrazioni risponde a un'esigenza didattica e non è, in nessun caso, da interpretarsi come una scelta di merito della Casa editrice né, tantomeno, come un invito al consumo di determinati prodotti. I marchi registrati in copertina sono segni distintivi registrati, anche quando non sono seguiti dal simbolo ®.

Nonostante la passione e la competenza delle persone coinvolte nella realizzazione di quest'opera, è possibile che in essa siano riscontrabili errori o imprecisioni.
Ce ne scusiamo fin d'ora con i lettori e ringraziamo coloro che, contribuendo al miglioramento dell'opera stessa, vorranno segnalarceli al seguente indirizzo:

Loescher Editore
Sede operativa - Via Vittorio Amedeo II, 18
10121 Torino - Fax 011 5654200 - clienti@loescher.it

Loescher Editore Divisione di Zanichelli editore S.p.a. opera con Sistema Qualità certificato secondo la norma UNI EN ISO 9001. Per i riferimenti consultare www.loescher.it

L'autore ringrazia Veronica Andreani e Giada Lascialfari per aver seguito con pazienza le varie fasi del progetto e Matteo Residori, Elia Ruben Rudoni e Sebastiano Bazzichetto per le loro puntualizzazioni esegetiche.

Coordinamento editoriale: Chiara Romerio
Progetto grafico: Giulia Giuliani
Coordinamento redazionale, redazione: Edizioni La Linea - Bologna
Impaginazione: Angela Ragni
Illustrazioni: Marta Signori
Ricerca iconografica: Giorgio Evangelisti
Fotolito: Walter Bassani - Bascapé (PV)
Stampa: Vincenzo Bona S.p.A. - Strada Settimo - 370/30, 10156, Torino

Referenze fotografiche:

(ove non diversamente indicato, le referenze sono indicate dall'alto verso il basso, da sinistra a destra, in senso orario. a=alto; b=basso; c=centro; dx=destra; s=sinistra)

© by SIAE 2021
p.67 (fig.8): © Association Marcel Duchamp, by SIAE 2021;
p.235: © Fondazione Lucio Fontana, Milano, by SIAE 2021;
p.241 (bd): (bd): © The Estate of Jean-Michel Basquiat, by SIAE 2021;

p.8: © leoks/Shutterstock;p.9 (ad): Musée Condé, Chantilly, Giraudon/Art Resource, N.Y.;(bs): © Foto Scala Firenze - su concessione dei Musei Civici Fiorentini;p.10 (a):© 2001 RAI Cinema/Studio Canal/Taurusproduktion;(b): Palazzi Vaticani, Città del Vaticano;p.11: R.Black, 2012/rblack.org;p.12: rep.repubblica.it;pp.14-15: flafab53/Depositphotos;p.16 (alto da sx): B&T, 2011/turistipercaso.it;© Franco Cosimo Panini Editore © su licenza Fratelli Alinari;Grand Priory of Great Britain/www.oslj.org.uk;(centro da sx): Pierluigi Leone de Castris, Simone Martini/Federico Motta Editore;Web Gallery of Art/Wikipedia Pubblico Dominio; © Foto Scala, Firenze, 2012;© De Agostini Picture Library/Getty Images;(basso da sx): © Foto Scala, Firenze/Fondo Edifici di Culto - Ministero dell'Interno;© Foto Scala, Firenze;© Armita/Shutterstock;p.17: © Foto Scala, Firenze;p.19: Eugene a, 2008/Wikipedia Creative Commons;p.20 (cs) Museo del Banco Central, Quito;(bs): NASA;p.21 (alto da sx): © Foto Scala, Firenze;© Mary Evans/Archivi Alinari;© Archivio Seat/Archivi Alinari;(centro da sx): "Medioevo", 2001/Timeline Publishing srl;Milano, Biblioteca Ambrosiana;© Cattedrale di Santa Maria del Fiore, Firenze/Foto Scala, Firenze;(basso da sx): © VitalyPeklish/Shutterstock;emiliaromagnaturismo.it;p.22 (a): © Photo by VCG Wilson/Corbis/Getty Images;(cc): Web Gallery of Art/Wikipedia Pubblico Dominio;(bs): albertomoglioni.com;p.27: Wikipedia Pubblico Dominio;p.30 (alto da sx): © M.Avory/Shutterstock;©-Eric-LARRUE;© Foto Scala, Firenze-su concessione Ministero Beni e Attività Culturali;(centro da sx): © The History Collection/Alamy;dsu.univr.it;martincid.com;Institute of Art Minneapolis/Institute of Art at Google Cultural Institute/Wikipedia Pubblico Dominio;(basso da sx): © D.Pattison/Alamy;RanZag, 2008/Wikipedia GNU Free Documentation License;© boreala/Shutterstock;p.31: © Iberfoto/Archivi Alinari, BeBa;p.33: © Bibliothèque Nationale de France;p.35: © stillfx/Depositphotos;J.M.Rosier, 2008/Wikipedia Creative Commons 3.0;p.36 (alto da sx): © Massimax/Shutterstock;Museo Nazionale di San Martino/Wikipedia Pubblico Dominio;(centro da sx): © DeA Picture Library, concesso in licenza ad Alinari;© Foto Scala, Firenze/bpk, Bildagentur fuer Kunst, Kultur und Geschichte, Berlin;Institute of Art Minneapolis Institute of Art at Google Cultural Institute/Wikipedia Pubblico Dominio;© A.Masnovo/iStock;(basso da sx): © Foto Scala Firenze - su concessione dei Musei Civici Fiorentini;Getty Images;p.37: © Foto Scala, Firenze;p.39: www.finestresullarte.info;p.41 (centro da sx): © Photos.com;© Museo Nacional del Prado © Photo MNP/Scala, Firenze;© DeAgostini Picture Library/Scala, Firenze;(bs): © MsMaria/Shutterstock;(bd): © A.Gravante/Thinkstock;p.46 (alto da sx): thedailybeast.com/Cleveland Museum of Art;Wikipedia Pubblico Dominio;Wikipedia Pubblico Dominio;(centro da sx): © The Metropolitan Museum of Art/Art Resource/Scala, Firenze;© Museo Thyssen-Bornemisza/Scala, Firenze;© imageBroker/Alamy/IPA;(basso da sx): Biblioteca Europea di Informazione e Cultura/Wikipedia Pubblico Dominio;www.griffoggi.com;© boreala/Shutterstock;p.47: The Metropolitan Museum of Art, New York;p.50 (alto da sx): © Foto Scala, Firenze;Biblioteca Medicea Laurenziana, Firenze;Museo Mediceo, Firenze;© F.Scatena/Shutterstock;(centro da sx): Pinacoteca Vaticana, Città del Vaticano;© Mondadori Portfolio/Archivio Antonio Quattrone;Electa/Cappella Sistina, Città del Vaticano;"Medioevo", 2003/Timeline Publishing srl;(basso da sx): www.lindiceonline.com;Sailko, 2009/Wikipedia GNU Free Documentation License;p.51: Big Light Productions, Lux Vide, Wild Bunch, Rai Fiction, Altice Studio/showinair.news;p.53: Biblioteca Riccardiana, Firenze;p.54 (alto da sx):© G. A. Rossi/Tipsimages;© Foto Scala, Firenze;The Wallace Collection, Londra;© Foto Scala, Firenze;(centro da sx): E-ducation.it/2007, Archivio Scala/Galleria degli Uffizi, Firenze;© Foto Scala, Firenze;Museo degli Argenti,Firenze;(basso da sx): Cappelle Medicee, Firenze/www.arte.it;Sailko, 2013/Wikipedia Creative Commons 3.0;p.55: Santa Maria Novella, Firenze/Scala, Firenze;p.57: © Nicola Lorusso, per Alinari, 1990/Archivi Alinari, Firenze/Per concessione del Ministero per i Beni e le Attività Culturali;pp.58-59: © I.Kruklitis/Shutterstock;p.60 (alto da sx): teladoiofirenze.it;© Foto Scala, Firenze,Parigi, Bibliothèque nationale de France/"FMR", n. 158, giugno/luglio 2003;(centro da sx): Fondazione Memmo, Roma/Electa, 2002;© Purchase, Rogers Fund and George D. Pratt Gift, 1933;Sailko, 2014/Wikipedia Creative Commons 3.0;(basso da sx): Wikipedia, Pubblico Dominio;Giulio Einaudi Editore;© boreala/Shutterstock;p.61: Rufus46, 2014/Wikipedia Creative Commons 3.0;p.63: © Mondadori Portfolio/Electa;p.65 (alto da sx): P.da Reggio, 2005/Wikipedia GNU Free Documentation License;© G.Figliola Fantini/Shutterstock;© S-F/Shutterstock;(centro da sx): slideplayer.it;www.floornature.biz/Wikipedia Pubblico Dominio;© MTravelr/Shutterstock;© Samaritani Andrea/Meridiana Immagini/Archivi Alinari;(basso da sx): © M.C.Esteban/Iberfoto/Archivi Alinari/ Biblioteca de Catalunya, Barcellona;Sailko, 2013/Wikipedia Creative Commons 3.0;p.66: Museum der Bildenden Kunste, Lipsia;p.67 (as): EVERETT COLLECTION/marketwatch.com;(centro da sx): © A.Syred/Science Photo Library/G.Neri;© Ollrig/Shutterstock© Tanuha2001/Shutterstock;Federico Motta Editore, Milano, 2002;(basso da sx): "Insekter"/Time-Life Books, 1989;© IStock/Thinkstock;© Billion Photos/Shutterstock;**(fig.8):© Marcel Duchamp, 50 cc di aria di Parigi, 1919,Philadelphia Museum of Art, by SIAE Roma 2021;**p.70: G.Doré/Mondadori, 1961;p.72 (alto da sx): M.Telò, 2011/Wikipedia Creative Commons 3.0;© Eder/Shutterstock;© Foto Scala,Firenze - su concessione Ministero Beni e Attività Culturali e del Turismo/Galleria degli Uffizi, Firenze;© George Tatge/Archivi Alinari, Firenze;(centro da sx): Galleria degli Uffizi, Firenze;National Gallery of Ireland/Wikipedia Pubblico Dominio;© Per concessione del Ministero per i Beni e le Attività Culturali / Archivi Alinari, Firenze;Museo del Prado, Madrid;(basso da sx): Bibliothèque nationale de France/gallica.bnf.fr;© Mondadori Portfolio/AKG Images;© boreala/Shutterstock;p.73: Galleria degli Uffizi, Firenze/Web Gallery of Art/Wikipedia Pubblico Dominio;p.75: © Foto Scala,Firenze – su concessione Ministero Beni e Attività Culturali e del Turismo;P.76 (alto da sx): sei-in-un-paese-meraviglioso.autostrade.it;Basilica di San Pietro, Città del Vaticano/Panini Editore, 2000;© Mondadori Portfolio/AGE/Michele Falzone/Musei Vaticani, Città del Vaticano;© YAYImages/Depositphotos;(centro da sx): Fogg Art Museum,Harvard University Art Museum, Cambridge/www.casabuonarroti.it;Città del Vaticano, Palazzi Vaticani, Stanza della Segnatura/s-media-cache-ak0.pinimg.com;www.archdaily.com;Alessandro Angeli, Mallio Falcioni, Giacomo Marcucci, Massimo Napoli/Franco Cosimo Panini Editore, Modena, 2000;(basso da sx): Galleria degli Uffizi, Firenze;cinquepassi.org;p.77: Musei Vaticani, Città del Vaticano/Wikipedia Pubblico Dominio;p.79 (cs): Cappella Sistina, Città del Vaticano/flamantrose.tumblr.com;(bd): © Wojciech Stróżyk/Alamy/IPA;p.81 (bs e bd): © Per concessione del Ministero per i Beni e le Attività Culturali / Archivi Alinari, Firenze/Galleria dell'Accademia, Firenze;p.82 (alto da sx): V.Mei/Shutterstock;© marek kacir/Shutterstock;The Metropolitan Museum of Art, New York;Hermitage, San Pietroburgo/Wikioo.org Pubblico Dominio;(centro da sx): www.monstrousregimentofwomen.com; invaluable.com;Isabella Stewart Gardner Museum, Boston/Wikipedia Pubblico Dominio;© The Picture Art Collection/Alamy/IPA;(basso da sx): Wikipedia Pubblico Dominio;Sailko, 2015/Wikipedia Creative Commons 3.0;

(continua nell'ultima pagina)

Presentazione: *un'altra* letteratura italiana

L'espressione *le vie dorate*, da una poesia di Giacomo Leopardi, indica un paesaggio illuminato dalla luce, che ne mette in risalto i colori e le caratteristiche. Abbiamo scelto questo titolo per presentare la letteratura italiana a lettori e lettrici, studenti e studentesse internazionali in un mondo in trasformazione, che si sottrae alle categorie e al linguaggio tradizionali, passando continuamente dal reale al virtuale, dai testi verbali alle immagini, e viceversa.

Le nuove modalità comunicative condizionano anche la didattica e mettono in discussione il metodo consueto di insegnamento e studio della letteratura, secondo un canone di autori e di poetiche, di capolavori e di opere minori, di -*ismi* spesso arbitrari o di progressiva rivelazione dello spirito della vera Italia. Infatti, se osserviamo i programmi della scuola italiana dall'Unità fino ai giorni nostri, si possono notare profili ben definiti: l'autore "canonico" è maschio, bianco, cattolico ma anticlericale, eterosessuale monogamo (almeno a parole), cultore di un modello femminile etereo e poco sfaccettato, espressione di una nazione che politicamente non esiste fino al 1861 e linguisticamente fiorentino (il "volgare" di Firenze diventato "italiano").

Da questa forse ingiusta carta d'identità si potrebbe dedurre l'inattualità della letteratura italiana. Al contrario, le nostre *vie dorate*, mentre affrontano con spirito critico temi e questioni che a noi appaiono discutibili, avvicinano i testi come animatori di idee e come palestra linguistica per l'italiano di oggi, il cui vocabolario di base è lo stesso dei tempi di Dante. Lungo il percorso ci si soffermerà anche sulle città più rappresentative dell'epoca considerata, dal Duecento all'età attuale.

Le 45 *vie* si adattano dunque al linguaggio della contemporaneità. Nella presentazione delle biografie di autori e autrici, a una trattazione estesa abbiamo preferito una sequenza cronologica, abbinando a ogni evento raccontato in forma di didascalia un'immagine illustrativa. Queste informazioni sono accompagnate dal profilo social ideale dell'autore o autrice: l'immagine-ritratto, l'impiego principale (l'attività di scrittura è diventata remunerativa solo in tempi recenti), i contatti seguiti e bloccati con il cuore a indicare la persona amata e/o sposata e i gruppi di appartenenza. Segue la presentazione dell'opera con le parole chiave precedute dal cancelletto o dalla chiocciola, che fissano i concetti più importanti. *Il Meme* mostra la fortuna iconografica dei testi, delle invenzioni letterarie, dei vari scrittori e scrittrici nei secoli, con una citazione a effetto.

Al centro di ogni Unità si trova un brano, disponibile online in formato audio. Secondo le più recenti acquisizioni delle scienze cognitive, chi studia va reso/a protagonista del processo di apprendimento e responsabilizzato/a. Per questo, gli elementi grafici e l'apparato didattico sostituiscono in maniera dinamica gli strumenti tradizionali (come la parafrasi scritta o le note a piè di pagina). Innanzitutto, le didascalie colorate spiegano i punti più significativi oppure quelli oscuri dei brani. Inoltre, ogni testo è corredato di due parti di esercizi rivolti alle esigenze concrete di studenti e studentesse prima e dopo la lettura: la verifica preliminare e l'ampliamento del vocabolario, con la sua evoluzione storica da ieri a oggi; il ripasso grammaticale, occasione per rielaborare il contenuto dei brani; l'allenamento, inizialmente guidato, nella preparazione di presentazioni digitali, nella scrittura creativa e in quella saggistico-argomentativa, di cui forniamo alcuni esempi dalla critica contemporanea. È una scelta che attiva la lettura nel caso in cui si vogliano adottare modalità di insegnamento sincrono/asincrono o di didattica capovolta. Infine, *Il troll* presenta questioni critiche che hanno dato origine a definizioni apparentemente efficaci ma di fatto fuorvianti, invitando la classe al dibattito per rispondere alla domanda proposta.

I brani, presentati in ordine di "pubblicazione" e integrabili con una scelta online, si possono leggere in successione oppure combinare fra loro in sette percorsi tematici trasversali, che oltre le barriere cronologiche mostrano la vitalità di ciò che ha contato e conta in letteratura, con approfondimenti nei podcasts.

Le vie dorate mirano a bilanciare tradizione e innovazione: alle personalità cosiddette maggiori e affrontate da punti di vista originali sono affiancate figure ai margini delle storie letterarie. Dallo studio delle *vie* dell'Italia di ieri trasparirà l'immagine dell'Italia di oggi, di noi lettori e lettrici che fuori e dentro i suoi confini, come una vera comunità, avvertiamo una curiosa, istintiva sintonia con le manifestazioni più alte e variegate della sua cultura.

L'autore

Indice

Presentazione: *un'altra* letteratura italiana ... 3
Percorsi tematici trasversali ... 8

CARTA GEOSTORICA
L'Italia oggi ... 13

Dal Duecento al Quattrocento ... 14
@ Firenze ... 15

1 Francesco d'Assisi ... 16
   Cantico di frate Sole ... 17
   T1 La lode dell'armonia del creato ... 18

2 Dante Alighieri ... 21
   Vita nuova ... 22
   T2 Ecco Beatrice! ... 23
   Commedia (*Poema sacro*) ... 24
   T3 L'inizio del viaggio ... 25

3 Francesco Petrarca ... 30
   Rerum vulgarium fragmenta (*Canzoniere*) ... 31
   T4 Il ritratto di Laura in vita ... 32
   T5 Il rimpianto di Laura morta ... 34

4 Giovanni Boccaccio ... 36
   Decameron ... 37
   T6 La novella delle papere ... 38
   T7 La novella di Elisabetta ... 41
   il troll Boccaccio femminista? ... 45

5 Caterina da Siena ... 46
   Lettere ... 47
   T8 Caro papa, torna a Roma! ... 48

6 Lorenzo de' Medici detto il Magnifico ... 50
   Canti carnascialeschi ... 51
   T9 La festa di Bacco e Arianna ... 52

7 Poliziano ... 54
   Stanze per la giostra ... 55
   T10 La nascita di Venere ... 56

Il Cinquecento ... 58
@ Venezia ... 59

8 Niccolò Machiavelli ... 60
   Il principe (*De principatibus*) ... 61
   T11 La natura del principe ... 62
   EXTRA *Mandragola*, La notte degli inganni e un frate-principe
   il troll Machiavelli machiavellico? ... 64

9 Ludovico Ariosto ... 65
   Orlando furioso ... 66
   T12 Per Orlando non più furioso ... 67

CARTA GEOSTORICA
L'Italia all'inizio del Cinquecento ... 71

10 Baldassarre Castiglione ... 72
   Libro del Cortegiano ... 73
   T13 La grazia, vera regina della corte ... 74

Indice

11 Michelangelo Buonarroti 76
    Rime 77
    T14 Il ritratto della notte 78
    T15 Un artista d'amore 80

12 Vittoria Colonna 82
    Rime spirituali 83
    T16 Dall'amore profano all'amore sacro ... 84

13 Matteo Bandello 86
    Novelle 87
    T17 La prima finestra di Giulietta 88

14 Gaspara Stampa 90
    Rime 91
    T18 Il ritratto dell'uomo amato 92

15 Torquato Tasso 93
    Gerusalemme liberata 94
    T19 La vendetta di Satana 95
    il troll Tasso furioso? 97

16 Isabella Andreini 98
    Mirtilla 99
    T20 Un triangolo amoroso 100

17 Moderata Fonte 102
    Il merito delle donne 103
    T21 L'ingiusta tirannia del maschio 104

Il Seicento e il Settecento 106
@ Roma 107

18 Giovan Battista Marino 108
    L'Adone 109
    T22 La morte di Adone 110

19 Galieo Galilei 113
    Dialogo sopra i due massimi sistemi del mondo tolemaico e copernicano 114
    T23 Il fascino del pensiero critico 116

20 Carlo Goldoni 118
    La locandiera 119
    T24 La filosofia di Mirandolina 120

21 Cesare Beccaria 122
    Dei delitti e delle pene 123
    T25 La pena di morte va abolita 124

22 Vittorio Alfieri 126
    Mirra 127
    T26 Il suicidio di Mirra 128
    EXTRA *Vita,* Gli studi del piccolo Vittorio .... (iw)
    il troll Alfieri preromantico? 129

23 Eleonora de Fonseca Pimentel 130
    Monitore napoletano 131
    T27 L'importanza dell'istruzione popolare .. 132

CARTA GEOSTORICA
L'Italia alla fine del Settecento 133

Indice

L'Ottocento 134
@ Milano 135

24 Ugo Foscolo 136
   Poesie 137
   T28 A Zacinto 138
   EXTRA *Ultime lettere di Jacopo Ortis*, Il sacrificio della patria

   CARTA GEOSTORICA
   L'Italia alla metà dell'Ottocento prima dell'Unità 139

25 Alessandro Manzoni 140
   I promessi sposi 141
   T29 Matrimonio sospeso 142

26 Giacomo Leopardi 145
   Canti 146
   T30 L'infinito 147
   EXTRA *Zibaldone,* Un giardino malato
   il troll Leopardi pessimista? 148

27 Giuseppe Verdi 149
   Nabucco 150
   T31 La nostalgia della patria 151

28 Giovanni Verga 153
   I Malavoglia 154
   T32 Addio al paese 155
   il troll Verga socialista? 158

   CARTA GEOSTORICA
   L'Italia alla fine dell'Ottocento dopo l'Unità 158

29 Carlo Collodi 159
   Le avventure di Pinocchio: storia di un burattino 160
   T33 Pinocchio e Geppetto nel pescecane 161

30 Gabriele d'Annunzio 165
   Il piacere 166
   T34 Il ritratto dell'esteta 167

31 Giovanni Pascoli 170
   Myricae 171
   T35 X agosto 172

Dal Novecento a oggi 174
@ Napoli 175

32 Sibilla Aleramo 176
   Una donna 177
   T36 Poeti, donne e maternità 178

33 Grazia Deledda 180
   Canne al vento 181
   T37 Creature notturne 182

34 Luigi Pirandello 185
   Così è (se vi pare) 186
   T38 Quale verità? 187
   EXTRA *Il fu Mattia Pascal,* Il tragico antico e il tragico moderno
   il troll Pirandello fascista? 189

6

Indice

35 Umberto Saba 190
    Il canzoniere 191
  T39 Leggerezza paterna, pesantezza materna 192
  EXTRA *Ernesto*, Il coming out del giovane Ernesto
  CARTA GEOSTORICA
  L'Italia dalla Prima guerra mondiale al fascismo 193

36 Eugenio Montale 194
    Ossi di seppia 195
  T40 Un mezzogiorno rivelatore 196
  T41 Il "male di vivere" 198
  il troll Montale ermetico? 199

37 Primo Levi 200
    Se questo è un uomo 201
  T42 "Il mio nome è 174 517" 202

38 Anna Maria Ortese 205
    Il mare non bagna Napoli 206
  T43 Vedere o non vedere il mondo? 207

39 Elsa Morante 209
    L'isola di Arturo 210
  T44 Due genitori fantastici 211

40 Pier Paolo Pasolini 213
    Poesia in forma di rosa 214
  T45 *La Guinea* 215

41 Italo Calvino 218
    Se una notte d'inverno un viaggiatore 219
  T46 Uno strano inizio 220
  EXTRA *Lezioni americane*, Il valore della leggerezza nella letteratura

42 Umberto Eco 222
    Il nome della rosa 223
  T47 Una biblioteca inquietante e un frate sagace 224

43 Roberto Saviano 228
    Gomorra 229
  T48 Le carnefici e le vittime della camorra 230

44 Elena Ferrante 232
    L'amica geniale 233
  T49 La "smarginatura" 234
  il troll Ferrante indagata? 236

45 Igiaba Scego 237
    La linea del colore 238
  T50 La scoperta dell'Italia 239

Tre esempi di scrittura accademica 242

Glossario attivo 249

I dieci film da vedere 258

Indice dei nomi 261

Edizioni dei testi 263

Percorsi tematici trasversali

Proponiamo sette percorsi tematici come traccia e ispirazione per costruire altrettanti syllabi. In questo modo, i testi di autori e autrici offriranno lo spunto per analisi e confronti trasversali, aggiungendo allo studio storico "verticale" dei profili dal Duecento a oggi alcune possibili trattazioni "orizzontali", per argomenti o questioni generali. Ulteriori approfondimenti sono contenuti nei podcasts disponibili online su (iW). Si tratta ovviamente di suggerimenti operativi, dal momento che alcuni brani si adattano a più percorsi.

Ambiente, paesaggio, ecologia

T1 T30 T40 T41 T43 T49

→ **EXTRA** Leopardi, *Zibaldone*

⬇ Una casa a strapiombo sul mar Ligure vicino a Monterosso, nelle Cinque Terre

Nella percezione comune l'Italia è "il bel paese", secondo la definizione di Dante: i suoi variegati paesaggi, dai monti alle coste, dalle colline alla grande pianura padana, hanno segnato da sempre la storia degli italiani. Il paesaggio è la cornice di tante opere letterarie fin dalle origini: è difficile immaginare il *Cantico di frate Sole* e la sua lode ecologista dell'armonia del creato senza tenere presente il contatto con la natura cercato da san **Francesco d'Assisi** nella sua Umbria. Altrettanto difficile è leggere *L'infinito* di Giacomo **Leopardi** senza avere sotto gli occhi un'immagine del colle da cui il poeta ha scritto quei versi, nelle Marche, tra i "monti azzurri" dell'Appennino e il mar Adriatico.

L'ambiente può mostrare il suo lato sofferente o crudele: è quello che accade nella pagina dello *Zibaldone*, sempre di **Leopardi**, dedicata al patimento che pervade tutti gli esseri viventi in un "giardino malato", o negli *Ossi di seppia* di Eugenio **Montale**; alcuni scorci delle Cinque Terre, in Liguria, riflettono il "male di vivere" crudamente cantato dal poeta.

Il paesaggio è anche quello urbano dei quartieri affollati del centro o delle periferie delle grandi città: la convivenza quasi forzata tra persone di diversi ceti sociali genera un microcosmo realistico e talvolta soffocante, come nei racconti di Anna Maria **Ortese**. La sua Napoli rivive nella saga dell'*Amica geniale* di Elena **Ferrante**, che ha il proprio humus umano e sociale in un rione popolare della prima periferia.

Per approfondire:
TRACCIA P1

Fede e sacro

T3 T16 T19 T29 T35 T37 T47

Popolo di santi ma anche di eretici morti sul rogo, gli italiani vantano una storia secolare di rapporti facili o difficili con le istituzioni religiose. La Chiesa cattolica, fondata a Roma, diventa un punto di riferimento per molti e molte intellettuali, offrendo loro incarichi e mansioni, ovvero uno stipendio sicuro. Spesso, però, gli scrittori e le scrittrici italiane entrano in conflitto con la gerarchia ecclesiastica, senza per questo abbandonare la fede.

È nella dimensione del sacro, non solo della religione ufficiale e della politica, che va inquadrata la *Commedia* di Dante **Alighieri**: il poeta odia papa Bonifacio VIII, ma costruisce il proprio capolavoro su princìpi cristiani per lui universali. Ed è sempre nella dimensione del sacro, nel segno di una spiritualità influenzata dalla Riforma protestante, che Vittoria **Colonna** scrive le *Rime spirituali*, sostituendo ad Apollo, il dio pagano della poesia, il Cristo crocifisso.

Dopo che l'Inquisizione ha stabilito i dogmi della religione cattolica, alla fine del Cinquecento, Torquato **Tasso** si sforza di scrivere un poema epico-cristiano di provata dottrina: nella *Gerusalemme liberata* si combattono sia

Percorsi tematici trasversali

gli uomini e le donne d'Occidente e d'Oriente sia le forze divine e quelle diaboliche, riflesso dei lati misteriosi e inquietanti dell'"Altro".

La fede degli umili e la mano della Provvidenza guidano le vicende del romanzo *I promessi sposi* di Alessandro **Manzoni**, mentre l'immagine del Cristo crocifisso torna nelle *Myricae* del triste Giovanni **Pascoli**, a cui un assassino ha strappato il padre.

Il sacro non è inquadrabile entro i rigidi confini della teologia e per questo nelle tradizioni popolari elementi folklorici precristiani si fondono con i personaggi della Bibbia, come nei romanzi di Grazia **Deledda**. Il Medioevo di Dante subisce una decisa relativizzazione nel *Nome della rosa* di Umberto **Eco**: l'ironia e il dubbio demoliscono letteralmente e metaforicamente l'edificio della teologia cristiana quando questa diventa strumento di manipolazione oppure ipercavillosa.

⬇ *Dante guidato da Virgilio varca la porta dell'Inferno*, 1345 circa, miniatura da un manoscritto pisano (Chantilly, Musée Condé)

Per approfondire:
TRACCIA P2

Questioni di genere

→ **EXTRA** Saba, *Ernesto*

È un fatto che la letteratura occidentale medievale nasca nel segno dell'amore, in una dinamica a senso unico per cui un poeta maschio eterosessuale si rivolge a una donna eccezionale e quasi sempre muta. Che quegli stessi poeti fossero antipatici mariti oppure chierici poco fedeli al celibato è un dettaglio spesso trascurato. Prima e dopo Dante **Alighieri**, la poesia italiana tende a rappresentare le donne secondo una prospettiva ricorrente, come oggetto dell'amore degli uomini: la Beatrice della *Vita nuova* e poi della *Commedia*, la Laura del *Canzoniere* di **Petrarca**, la Fiammetta delle *Rime* di **Boccaccio** hanno caratteristiche simili. Nel *Decameron* sembra esserci un'apertura al pubblico e al mondo femminile, che tuttavia è possibile solo nella cornice eccezionale della pandemia di peste; nella società del tempo, le donne continuano a subire discriminazioni e violenze. Nel Cinquecento, il successo della poesia petrarchesca riguarda anche alcune verseggiatrici, che, come Gaspara **Stampa**, si servono del codice letterario maschile per cantare il proprio amato.

⬆ Andrea Bonaiuti, *Laura, Fiammetta, la beata domenicana Villana e Beatrice*, 1365-67, affresco (Firenze, Santa Maria Novella, Cappellone degli Spagnoli)

Un guizzo di femminismo scuote la Venezia di Moderata **Fonte**, che nel suo dialogo *Il merito delle donne* affronta per la prima volta senza retorica il problema dell'emancipazione femminile. È un tema che riemerge prepotente nel romanzo *Una donna* di Sibilla **Aleramo**.

Le identità del maschile e del femminile si intrecciano con i ruoli sociali e familiari, con le figure paterne e materne, come nelle poesie autobiografiche del *Canzoniere* di Umberto **Saba** o nel romanzo *L'isola di Arturo* di Elsa **Morante**. Arricchisce la riflessione non solo l'esperienza biografica omosessuale o bisessuale di molti autori, spesso perseguitati per questo (Poliziano, Niccolò Machiavelli, Michelangelo Buonarroti, Torquato Tasso, Giovan Battista Marino, la stessa Aleramo, Saba e Pier Paolo Pasolini), ma anche la sua trattazione letteraria, come nei romanzi della Morante e in *Ernesto* di **Saba**.

Per approfondire:
TRACCIA P3

9

Percorsi tematici trasversali

Politica, guerra, mafia

T8 T11 T13 T17 T23 T25 T27 T45 T48

→ EXTRA Foscolo, *Ultime lettere di Jacopo Ortis*

Fotogramma del film *Il mestiere delle armi* di Ermanno Olmi (Italia, 2001)

Divisa politicamente fino al 1861, anno di nascita del Regno d'Italia, che diventa Repubblica nel 1946, la penisola italiana è dominata nei secoli da piccoli ducati, marchesati, principati laici ed ecclesiastici. Alla fine del Medioevo è la voce di una religiosa, **Caterina** da Siena, a levarsi contro questo disordine, battendosi perché il papa, allora ad Avignone, in Francia, rientri a Roma, la sua sede storica. Nel Rinascimento fioriscono i trattati politici e le utopie, contro le quali Niccolò **Machiavelli** compone il suo *Principe*, proponendo con realismo un metodo per governare senza intoppi grazie agli esempi storici e all'esperienza. Attraverso una serie di dialoghi ambientati a Urbino, Baldassarre **Castiglione**, nel *Libro del Cortegiano*, insegna come comportarsi a corte, mentre le *Novelle* di Matteo **Bandello** entrano nella quotidianità delle famiglie nobili di varie città italiane, in perenne lotta tra loro.

La politica rivela il lato più intimidatorio nel processo a Galileo **Galilei**, che nel *Dialogo sopra i due massimi sistemi del mondo* osa esporre, in italiano, le proprie convinzioni di astronomo. Più fortunato Cesare **Beccaria**, il cui trattato *Dei delitti e delle pene* riesce a convincere qualche monarca illuminato/a rivedere le norme inumane del diritto penale settecentesco. Sacrifica la vita per la causa della libertà e della repubblica la cittadina Eleonora **de Fonseca Pimentel**, giornalista del *Monitore napoletano* da lei fondato, mentre Ugo **Foscolo**, come il suo Jacopo Ortis, sceglie l'esilio volontario per non assistere di persona all'asservimento della propria patria.

Contro le ipocrisie della società italiana tuona Pier Paolo **Pasolini** in *Poesia in forma di rosa*, quasi offrendosi spontaneamente come vittima sacrificale a un sistema malato e corrotto. Dei vizi di tale sistema, anzi del "Sistema" per antonomasia, la camorra, parla coraggiosamente Roberto **Saviano** in *Gomorra*, romanzo-denuncia sul sistema mafioso della Campania.

Per approfondire: TRACCIA P4

La fantasia del mito, il mito della fantasia

T9 T12 T22 T33 T46

→ EXTRA Alfieri, *Vita*
Calvino, *Lezioni americane*

Il mito fa parte del linguaggio letterario europeo: a partire dall'antica poesia greca e poi latina, creature benigne o esseri mostruosi, divinità, eroi ed eroine popolano la fantasia degli uomini e delle donne di tutta l'Europa occidentale e diventano parte dei loro racconti quotidiani, non solo della lirica elevata. I

Raffaello Sanzio, *Poeti e poetesse con Apollo e le nove Muse sul monte Parnaso*, 1510-11, affresco (Città del Vaticano, Musei Vaticani, Stanza della Segnatura)

miti classici ispirano i carri allegorici delle feste di carnevale, come nel *Trionfo di Bacco e Arianna* di Lorenzo **de' Medici**, un signore che non si sottrae alle tradizioni popolari. I racconti mitologici possono essere rivisitati in senso cristiano, fondendo insieme elementi della Bibbia e del mondo pagano, come fa Ludovico

Ariosto nel racconto del viaggio di Astolfo sulla Luna o Giovan Battista **Marino** in quello della morte di Adone-Cristo.

La fantasia è particolarmente accesa nell'infanzia: lo sa bene Vittorio **Alfieri**, giovane lettore dell'*Orlando furioso*, che non capisce del tutto, pur credendolo una lettura avvincente. Un ciocco di legno prende forma di burattino e animo di bambino nelle *Avventure di Pinocchio* di **Collodi**, tra fate e animali insidiosi che ammoniscono piccoli e grandi. Lettori e lettrici diventano loro stessi/e protagonisti/e nel romanzo *Se una notte d'inverno un viaggiatore* di Italo **Calvino**, che attraverso gli incipit di ben dieci romanzi suggerisce le immense potenzialità della letteratura. Sempre **Calvino**, del resto, nelle *Lezioni americane*, individua nel mito della Medusa, dallo sguardo pietrificante, un invito a sollevarsi dalla pesantezza del mondo con la leggerezza della scrittura.

Per approfondire: TRACCIA P5

Arte, musica, teatro

T10 T14 T15 T20 T24 T26 T31 T34 T38 T50

➔ **EXTRA** Machiavelli, *Mandragola*
Pirandello, *Il fu Mattia Pascal*

La creatività di autori e autrici italiane si è manifestata in tutte le arti: pittura, scultura, architettura, musica, teatro. In questi ambiti, al di là dei temi delle singole opere, si è plasmato uno "stile italiano", esportato anche fuori dai confini nazionali.

La letteratura ha sempre avuto un rapporto privilegiato con le arti visive: le descrizioni particolareggiate di opere d'arte sono frutto di un gusto raffinatissimo, che intreccia piacere estetico ed erudizione, come in certe ottave delle *Stanze per la giostra* di **Poliziano**, corrispettivo poetico dei quadri di Sandro Botticelli a Firenze. Le poesie di Michelangelo **Buonarroti**, uno dei "geni" del Rinascimento italiano, con i loro tanti testi incompiuti rivelano quell'operazione di "levare" con cui l'autore-scultore lavorava i blocchi di marmo. L'estetismo trionfa nel romanzo *Il piacere* di Gabriele **d'Annunzio**, un compiaciutissimo dandy che prima di diventare un fanatico guerrafondaio immortala la vita mondana, le mode e le tendenze di Roma, nuova capitale d'Italia. È in questa stessa città e in questa stessa epoca, alla fine dell'Ottocento, che vive Lafanu Brown, la pittrice nata negli Stati Uniti con origini native e afrodiscendente immaginata dalla penna di Igiaba **Scego**.

La musica, l'arte per eccellenza delle Muse, accompagna la poesia italiana dalle origini; molti testi che oggi ci limitiamo a leggere erano infatti pensati con un accompagnamento musicale, come le laudi religiose e le poesie di Dante; intermezzi musicali arricchivano inoltre gli allestimenti teatrali tra un atto e l'altro. La musica e il canto diventano centrali nel melodramma, che trionfa nell'Ottocento grazie alle opere di Giuseppe **Verdi**, il cui successo continua ancora oggi.

A teatro vanno in scena commedie e tragedie: non solo rappresentazioni senza copione con i tipi fissi della Commedia dell'arte (Arlecchino, Pantalone, Colombina ecc.), ma anche le composizioni fondate su princìpi classicheggianti, ovvero ispirati ai testi greci e latini. È il caso della *Mandragola* di Niccolò **Machiavelli**, che

R. Black, Manifesto per l'opera lirica *Aida* di Giuseppe Verdi (San Diego, 2012)

dietro nomi di sapore antico racconta vicende ambientate nella Firenze del tempo. Sui palchi italiani e francesi si esibisce Isabella **Andreini**, attrice-diva e autrice della favola pastorale *Mirtilla*. Nel Settecento, sia la commedia sia la tragedia conoscono una nuova tappa storica: il veneto Carlo **Goldoni**, pur continuando a realizzare anche opere vicine alla Commedia dell'arte o in dialetto, "riforma" il genere comico attraverso l'ideazione di personaggi verosimili e sceneggiature scritte per intero; il piemontese Vittorio **Alfieri** compone tragedie di argomento storico o mitologico puntando a trame essenziali, con pochi personaggi e una scenografia minima, lontana dalle luci della ribalta.

Dopo l'affermazione del cosiddetto dramma borghese, il teatro italiano si adatta ai cambiamenti. Luigi **Pirandello**, che è anche un appassionato teorico del comico e del tragico, scrive e allestisce opere teatrali ben poco convenzionali, che lasciano il pubblico stupito o confuso.

Per approfondire:
TRACCIA P6

Storie di deportazioni e di migrazioni

La senatrice Liliana Segre, sopravvissuta all'Olocausto, davanti alla scritta "Indifferenza", al binario 21 della Stazione Centrale di Milano, da dove partivano i treni per Auschwitz, 2018, fotografia

La frammentazione politica e le numerose invasioni straniere della penisola italiana causano persecuzioni e peregrinazioni. L'esilio, metafora già biblica, è la tipica condanna pronunciata contro chi ha un pensiero diverso dal modello dominante, dal punto di vista politico, filosofico o religioso. Il passaggio da una corte all'altra, alla ricerca di protezione e lavoro, vede protagonisti già Dante, Petrarca, Tasso, Marino. Nell'Ottocento, l'occupazione napoleonica e poi le censure della Restaurazione colpiscono i sostenitori dell'indipendenza italiana; tra questi, **Foscolo**, costretto a lasciare Venezia per trovare rifugio prima in Svizzera, quindi in Gran Bretagna. La migrazione diventa un vero e proprio fenomeno sociale dopo l'Unità: si migra da una regione all'altra, come il giovane 'Ntoni dei *Malavoglia* di Giovanni **Verga** che si trasferisce dalla Sicilia al "continente", oppure si migra dall'Italia in altri Stati ed emisferi.

Prima e dopo la Seconda guerra mondiale, le leggi razziste del 1938, volute da Benito Mussolini e firmate dal re Vittorio Emanuele III di Savoia, autorizzano l'antisemitismo per favorire la sola "razza italiana". Si avviano forme di emarginazione e segregazione contro le comunità ebraiche che culminano nelle deportazioni verso i campi di concentramento e sterminio, in Italia, Germania e Polonia. Tra i pochi sopravvissuti c'è chi ha la forza di farsi testimone: con questo obiettivo nasce *Se questo è un uomo* di Primo **Levi**, che esorta lettori e lettrici a non dimenticare, a fare memoria.

Per approfondire:
TRACCIA P7

L'Italia oggi
con le sue 20 regioni e le provenienze di autori e autrici

L'ITALIA DA IERI A OGGI · CARTE GEOSTORICHE

- L'Italia all'inizio del Cinquecento → p. 71
- L'Italia alla fine del Settecento → p. 133
- L'Italia alla metà dell'Ottocento prima dell'Unità → p. 139
- L'Italia alla fine dell'Ottocento dopo l'Unità → p. 158
- L'Italia dalla Prima guerra mondiale al fascismo → p. 193

Dal Duecento al Quattrocento

Palazzo Vecchio, in piazza della Signoria, sede del potere politico, con la torre di Arnolfo

Il fiume Arno

Cattedrale di Santa Maria del Fiore, con il campanile di Giotto e la cupola di Filippo Brunelleschi

Gli eventi del secolo

- **1309-77** La corte papale da Roma ad Avignone
- **1348** Pandemia di peste
- **1469-92** Lorenzo il Magnifico signore di Firenze

Le #parole della storia letteraria

#Medioevo Il lungo periodo dalla caduta dell'Impero romano d'Occidente (476) alla fine del Quattrocento; indica l'"età di mezzo" tra l'antichità e l'epoca moderna, ma comprende fenomeni storici molto diversi tra loro e tutt'altro che "oscuri".

#Umanesimo L'indirizzo culturale volto a valorizzare gli "studi di umanità", fondati sulla riscoperta dei testi latini e greci, i "classici"; la riflessione filosofica mette al centro la dignità dell'essere umano, protagonista della storia.

La città dorata @Firenze

Fondata dai Romani, Firenze conosce negli ultimi secoli del Medioevo crescita economica e instabilità politica. Dilaniata dagli scontri interni e dalle guerre con le altre città della Toscana, Firenze è però la patria della lingua italiana, grazie alle "tre corone": Dante, Petrarca e Boccaccio. Nel Quattrocento, i Medici diventano gli arbitri politici dei rapporti tra i vari Stati italiani e promuovono l'arte e la filosofia.

Francesco d'Assisi

Professione
Frate (ex soldato)

Segue
- Innocenzo III (papa)
- Onorio III (papa)
- Chiara di Favarone
- Frate Elia
- Frate Leone

Contatti bloccati
Pietro di Bernardone (padre)

Gruppi
Frati francescani

1182 Nasce ad Assisi dal mercante Pietro di Bernardone e dalla francese Giovanna.

1205 Abbandona la carriera militare e inizia la conversione religiosa aiutando i lebbrosi.

1206 Rinuncia pubblicamente all'eredità paterna e si professa penitente.

1208-09 Con alcuni amici (*fratres*) si veste del saio, inizia la predicazione e si reca a Roma: papa Innocenzo III approva a voce il progetto francescano di vita povera.

1212 La nobile assisiate Chiara di Favarone diventa penitente sull'esempio di Francesco.

1219 Durante la quinta crociata predica in Egitto davanti al sultano rischiando il martirio e si ammala agli occhi.

1223 Dopo l'aumento dei confratelli e delle loro iniziative, papa Onorio III approva la regola francescana.

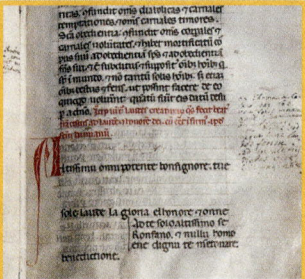

1224 Sempre più estraneo al nuovo Ordine, diretto da frate Elia, Francesco si ritira con frate Leone sul monte della Verna e scrive il *Cantico di frate Sole*.

1226 Muore nella chiesa della Porziuncola ad Assisi.

1228 È proclamato santo.

LA VERNA
ASSISI
ROMA
EGITTO

16

1 Francesco d'Assisi

Giotto e bottega, *Francesco riceve le stigmate*, 1295-99, affresco (Assisi, Basilica superiore)

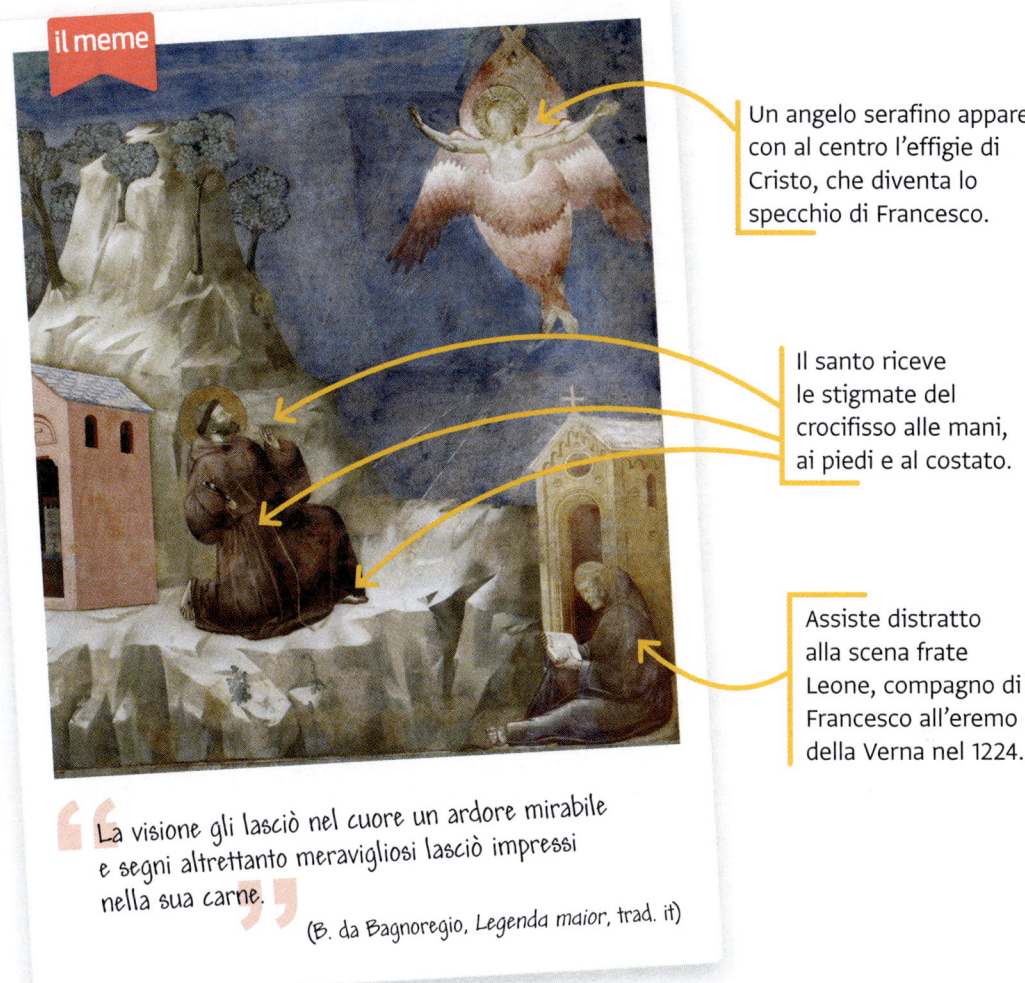

il meme

Un angelo serafino appare con al centro l'effigie di Cristo, che diventa lo specchio di Francesco.

Il santo riceve le stigmate del crocifisso alle mani, ai piedi e al costato.

Assiste distratto alla scena frate Leone, compagno di Francesco all'eremo della Verna nel 1224.

"La visione gli lasciò nel cuore un ardore mirabile e segni altrettanto meravigliosi lasciò impressi nella sua carne."
(B. da Bagnoregio, *Legenda maior*, trad. it)

Cantico di frate Sole

Posto alle origini della letteratura italiana, il *Cantico di frate Sole* (o *Laudes creaturarum*, *Cantico delle creature*) risale al 1224-25, pochi anni prima della morte del suo autore. Francesco lo scrive in **volgare**, non in dialetto, né in latino come tutti i suoi altri testi, e lo arricchisce di un **ritmo poetico** in vista di un'**esecuzione musicale**. Il *Cantico* inaugura il genere della **lauda**, che tanta fortuna avrà, specialmente in Umbria, grazie ai vari ordini religiosi e alle confraternite.

#laudi

#armonia
#creature
#bellezza

Nel *Cantico* Francesco dedica un inno a **Dio** nella sua veste di **creatore del mondo**. La specie umana, che senza merito domina la Terra, ha il dovere di promuovere l'**armonia** con tutte le "**creature**", che parlano di Dio. Queste, infatti, non sono semplicemente al servizio degli esseri umani, ma si presentano come "**belle**" e ammirevoli in ogni loro caratteristica fisica. Francesco rifiuta la visione negativa della realtà terrena, cara a tanti teologi cristiani, per abbracciare quella di una **fratellanza** sia tra gli uomini sia tra questi e la natura.

#fratellanza

#sofferenza

La tradizione secondo cui il *Cantico* è stato composto in un momento di "**tribolazione**" del santo, gravemente malato agli occhi, spiegherebbe l'aggiunta degli ultimi versi: la citazione del perdono, della sofferenza e della "Morte corporale", anche questa presentata come "sorella" e non come nemica, conferma l'idea francescana di una **comunione cosmica**. Il testo risulta in ogni caso fortemente unitario, al pari di un quadro in cui ogni elemento contribuisce al risultato d'insieme.

17

Dal Duecento al Quattrocento

T1 La lode dell'armonia del creato

Ambiente, paesaggio, ecologia

Scritto secondo i moduli delle preghiere, il *Cantico di frate Sole* celebra i frutti più importanti della creazione divina. Di fronte a tanta bellezza, gli esseri umani dovrebbero lodarla costantemente, accettandone ogni sfumatura. Il fatto che Francesco abbia scelto di scrivere il *Cantico* in volgare con qualche tratto tipico della sua regione (la verde Umbria) dimostra la sua consapevolezza delle risorse della lingua e la volontà di aprirsi a un ampio pubblico di fedeli.

PER COMINCIARE

▶ **1 ATTIVIAMO IL VOCABOLARIO** Collega ogni espressione al suo significato.

1. onnipotente
2. radiante
3. formate
4. sereno
5. tempo
6. casta
7. corporale

a. condizione atmosferica
b. create
c. cielo limpido
d. pura, incontaminata
e. che può tutto
f. terrena, umana
g. che emette raggi

▶ **2 DA IERI A OGGI** Leggi l'elenco di parole usate da Francesco con la loro versione attuale; quindi completa la riscrittura delle quattro espressioni proposte sotto.

Altissimu (v. 1): Altissimo	**iorno (v. 7)**: giorno	**matre (v. 20)**: madre
bon (v. 1): buon	**allumini (v. 7)**: illumini	**ne (v. 21)**: ci (noi)
so' (v. 2): sono	**de te porta significatione (v. 9)**: ha significato da te (ti rappresenta)	**coloriti flori (v. 22)**: fiori colorati
laude (v. 2): lodi		**ke (vv. 23, 25, 29, 30)**: che
onne (v. 2): ogni		**sostengo (v. 24)**: sostengono
se konfàno (v. 3): si confanno (spettano)	**sora (v. 10)**: sorella	**ka (vv. 26, 31)**: perché
	celu (v. 11): cielo	**sirano (v. 26)**: saranno
nullu homo ène dignu (v. 4): nessun uomo è degno	**clarite (v. 11)**: chiare	**pò (v. 28)**: può
	aere (v. 13): aria	**a·cquelli ke morranno nelle peccata (v. 29)**: a quelli che moriranno nei peccati
mentovare (4): menzionare (nominare)	**nubilo (v. 13)**: (tempo/cielo) nuvoloso	
Laudato sie (v. 5): Sii lodato	**a le (v. 14)**: alle	**trovarà (v. 30)**: troverà
mi' (v. 5): mio	**sor'Aqua (v. 15)**: sorella Acqua	**voluntati (v. 30)**: volontà
cum (v. 5): con	**Focu (v. 17)**: Fuoco	**no 'l farà (v. 31)**: non gli farà
messor lo frate (v. 6): messer/signor (il) fratello	**ennallumini (v. 18)**: illumini	**benedicete (v. 32)**: benedite
	iocundo (v. 19): giocondo	**rengratiate (v. 32)**: ringraziate
lo qual (v. 7): il quale	**robustoso (v. 19)**: robusto	**serviateli (v. 33)**: serviteli

1. tu allumini lo iorno: tu .... il ....
2. stelle clarite et belle: .... e belle
3. frate Focu: ....
4. coloriti flori et herba: .... ed erba

▶ **3** Pronuncia ad alta voce le parole elencate (in questi casi grafia e pronuncia non coincidono). Se hai dubbi, ascolta la traccia audio.

Esempio: honore → **pronuncia:** onore

benedictione • Ad • tucte • spetialmente • et • pretiose • humile • nocte • sanctissime

Altissimu, onnipotente, bon Signore,
tue so' le laude, la gloria e l'honore et onne benedictione.

Ad Te solo, Altissimo, se konfàno,
et nullu homo ène dignu Te mentovare.

18

1 Francesco d'Assisi

**RIPASSIAMO
LE FORME
DELL'IMPERATIVO**

5 Laudato sie, mi' Signore, cum tucte le Tue creature,
spetialmente messor lo frate Sole,
lo qual è iorno, et allumini noi per lui.
Et ellu è bellu e radiante cum grande splendore:
de Te, Altissimo, porta significatione.

Ripetizioni liturgiche
Attento lettore della Bibbia e delle preghiere della liturgia, Francesco costruisce il testo secondo un ritmo incalzante, ripetibile e memorizzabile, tanto che in origine era musicato.

10 Laudato si', mi' Signore, per sora Luna e le stelle:
in celu l'ài formate clarite et pretiose et belle.

Laudato si', mi' Signore, per frate Vento
et per aere et nubilo et sereno et onne tempo,
per lo quale a le Tue creature dài sustentamento.

Una preposizione insidiosa
La critica si è divisa sul significato di questa serie di "per" che può essere: causa (la lode di Dio in quanto creatore), agente (la lode da parte delle creature) o mezzo (la lode attraverso le sue creature).

15 Laudato si', mi' Signore, per sor'Aqua,
la quale è multo utile et humile et pretiosa et casta.

Laudato si', mi' Signore, per frate Focu,
per lo quale ennallumini la nocte:
et ello è bello et iocundo et robustoso et forte.

20 Laudato si', mi' Signore, per sora nostra matre Terra,
la quale ne sustenta et governa,
et produce diversi fructi con coloriti flori et herba.

Laudato si', mi' Signore, per quelli ke perdonano per lo Tuo amore
et sostengo infirmitate et tribulatione.

25 Beati quelli ke 'l sosterrano in pace,
ka da Te, Altissimo, sirano incoronati.

La morte-dannazione
Se la morte non deve fare paura in quanto fenomeno naturale, va invece scongiurata la "morte seconda", ovvero la dannazione nell'Inferno a causa dei peccati non espiati in vita.

Laudato si', mi' Signore, per sora nostra Morte corporale,
da la quale nullu homo vivente pò skappare:
guai a cquelli ke morrano ne le peccata mortali;
30 beati quelli ke trovarà ne le Tue sanctissime voluntati,
ka la morte secunda no 'l farrà male.

Laudate et benedicete mi' Signore et rengratiate
et serviateli cum grande humilitate.

← Maestro di san Francesco, *Francesco predica agli uccelli*, 1253-63, affresco (Assisi, Basilica inferiore)

Dal Duecento al Quattrocento

ATTIVITÀ

1 RIPASSIAMO LE FORME DELL'IMPERATIVO Completa le frasi con la forma corretta dell'imperativo o del congiuntivo esortativo del verbo tra parentesi.

Esempio: Uomini e donne, ___lodate___ (*lodare*) il creato!

1. Fratelli, _____ (*apprezzare*) la bellezza del mondo!
2. Ragazze, _____ (*promuovere*) lo sviluppo sostenibile!
3. Amiche e amici, non _____ (*trascurare*) l'ambiente!
4. Leone, non _____ (*dimenticarsi*) di trascrivere la poesia!
5. Che i governi di ogni Paese _____ (*adottare*) la raccolta differenziata dei rifiuti!
6. Ehi voi, _____ (*essere*) rispettosi della natura!
7. Che Francesco _____ (*potere*) sopportare il dolore fisico!

2 PREPARA LA TUA PRESENTAZIONE La poesia-prosa di Francesco, divisa in strofe e con numerosi casi di assonanze e rime, è dedicata a varie "creature". Elencale tutte, una per una, e dedica a ciascuna la slide di una presentazione digitale. In ogni slide inserisci:

> i versi del testo con indicato il numero;
> un'immagine pertinente con didascalia (un paesaggio, un'opera d'arte, un grafico sulle fonti di energia ecc.);
> un breve commento sulle condizioni attuali della "creatura".

Infine, esponi in classe i risultati del tuo lavoro, organizzando un intervento di circa 15-20 minuti.

Esempi di slide:

S1

Maschera funeraria con il sole, VI sec. a.C. - V sec. d.C., oro (Quito, Museo Nacional del Banco Central)

Fratello Sole

"Laudato sie, mi' Signore, cum tucte le Tue creature,
spetialmente messor lo frate Sole,
lo qual è iorno, et allumini noi per lui.
Et ellu è bellu e radiante cum grande splendore:
de Te, Altissimo, porta significatione." (vv. 5-9)

Oggi il Sole è la principale fonte di energia rinnovabile: attraverso pannelli, centrali e celle fotovoltaiche, la sua luce e il suo calore alimentano il riscaldamento e producono energia elettrica.

S2

Buzz Aldrin installa il *Solar Wind Collector* sulla Luna il 21 luglio 1969

Sorella Luna

"Laudato si', mi' Signore, per sora Luna e le stelle:
in celu l'ài formate clarite et pretiose et belle." (vv. 10-11)

La Luna, un tempo misteriosa e irraggiungibile, oggi è molto più vicina: nel 1969, con la missione statunitense Apollo 11, tre astronauti hanno raggiunto il satellite della Terra.

Dante Alighieri

 Professione
Ufficiale del Comune di Firenze e ambasciatore

 Segue
- Beatrice (Bice) Portinari ♥
- Guido Cavalcanti
- Gemma Donati ♥
- Cangrande della Scala
- Guido Novello da Polenta

Contatti bloccati
- Comune di Firenze
- Bonifacio VIII (papa)

 Gruppi
Le tre corone

1265 Dante (Durante) nasce a Firenze da Alighiero e Bella, in una famiglia benestante vicina ai guelfi.

1274 Incontra per la prima volta Beatrice, figlia di Folco Portinari.

1283 Fa amicizia con Guido Cavalcanti: con lui e altri scrive poesie d'amore che chiamerà dello "Stil novo".

1293-95 Scrive la *Vita nuova*. Sposa Gemma Donati. Si iscrive all'Arte (corporazione) dei Medici e degli Speziali.

1300 È eletto priore del Comune di Firenze. I più rissosi dei guelfi (compreso Cavalcanti) sono banditi dalla città.

1302 Il nuovo podestà di Firenze, nominato da papa Bonifacio VIII, avvia un processo contro gli ex priori: Dante è condannato mentre rientra da Roma.

1304-08 Viaggia in numerose corti in cerca di lavoro e protezione: a Treviso, Sarzana, Bologna e Lucca. Inizia a scrivere l'*Inferno*.

1309 Inizia a scrivere il *Purgatorio*.

1315-20 Dopo aver rinunciato a rientrare a Firenze con un'amnistia, soggiorna a Verona da Cangrande della Scala e poi a Ravenna da Guido Novello da Polenta. Scrive il *Paradiso*.

1321 Si ammala durante un'ambasceria in viaggio verso Venezia e muore.

Dal Duecento al Quattrocento

➤ Raffaello Sanzio, *Disputa del Sacramento*, 1509, affresco (Città del Vaticano, Palazzi Vaticani, Stanza della Segnatura); particolare

Dante fa parte della Chiesa militante: il successo della *Commedia* gli procura fama di teologo oltre che di poeta.

il meme

"Dette mi fuor di mia vita futura parole gravi, avvegna ch'io mi senta ben tetragono ai colpi di ventura."
(D. Alighieri, *Paradiso*, canto XVII, vv. 22-24)

La corona d'alloro, che Dante non ha mai ricevuto in vita, è il simbolo della massima gloria poetica.

Lo sguardo accigliato rivela uno spirito indomito e incorruttibile, davvero "tetragono": piegato ma non abbattuto dalla sorte.

➤ Moneta da 2 euro, versione italiana, coniata nel 2002

Il naso "aquilino", descritto da Boccaccio insieme all'espressione arcigna, fa parte dell'iconografia tradizionale di Dante, anche se il suo ritratto più antico, conservato a Firenze nel palazzo del Bargello, ha caratteri meno marcati.

Vita nuova

Una **vita rinnovata**, diversa, una rinascita spirituale ma anche culturale: questo è il senso della *Vita nuova*, un **prosìmetro**, ovvero un misto di **poesie** e di parti in **prosa** che le contestualizzano e commentano. Il giovane Dante descrive in quest'opera il suo amore più intenso e duraturo, quello per **Beatrice**-*Beatrix*: "colei che rende felici".

#prosimetro

@Beatrice

La donna si imprime nella memoria del piccolo Dante, per poi sconvolgere i suoi sogni, il suo calendario, i suoi progetti poetici. La figura di Beatrice, riconducibile a una giovane di Firenze morta a 24 anni nel 1290, si intreccia con i momenti salienti della vita di Dante e ne orienta le scelte letterarie. Il rapporto con lei, infatti, evolve da un'iniziale **passione** tormentosa alla **"loda"**, la celebrazione pura e gratuita della sua persona, senza che il poeta desideri nulla in cambio.

#amore
#loda

Nel **"libello"** (ovvero piccolo libro), dedicato all'amico poeta **Guido Cavalcanti**, Dante definisce e infine supera la poetica dello Stil novo, quel movimento letterario di fedeli d'amore che ha il suo inconsapevole capofila nel bolognese **Guido Guinizzelli**.
Nelle poesie dello **Stil novo**:

#libello @GuidoCavalcanti

@GuidoGuinizelli
#Stilnovo
#saluto
#gentilezza
#angelo

▶ la donna **saluta** e porta la **salvezza** a chi è salutato;
▶ la donna rende **"gentili"**, ovvero **nobili d'animo**, non di sangue;
▶ la donna è un **angelo**, disceso dal cielo con una missione salvifica al pari di Cristo.

Tutto ciò sembra venire meno con la morte di Beatrice: Dante ne è turbato, cerca consolazione nella filosofia, finché un'ultima, risolutiva **visione** lo rende consapevole della necessità di un **nuovo tipo di poesia**, che vada oltre la dimensione terrena.

#visione

22

2 Dante Alighieri

Vita nuova, capitolo 26°

 **T2 Ecco Beatrice!**

In prosa e poi in poesia Dante celebra Beatrice, portando al massimo dell'intensità lo stile della lode. Così, nel sonetto più famoso della letteratura italiana, Beatrice brilla per l'ultima volta: poco dopo, infatti, lascerà Dante e la vita.

PER COMINCIARE

▶ **1 ATTIVIAMO IL VOCABOLARIO** Collega ogni espressione al suo significato.

1. piaceri
2. soave
3. operazioni
4. gentile
5. labbia

a. atti
b. bellezze
c. labbra
d. dolce
e. nobile di cuore

▶ **2 DA IERI A OGGI** Leggi l'elenco di parole usate da Dante e completa quelle in cui manca la versione attuale.

sì (r. 1): così	**onde** (r. 4): perciò	**altrui** (v. 2): altre persone
li (r. 1): i	**lo stilo de la sua loda** (r. 5):	**ogne** (v. 3): ogni
comprendeano (r. 2):	lo stile	**deven** (v. 3): diviene
comprendevano	**propuosi di dicere** (r. 5):	**no** (v. 4): non
ridicere non lo sapeano (rr. 2-3):	proposi (decisi) di	**laudare** (v. 5): lodare
non sapevano ridirlo (ripeterlo)	**acciò che** (r. 6): affinché	**vestuta** (v. 6): ....
né alcuno era (r. 3): e non	**non pur** (r. 6): non solo	**dà per li occhi una dolcezza al**
c'era	**coloro che la poteano**	**core** (v. 10): attraverso gli occhi
lo quale (r. 3): il quale	**sensibilmente vedere** (rr. 6-7):	dona ....
nol (r. 3): non gli	quelli che la	**a l'** (v. 14): all'
procedeano (r. 4):	dal vivo	

Io dico ch'ella si mostrava sì gentile e sì piena di tutti li piaceri, che quelli che la miravano comprendeano in loro una dolcezza onesta e soave, tanto che ridicere non lo sapeano; né alcuno era lo quale potesse mirare lei, che nel principio nol convenisse sospirare. Queste e più mirabili cose da lei procedeano virtuosamente: onde io pensando a
5 ciò, volendo ripigliare lo stilo de la sua loda, propuosi di dicere parole, ne le quali io dessi ad intendere de le sue mirabili ed eccellenti operazioni; acciò che non pur coloro che la poteano sensibilmente vedere, ma li altri sappiano di lei quello che le parole ne possono fare intendere. Allora dissi questo sonetto, lo quale comincia: "Tanto gentile".

RIPASSIAMO
L'USO DEL GERUNDIO

Il vocabolario dello Stil novo
Gli aggettivi e i nomi legati all'amore e alla nobiltà d'animo delineano un preciso ideale femminile: la donna non solo cattura il cuore del poeta, ma ingentilisce l'animo di tutti.

Tanto gentile e tanto onesta pare
la donna mia quand'ella altrui saluta,
ch'ogne lingua deven tremando muta,
4 e li occhi no l'ardiscon di guardare.

Ella si va, sentendosi laudare,
benignamente d'umiltà vestuta;
e par che sia una cosa venuta

Un dono del cielo
Beatrice è presentata come una creatura angelica, mandata generosamente da Dio agli uomini per nobilitarli.

8 da cielo in terra a miracol mostrare.

Mostrasi sì piacente a chi la mira,
che dà per li occhi una dolcezza al core,
11 che 'ntender no la può chi no la prova:

e par che de la sua labbia si mova
un spirito soave pien d'amore,
14 che va dicendo a l'anima: "Sospira".

Dal Duecento al Quattrocento

ATTIVITÀ

1 **RIPASSIAMO** **L'USO DEL GERUNDIO** Trasforma i gerundi in corsivo in verbi di modo finito (indicativo, congiuntivo o condizionale).

Esempio: *Ricordandosi* (_____) del passato, Dante dedica un sonetto a Beatrice.

1. Tutti i passanti ammutoliscono *guardando* (_____) Beatrice.
2. *Leggendo* (_____) il sonetto di Dante, forse la vera Beatrice si sarebbe stupita.
3. Che cosa *va dicendo* (_____) in giro la gente?
4. *State negando* (_____) quello che è successo?
5. *Avendo contemplato* (_____) Beatrice, l'anima del poeta sospira.

2 **DIALOGA CON L'AUTORE** I poeti dello Stil novo, tra i quali il giovane Dante, approfondiscono il tema della lode di "madonna", ovvero della donna a cui si sentono legati; si tratta di una tradizione letteraria molto antica, che ha le sue radici nella poesia provenzale (scritta in lingua d'*oc* e diffusa nelle corti del Sud della Francia) e siciliana (diffusa negli anni 1230-50 alla corte dell'imperatore Federico II). Con Dante, però, la donna perde i tratti di passionalità e diventa un essere angelico che sublima il desiderio del poeta, cioè lo trasforma in qualcosa di spirituale. Non sappiamo se la Beatrice storica abbia mai letto la *Vita nuova*, ma tra la cerchia degli amici del poeta il suo legame con lei era noto.

Immagina di rispondere al sonetto di Dante dal punto di vista di Beatrice, che lo ha ricevuto da un'amica. Puoi scrivere un breve messaggio oppure una poesia: utilizza le parole chiave del sonetto ("gentile", "onesta", "saluta", "laudare", "umiltà", "miracol") e manifesta una reazione scegliendola tra le seguenti:

a. reazione positiva → sei compiaciuta delle attenzioni di Dante, ti congratuli con lui, ricambi i suoi complimenti;
b. reazione indifferente → non ti interessano i poeti e gli idealisti già fidanzati, hai preoccupazioni più urgenti;
c. reazione negativa → ti senti offesa dall'essere ridotta a oggetto del piacere altrui, pensi che le donne del tuo tempo meritino ben altro dalla società.

Commedia (Poema sacro)

Non è facile definire il **capolavoro della letteratura italiana**, scritto da quello che ne viene considerato il **padre**. Prima di tutto perché non ne possediamo l'autografo, ovvero il manoscritto firmato da Dante; poi perché il titolo non è sicuro; infine perché nessuno scrittore precedente ha tentato un'impresa simile (forse solo qualche pittore del **Giudizio universale**).

#universo

Che cos'è dunque quella che chiamiamo *Commedia* (o *Divina commedia*, come l'ha definita Boccaccio)? La risposta la offre Dante stesso: è una "**comedìa**", ossia un'opera mista e varia, che inizia male e finisce bene, ed è un "**poema sacro**", scritto sia dalla Terra sia dal Cielo. Letto tutto d'un fiato (non è poi così lungo), esso si presenta come il racconto di un **viaggio nei tre regni dell'aldilà cristiano**: Inferno, Purgatorio, Paradiso. Il protagonista è l'autore stesso, Dante, che il Venerdì Santo dell'anno 1300 si perde in una foresta labirintica ed è soccorso dallo spirito del poeta latino **Virgilio**: questi lo accompagna, attraverso la **voragine dell'Inferno**, fino al **monte del Purgatorio**, in mezzo all'oceano, dall'altra parte del mondo conosciuto. Qui la funzione di guida è assunta da **Beatrice** (proprio lei, la donna morta nella *Vita nuova*), che completa la **redenzione** di Dante e, la domenica di Pasqua, sale con lui nei cieli del **Paradiso**.

#viaggio

@Virgilio
#Inferno #Purgatorio
@Beatrice

#Paradiso

Durante il pellegrinaggio, Dante incontra gli abitanti dei tre regni:

#contrapasso
- i **dannati**, puniti per "**contrapasso**", ovvero con supplizi simili o contrari ai loro peccati (si va dagli "ignavi" o indecisi, ai traditori delle persone che volevano loro bene);
- gli **espianti**, che scontano una **pena transitoria**, prima di essere ammessi in cielo;
- i **beati**, che godono insieme della **visione di Dio**.

2 Dante Alighieri

#100canti Questa grandiosa struttura è articolata in **tre cantiche** (una per ogni regno visitato) per un totale di **100 canti**, divisi in terzine, cioè strofe di tre versi con rime incatenate. Questo permette a Dante di trasformare la poesia in un **racconto continuo**, sempre pronto ad accogliere nuovi episodi e personaggi ma anche riflessioni morali, astronomiche, teologiche.

#enciclopedia Il poema è come un'**enciclopedia in versi** che rielabora tutto il sapere medievale europeo e arabo, anche quello meno politicamente corretto. Dante non è un uomo di Chiesa, non sopporta i papi né la gerarchia, fa "parte per sé stesso", ma è un uomo di fede, forse un po'

#riforma superbo, eppure sincero, che invoca la **riforma delle istituzioni**.

Commedia, Inferno, canto 1°

L'inizio del viaggio

Il trentacinquenne Dante si è perso in una foresta buia e intricata: vede da lontano la luce del sole, ma non ha la forza per raggiungerla. Tre animali feroci lo attaccano e solo l'intervento del poeta Virgilio lo salva dallo smarrimento definitivo.

PER COMINCIARE

1 ATTIVIAMO IL VOCABOLARIO Collega ogni espressione al suo significato.

1. selva oscura
2. smarrita
3. scorte
4. verace
5. lena affannata
6. pelago
7. lasso
8. montava
9. piaggia

a. vera, giusta
b. mare aperto
c. foresta buia
d. respiro, fiato corto
e. tratto di terreno in pendenza
f. persa
g. viste
h. saliva
i. stanco

2 DA IERI A OGGI Leggi l'elenco di parole usate da Dante con la loro versione attuale; quindi completa la riscrittura delle sei frasi proposte sotto cambiando le parti in corsivo.

ché (v. 3): perché	**fé** (v. 51): fece	**gride** (v. 94): gridi
esta (v. 5): questa	**de l'altezza** (v. 54): della salita	**ria** (v. 97): criminale
rinova (v. 6): rinnova	**giugne** (v. 56): giunge (arriva)	**empie** (v. 98): riempie
intrai (v. 10): entrai	**s'attrista** (v. 57): si rattrista	**pria** (v. 99): prima
calle (v. 18): strada	**sanza** (v. 58): senza	**virtute** (v. 104): virtù
queta (v. 19): quietata (calmata)	**ripigneva** (v. 60): spingeva di nuovo	**fia** (v. 106): sarà
pieta (v. 21): angoscia	**rovinava** (v. 61): rovinavo (cadevo)	**ferute** (v. 108): ferite
quei (v. 22): quello	**loco** (v. 61): luogo	**dipartilla** (v. 111): la fece partire (uscire)
guata (v. 24): guarda intensamente	**diserto** (v. 64): deserto	**me'** (v. 112): meglio
a retro (v. 26): indietro	*Miserere* (v. 65): Abbi pietà	**vederai** (v. 118): vedrai
presta molto (v. 32): moto veloce	**sii** (v. 66): sia	**A le quai** (v. 121): Alle quali
coverta (v. 33): coperta	**omo** (v. 66): uomo	**imperador** (v. 124): imperatore
cagione (v. 41): ragione (causa)	**poi che** (v. 75): dopo che	**vegna** (v. 126): venga
contra me (v. 46): contro di me	**combusto** (v. 75): bruciato completamente	**richeggio** (v. 130): richiedo
tremesse (v. 48): tremasse	**lo bello stilo** (v. 87): il bello stile	**veggia** (v. 134): veda
sembiava carca (v. 50): sembrava carica	**lagrimar** (v. 92): lacrimare (piangere)	

1. mena dritto altrui per *ogne calle* → Conduce le persone sulla via giusta per _____.
2. pare che l'aere ne *tremesse* → Sembrava che l'aria _____ a causa di quell'atto.
3. perdei la speranza *de l'altezza* → Persi la speranza _____.
4. *mi ripigneva* là dove 'l sol tace → _____ nel luogo in cui non brilla il sole.
5. Non *omo, omo già fui* → Non sono un _____ ora, ma un tempo _____.
6. perché non sali il dilettoso monte / *ch'è principio e cagion di tutta gioia?* → Perché non sali sul monte della felicità _____ ?

Dal Duecento al Quattrocento

Una foresta impenetrabile

Nel mezzo del cammin di nostra vita
mi ritrovai per una selva oscura,
3 ché la diritta via era smarrita.

Ahi quanto a dir qual era è cosa dura
esta selva selvaggia e aspra e forte
6 che nel pensier rinova la paura!

Tant'è amara che poco è più morte;
ma per trattar del ben ch'i' vi trovai,
9 dirò de l'altre cose ch'i' v'ho scorte.

Io non so ben ridir com'i' v'intrai
tant'era pien di sonno a quel punto
12 che la verace via abbandonai.

Un colle illuminato

Ma poi ch'i' fui al piè d'un colle giunto,
là dove terminava quella valle
15 che m'avea di paura il cor compunto,

guardai in alto e vidi le sue spalle
vestite già de' raggi del pianeta
18 che mena dritto altrui per ogne calle.

Allor fu la paura un poco queta,
che nel lago del cor m'era durata
21 la notte ch'i' passai con tanta pieta.

E come quei che con lena affannata,
uscito fuor del pelago a la riva,
24 si volge a l'acqua perigliosa e guata,

così l'animo mio, ch'ancor fuggiva,
si volse a retro a rimirar lo passo
27 che non lasciò già mai persona viva.

Poi ch'èi posato un poco il corpo lasso,
ripresi via per la piaggia diserta,
30 sì che 'l piè fermo sempre era 'l più basso.

Una lonza

Ed ecco, quasi al cominciar de l'erta,
una lonza leggiera e presta molto,
33 che di pel macolato era coverta;

e non mi si partia dinanzi al volto,
anzi 'mpediva tanto il mio cammino,
36 ch'i' fui per ritornar più volte vòlto.

Alba di primavera

Temp'era dal principio del mattino,
e 'l sol montava 'n sù con quelle stelle
39 ch'eran con lui quando l'amor divino

mosse di prima quelle cose belle;
sì ch'a bene sperar m'era cagione
42 di quella fiera a la gaetta pelle

l'ora del tempo e la dolce stagione;
ma non sì che paura non mi desse
Un leone 45 la vista che m'apparve d'un leone.

RIPASSIAMO
LE PREPOSIZIONI ARTICOLATE

La collina della Grazia
Oltre la foresta c'è una collina illuminata dal sole, simbolo della Grazia divina: Dante la vede, ma non riesce a raggiungerla; dovrà dunque arrivarci da un'altra strada.

Le grandi similitudini
Dante ama le similitudini complesse, che coinvolgono intere terzine: in questo caso si sente come un naufrago che si è appena salvato sulla spiaggia e guarda ormai tranquillo la tempesta che stava per ucciderlo.

Tre belve
Secondo le credenze medievali, gli animali sono rappresentazioni simboliche: la lonza (forse un leopardo) rappresenta la lussuria, il leone la superbia, la lupa l'avidità di beni (in latino *avaritia*).

Il contesto temporale
Il viaggio inizia in primavera, sotto la costellazione dell'ariete, pochi giorni prima della Pasqua cristiana del 1300: è lo stesso mese (aprile) in cui è avvenuta la creazione del mondo.

Una lupa

Questi parea che contra me venisse
con la test'alta e con rabbiosa fame,
48 sì che parea che l'aere ne tremesse.

Ed una lupa, che di tutte brame
sembiava carca ne la sua magrezza,
51 e molte genti fé già viver grame,

questa mi porse tanto di gravezza
con la paura ch'uscia di sua vista,
54 ch'io perdei la speranza de l'altezza.

E qual è quei che volontieri acquista,
e giugne 'l tempo che perder lo face,
57 che 'n tutti suoi pensier piange e s'attrista;

tal mi fece la bestia sanza pace,
che, venendomi 'ncontro, a poco a poco
60 mi ripigneva là dove 'l sol tace.

Un'ombra

Mentre ch'i' rovinava in basso loco,
dinanzi a li occhi mi si fu offerto
63 chi per lungo silenzio parea fioco.

Quando vidi costui nel gran diserto,
"*Miserere* di me", gridai a lui,
66 "qual che tu sii, od ombra od omo certo!".

Virgilio!

Rispuosemi: "Non omo, omo già fui,
e li parenti miei furon lombardi,
69 mantoani per patrïa ambedui.

Nacqui *sub Iulio*, ancor che fosse tardi,
e vissi a Roma sotto 'l buono Augusto
72 nel tempo de li dèi falsi e bugiardi.

Poeta fui, e cantai di quel giusto
figliuol d'Anchise che venne di Troia,
75 poi che 'l superbo Ilïón fu combusto.

Ma tu perché ritorni a tanta noia?
perché non sali il dilettoso monte
78 ch'è principio e cagion di tutta gioia?".

> **Virgilio**
> Nell'Inferno e nel Purgatorio la guida di Dante sarà Virgilio, il poeta più importante della letteratura latina. Il suo poema *Eneide* descrive la fuga di Enea, figlio di Anchise, da Troia (o Ilio) nel Lazio, la regione della futura Roma. Virgilio, inoltre, nato sotto Giulio Cesare nel 70 a.C., ha celebrato il principato di Augusto: siamo dunque nel periodo storico durante il quale nasce Gesù. Nel poema, il poeta latino è considerato allegoria della ragione umana e delle virtù.

➡ Priamo della Quercia, *Il canto 1° dell'Inferno*, 1442-50 circa, miniatura del manoscritto Yates Thompson 36 (Londra, The British Library)

Dante rappresentato nei vari momenti del canto, dalla selva al colle

la lonza

il leone

la lupa

Beatrice interviene dal Paradiso

Virgilio

Dal Duecento al Quattrocento

La gioia di Dante

"Or se' tu quel Virgilio e quella fonte
che spandi di parlar sì largo fiume?",
81 rispuos'io lui con vergognosa fronte.

"O de li altri poeti onore e lume,
vagliami 'l lungo studio e 'l grande amore
84 che m'ha fatto cercar lo tuo volume.

Tu se' lo mio maestro e 'l mio autore,
tu se' solo colui da cu' io tolsi
87 lo bello stilo che m'ha fatto onore.

Il modello di Dante
Virgilio è stato il modello letterario di Dante come poeta epico: è dunque un onore per lui essere accompagnato da un così grande maestro, anche se non cristiano.

Vedi la bestia per cu' io mi volsi;
aiutami da lei, famoso saggio,
90 ch'ella mi fa tremar le vene e i polsi".

Il viaggio ultraterreno

"A te convien tenere altro vïaggio",
rispuose, poi che lagrimar mi vide,
93 "se vuo' campar d'esto loco selvaggio;

ché questa bestia, per la qual tu gride,
non lascia altrui passar per la sua via,
96 ma tanto lo 'mpedisce che l'uccide;

e ha natura sì malvagia e ria,
che mai non empie la bramosa voglia,
99 e dopo 'l pasto ha più fame che pria.

La profezia del veltro

Molti son li animali a cui s'ammoglia,
e più saranno ancora, infin che 'l veltro
102 verrà, che la farà morir con doglia.

Questi non ciberà terra né peltro,
ma sapïenza, amore e virtute,
105 e sua nazion sarà tra feltro e feltro.

La salvezza politica in un cane da caccia
Dante ritiene che soltanto un "veltro" (cane da caccia) possa scacciare la lupa-avidità dall'Italia. Per la libertà italiana, su fronti opposti, hanno combattuto gli eroi dell'*Eneide* (Camilla, Eurialo e Niso, Turno). Non sappiamo se l'oscura profezia di Dante si riferisca all'imperatore Enrico VII o a un sovrano italiano.

Di quella umile Italia fia salute
per cui morì la vergine Cammilla,
108 Eurialo e Turno e Niso di ferute.

Questi la caccerà per ogne villa,
fin che l'avrà rimessa ne lo 'nferno,
111 là onde 'nvidia prima dipartilla.

Virgilio guida in Inferno e Purgatorio

Ond'io per lo tuo me' penso e discerno
che tu mi segui, e io sarò tua guida,
114 e trarrotti di qui per loco etterno;

ove udirai le disperate strida,
vedrai li antichi spiriti dolenti,
117 che la seconda morte ciascun grida;

Urla infernali
Virgilio annuncia a Dante che lo condurrà nel regno dell'Inferno: qui i peccatori subiscono punizioni così atroci da testimoniare urlando la dannazione eterna.

e vederai color che son contenti
nel foco, perché speran di venire
120 quando che sia a le beate genti.

Beatrice guida in Paradiso

A le quai poi se tu vorrai salire,
anima fia a ciò più di me degna:
123 con lei ti lascerò nel mio partire;

Il ritorno di Beatrice
Essendo un peccatore, Virgilio non potrà accompagnare Dante anche in Paradiso: per questo sarà sostituito da Beatrice, anima beata.

ché quello imperador che là sù regna,
perch'i' fu' ribellante a la sua legge,
126 non vuol che 'n sua città per me si vegna.

In tutte parti impera e quivi regge;
quivi è la sua città e l'alto seggio:
129 oh felice colui cu'ivi elegge!".

Dante accetta

E io a lui: "Poeta, io ti richeggio
per quello Dio che tu non conoscesti,
132 acciò ch'io fugga questo male e peggio,

che tu mi meni là dov'or dicesti,
sì ch'io veggia la porta di san Pietro
135 e color cui tu fai cotanto mesti".

Allor si mosse, e io li tenni dietro.

> **La preghiera di Dante**
> Ora che Dante ha capito la situazione, è lui stesso a chiedere a Virgilio di iniziare il viaggio: la sua volontà deve essere pronta a seguire i comandi della guida per raggiungere la salvezza alla fine del cammino.

ATTIVITÀ

1 **RIPASSIAMO** **LE PREPOSIZIONI ARTICOLATE** Completa il brano con le preposizioni articolate elencate.

~~nella~~ • al • dalla • dell' • dallo • dall' • dai • dalla • nella

Quando ha circa 35 anni di età, Dante si perde _nella_ "selva oscura", una foresta **(1.)** .... quale non è facile uscire. Sembra avercela fatta, ma è respinto indietro **(2.)** .... tre animali che gli si presentano davanti, a poca distanza l'uno **(3.)** .... altro. Sta per perdere la speranza quando è soccorso **(4.)** .... spirito di Virgilio, che si presenta **(5.)** .... peccatore come l'autore **(6.)** .... *Eneide*. Dante vince così la paura e non sta più **(7.)** .... pelle **(8.)** .... gioia di aver incontrato finalmente il suo idolo letterario.

2 **SCRIVI IL TUO SAGGIO** Il canto 1° dell'*Inferno* è in realtà il canto d'inizio dell'intero poema: Dante vi riassume le circostanze che l'hanno portato quasi a perdersi per sempre, spinto indietro da tre animali-vizi e poi soccorso da Virgilio, il suo poeta preferito. Questo schema di smarrimento, rischio della vita e della dannazione eterna in un ambiente ostile, che si conclude con la salvezza grazie a un intervento esterno, non è originale; Dante però lo rielabora in una cornice storica, autobiografica e sacra.
Sviluppa questa interpretazione del canto in un saggio di circa 4-5 pagine, seguendo lo schema proposto e completandolo dove necessario.

Parti del saggio	Argomento	Citazioni a sostegno
Introduzione	Breve riassunto degli eventi: smarrimento di Dante, vista del colle, arrivo delle tre bestie, soccorso di Virgilio, inizio del viaggio	-
Tesi	Dante segue uno schema di pericolo-soccorso-salvezza tipico delle fiabe e dei romanzi medievali, ma lo rinnova	-
1° argomento: rielaborazione in senso cristiano	Dante è un peccatore, il suo smarrimento è soprattutto morale	> vv. 3, 12
2° argomento: richiami alla cultura classica	Il soccorso viene da Virgilio, allegoria della ragione e delle virtù, autore dell'*Eneide*, in cui si racconta anche di una discesa agli inferi	> vv. 70-75, 79-87 > *Eneide*, libro 6°
3° argomento: significato simbolico-allegorico del paesaggio e degli animali	> selva oscura: peccato > colle: salvezza > raggi del sole: Grazia divina > lonza: lussuria > leone: *(che cosa rappresenta?)* .... > lupa: *(che cosa rappresenta?)*	> vv. 1-12 > vv. 13-15 > vv. 16-18 > vv. 31-36 > vv. 45-48 > vv. 49-54
Conclusioni	Conferma della tesi e considerazioni finali	-

3 Francesco Petrarca

🎓 **Professione**
Canonico e ambasciatore

👥 **Segue**
- Ser Petracco (padre)
- Gherardo (fratello)
- Dante Alighieri

- Famiglia Colonna
- Laura
- Roberto d'Angiò (re di Napoli)
- Cola di Rienzo
- Giovanni Boccaccio
- Giovanni Visconti (arcivescovo di Milano)

✋ **Contatti bloccati**
- Comune di Firenze
- Guido da Correggio

👥 **Gruppi**
Le tre corone

1304 Francesco Petracco nasce ad Arezzo dal notaio fiorentino ser Petracco di Parenzo (guelfo in esilio) e da Eletta Canigiani.

1311-12 Si trasferisce con la famiglia a Carpentras, vicino ad Avignone, sede della corte papale, e nel corso del viaggio incontra a Genova Dante.

1320-26 Studia diritto a Bologna, dove conosce Agapito e Giacomo Colonna, appartenenti a un'influente famiglia romana, poi rientra ad Avignone.

1327 Fa risalire a venerdì 6 aprile il suo primo incontro con Laura, nella chiesa di Santa Chiara ad Avignone.

1341 È esaminato da Roberto d'Angiò, re di Napoli, quindi riceve a Roma, sul colle del Campidoglio, la laurea poetica, il titolo di maestro e la cittadinanza romana.

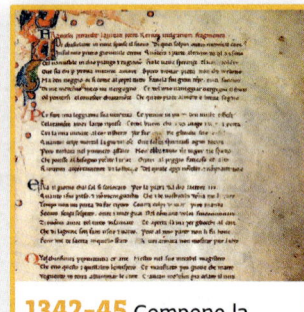

1342-45 Compone la prima forma ordinata del *Canzoniere*. Soggiorna a Parma, ma è costretto a fuggire durante l'assedio della città da parte di Guido da Correggio.

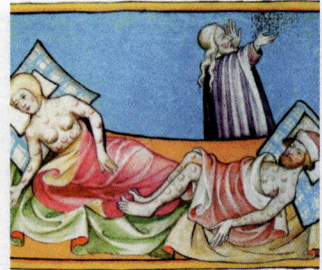

1347-48 Contro i Colonna appoggia Cola di Rienzo, che vuole restaurare a Roma la repubblica ma fallisce. A causa della peste perde Laura e molti amici mentre si trova in Italia.

1350-53 Assunto il nome di "Petrarca" incontra Boccaccio a Firenze ma rifiuta le proposte di impiego del Comune. A Milano entra al servizio dell'arcivescovo Giovanni Visconti.

1361-62 Si trasferisce a Padova e poi a Venezia.

1374 Muore ad Arquà, vicino a Padova, dopo aver rivisto il *Canzoniere*.

30

3 Francesco Petrarca

→ *Laura incorona Petrarca*, miniatura dal manoscritto Ashburnham 1263 (Firenze, Biblioteca Medicea Laurenziana)

il meme

"Trovommi Amor del tutto disarmato et aperta la via per gli occhi al core."
(F. Petrarca, *Rerum vulgarium fragmenta*, 3, vv. 9-10)

La "laurea", ovvero la corona di foglie d'alloro (l'albero al centro), nelle opere di Petrarca è una parola di grande densità: indica la gloria poetica ed è il nome latino e il simbolo di Laura.

Amore è raffigurato come il Cupido della mitologia: un fanciullo alato, bendato e capriccioso, che scaglia i suoi dardi in maniera irrazionale e imprevedibile.

Laura è ritratta secondo i canoni estetici fissati nel *Canzoniere*: bionda, elegante, luminosa, la sua figura giganteggia rispetto a quella umile di Francesco.

La scena è ambientata in un paesaggio bucolico, vicino a un corso d'acqua, che ricorda Valchiusa e la Sorga, in Provenza, teatro dell'amore del poeta.

Il poeta è colto nel momento dell'innamoramento, colpito dalla punta della freccia di Amore e pronto a piegarsi alla potenza dell'amata.

Rerum vulgarium fragmenta (Canzoniere)

"**Frammenti di cose scritte in volgare**": suona così in italiano il titolo della raccolta poetica di Petrarca, il primo vero canzoniere d'autore della letteratura, anzi *il Canzoniere* per antonomasia. Il titolo *Rerum vulgarium fragmenta* conferisce all'opera la dignità di un **impegno letterario** che nel Medioevo appartiene soprattutto ai testi in **latino**; d'altro canto, l'espressione "frammenti" dà l'idea di una raccolta marginale, quasi allo stato di bozza. In realtà, dietro le **"rime sparse"** si nasconde un'**organizzazione strutturale** che Petrarca medita a lungo: **dal 1342**, quando raccoglie un primo nucleo di 14 testi, alla forma definitiva, a cui lavora fino alla morte, nel **1374**.

#latino

#rimesparse

Il *Canzoniere* è innanzitutto la **storia di un amore**, vissuta come un percorso tormentato, fatto di ripensamenti, buoni e cattivi propositi, **desideri contrastanti**. Petrarca, chierico ma non troppo fedele al celibato, vive con imbarazzo il proprio **"errore"** giovanile: sa di avere sbagliato, anela alla **conversione**, ma l'**accidia** (un misto di apatia e depressione) gli impedisce di prendere decisioni definitive.

#amore
#desiderio #contraddizioni

#accidia

@Laura

Nei versi della raccolta, al centro di tutto c'è lei, **Laura**, una donna avignonese di cui sappiamo solo quello che ci dice Francesco: il suo **ritratto**, come tutto in Petrarca, è **letterario**, ma ciò non ha impedito ai petrarchisti, ovvero gli ammiratori e imitatori del poeta, di indagarne le origini e persino di cercarne la tomba. Il *Canzoniere* è organizzato intorno alla sua figura; le **366 poesie** che lo compongono (soprattutto sonetti e canzoni) sono divise da Petrarca in **due parti**:

#dueparti

#vita
- dopo il sonetto di apertura i testi fino al numero 263 compreso si considerano scritti **per Laura viva**;

#morte
- dalla canzone numero 264 iniziano le rime **in morte di lei** (avvenuta durante la pandemia di peste del 1348), che si concludono con una solenne canzone dedicata alla Vergine Maria, la Madonna con la emme maiuscola.

31

Dal Duecento al Quattrocento

#autoritrattoletterario
#io

In realtà, si parla di Laura morta dal sonetto 267 T5, mentre i testi 264-266 riguardano l'inizio della redenzione del poeta. È lui, infatti, il vero **protagonista** del libro. Petrarca dice "**io**" continuamente, ossessivamente: io piango, io soffro, io spero… Laura assiste impassibile e muta ai suoi sfoghi, sentimentali ma anche politici (ad esempio, contro la corrotta curia papale di Avignone). È con Petrarca che la lirica occidentale, in tutta Europa,

#soggettività

acquista quella **dimensione soggettiva** che non perderà più.

Rerum vulgarium fragmenta, parte 1ª, 90

T4 Il ritratto di Laura in vita

TRACCIA 4 — Questioni di genere

Con poche, rapide pennellate Petrarca delinea il ritratto di Laura, all'epoca del suo innamoramento: è una bellezza che non ammette imperfezioni, più ideale che reale. Nonostante il passare del tempo, l'amore del poeta non è venuto meno.

PER COMINCIARE

1 **ATTIVIAMO IL VOCABOLARIO** Per ogni definizione inserisci la parola adeguata, scegliendola dall'elenco.

allentar • scarsi • nodi • aura • ésca

1. .... : vento leggero, come una brezza.
2. .... : punti intricati, grovigli difficili da sciogliere
3. .... : quasi del tutto privi
4. .... : materia facilmente infiammabile
5. .... : rendere meno teso, rilassare

2 **DA IERI A OGGI** Leggi l'elenco di parole usate da Petrarca con la loro versione attuale; quindi riscrivi i quattro verbi proposti sotto, sull'esempio di "avolgea".

capei (v. 1): capelli
'n (v. 2): in
gli avolgea (v. 2): li avvolgeva
vago (v. 3): bello
oltra (v. 3): oltre

pietosi color' (v. 5): colori della pietà (delicati)
sonavan altro che pur voce humana (v. 11): avevano un suono diverso da quello di una semplice voce umana

i' (vv. 7, 13): io
spirto (v. 12): spirito
piagha (v. 14): piaga

1. ardea: ....
2. parea: ....
3. avea: ....
4. sonavan: ....

3 Collega le espressioni alla caratteristica fisica corrispondente.

1. capei d'oro
2. 'l vago lume
3. l'andar

a. camminata
b. capelli
c. occhi

Donna o dea?
Laura è descritta come una creatura sovrumana: sembra emanare luce al pari di un prodigio divino.

Erano i capei d'oro a l'aura sparsi
che 'n mille dolci nodi gli avolgea,
e 'l vago lume oltra misura ardea
4 di quei begli occhi, ch'or ne son sì scarsi;

RIPASSIAMO
L'USO DELL'IMPERFETTO

e 'l viso di pietosi color' farsi,
non so se vero o falso, mi parea:
i' che l'ésca amorosa al petto avea,
8 qual meraviglia se di sùbito arsi?

I suoni di Laura
Il nome della donna amata dal poeta appare attraverso alcune parole (*senhal*) che lo evocano senza citarlo direttamente: l'aura, l'oro, il lauro…

32

Non era l'andar suo cosa mortale,
ma d'angelica forma, et le parole
11 sonavan altro che pur voce humana:

uno spirto celeste, un vivo sole
fu quel ch'i' vidi: et se non fosse or tale,
14 piagha per allentar d'arco non sana.

La metafora dell'amore
Come nel mito antico, Amore è personificato: nei panni di un fanciullo dispettoso scocca le sue frecce con l'arco procurando ferite insanabili.

ATTIVITÀ

1 RIPASSIAMO L'USO DELL'IMPERFETTO Completa la descrizione di Laura con le forme corrette dell'imperfetto dei verbi elencati.

avere • parere • suonare • essere • piacere

Laura _aveva_ i capelli biondi e le (1.) .... lasciarli volare liberi nel vento; i suoi occhi
(2.) .... così luminosi che Francesco, predisposto a innamorarsi, se ne sentì rapito.
Tutto di lei (3.) .... divino: il volto, la camminata, persino le parole, che alle orecchie di lui
(4.) .... come una melodia celestiale. Se anche il tempo l'ha cambiata, la ferita d'amore non si può guarire.

2 SCRIVI IL TUO SAGGIO Nella figura di Laura è stratificata una lunga tradizione letteraria: la dea Venere, la ninfa Dafne delle *Metamorfosi* di Ovidio, la donna angelicata dello Stil novo, la Beatrice del *Paradiso* di Dante. Questa divinizzazione della figura femminile da parte di poeti tutti maschi era davvero compatibile con una società che relegava le donne in casa, privandole di qualsiasi autonomia? Sulla base delle tue conoscenze e sensibilità, prova a scrivere un breve saggio (circa 3-4 pagine) riflettendo sui modi usati da Petrarca per celebrare Laura e sulla loro verosimiglianza storica. Puoi aiutarti con la scaletta proposta.

PERCORSO GUIDATO

Parti del saggio	Argomento	Citazioni a sostegno
Introduzione	Breve riassunto del sonetto	I versi che descrivono Laura (capelli, occhi, andatura)
Tesi	Quale caratterizzazione dell'amata emerge dal testo? La donna interagisce con l'uomo oppure subisce passivamente le sue attenzioni?	-
1° argomento	Il contesto letterario: Petrarca si adegua a una lunga tradizione	› Virgilio, *Eneide*, libro 1°, 319 (Venere) › Ovidio, *Metamorfosi*, libro 1°, 529 (Dafne) › Dante, *Tanto gentile e tanto onesta pare* (T2, p. 23)
2° argomento	Il contesto storico: la situazione femminile tra Medioevo e Rinascimento	Esempio: V. Woolf, *A Room of One's Own* (Judith, l'immaginaria sorella di Shakespeare)
Conferma della tesi	Laura corrisponde o no alla situazione storico-culturale del tempo?	-
Conclusione	Breve bilancio finale	-

Laura morta, incisione da un'edizione cinquecentesca delle opere di Petrarca; particolare

Dal Duecento al Quattrocento

Rerum vulgarium fragmenta, parte 2ª, 267

T5 Il rimpianto di Laura morta

Laura muore di peste ad Avignone nel 1348 e il poeta registra l'evento nella sua raccolta di rime, che così si arricchisce di una seconda parte. Questo è il primo sonetto dedicato a Laura morta; non si dice che cosa sia successo, ma se ne parla ormai al passato.

PER COMINCIARE

1 ATTIVIAMO IL VOCABOLARIO Scrivi almeno un sinonimo di ogni aggettivo elencato.

1. soave: ....
2. leggiadro: ....
3. altero: ....
4. aspro: ....
5. gagliardo: ....
6. privo: ....
7. sommo: ....

2 DA IERI A OGGI Leggi le espressioni usate da Petrarca con la loro versione attuale; quindi completa la riscrittura delle quattro frasi proposte sotto cambiando le parole in corsivo.

Oimè (vv. 1, 2, 3, 5): Ahimè
et (vv. 3, 5, 10, 12): e
fero (v. 3): fiero
humìle (v. 4): ùmile
huom (v. 4): uomo
onde uscìo 'l dardo (v. 5): da dove uscì la freccia
di che (v. 6): da cui

omai (v. 6): ormai
alma real (v. 7): anima regale
dignissima (v. 7): degnissima
impero (v. 7): governo
sì tardo (v. 8): così tardi
conven (v. 9): conviene, bisogna
'n (v. 9): in
respire (v. 9): respiri (viva)

ch'i' pur fui vostro (v. 10): visto che io sono sempre stato vostro
via men (v. 11): molto meno
mi dole (v. 11): mi duole (fa male)
m'empieste (v. 12): mi avete riempito
desire (v. 12): desiderio
partì' (v. 13): partii (sono partito)

1. Gli uomini gagliardi hanno un ingegno *fero*. → Gli uomini coraggiosi hanno un'indole ....
2. Conviene che il poeta arda et *respire* per Laura. → È inevitabile che il poeta bruci d'amore e .... , cioè .... , per Laura.
3. Ogni sventura altra è *via men* dolorosa di questa. → Ogni altra sventura è .... dolorosa di questa.
4. Il *desire* e la speranza hanno animato l'amore del poeta. → Il .... e la speranza hanno animato l'amore del poeta.

Un necrologio dissimulato
La lode della bellezza di Laura e della sua capacità di rendere migliori gli altri è al passato; il poeta piange, quasi singhiozza, non perché sia lontano, ma perché sa di non poterla più rivedere in questo mondo.

Oimè il bel viso, oimè il soave sguardo,
oimè il leggiadro portamento altero;
oimè il parlar ch'ogni aspro ingegno et fero
4 facevi humìle, ed ogni huom vil gagliardo!

Laura imperatrice
Se Laura fosse vissuta nell'età antica, quando le virtù erano apprezzate, sarebbe stata degna di governare l'Europa.

et oimè il dolce riso, onde uscìo 'l dardo
di che morte, altro bene omai non spero:
alma real, dignissima d'impero,
8 se non fossi fra noi scesa sì tardo!

RIPASSIAMO
I VALORI DI PURE

Per voi conven ch'io arda, e 'n voi respire,
ch'i' pur fui vostro; et se di voi son privo,
11 via men d'ogni sventura altra mi dole.

Un addio sfuggente
Le ultime parole che il poeta ha scambiato con Laura sono state disperse dal vento come foglie secche.

Di speranza m'empieste et di desire,
quand'io partì' dal sommo piacer vivo;
14 ma 'l vento ne portava le parole.

34

3 Francesco Petrarca

ATTIVITÀ

1 **RIPASSIAMO I VALORI DI PURE** Sostituisci le parole in corsivo (*pure* e composti) con le espressioni corrette dell'elenco.

davvero • o • anche • ma • nemmeno • Per quanto • per

Esempio: Contate *pure* (____davvero____) i versi della poesia: sono tutti endecasillabi.
1. *Pur* (_____) consapevole della morte di Laura, il poeta continua ad amarla.
2. Il poeta è disposto a tutto *pur di* (_____) rivedere l'amata.
3. L'ardore *oppure* (_____) il respiro stesso del poeta è da lui attribuito a Laura.
4. La peste del 1348 fu una pandemia che non risparmiò *neppure* (_____) Laura.
5. La speranza come *pure* (_____) il desiderio sono destinati a svanire per sempre.
6. Il sonetto è dedicato a Laura non più viva, *eppure* (_____) non leggiamo nei versi nessun dettaglio biografico.

2 **DIALOGA CON L'AUTORE** Immagina che la notizia della morte di Laura sia una bufala e che quindi il sonetto scritto per lei da Petrarca sia basato su un equivoco. Scrivi un articolo di giornale che smentisca il necrologio di Laura e recensisca negativamente la seconda parte del *Canzoniere*. Segui le convenzioni della scrittura giornalistica e scegli se adottare uno stile formale oppure un tono vivace e brioso. Puoi lasciarti ispirare da questo esempio, con titolazione e primo paragrafo di un possibile articolo.

PERCORSO GUIDATO

Ritrovata ad Avignone la famigerata Laura ← **Occhiello**

Petrarca sotto accusa: le sue poesie sanno di falso ← **Titolo caldo**

Un'inchiesta del nostro giornale svela che il *Canzoniere* è tutta una messinscena ← **Sommario o sottotitolo**

← **Attacco (Lead)**

Quando → AVIGNONE (Francia) – Dopo mesi di
Che cosa → pandemia in Italia e in Europa, la lista
Dove → delle vittime si allunga ogni giorno. Anche gli scrittori hanno subito gravi perdite, celebrando poi in prosa e in versi i loro cari per renderli immortali. Uno di loro,
Perché → preso dall'impeto o forse ingannato dalle chiacchiere di un amico, ha anticipato il destino e ha fatto volare in cielo prima del tempo la donna di cui continua a dirsi
Chi → innamorato. Petrarca, infatti, il poeta laureato, ha dato per morta la sua Laura, residente ad Avignone. Laura però è viva e
Come → vegeta; l'abbiamo incontrata davanti alla chiesa dove, secondo il *Canzoniere*, il dottor Petrarca l'ha vista per la prima volta nel 1327.

La chiesa dei Cordiglieri ad Avignone, dove si sarebbe trovata la tomba di Laura. ← **Didascalia**

← **Fotonotizia**

35

4 Giovanni Boccaccio

Professione
Ufficiale, ambasciatore del Comune di Firenze e chierico

Segue
- Boccaccino (padre)
- Fiammetta
- Roberto d'Angiò (re di Napoli)
- Jacopo (fratello)
- Francesco Petrarca
- Dante Alighieri

Contatti bloccati
- Peste
- Bardi

Gruppi
Le tre corone

1313 Nasce a Firenze o a Certaldo, figlio naturale del mercante Boccaccino.

1327 Si trasferisce a Napoli, dove il padre è rappresentante della compagnia bancaria dei Bardi.

1330 Inizia a studiare diritto canonico all'università di Napoli e frequenta la corte di Roberto d'Angiò. Scopre la vocazione letteraria e canta l'amore per Fiammetta.

1340-41 Ritorna a Firenze con il padre a causa della bancarotta dei Bardi.

1348 La pandemia di peste dilaga: il padre muore. Giovanni assume vari incarichi per il Comune di Firenze.

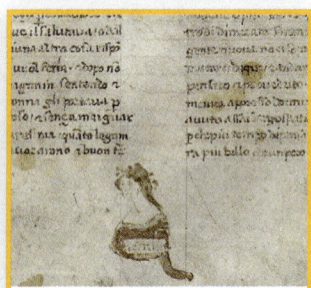

1349-53 Inizia a scrivere il *Decameron*.

1350 A Firenze incontra Petrarca.

1361 Presi gli ordini sacri, cede la casa di Firenze al fratello Jacopo e si trasferisce a Certaldo.

1373-74 Legge e commenta pubblicamente a Firenze la *Commedia* di Dante.

1375 Muore a Certaldo.

> Giovan Francesco Rustici, *Busto di G. Boccaccio*, 1503, marmo (Certaldo Alto, chiesa dei Santi Jacopo e Filippo)

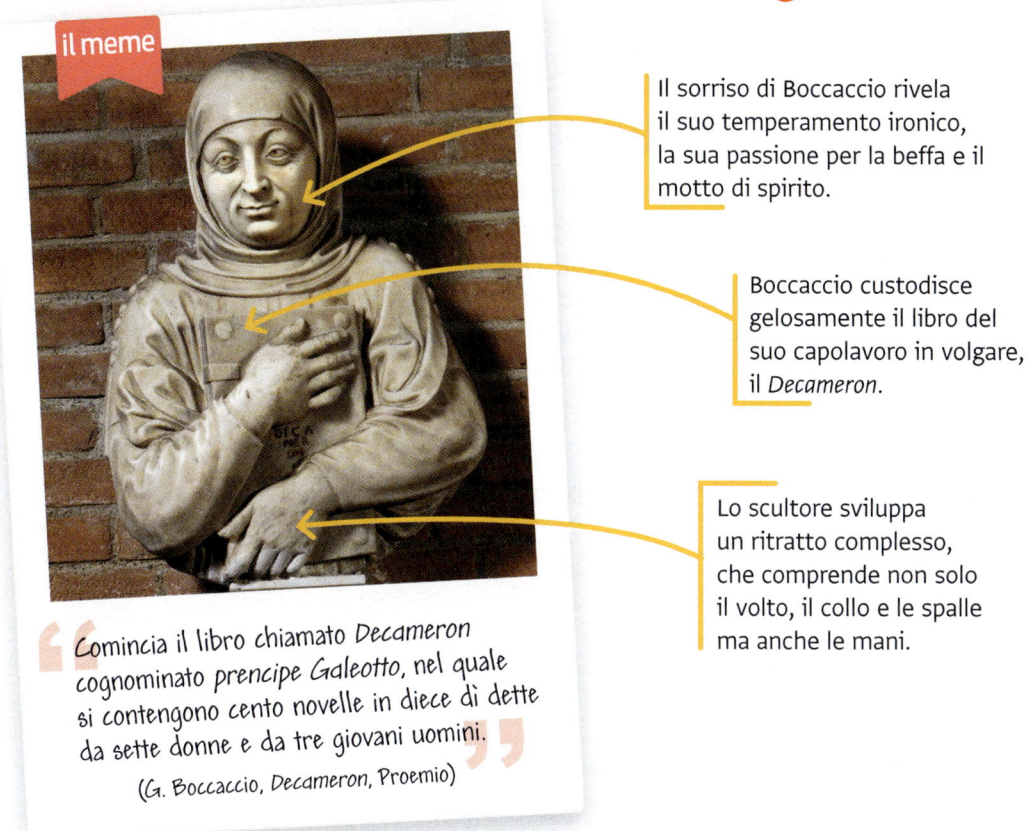

il meme

Il sorriso di Boccaccio rivela il suo temperamento ironico, la sua passione per la beffa e il motto di spirito.

Boccaccio custodisce gelosamente il libro del suo capolavoro in volgare, il *Decameron*.

Lo scultore sviluppa un ritratto complesso, che comprende non solo il volto, il collo e le spalle ma anche le mani.

"Comincia il libro chiamato Decameron cognominato prencipe Galeotto, nel quale si contengono cento novelle in diece dì dette da sette donne e da tre giovani uomini."

(G. Boccaccio, *Decameron*, Proemio)

Decameron

Decameron è una parola greca che significa "dieci giorni": il libro di Boccaccio ha infatti una struttura divisa in **dieci giornate** per un totale di **cento novelle** (dieci al giorno). Non si tratta però di una semplice raccolta di racconti. Boccaccio fa di più: crea per il suo libro una **cornice storica**, ovvero la Firenze del 1348, al tempo della pandemia di peste. Una **brigata** di dieci giovani (sette donne e tre uomini) decide di lasciare la città e di trasferirsi in campagna per due settimane: passeranno il tempo in piacevoli intrattenimenti, tra i quali raccontare a turno delle storie, dopo aver eletto per ogni giornata una regina oppure un re incaricato di fissare l'argomento. Soltanto la prima e la nona giornata saranno a tema libero, un privilegio riservato sempre a uno dei dieci giovani (Dioneo).

I temi delle novelle sono:

#100novelle

#cornice
#brigata

#fortuna #amore
- **vicende d'amore fortunato** o **tragico**;
#beffa
- **beffe** organizzate ai danni di qualche povero ingenuo;
#motto
- **motti**, cioè risposte pronte.
#ingegno

I personaggi delle storie di sicuro successo sono quelli capaci di usare il proprio **ingegno** per uscire da una circostanza avversa.

La maggior parte delle novelle è ambientata in **Toscana**, ma grazie ai contatti con il mondo mercantile Boccaccio allarga il suo sguardo di novellatore all'intero **mar Mediterraneo**, in cui nel Trecento fiorivano gli scambi commerciali e culturali. Tra i personaggi si distinguono uomini e donne di **vari ceti sociali**, sia **nobili** sia **non nobili**: i loro diversi valori, quelli **cortesi** degli **aristocratici** e quelli pratici dei **mercanti**, vengono fusi insieme per fornire a lettrici e lettori una sintesi originale.

#nobiltà
#cortesia #mercanti

Molti dei racconti sono ispirati alla **tradizione novellistica precedente**, anche orientale, alla letteratura cosiddetta esemplare, ai romanzi medievali. Ciononostante, il *Decameron* presenta una straordinaria originalità, che si riflette in una **prosa capace di adattarsi a vari registri e sottogeneri** (comico, tragico, elegiaco, perfino horror).

Dal Duecento al Quattrocento

Decameron, giornata 4ª, introduzione

T6 La novella delle papere

TRACCIA 6 — **Questioni di genere**

Diversamente dalle altre novelle del *Decameron*, la cosiddetta novella delle papere è raccontata direttamente dall'autore, nell'introduzione alla quarta giornata. In essa, Boccaccio si difende dalle accuse di alcuni critici, che erano rimasti scandalizzati dalle trame licenziose di alcune novelle. Attraverso il racconto, l'autore spiega uno dei presupposti della sua visione etica: la naturalità degli istinti, come quello erotico.

PER COMINCIARE

1 ATTIVIAMO IL VOCABOLARIO Collega ogni espressione al suo significato.

1. garzone
2. durar fatica
3. menare
4. acciò che
5. studio
6. temporal cosa
7. poscia

a. impegno, dedizione
b. giovane
c. affinché
d. sopportare le difficoltà
e. condurre, portare
f. poi
g. cosa mondana, terrena, umana

2 DA IERI A OGGI Leggi l'elenco di parole usate da Boccaccio con la loro versione attuale, quindi riscrivi le quattro espressioni proposte sotto.

leggiere (r. 2): leggera (modesta)
richiedea (r. 3): richiedeva
niuna (r. 4): nessuna
conceputo (r. 7): concepito
veggendosi (r. 9): vedendosi
rimaso (r. 9): rimasto
limosine (r. 13): elemosine
lasciarnegli (r. 14): lasciargliene
nol (r. 15): non lo
de' (r. 15): dei
quivi (r. 18): qui
oportunità (r. 19): opportunità (bisogni)

sovenuto (r. 19): sovvenuto (aiutato)
oggimai (r. 22): ormai
faccendomi cognoscere (r. 23): facendomi conoscere
divoti (r. 23): devoti
pe' (r. 24): per i
servigio (r. 27): servizio
dovrebbono (r. 27): dovrebbero
seco (r. 28): con sé, fra sé e sé
palagi (r. 29): palazzi
vedute no' n'avea (r. 30): non ne aveva viste

maravigliare (r. 31): meravigliare
da un paio di nozze venieno (r. 34): venivano da un matrimonio
guatare (r. 36): guardare intensamente (fissare)
elle (r. 36): esse (loro)
paruta (r. 50): parsa
agnoli (r. 51): angeli
pentessi (r. 54): si pentì

Esempio: in questa vita molti anni il tenne: *lo tenne per molti in anni in questa vita (gli impose per molti anni questo stile di vita)*

1. è uomo di condizione assai leggiere: _____
2. fatemi cognoscere i divoti: _____
3. si cominciò a maravigliare: _____
4. non le guatare!: _____

La cornice: la città di Firenze e il Monte Asinaio
La novella è ambientata a Firenze: i Balducci erano una famiglia di discrete condizioni economiche, mentre sul Monte Asinaio (o Senario), nel Mugello, vivevano davvero alcuni eremiti.

Nella nostra città, già è buon tempo passato, fu un cittadino il quale fu nominato Filippo Balducci, uomo di condizione assai leggiere, ma ricco e bene inviato e esperto nelle cose quanto lo stato suo richiedea; e aveva una sua donna moglie, la quale egli sommamente amava, e ella lui, e insieme in riposata vita si stavano, a niuna altra cosa
5 tanto studio ponendo quanto in piacere interamente l'uno all'altro. Ora avvenne, sì come di tutti avviene, che la buona donna passò di questa vita, né altro di sé a Filippo lasciò che un solo figliuolo di lui conceputo, il quale forse d'età di due anni era. Costui per la morte della sua donna tanto sconsolato rimase, quanto mai alcuno altro amata cosa perdendo rimanesse; e veggendosi di quella compagnia, la quale egli più amava, rimaso solo, del tutto

38

Giovanni Boccaccio

10 si dispose di non volere più essere al mondo ma di darsi al servigio di Dio e il simigliante fare del suo piccol figliuolo. Per che, data ogni sua cosa per Dio, senza indugio se n'andò sopra Monte Asinaio, e quivi in una piccola celletta se mise col suo figliuolo, col quale di limosine in digiuni e in orazioni vivendo, sommamente si guardava di non ragionare, là dove egli fosse, d'alcuna temporal cosa né di lasciarnegli alcuna vedere, acciò che esse da
15 così fatto servigio nol traessero, ma sempre della gloria di vita eterna e di Dio e de' santi gli ragionava, nulla altro che sante orazioni insegnandogli. E in questa vita molti anni il tenne, mai della cella non lasciandolo uscire né alcuna altra cosa che sé dimostrandogli. Era usato il valente uomo di venire alcuna volta a Firenze: e quivi secondo le sue oportunità dagli amici di Dio sovenuto, alla sua cella tornava.

20 Ora avvenne che, essendo già il garzone d'età di diciotto anni e Filippo vecchio, un dì il domandò ov'egli andava. Filippo gliele disse; al quale il garzon disse: "Padre mio, voi siete oggimai vecchio e potete male durar fatica; perché non mi menate voi una volta a Firenze, acciò che, faccendomi cognoscere gli amici e divoti di Dio e vostri, io, che son giovane e posso meglio faticar di voi, possa poscia pe' nostri bisogni a Firenze andare quando vi
25 piacerà, e voi rimanervi qui?".

Il valente uomo, pensando che già questo suo figliuolo era grande e era sì abituato al servigio di Dio, che malagevolmente le cose del mondo a sé il dovrebbono omai poter trarre, seco stesso disse: 'Costui dice bene'; per che, avendovi a andare, seco il menò.

Quivi il giovane veggendo i palagi, le case, le chiese e tutte l'altre cose delle quali tutta
30 la città piena si vede, sì come colui che mai più per ricordanza vedute no' n'avea, si cominciò forte a maravigliare e di molte domandava il padre che fossero e come si chiamassero.

Il padre gliele diceva; e egli, avendolo udito, rimaneva contento e domandava d'un'altra. E così domandando il figliuolo e il padre rispondendo, per avventura si scontrarono in una brigata di belle giovani donne e ornate, che da un paio di nozze venieno: le quali
35 come il giovane vide, così domandò il padre che cosa quelle fossero.

A cui il padre disse: "Figliuol mio, bassa gli occhi in terra, non le guatare, ch'elle son mala cosa".

Disse allora il figliuolo: "O come si chiamano?".

Il padre, per non destare nel concupiscibile appetito del giovane alcuno inchinevole
40 disiderio men che utile, non le volle nominare per lo proprio nome, cioè femine, ma disse: "Elle si chiamano papere".

RIPASSIAMO
L'USO DEL CONGIUNTIVO

Padri contro figli, vecchi contro giovani
Dietro il rapporto tra Filippo e il figlio si nasconde il tipico conflitto tra vecchie e nuove generazioni e tra i rispettivi valori. Boccaccio stesso si era sottratto agli studi commerciali e poi giuridici propostigli dal padre.

Buffalmacco, *Un gruppo di giovani si intrattiene in un giardino*, particolare del *Trionfo della Morte*, 1336-41, affresco (Pisa, Camposanto)

Dal Duecento al Quattrocento

La metafora continuata
La metafora delle papere inventata da Filippo viene sviluppata: il figlio vorrebbe dare da "beccare", cioè da mangiare, alle papere, ma il padre lo avverte che esse "s'imbeccano" in maniera particolare. Si noti qui l'ovvia allusione sessuale, su cui il dialogo si conclude, lasciando interrotta la novella.

Maravigliosa cosa a udire! Colui che mai più alcuna veduta non avea, non curatosi de' palagi, non del bue, non del cavallo, non dell'asino, non de' denari né d'altra cosa che veduta avesse, subitamente disse: "Padre mio, io vi priego che voi facciate che io abbia una
45 di quelle papere".

"Oimè, figliuol mio", disse il padre "taci: elle son mala cosa".

A cui il giovane domandando disse: "O son così fatte le male cose?".

"Sì" disse il padre.

E egli allora disse: "Io non so che voi vi dite, né perché queste sieno mala cosa: quanto
50 è, a me non è ancora paruta vedere alcuna così bella né così piacevole come queste sono. Elle son più belle che gli agnoli dipinti che voi m'avete più volte mostrati. Deh! se vi cal di me, fate che noi ce ne meniamo una colà sù di queste papere, e io le darò beccare".

Disse il padre: "Io non voglio; tu non sai donde elle s'imbeccano!" e sentì incontanente più aver di forza la natura che il suo ingegno; e pentessi d'averlo menato a Firenze.

ATTIVITÀ

1 **RIPASSIAMO** **L'USO DEL CONGIUNTIVO** Scegli l'alternativa corretta tra le due proposte; quindi giustifica oralmente la tua scelta.

Esempio: Secondo il racconto di Boccaccio, Filippo e il figlio *vivevano*/vissero su un monte poco lontano da Firenze.

1. Filippo accettò l'aiuto del figlio perché *sentisse/sentiva* avvicinarsi la vecchiaia.
2. Il figlio di Filippo chiedeva al padre come si *fossero chiamate/chiamassero* le donne.
3. Il giovane vorrebbe che il padre *portasse/porti* una "papera" sul Monte Asinaio.
4. Il ragazzo non sapeva perché le donne *fossero/saranno* malvagie.
5. Padre, vi sto chiedendo se *avessimo potuto/possiamo* tornare con una di loro.

2 **SCRIVI IL TUO SAGGIO** Il tema centrale della novella è la naturalità degli istinti. Boccaccio sostiene la sua tesi attraverso la metafora poco riuscita delle donne-papere: il figlio di Filippo si sente attratto dalle giovani anche se non le ha mai viste né conosce il loro nome. La novella, inoltre, presuppone una visione della donna tutt'altro che angelica: le donne sono paragonate ad animali e si possono "menare" a casa come una qualunque merce. In un saggio di 3-4 pagine, analizza in che modo Boccaccio sviluppa le sue riflessioni, aiutandoti con la scaletta proposta.

Parti del saggio	Argomento	Citazioni a sostegno	Bibliografia
Introduzione	Breve riassunto della novella: contesto (Firenze, Monte Asinaio) e personaggi (Filippo Balducci, il figlio, le donne)	–	–
Tesi	Qual è il tema centrale di Boccaccio?	*Per non destare nel concupiscibile appetito del giovane alcuno inchinevole disiderio men che utile; sentì incontanente più aver di forza la natura che il suo ingegno*	"Boccaccio abbozza nel piccolo Balducci un personaggio che non è costruito su moduli letterari, ma è scopertamente caratterizzato da un istintivo e naturale aprirsi all'amore" (Federico Sanguineti, *La novelletta delle papere nel* Decameron, *Belfagor* 37.2, 1982, pp. 137-46: 144); "La novella è la prova provata di un caso di insopprimibile forza di natura [...]. È la storia di una assurda coercizione, e della liberazione per esclusiva virtù di natura" (Roberto Fedi, *Il 'regno' di Filostrato. Natura e struttura della Giornata IV del* Decameron, *MLN* 102.1, 1987, pp. 39-54: 48)

Parti del saggio	Argomento	Citazioni a sostegno	Bibliografia
1° argomento: la visione della donna	In che modo vengono trattate le donne incontrate da Filippo e dal figlio? Boccaccio mostra un'attitudine misogina o, al contrario, filogina?	*Non le volle nominare per lo proprio nome, cioè femine, ma disse: "Elle si chiamano papere"*; *"Elle son mala cosa"*	"L'*exemplum* tradizionale viene così modificato in novella 'ideologica' che celebra la muliebrità capovolgendo il vecchio significato misogino" (Federico Sanguineti, *La novelletta delle papere nel* Decameron, *Belfagor* 37.2, 1982, pp. 137-46: 143)
2° argomento: la metafora continuata e il suo fallimento	Quali termini della metafora rimandano al mondo animale? Perché la metafora di Filippo non funziona?	*"O son così fatte le male cose?"*; *"e io le darò beccare"*	"The collusive audience laughs with Boccaccio, amused by his clever linguistic endeavours, and instead laughs at Balducci, mocking his maladroit use of metaphor" (Catherine Elizabeth Baxter, Turpiloquium *in* Boccaccio's Tale of the Goslings (Decameron, *Day IV, Introduction*), The Modern Language Review 108.3, 2013, pp. 812-38: 827)
Conclusioni	Conferma della tesi e delle proprie osservazioni	–	–

Decameron, giornata 4ª, novella 5ª

T7 La novella di Elisabetta

TRACCIA 7 — Questioni di genere

La novellatrice Filomena racconta la storia di un amore infelice, quello tra Elisabetta, sorella di mercanti toscani, e Lorenzo, il loro amministratore. Tra i due giovani scoppia la passione, ma i fratelli, che non la approvano, fanno di tutto per soffocarla e da commercianti diventano assassini.

PER COMINCIARE

1 ATTIVIAMO IL VOCABOLARIO Descrivi ogni immagine con le parole corrette scegliendole tra quelle elencate.

sepoltura • fiori d'arancio • coltello • terra • basilico • drappo

1. una piantina di .... con le radici nella ....
2. .... 
3. .... 
4. .... 
5. ....

Dal Duecento al Quattrocento

> **2 DA IERI A OGGI** Leggi le espressioni usate da Boccaccio e completa quelle in cui manca la versione attuale.

Ellisabetta (r. 1): Elisabetta
l'apparisce (r. 1): le appare
mostrale (r. 1): le mostra
occultamente disotterra (r. 2): dissotterra di nascosto
mettela (r. 2): la mette
testo di bassilico (r. 2): vaso di basilico
quivi sù piagnendo (r. 2): piangendoci sopra
per una grande ora (r. 3): per molto tempo
gliele (r. 3): glielo
appresso (r. 3): dopo
adunque (r. 4): dunque
mercatanti (r. 4): mercanti
rimasi (r. 5): rimasti
costumata (r. 6): ben educata
che che se ne fosse cagione (rr. 6-7): qualsiasi fosse la ragione di ciò
maritata non aveano (r. 7): non avevano dato in sposa
della persona (r. 9): fisicamente
guatato (r. 10): guardato con ammirazione
stranamente (r. 10): straordinariamente
porre l'animo (r. 12): rivolgere l'attenzione
sì andò la bisogna (r. 12): la faccenda andò così avanti
igualmente (r. 13): ugualmente (allo stesso modo)
assicuratisi (r. 13): sentitisi sicuri
disiderava (r. 14): desiderava
sì segretamente fare (r. 16): comportarsi in modo così discreto
de' (rr. 17, 36): dei
per ciò che (rr. 17-18, 32, 45): perché
savio (r. 18): saggio, intelligente
noioso gli fosse a ciò sapere (r. 18): gli fosse spiacevole venire a saperlo
consiglio (r. 19): decisione
infino (rr. 20, 24): fino
trapassò (r. 20): attese
a' (rr. 20, 50): ai
veduto aveva (r. 21): aveva ....
diliberò (r. 22): deliberò (decise)
acciò che (r. 22): affinché
sirocchia (r. 23): sorella
di passarsene tacitamente e d'infignersi (r. 23): di lasciar perdere la cosa e di fingere di non

sconcio (r. 25): disonore
avanti che più andasse innanzi (r. 25): prima che procedesse ulteriormente
torre (r. 26): togliere
dimorando (r. 27): attendendo
cianciando (r. 27): chiacchierando
usati (rr. 27, 33): soliti, abituati
sembianti faccendo (r. 28): facendo finta
a diletto (r. 28): per svago
seco menaron (r. 29): portarono ....
rimoto (r. 29): remoto (lontano)
veggendosi il destro (rr. 29-30): vedendo che l'occasione era loro favorevole
niuna guardia (r. 30): nessuna difesa
uccisono (rr. 30, 47): uccisero
in guisa che (rr. 30-31): in modo che
niuna persona (r. 31): ....
dieder voce (r. 31): sparsero la voce
bisogne (r. 32): affari
leggiermente (r. 32): facilmente
da torno (r. 33): in giro
fratei (r. 34): ....
la dimora lunga (rr. 35, 40-41): la lunga attesa
molto instantemente (r. 36): molto insistentemente
a far di Lorenzo (r. 37): a che fare con Lorenzo
più (r. 37): ancora
dolente e trista (r. 38): addolorata e infelice
temendo e non sappiendo che (rr. 38-39): avendo paura e non sapendo di che cosa
il (r. 40): lo
lagrime (rr. 40, 45, 63, 67): ....
punto (r. 41): affatto
piagnendo adormentata (r. 43): piangendo addormentata
l'apparve (r. 43): le apparve
rabbuffato (r. 44): disordinato
co' (r. 44): con i
fracidi (r. 44): decomposti
parvele (r. 44): a lei parve
t'atristi (r. 45): ti attristi
disegnatole (r. 47): indicatole
nol (r. 48): non lo
disparve (r. 48): scomparve, sparì

dando fede (r. 49): credendo
paruto (r. 51): apparso
licenzia (r. 51): licenza (permesso)
terra (r. 52): città
a diporto (r. 52): per svago
più tosto (r. 53): prima
cavò (r. 54): scavò
né ebbe guari cavato (r. 54): e non aveva .... molto
femina (r. 56): femmina (donna)
dolorosa (r. 57): addolorata
conoscendo che quivi non era da piagnere (r. 57): sapendo che non era quello il momento di ....
convenevole (r. 58): ....
esser non poteva (rr. 58-59): non era possibile
spiccò dallo 'mbusto (r. 59): tagliò dal busto
in un asciugatoio inviluppata (r. 60): avvolta in un asciugamano
l'altro corpo (r. 60): il resto del corpo
gittata (r. 60): gettata
quindi si dipartì (r. 61): si allontanò da lì
tornossene (r. 61): se ne tornò
basci (r. 63): baci
ne' (r. 64): nei
persa (r. 64): maggiorana (erba)
dentro la vi mise (r. 65): ve la mise dentro
sù (r. 65): su (sopra)
piedi (r. 66): piantine
salernetano (r. 66): selemontano (varietà pregiata di basilico)
quegli (r. 66): quelli
rosata o di fior d'aranci (r. 67): distillata dalle rose o dai fiori dell'arancio
disidero (r. 68): ....
vagheggiare (r. 69): contemplare
per lungo spazio (r. 70): per molto tempo
tanto che (r. 70): finché
piagnea (r. 71): ....
studio (r. 72): cura
grassezza (r. 72): fertilità
procedente (r. 72): causata
corrotta (r. 73): in decomposizione
odorifero molto (r. 73): molto profumato
servando (r. 73): conservando
del continuo (r. 74): sempre

da' suoi vicin (r. 74): .... suoi vicini
Li (r. 74): I
maravigliandosi (r. 75): visto che erano meravigliati
di ciò che (r. 75): del fatto che
il (r. 76): questo
la cotal maniera (r. 76): questo comportamento
non giovando (r. 77): non servendo
nascosamente (r. 78): di nascosto

instanzia (r. 79): insistenza
renduto (r. 79): reso (restituito)
infermò (r. 80): si ammalò
nella infermità (r. 80): durante la malattia
adimandare (r. 81): richiedere
capellatura (r. 83): capigliatura
lei (r. 83): la (essa)
temettero non (r. 84): ebbero paura che
ordinato come di quindi si ritraessono (r. 85): organizzato

come si sarebbero trasferiti da questo luogo
restando (r. 87): smettendo
pure (r. 87): continuamente
disaventurato (r. 88): sfortunato
a certo tempo (r. 88): a un certo momento
compuose (r. 89): compose
Qual esso fu lo malo cristiano (r. 90): Chi è stato il cattivo uomo
furò la grasta (r. 90): rubò il vaso

Rubrica d'autore (con spoiler)
Ogni novella è preceduta da una rubrica scritta da Boccaccio in cui è riassunta la trama; il lettore può non leggerla oppure vedere se la storia può interessarlo.

I luoghi dei mercanti
Grazie al padre, Boccaccio è esperto di commerci e conosce i luoghi degli affari del suo tempo, come i fóndachi, ovvero i magazzini e le botteghe: a Messina, in Sicilia, c'erano davvero comunità di mercanti originari della Toscana (dove si trovano San Gimignano e Pisa); nel finale i fratelli si trasferiscono a Napoli, grande porto mediterraneo.

RIPASSIAMO
GLI AVVERBI DI MODO

Il codice maschile dell'onore
I fratelli di Elisabetta pensano che l'amore tra la sorella e un loro dipendente possa disonorare la famiglia; sono legati a una mentalità chiusa e conservatrice, che non tiene conto dei sentimenti "naturali".

I fratelli d'Ellisabetta uccidon l'amante di lei: egli l'apparisce in sogno e mostrale dove sia sotterrato; ella occultamente disotterra la testa e mettela in un testo di bassilico, e quivi sù piagnendo ogni dì per una grande ora, i fratelli gliele tolgono, e ella se ne muore di dolor poco appresso.

[...] Erano adunque in Messina tre giovani fratelli e mercatanti, e assai ricchi uomi-
5 ni rimasi dopo la morte del padre loro, il quale fu da San Gimignano; e avevano una loro sorella chiamata Elisabetta, giovane assai bella e costumata, la quale, che che se ne fosse cagione, ancora maritata non aveano. E avevano oltre a ciò questi tre fratelli in un lor fondaco un giovinetto pisano chiamato Lorenzo, che tutti i lor fatti guidava e faceva; il quale, essendo assai bello della persona e leggiadro molto, avendolo più
10 volte Lisabetta guatato, avvenne che egli le incominciò stranamente a piacere. Di che Lorenzo accortosi e una volta e altra, similmente, lasciati suoi altri innamoramenti di fuori, incominciò a porre l'animo a lei; e sì andò la bisogna che, piacendo l'uno all'altro igualmente, non passò gran tempo che, assicuratisi, fecero di quello che più disiderava ciascuno.
15 E in questo continuando e avendo insieme assai di buon tempo e di piacere, non seppero sì segretamente fare, che una notte, andando Lisabetta là dove Lorenzo dormiva, che il maggior de' fratelli, senza accorgersene ella, non se ne accorgesse. Il quale, per ciò che savio giovane era, quantunque molto noioso gli fosse a ciò sapere, pur mosso da più onesto consiglio, senza far motto o dir cosa alcuna, varie cose fra sé rivolgendo
20 intorno a questo fatto, infino alla mattina seguente trapassò. Poi, venuto il giorno, a' suoi fratelli ciò che veduto aveva la passata notte d'Elisabetta e di Lorenzo raccontò; e con loro insieme, dopo lungo consiglio, diliberò di questa cosa, acciò che né a loro né alla sirocchia alcuna infamia ne seguisse, di passarsene tacitamente e d'infingersi del tutto d'averne alcuna cosa veduta o saputa infino a tanto che tempo venisse nel quale
25 essi, senza danno o sconcio di loro, questa vergogna, avanti che più andasse innanzi, si potessero torre dal viso.

E in tal disposizion dimorando, così cianciando e ridendo con Lorenzo come usati erano, avvenne che, sembianti faccendo d'andare fuori della città a diletto tutti e tre, seco menaron Lorenzo; e pervenuti in un luogo molto solitario e rimoto, veggendosi
30 il destro, Lorenzo, che di ciò niuna guardia prendeva, uccisono e sotterrarono in guisa che niuna persona se n'accorse. E in Messina tornatisi dieder voce d'averlo per loro bisogne mandato in alcun luogo; il che leggiermente creduto fu, per ciò che spesse volte eran di mandarlo da torno usati.

Non tornando Lorenzo, e Lisabetta molto spesso e sollecitamente i fratei doman-
35 dandone, sì come colei a cui la dimora lunga gravava, avvenne un giorno che, domandandone ella molto instantemente, che l'uno de' fratelli disse: "Che vuol dir questo?

Dal Duecento al Quattrocento

Il silenzio di Elisabetta
Il personaggio di Elisabetta non parla quasi mai nella novella, ma agisce con la stessa prontezza dei fratelli. Il suo silenzio rivela le costrizioni della condizione femminile.

Visione o sogno?
Lorenzo appare di notte a Elisabetta come un fantasma; questa scena inserisce nella novella e nell'intero *Decameron* un elemento horror, che dà una svolta alla vicenda.

L'autopsia di Lorenzo
Con l'aiuto di una ex domestica, Elisabetta trova il cadavere di Lorenzo e gli taglia la testa, per averla sempre con sé. All'horror si aggiunge qui il macabro, attraverso un gesto che ricorda il culto dei santi: la testa di Lorenzo è come una preziosa reliquia da venerare.

Un pianto infinito
Traumatizzata dalla perdita, sola e incompresa, Elisabetta non riesce a elaborare il lutto e al silenzio aggiunge continue lacrime.

che hai tu a far di Lorenzo, che tu ne domandi così spesso? Se tu ne domanderai più, noi ti faremo quella risposta che ti si conviene". Per che la giovane dolente e trista, temendo e non sappiendo che, senza più domandarne si stava e assai volte la notte pietosamente
40 il chiamava e pregava che ne venisse; e alcuna volta con molte lagrime della sua lunga dimora si doleva e senza punto rallegrarsi sempre aspettando si stava.

Avvenne una notte che, avendo costei molto pianto Lorenzo che non tornava e essendosi alla fine piagnendo adormentata, Lorenzo l'apparve nel sonno, pallido e tutto rabbuffato e co' panni tutti stracciati e fracidi: e parvele che egli dicesse: "O Lisabetta, tu
45 non mi fai altro che chiamare e della mia lunga dimora t'atristi e me con le tue lagrime fieramente accusi; e per ciò sappi che io non posso più ritornarci, per ciò che l'ultimo dì che tu mi vedesti i tuoi fratelli m'uccisono". E disegnatole il luogo dove sotterato l'aveano, le disse che più nol chiamasse né l'aspettasse, e disparve.

La giovane, destatasi e dando fede alla visione, amaramente pianse. Poi la mattina le-
50 vata, non avendo ardire di dire alcuna cosa a' fratelli, propose di volere andare al mostrato luogo e di vedere se ciò fosse vero che nel sonno l'era paruto. E avuta la licenzia d'andare alquanto fuor della terra a diporto, in compagnia d'una che altra volta con loro era stata e tutti i suoi fatti sapeva, quanto più tosto poté là se n'andò; e tolte via foglie secche che nel luogo erano, dove men dura le parve la terra quivi cavò; né ebbe guari cavato, che ella
55 trovò il corpo del suo misero amante in niuna cosa ancora guasto né corrotto: per che manifestamente conobbe essere stata vera la sua visione. Di che più che altra femina dolorosa, conoscendo che quivi non era da piagnere, se avesse potuto volentier tutto il corpo n'avrebbe portato per dargli più convenevole sepoltura; ma veggendo che ciò esser non poteva, con un coltello il meglio che poté gli spiccò dallo 'mbusto la testa, e quella
60 in uno asciugatoio inviluppata, e la terra sopra l'altro corpo gittata, messala in grembo alla fante, senza essere stata da alcun veduta, quindi si dipartì e tornossene a casa sua.

Quivi con questa testa nella sua camera rinchiusasi, sopra essa lungamente e amaramente pianse, tanto che tutta con le sue lagrime la lavò, mille basci dandole in ogni parte. Poi prese un grande e un bel testo, di questi ne' quali si pianta la persa o il basi-
65 lico, e dentro la vi mise fasciata in un bel drappo; e poi messavi sù la terra, sù vi piantò parecchi piedi di bellissimo bassilico salernetano, e quegli da niuna altra acqua che o rosata o di fior d'arancio o delle sue lagrime non innaffiava giammai. E per usanza aveva preso di sedersi sempre a questo testo vicina e quello con tutto il suo disidero vagheggiare, sì come quello che il suo Lorenzo teneva nascoso: e poi che molto vagheggiato
70 l'avea, sopr'esso andatasene cominciava a piagnere, e per lungo spazio, tanto che tutto il basilico bagnava, piagnea.

Il basilico, sì per lo lungo e continuo studio, sì per la grassezza della terra procedente dalla testa corrotta che dentro v'era, divenne bellissimo e odorifero molto; e servando la giovane questa maniera del continuo, più volte da' suoi vicin fu veduta. Li quali,
75 maravigliandosi i fratelli della sua guasta bellezza e di ciò che gli occhi le parevano della testa fuggiti, il disser loro: "Noi ci siamo accorti che ella ogni dì tiene la cotal maniera". Il che udendo i fratelli e accorgendosene, avendonela alcuna volta ripresa e non giovando, nascosamente da lei fecero portar via questo testo; il quale non ritrovando ella con grandissima instanzia molte volte richiese, e non essendole renduto, non cessando il
80 pianto e le lagrime, infermò, né altro che il testo suo nella infermità domandava. I giovani si maravigliavan forte di questo adimandare, e per ciò vollero vedere che dentro vi fosse; e versata la terra, videro il drappo e in quello la testa non ancora sì consumata, che essi alla capellatura crespa non conoscessero lei essere quella di Lorenzo. Di che essi si maravigliaron forte e temettero non questa cosa si risapesse: e sotterrata quella, senza
85 altro dire, cautamente di Messina uscitisi e ordinato come di quindi si ritraessono, se n'andarono a Napoli.

4 Giovanni Boccaccio

Dal passato al presente
L'origine della novella è ricondotta a una "canzone" popolare; l'autore crea così un legame tra i personaggi e i suoi lettori e lettrici.

La giovane non restando di piagnere e pure il suo testo adimandando, piagnendo si morì, e così il suo disavventurato amore ebbe termine. Ma poi a certo tempo divenuta questa cosa manifesta a molti, fu alcun che compuose quella canzone la quale ancora
90 oggi si canta, cioè: "Qual esso fu lo malo cristiano, che mi furò la grasta", et cetera.

ATTIVITÀ

1 RIPASSIAMO GLI AVVERBI DI MODO Completa le frasi trasformando in avverbi di modo gli aggettivi tra parentesi.

Esempio: Elisabetta e Lorenzo sono ___straordinariamente___ (*straordinario*) innamorati.
1. I due amanti cercando di incontrarsi _____ (*segreto*).
2. L'amore e il senso dell'onore sono due aspetti della vicenda _____ (*uguale*) intensi.
3. I fratelli di Elisabetta _____ (*tacito*) portano a termine il loro piano omicida.
4. Le parole dei fratelli sono credute _____ (*facile*) da tutti a Messina per la rispettabilità della loro famiglia.
5. A causa della lunga assenza di Lorenzo, Elisabetta chiede _____ (*insistente*) di lui ai fratelli.
6. Elisabetta compone _____ (*pietoso*) nel vaso di basilico la testa di Lorenzo.

2 PREPARA LA TUA PRESENTAZIONE Il personaggio di Elisabetta offre la carta d'identità di una donna italiana del Medioevo: sottoposta all'autorità dei maschi della famiglia, costretta quasi sempre in casa, minacciata e ridotta al silenzio, privata di qualunque affetto sentimentale e persino abbandonata a morire da sola. La sua è una storia degna di una tragedia teatrale, di un quadro o di un film. Sulla base delle tue conoscenze e sensibilità, prova a illustrare in una presentazione digitale i punti centrali della novella, ricca di elementi di grande efficacia visiva (il mondo dei mercanti, l'amore segreto, l'omicidio di Lorenzo, l'apparizione notturna, il disseppellimento del cadavere intatto, il drappo e il vaso di basilico). Dedica a ognuno una slide con un breve riassunto del testo e un'immagine significativa, tratta da un'opera d'arte medievale, da una fotografia contemporanea oppure dalla cronaca.

il troll — Boccaccio femminista?

In tutta la sua produzione letteraria, Boccaccio ha dato centralità alle donne. Molte sue opere sono infatti dedicate alle innamorate, comprendono protagoniste femminili, mentre l'*Elegia di madonna Fiammetta* è scritta dal punto di vista di una donna, come un lungo monologo-lettera. Il *Decameron* stesso è dedicato alle donne, anche se questa indicazione potrebbe rivelare, più che un pubblico specifico, la volontà di offrire un'opera di **intrattenimento**, senza dogmi né scopi professionali. Anche per questo l'amico Petrarca non mostrò mai una grande considerazione del *Decameron*.

Del resto, se nel Proemio e nella cornice le donne hanno un ruolo centrale, nelle novelle i **personaggi femminili** sono esposti a una **visione meno idealizzata**. Molti dei racconti, infatti, si conformano al **contesto storico** e **sociale** del tempo: matrimoni precoci e imposti dai familiari maschi e/o amanti uccisi (Ghismonda, Elisabetta), ragazze di cui si abusa (Alatiel, Alibech), donne nemmeno nominate da portarsi a casa come merce (le "papere"), vittime di violenze domestiche (la moglie di Calandrino), mogli esemplari in quanto sottomesse (Griselda). L'elenco è lungo e sembra contraddire quell'apertura al mondo femminile che ha fatto parlare di un Boccaccio "femminista".

Oggi che campagne come quella del *#MeToo* si battono per la tutela dei **diritti delle donne**, i personaggi di Boccaccio appaiono imprigionati in una **mentalità maschilista e patriarcale**. Si tratta di una pseudocultura, che tuttora serpeggia nel linguaggio comune, nei proverbi, nelle imprecazioni. Soltanto riportando Boccaccio al contesto storico è possibile comprendere le sue scelte letterarie, evitando di attribuirgli conquiste e sensibilità "di genere" che ancora oggi non sono complete.

5 Caterina da Siena

Professione
Mistica e leader d'opinione

Segue
- Gregorio XI (papa)
- Raimondo da Capua
- Urbano VI (papa)

Contatti bloccati
- Cardinali francesi
- Clemente VII (antipapa)

Gruppi
Terziarie domenicane (mantellate)

1347 Nasce a Siena dal tintore Iacopo Benincasa e da Lapa.

1364-65 Dopo aver fatto voto di castità, diventa terziaria domenicana (mantellata) e raccoglie intorno a sé una "famiglia" di seguaci.

1370 Inizia relazioni epistolari con alcuni collaboratori di papa Gregorio XI, residente ad Avignone, e con altre personalità politiche.

1374 Gregorio XI cerca il contatto diretto con lei. L'Ordine domenicano le affianca un direttore spirituale, Raimondo da Capua, perché la controlli. Inizia una serie di viaggi.

1375 Secondo le biografie, a Pisa riceve le stigmate e converte un condannato a morte.

1376-77 Parte per Avignone, per convincere Gregorio XI a rappacificarsi con Firenze, bandire una crociata e tornare a Roma. Il papa la congeda e lei torna a Siena, dove fonda un convento.

1378 Il nuovo papa Urbano VI firma la pace con Firenze, dove Caterina si trova; a causa dell'elezione di un antipapa, organizza un viaggio a Roma per sostenere Urbano VI.

1380 Muore a Roma.

1385-89 Raimondo da Capua scrive la biografia di Caterina (*Legenda maior*).

1500 Esce a Venezia l'edizione delle *Lettere* con le *Orazioni*.

VENEZIA · FIRENZE · AVIGNONE · PISA · SIENA · BELCARO · ROMA

5 Caterina da Siena

○ Giovanni di Paolo, *Caterina offre il cuore a Cristo*, 1447, tempera e oro su tavola (New York, The Metropolitan Museum of Art)

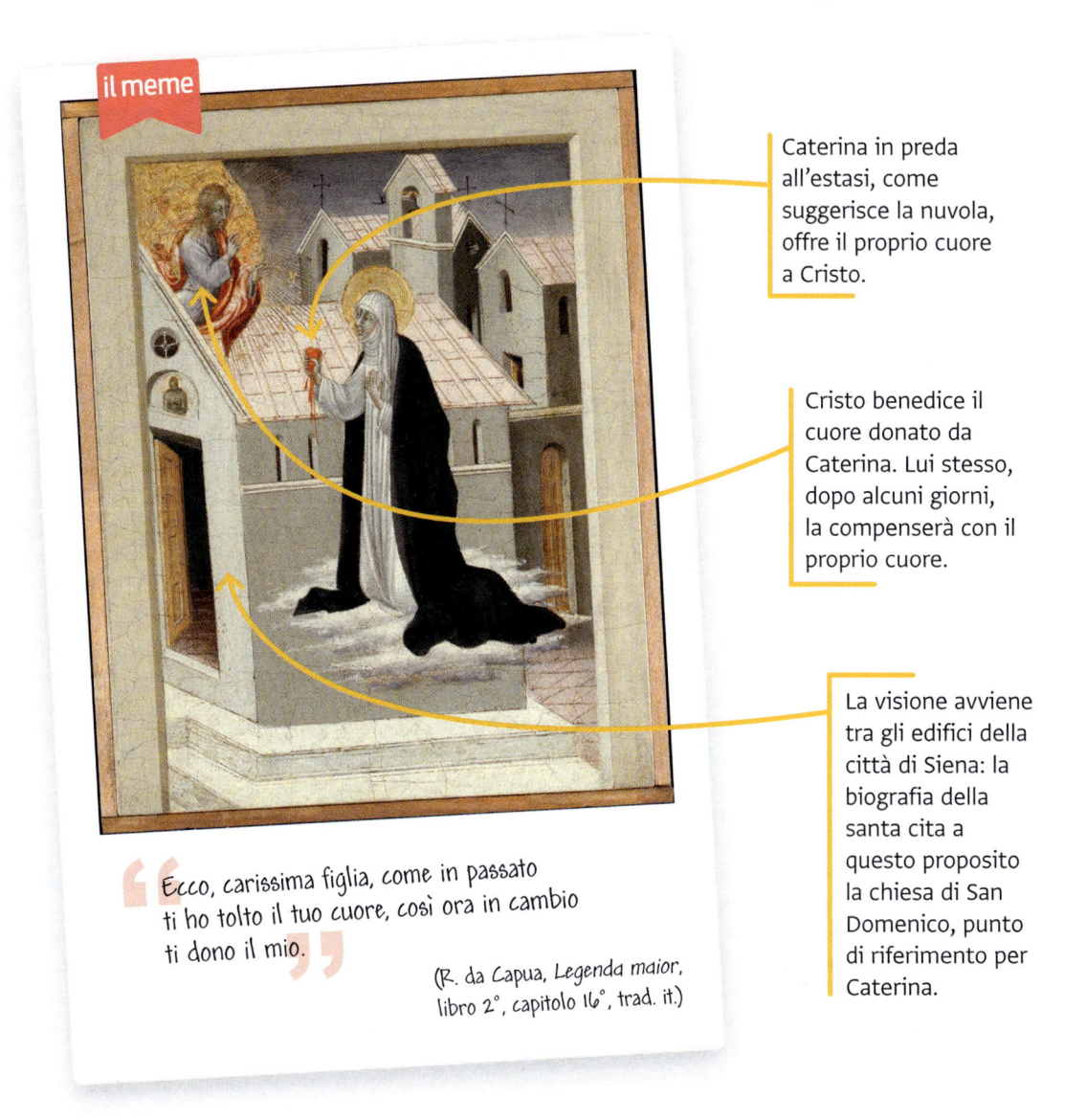

il meme

Caterina in preda all'estasi, come suggerisce la nuvola, offre il proprio cuore a Cristo.

Cristo benedice il cuore donato da Caterina. Lui stesso, dopo alcuni giorni, la compenserà con il proprio cuore.

La visione avviene tra gli edifici della città di Siena: la biografia della santa cita a questo proposito la chiesa di San Domenico, punto di riferimento per Caterina.

> *Ecco, carissima figlia, come in passato ti ho tolto il tuo cuore, così ora in cambio ti dono il mio.*
>
> (R. da Capua, *Legenda maior*, libro 2°, capitolo 16°, trad. it.)

Lettere

L'epistolario di Caterina raccoglie **quasi 400 lettere** indirizzate sia ai suoi **seguaci** e ai suoi **familiari** sia agli **uomini** e alle **donne politiche** più importanti del tempo. Caterina sceglie il **genere epistolare** per portare i destinatari dalla propria parte sulle questioni a lei più care: l'organizzazione di una **crociata**, la fondazione di un **convento vicino a Siena**, il **ritorno del pontefice da Avignone a Roma** con la conseguente necessità di **pacificare l'Italia** centrale secondo un nuovo assetto politico, la **riforma della Chiesa**.

Non avendo ricevuto un'istruzione regolare (la sua famiglia era di umili origini), Caterina non scrive di proprio pugno le lettere; si affida invece a **scrivani** e **segretari**, che poi provvedono a tradurle nella lingua del destinatario (quasi sempre in latino). Nonostante esista la possibilità che siano state manipolate, in esse vibra la personalità della santa, accusata ora di **ingenuità** ora di **protagonismo**, sempre pronta a immergersi negli eventi della storia locale (soprattutto toscana) ed europea.

Le *Lettere* di Caterina, con il titolo di *Epistole devotissime*, sono state pubblicate per la prima volta nell'anno **1500** a **Venezia** da **Aldo Manuzio**. Esse diventeranno non solo una lettura molto popolare, ma un vero e proprio **modello di scrittura femminile**: diverse autrici dei decenni successivi (prima fra tutte, Vittoria Colonna ○ p. 82) vi si identificheranno.

#persuasione

#pace
#riforma

#trascrizione

@AldoManuzio

47

Dal Duecento al Quattrocento

Lettere, 231

T8 Caro papa, torna a Roma!

Appellandosi alla propria fama e al proprio carisma, Caterina prega Gregorio XI di riportare la sede del papato da Avignone a Roma, suo luogo naturale. Con un tono accorato, attraverso citazioni bibliche ed esempi storici, Caterina esorta il pontefice a sottrarsi all'influenza dei cardinali e dei politici francesi.

PER COMINCIARE

1 ATTIVIAMO IL VOCABOLARIO Collega ogni espressione al suo significato; quindi completa le due definizioni mancanti.

1. fortificata
2. proponimento
3. allegano
4. nondimeno
5. s'atteneva
6. attenda... all'onore
7. salute
8. delizie

a. guardi, miri... all'onore
b. piaceri
c. rafforzata, difesa
d. ....
e. proposito, decisione
f. citano come esempio
g. ....
h. si adeguava

2 DA IERI A OGGI Leggi l'elenco di parole usate da Caterina con la loro versione attuale; quindi completa la riscrittura delle quattro frasi proposte sotto.

recomanda (r. 2): raccomanda
e' quali (r. 3): i quali
per ministerio (r. 4): attraverso il ministero (per il tramite)
dimonia (r. 4): demoni
nuocano (r. 5): nuocciano (danneggino)
Intesi (r. 5): Ho intuito (compreso)

Climento quarto (r. 6): Clemente IV [papa dal 1265 al 1268]
fusse (r. 8): fosse
eglino (r. 10): essi stessi
sete (r. 12): siete
fussero (r. 13): fossero
Parmi (r. 14): Mi pare
reformazione (r. 15): riforma
perocché (r. 17): infatti

spacciarvi tosto (r. 18): sbrigarvi presto
veruno (r. 20, 21): alcun(o), nessun(o)
ché (r. 23): perché
dilezione (r. 24): diletto, amore
prosentuosa (r. 24): presuntuosa
v'addimando (r. 24): vi domando (chiedo)

1. *Intesi* per la scritta che mi mandaste, ... → .... dalla lettera che mi avete mandato, ...
2. Non si curava perché *tutti gli fussero contrari*. → Non si preoccupava del fatto che ....
3. Pregovi da parte di Cristo crocifisso, che *piaccia alla santità vostra di spacciarvi tosto*. → Vi prego a nome di Cristo crocifisso che ....
4. Umilmente *v'addimando* la vostra benedizione. → .... umilmente di benedirmi.

A Gregorio XI

RIPASSIAMO
I PRONOMI RELATIVI

L'obiettivo finale: da Avignone a Roma
La partenza a cui allude Caterina è quella della corte papale per Roma, sede naturale del pontefice dai tempi di san Pietro; ma i "venti contrari", ovvero i consiglieri francesi del papa, vorrebbero ritardarla.

Santissimo padre in Cristo dolce Gesù, la vostra indegna e miserabile figliuola Caterina vi si recomanda nel prezioso sangue suo; con desiderio di vedervi pietra ferma fortificata nel buono e santo proponimento; sicché molti venti contrari e' quali vi percotono degli uomini del mondo per ministerio e illusione e per malizia delle dimonia, non
5 vi nuocano; li quali vogliono impedire tanto bene che séguita dall'andata vostra. Intesi per la scritta che mi mandaste, che li cardinali allegano, che il papa Climento quarto, quando aveva a fare la cosa, non la voleva fare senza il consiglio de' suoi fratelli cardinali. Ponia-moché spesse volte gli paresse che fusse di più utilità il suo medesimo che il loro, nondi-meno seguitava il loro. Oimè, santissimo Padre, costoro v'allegano papa Climento quarto:
10 ma eglino non v'allegano papa Urbano quinto, il quale delle cose che egli era in dubbio se egli era il meglio o sì o no di farle, allora voleva il loro consiglio; ma della cosa che gli

48

5 Caterina da Siena

Il consiglio di Caterina
Il papa è invitato a non rivelare la propria intenzione ai cardinali; in effetti, Gregorio XI fece tenere pronte alcune navi per la partenza, che avvenne al momento opportuno.

era certa e manifesta, come è a voi l'andata vostra, della quale sete certo, egli non s'atteneva a loro consiglio, ma seguitava il suo, e non si curava perché tutti gli fussero contrari.

Parmi che 'l consiglio de' buoni attenda solo all'onore di Dio, alla salute dell'anime, e
15 alla reformazione della santa Chiesa, e non ad amore proprio di loro. Dico, che 'l consiglio di costoro è da seguitarlo, ma non quello di coloro che amassero solo la vita loro, onori, stati e delizie; perocché il consiglio loro va colà dov'hanno l'amore. Pregovi da parte di Cristo crocifisso, che piaccia alla santità vostra di spacciarvi tosto. Usate un santo inganno, cioè parendo di prolungare più dì, e farlo poi subito e tosto, ché quanto più tosto, meno starete
20 in queste angustie e travagli. [...] Andianci tosto, Babbo mio dolce, senza veruno timore. Se Dio è con voi, veruno sarà contra voi. Dio è quello che vi muove, sicché egli è con voi. Andate tosto alla Sposa vostra, che vi aspetta tutta impallidita, perché gli poniate il colore. Non vi voglio gravare di più parole; ché molte n'averei a dire. Permanete nella santa e dolce dilezione di Dio. Perdonate a me prosentuosa. Umilmente v'addimando la vostra
25 benedizione. Gesù dolce, Gesù amore.

La metafora di Roma-sposa
La città attende il ritorno del papa come una sposa che, pallida per essere stata abbandonata, attende ora tempi migliori, per tornare a essere colorata dalla gioia.

ATTIVITÀ

1 RIPASSIAMO I PRONOMI RELATIVI Unisci le coppie di frasi sostituendo l'espressione in corsivo con il pronome relativo adeguato.

Esempio: Ho appena ricevuto la lettera. Mi avevate mandato *una* lettera.
→ Ho appena ricevuto la lettera che mi avevate mandato.

1. Il vento si chiama tramontana. *Il vento* proviene da nord.
→ ....
2. La questione non è stata risolta. Abbiamo già parlato *della questione*.
→ ....
3. I consiglieri sono contrari al progetto. Abbiamo discusso *con i consiglieri*.
→ ....
4. I vostri amici vi stanno aspettando. Voi credevate *i vostri amici* in ritardo.
→ ....
5. Coloro possono esprimere ora il proprio parere. *Coloro* fossero interessati.
→ ....
6. La decisione è saggia. Il papa ha preso *la decisione*.
→ ....

2 DIALOGA CON L'AUTRICE Immagina di essere una delle personalità citate da Caterina nella lettera. Puoi scegliere tra i seguenti personaggi storici:
> Gregorio XI (il francese Pierre Roger de Beaufort), papa dal 1371 al 1378;
> Clemente IV, papa dal 1265 al 1268, che non creò nuovi cardinali per mantenere l'equilibrio del loro collegio;
> Urbano V, papa dal 1362 al 1370 (dunque prima di Gregorio XI), che aveva cercato di rientrare a Roma nel 1367, ma, privo di appoggi politici, dopo soli tre anni era tornato ad Avignone;
> uno dei consiglieri francesi di Gregorio XI, ostile al rientro della corte pontificia a Roma.

PERCORSO GUIDATO
Rispondi alla lettera di Caterina motivando la tua posizione in merito al ritorno del papa a Roma, aiutandoti con la seguente scaletta:
> luogo e data della lettera;
> formula di saluto e breve presentazione;
> tesi centrale (è o non è opportuno che il papa si insedi a Roma?);
> un'argomentazione a favore (perché la pensi così? quali sono i vantaggi?);
> un'argomentazione a sfavore (perché invece sarebbe legittima la posizione dei tuoi avversari?);
> ricapitolazione della tesi;
> formula di saluto e firma.

6 Lorenzo de' Medici detto il Magnifico

Professione
Banchiere e politico

Segue
- Piero (padre)
- Lucrezia Tornabuoni (madre)
- Lucrezia Donati ♥
- Clarice Orsini ♥
- Giuliano (fratello)
- Sandro Botticelli
- Innocenzo VIII (papa)
- Giovanni (figlio e futuro papa Leone X)
- Poliziano

Contatti bloccati
- Famiglia Pazzi
- Sisto IV (papa)
- Girolamo Savonarola

Gruppi
Signori italiani

1449 Nasce a Firenze dal banchiere Piero di Cosimo e Lucrezia Tornabuoni, che lo fa educare da letterati umanisti.

1465 Soggiorna a Ferrara, Venezia e Milano, facendosi carico degli affari di famiglia. Avvia un canzoniere, poi dedicato a Lucrezia Donati.

1469 Sposa la nobildonna romana Clarice Orsini. Morto il padre fa entrare nelle istituzioni fiorentine uomini di sua fiducia.

1471-74 Sisto IV affida ai Medici la tesoreria pontificia da cui però sono esclusi per l'appoggio dato da Lorenzo al signore di Città di Castello.

1478 La famiglia rivale dei Pazzi e alcuni parenti di Sisto IV organizzano una congiura e uccidono Giuliano, fratello di Lorenzo, che viene scomunicato.

1479-80 Va a Napoli per chiedere la pace, che ottiene insieme con la rimozione della scomunica. Impone una riforma per pacificare Firenze.

1481 Fa ottenere a diversi artisti fiorentini, tra cui Sandro Botticelli, importanti incarichi a Roma.

1484 Muore Sisto IV e gli succede Innocenzo VIII, favorevole a Lorenzo.

1490 A Firenze il domenicano Girolamo Savonarola predica contro la corruzione politica. Lorenzo scrive alcuni canti di Carnevale.

1492 Il figlio di Lorenzo Giovanni (futuro papa Leone X) è nominato cardinale. Lorenzo muore nella villa di Careggi dopo anni di gotta e immobilità.

MILANO · VENEZIA · FERRARA · FIRENZE · CITTÀ DI CASTELLO · ROMA · NAPOLI

50

6 Lorenzo de' Medici detto il Magnifico

▶ I personaggi della serie *Medici - The Magnificent*, regia di Jon Cassar e Jean Maria Michelini, Italia-Regno Unito, 2018

Francesco de' Pazzi, appartenente alla famiglia rivale dei Medici, assassino di Giuliano e per questo impiccato.

Lucrezia Tornabuoni, madre di Lorenzo e poetessa.

Giuliano, fratello di Lorenzo e vittima della congiura dei Pazzi.

Il pittore Sandro Botticelli, artista prediletto da Lorenzo.

Lucrezia Donati, l'amante di Lorenzo fin dalla giovane età.

Lorenzo de' Medici, detto il Magnifico.

Clarice Orsini, la moglie di Lorenzo, che, ostile agli ideali umanistici, fa cacciare il poeta Poliziano.

il meme

" Sappiate che chi dice male di noi non ci vuole bene. "
(L. de' Medici in F. Guicciardini, *Ricordi*, redazione C, 75)

Canti carnascialeschi

#fiorentino

La **variegata produzione poetica** di Lorenzo, rigorosamente in **volgare fiorentino**, comprende una serie di **"canzoni"** (o **"trionfi"**) destinate a essere **eseguite in pubblico**, in occasione di feste. Tra queste si distinguono i *Canti carnascialeschi*, ovvero carnevaleschi, composti per il **carnevale**, quando a Firenze si organizzano cortei con **maschere** e **carri allegorici**, spesso allestiti con gusto erudito dagli intellettuali. Per tutta la vita Lorenzo mantiene vivo il legame con la **cultura popolare**, che vede anche come un **mezzo per consolidare il consenso** intorno ai Medici. Rispettare le **tradizioni**, infatti, è un modo per affermare il radicamento della propria famiglia all'interno di Firenze. Per questo, nei *Canti carnascialeschi* Lorenzo adotta un genere che prima di lui non ha grande dignità letteraria, anzi forse nemmeno esiste.

#carnevale #mascherate
#carriallegorici
#culturapopolare
#consenso

#musica

Questi testi, accompagnati dalla **musica**, esaltano la **gioia di vivere**, sganciandosi dalla cornice cristiana in cui il carnevale è inserito, nel periodo che precede la Quaresima. Le **finanze limitate** di cui dispone il banco di famiglia non impediscono a Lorenzo di patrocinare **giostre e tornei**, suscitando le critiche di chi vi vede la celebrazione di **valori pagani**.

#paganesimo

Lorenzo compone anche testi più impegnati, di argomento religioso o filosofico, specialmente dopo l'incontro con il pensatore **Marsilio Ficino**, nel 1473. Eppure sarebbe sbagliato pensare a una "conversione" di Lorenzo dal paganesimo letterario dei *Canti carnascialeschi* ai temi dell'amore platonico e dell'ascesi. Al contrario, Lorenzo non rinuncia mai, nemmeno da adulto, al **filone popolare** della letteratura, conosciuto in gioventù grazie all'amicizia con **Luigi Pulci**, autore di celebri opere parodiche.

@LuigiPulci

51

Dal Duecento al Quattrocento

Canti carnascialeschi, 7

T9 La festa di Bacco e Arianna

TRACCIA 9

La fantasia del mito, il mito della fantasia

In questa "canzona" o "trionfo", Lorenzo celebra una mascherata mitologica organizzata a Firenze per il carnevale del 1490: la gioia che sprigionano i versi rispecchia il carattere popolare dell'occasione. Tra musiche, balli e buon vino, i fiorentini si godono la libertà carnevalesca prima del rigore della Quaresima.

PER COMINCIARE

1 ATTIVIAMO IL VOCABOLARIO Scrivi il contrario di ogni serie di aggettivi.

1. vecchio, anziano: ....
2. lieto, contento, allegro: ....
3. ardente, riscaldato: ....
4. rozzo, grossolano: ....
5. ingrato, villano: ....

2 DA IERI A OGGI Leggi l'elenco di parole usate da Lorenzo con la loro versione attuale; quindi trova l'intruso in ognuna delle quattro serie di verbi proposte sotto.

tuttavia (vv. 2, 10, 18, 26, 34, 42, 50): continuamente	persone rozze e ingrate	**si contenta** (v. 40): si accontenta
ballon (v. 18): ballano	**suonon** (v. 26): suonano	**si paschi** (v. 46): si pasca (si nutra)
salton (v. 18): saltano	**canton** (v. 26): cantano	**tristo** (v. 49): angoscioso
gente rozze e ingrate (v. 24):	**drieto** (v. 29): dietro	**c'ha a essere** (v. 58): che deve essere (succedere)
	ritto (v. 33): dritto (in piedi)	

1. ballare • cantare • suonare • accontentarsi
2. ingannare • imbrogliare • nutrirsi • raggirare
3. convenire • cadere • cascare • scivolare
4. ridere • diventare • divertirsi • rallegrarsi

Cogli l'attimo!
Il tempo vola e il domani può non arrivare: in questa massima di sapore antico c'è un invito a godere del presente, senza grandi preoccupazioni religiose.

Innamorati divini
Abbandonata da Teseo, Arianna, la sorella del Minotauro, è accolta nel corteo di Bacco, il dio dell'ebbrezza, e diventa la sua sposa.

Una corte festosa
Del corteo di Bacco fanno parte i satiri, metà uomini e metà caproni: ubriachi, insidiano le ninfe semidivine, che però nell'allegria generale non sembrano rifiutarli.

Quant'è bella giovinezza
che si fugge tuttavia:
chi vuol esser lieto, sia,
di doman non c'è certezza.

5 Quest'è Bacco e Arianna,
belli, e l'un dell'altro ardenti:
perché 'l tempo fugge e inganna,
sempre insieme stan contenti.
Queste ninfe e altre genti
10 sono allegre tuttavia.
Chi vuol esser lieto, sia,
di doman non c'è certezza.

Questi lieti satiretti,
delle ninfe innamorati,
15 per caverne e per boschetti
han lor posto cento agguati;
or da Bacco riscaldati,
ballon, salton tuttavia.
Chi vuol esser lieto, sia,
20 di doman non c'è certezza.

Queste ninfe anche hanno caro
da lor essere ingannate:
non può fare a Amor riparo,
se non gente rozze e ingrate;
25 ora insieme mescolate
suonon, canton tuttavia.

52

6 Lorenzo de' Medici detto il Magnifico

Il vecchio Sileno, l'avido re Mida
Sileno è un vecchio ubriacone, brutto e peloso, che ha allevato il piccolo Bacco; un giorno si perde e viene ospitato da Mida, re della Frigia, che lo riporta dal dio. Come premio, Bacco dona a Mida il potere di trasformare tutto in oro.

RIPASSIAMO GLI INDEFINITI

Chi vuol esser lieto, sia,
di doman non c'è certezza.
  Questa soma, che vien drieto
30 sopra l'asino, è Sileno:
così vecchio è ebbro e lieto,
già di carne e d'anni pieno;
se non può star ritto, almeno
ride e gode tuttavia.
35 Chi vuol esser lieto, sia,
di doman non c'è certezza.
  Mida vien drieto a costoro:
ciò che tocca, oro diventa.
E che giova aver tesoro,
40 s'altri poi non si contenta?
Che dolcezza vuoi che senta
chi ha sete tuttavia?
Chi vuol esser lieto, sia,
di doman non c'è certezza.
45   Ciascun apra ben gli orecchi,
di doman nessun si paschi;
oggi sian, giovani e vecchi,
lieto ognun, femmine e maschi.
Ogni tristo pensier caschi:
50 facciam festa tuttavia.
Chi vuol esser lieto, sia,
di doman non c'è certezza.
  Donne e giovinetti amanti,
viva Bacco e viva Amore!
55 Ciascun suoni, balli e canti,
arda di dolcezza il core,
non fatica, non dolore!
Ciò c'ha a esser, convien sia.
Chi vuol esser lieto, sia:
60 di doman non c'è certezza.

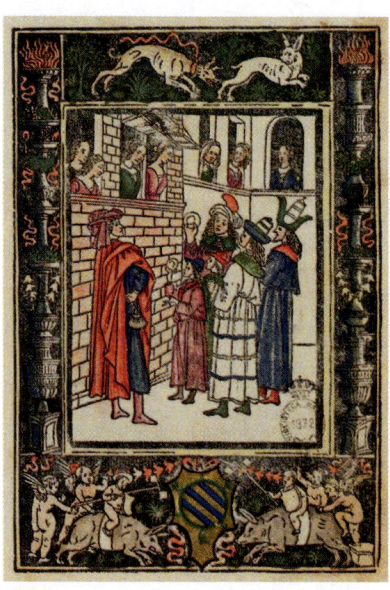

Lorenzo de' Medici assiste all'esecuzione di un canto carnascialesco, 1515, incisione colorata (Firenze, Biblioteca Riccardiana)

ATTIVITÀ

1 RIPASSIAMO GLI INDEFINITI Scegli l'indefinito corretto tra i due proposti.

Esempio: Nella ballata *ciascun/chiunque* membro del corteo divino ride e si diverte.

1. Secondo Lorenzo, *tutti/ogni* dovrebbero godersi le gioie della festa.
2. *Qualcuno/Nessuno* può prevedere il futuro con certezza.
3. *Tutti/Nulla* quelli che hanno voglia di ballare o cantare dovrebbero farlo liberamente.
4. Il dio Bacco non esclude *nessuno/alcuni* dal suo corteo.
5. Non c'è *qualche/niente* che sia vietato durante il carnevale se non la fatica e il dolore.
6. *Alcuni/Tutti* personaggi della poesia sono tratti dal mito classico, *nessuno/altri* dalla Firenze contemporanea.

2 PREPARA LA TUA PRESENTAZIONE Il canto di Lorenzo doveva accompagnare un carro allegorico allestito per la festa di carnevale e ispirato al mito. Nel testo sono citati i personaggi del corteo a coppie: Bacco e Arianna, i satiri e le ninfe, il vecchio Sileno e re Mida, infine giovani e anziani di entrambi i sessi, trascinati nella festa fra le vie di Firenze. Durante il carnevale le regole sociali sono sospese e tutto sembra concesso: è come uno sfogo di energie temporaneo, sorvegliato dall'autorità. Dopo aver svolto una piccola ricerca sui personaggi mitologici citati, prepara una presentazione digitale dedicando a ciascuno una slide; inserisci in ognuna i versi della poesia di Lorenzo, un'immagine illustrativa con didascalia e una piccola spiegazione.

53

7 Poliziano

Professione
Precettore, funzionario e professore

Segue
- Lorenzo de' Medici
- Piero de' Medici
- Francesco Gonzaga
- Giuliano de' Medici
- Simonetta Cattaneo
- Sandro Botticelli

Contatti bloccati
- Clarice Orsini
- Paolo Cortesi

Gruppi
Umanisti

1454 Angelo Ambrogini nasce a Montepulciano (in latino *Mons Politianus*, da cui "Poliziano") dal giurista Benedetto e da Antonia Salimbeni.

1464 La madre, rimasta vedova, lo manda a Firenze da un cugino che vive in una condizione economica estremamente modesta.

1470-75 Traduce dal greco in versi latini alcuni libri dell'*Iliade*, conquistando grande fama.

1475 È scelto da Lorenzo de' Medici come precettore del figlio Piero. Inizia le *Stanze per la giostra*.

1476-77 Scrive la lettera dedicatoria della *Raccolta aragonese*, un'antologia della poesia toscana inviata da Lorenzo alla corte del re di Napoli.

1479 È cacciato da Clarice Orsini, forse per la sua omosessualità, e dopo alcune peregrinazioni si stabilisce a Mantova, dal cardinale Francesco Gonzaga.

1480 Torna a Firenze, si rappacifica con Lorenzo e ottiene la cattedra di eloquenza latina e greca allo *Studium* (università), con allievi da tutta Europa.

1482-89 Scrive vari discorsi accademici e si occupa di filologia classica, studiando i testi latini e greci.

1490 circa Discute con l'umanista romano Paolo Cortesi sulle regole dell'imitazione nella scrittura in latino.

1494 Muore improvvisamente di febbre a Firenze.

MANTOVA
FIRENZE
MONTEPULCIANO
NAPOLI

54

7 Poliziano

Domenico Ghirlandaio, *Annuncio dell'angelo a Zaccaria*, 1485-90, affresco (Firenze, Santa Maria Novella, Cappella Tornabuoni); particolare

Cristoforo Landino (1424-98), seguace del Neoplatonismo di Ficino, interpreta in chiave allegorica l'*Eneide* di Virgilio e commenta la *Commedia* di Dante, sostenendo la piena dignità del volgare fiorentino.

Il più giovane dei quattro è Poliziano, ritratto tra gli autori di punta della Firenze medicea. Il suo progetto letterario privilegia il gusto per la filologia e l'estetismo, fondendo umanesimo greco, umanesimo latino e poesia in volgare.

Marsilio Ficino (1433-99) è l'animatore dell'accademia neoplatonica, cerchia di umanisti che hanno l'obiettivo di interpretare i grandi sistemi filosofici antichi in prospettiva cristiana.

L'umanista ateniese Demetrio Calcondila (1423-1511) è il "grecista" del gruppo: insegnante all'università di Firenze, è autore di una grammatica del greco antico.

il meme

> Amico, vieni qua, non evitare gli amici, e cedi al tempo: senza amici è amara persino l'ambrosia.
>
> (A. Poliziano, *Epigrammi greci*, 5°, trad. it. di F. Pontani)

Stanze per la giostra

La composizione delle *Stanze* di Poliziano si inserisce in un preciso **contesto storico**, nella **Firenze** dei **Medici**. Ecco i fatti contemporanei:

@GiulianodeMedici
#torneo
@SimonettaCattaneo

▶ Firenze, piazza di Santa Croce, 29 gennaio 1475 → **Giuliano de' Medici**, fratello di Lorenzo, partecipa a un **torneo cavalleresco** (una "giostra"), omaggiando **Simonetta Cattaneo** come sua dama. Tra gli spettatori, Poliziano, poeta e letterato di spicco, assiste allo scontro, che per un giovane nobile come Giuliano rappresenta una sorta di **iniziazione pubblica**.
▶ Firenze, 26 aprile 1476 → Simonetta, moglie di Marco Vespucci, muore di tubercolosi.
▶ Firenze, cattedrale di Santa Maria del Fiore, 26 aprile 1478 → Giuliano è assassinato durante la **congiura dei Pazzi** organizzata contro i Medici dai loro avversari (tra cui appunto la famiglia Pazzi) e sostenuta da papa Sisto IV.

#ottave
#mito

Le *Stanze*, un **poemetto in ottave**, celebrano sia il torneo di Giuliano sia il suo amore per Simonetta. I due protagonisti acquistano **connotati mitici**:
▶ Giuliano diventa il **cacciatore Iulo**, che non ne vuole sapere di amare e che per questo suscita la vendetta di Amore;
▶ Simonetta diventa una **ninfa dei boschi**, che appare a Iulo come se fosse uscita da un quadro di **Sandro Botticelli**.

@SandroBotticelli

Rimasto interrotto a causa della morte di Simonetta e poi di Giuliano, il poemetto trasforma un genere popolare, quello dei cantari cavallereschi, in un'opera raffinatissima: è ricco di **citazioni** letterarie antiche e moderne, **atmosfere mitiche e fiabesche** e **descrizioni pittoriche** particolareggiate. Poliziano plasma le sue stanze-ottave da **filologo** più che da poeta: si possono leggere come **quadri in versi** di una galleria d'arte fiorentina.

#filologia

Dal Duecento al Quattrocento

Stanze per la giostra, libro 1º, ottave 99-102

T10 La nascita di Venere

Dopo aver scoccato la sua freccia d'Amore, Cupido ritorna sull'isola di Cipro, nel palazzo della madre Venere: sulle sue porte è scolpita la storia della nascita della dea dal mare, che Poliziano descrive con un elegante gusto per i dettagli (detto ècfrasi).

PER COMINCIARE

1 ATTIVIAMO IL VOCABOLARIO Completa il significato delle espressioni elencate che ne sono prive.

1. mare tempestoso: ....
2. a proda: verso la ....
3. zefiri lascivi: venticelli ....
4. un nicchio: una conchiglia
5. premere l'arena: calpestare la ....
6. increspare: ....
7. si confà: ....
8. ricchi monili: .... preziosi
9. guidare le caròle: .... le danze

2 DA IERI A OGGI Leggi l'elenco di parole usate da Poliziano con la loro versione attuale; quindi collega i quattro gioielli elencati sotto alle parti del corpo a cui appartengono e infine volgi queste parole al plurale.

frusto genitale (99, v. 2): pezzo dei genitali
avolto (99, v. 4): avvolto
drento (99, v. 5): dentro
gir (99, v. 8): andare
sovra (99, v. 8): sopra
cel (99, v. 8): cielo
a torno (100, v. 4): attorno

e crin (100, v. 6): i crini (capelli)
dell'onde uscissi (101, v. 1): uscisse dalle onde
colla (101, v. 2): con la
ricoprissi (101, v. 3): ricoprisse
piè (101, v. 4): piede
fussi (101, v. 7): fosse
ambe man (102, v. 1): entrambe le mani

trezze (102, v. 2): trecce
alli orecchi (102, v. 4): alle orecchie
de' quai (102, v. 7): dei quali
solien (102, v. 7): erano solite
guidavon (102, v. 8): guidavano

1. corona
2. collana
3. orecchino
4. anello

a. collo
b. orecchio
c. dito della mano
d. testa

99

> **Dal profondo del mare**
> Venere nasce nelle acque del mare (personificato nella dea Teti) dopo che Saturno ha evirato Urano e gettato i suoi testicoli fra le onde dell'Egeo.

Nel tempestoso Egeo in grembo a Teti
si vede il frusto genitale accolto,
sotto diverso volger di pianeti
errar per l'onde in bianca schiuma avolto;
e drento nata in atti vaghi e lieti
una donzella non con uman volto,
da zefiri lascivi spinta a proda,
gir sovra un nicchio, e par che 'l cel ne goda.

> **Donna, non bambina**
> La nuova creatura arriva sull'isola di Cipro già donna, con un'aria divina.

RIPASSIAMO
I VERBI IMPERSONALI:
PARERE E SEMBRARE

100

Vera la schiuma e vero il mar diresti,
e vero il nicchio e ver soffiar di venti;
la dea negli occhi folgorar vedresti,
e 'l cel riderli a torno e gli elementi;
l'Ore premer l'arena in bianche vesti,
l'aura incresparle e crin distesi e lenti;
non una, non diversa esser lor faccia,
come par ch'a sorelle ben confaccia.

> **L'accoglienza delle tre Ore**
> La dea è accolta a riva dalle Ore, le divinità (in origine tre) che regolano le stagioni: lo scultore della porta le ha raffigurate simili in quanto sorelle.

101

Giurar potresti che dell'onde uscissi
la dea premendo colla destra il crino,

56

Il tocco divino
Il solo passaggio della dea Venere basta per far nascere dalla sabbia erbe e fiori.

coll'altra il dolce pome ricoprissi;
e, stampata dal piè sacro e divino,
d'erbe e di fior l'arena si vestissi;
poi, con sembiante lieto e peregrino,
dalle tre ninfe in grembo fussi accolta,
e di stellato vestimento involta.

102
Da dea a diva
Come assistenti personali, le Ore offrono alla dea vari gioielli: una corona, un paio di orecchini, delle collane.

Questa con ambe man le tien sospesa
sopra l'umide trezze una ghirlanda
d'oro e di gemme orientali accesa,
questa una perla alli orecchi accomanda;
l'altra al bel petto e' bianchi omeri intesa,
par che ricchi monili intorno spanda,
de' quai solien cerchiar lor proprie gole,
quando nel ciel guidavon le caròle.

ATTIVITÀ

1 RIPASSIAMO I VERBI IMPERSONALI: *PARERE* E *SEMBRARE* Riscrivi le frasi proposte aggiungendo *sembra* o *pare che* e, se presente, il pronome senza *a*.

Esempio: La dea Venere *vaga* sulle onde del mare.
(a me sembra) → Mi sembra che la dea Venere vaghi sulle onde del mare.

1. Il mare si *sta* agitando. (pare) → ....
2. Non *è* una donna mortale ma una creatura divina. (a loro sembra) → ....
3. I suoi capelli *hanno* un colore diverso. (a te non sembra) → ....
4. Venere *è* appena arrivata a destinazione. (pare) → ....
5. La scena *assomiglia* a quella di un quadro rinascimentale. (a noi sembra) → ....

2 SCRIVI IL TUO SAGGIO I Medici promuovono la cosiddetta accademia neoplatonica, un circolo intellettuale che tenta una sintesi tra filosofia classica e teologia cristiana. Soprattutto i valori astratti della bellezza, del bene e del vero sono oggetto della riflessione degli accademici, di letterati come Poliziano e di pittori come Sandro Botticelli (1444-1510). Molte delle sue opere, commissionate dai Medici e aventi Simonetta Cattaneo come modella, sono influenzate dalle discussioni dell'accademia. Per la *Primavera* e la *Nascita di Venere* Botticelli si è ispirato alle *Stanze per la giostra*, con cui i due quadri condividono il gusto per il mito, la descrizione particolareggiata e il decorativismo.
Scrivi un saggio di circa 4-5 pagine in cui vengono confrontate le ottave delle *Stanze* con la *Nascita di Venere* di Botticelli. Prima di iniziare, osserva l'immagine: soffermati sui dettagli indicati dalle frecce e rispondi alle domande corrispondenti; quindi analizza i particolari nel saggio dedicando a ciascuno un paragrafo e citando i versi di Poliziano.

1. Chi sono queste due figure che soffiano aria? Sono citate nelle *Stanze*? ....
2. Come è raffigurata Venere? La descrive così Poliziano? ....
3. Su che cosa è trasportata la dea? ....
4. Chi porge il mantello a Venere? ....
5. Perché la dea arriva dal mare? ....
6. Sulla costa di quale isola approda la dea? ....

Sandro Botticelli, *Nascita di Venere*, 1485 circa, tempera su tela (Firenze, Gallerie degli Uffizi)

Il Cinquecento

La laguna veneta

Palazzo Ducale, un tempo sede del doge, la massima autorità della "serenissima" Repubblica

Gli eventi del secolo

- **1527** Saccheggio di Roma da parte dei soldati imperiali
- **1545-63** Concilio di Trento contro la Riforma protestante

Le #parole della storia letteraria

#Rinascimento Periodo di avanzamento culturale contrapposto al Medioevo; all'inizio del Cinquecento si sperimenta in molte città italiane un senso di generale rinnovamento del sapere: si teorizza la prospettiva in pittura, si diffonde la tecnica della stampa e si "scoprono" nuovi spazi geografici, nel segno di un forte antropocentrismo.

#Petrarchismo Tendenza poetica che ha nel *Canzoniere* di Petrarca il suo modello di lingua e stile, oltre che di contenuti (l'amore, vissuto con tormento); per l'influenza del veneziano Pietro Bembo, l'opera diventa un vero e proprio codice di riferimento, utilizzato indistintamente da poeti e poetesse, letterati e artisti, in Italia e nel resto d'Europa.

Basilica di San Marco, con il campanile, affacciata sull'omonima piazza

La città dorata @Venezia

Crocevia di traffici e culture tra Occidente e Oriente, la Venezia del Rinascimento appare come un luogo di libertà: si stampano libri di uomini e donne sui più svariati argomenti, si dipingono opere d'arte con tecniche innovative, si costruiscono e decorano palazzi sfarzosi. Eppure proprio a Venezia nasce nel Cinquecento il primo ghetto d'Europa.

8 Niccolò Machiavelli

Professione
Alto funzionario e storico ufficiale della Repubblica di Firenze

Segue
- Bernardo Machiavelli (padre)
- Luigi XII (re di Francia)
- Marietta Corsini ❤
- Piero Soderini
- Cesare Borgia (duca Valentino)
- Alessandro VI (papa)
- Giulio II (papa)
- Massimiliano I (imperatore di Germania)
- Francesco Vettori
- Francesco Guicciardini

Contatti bloccati
Medici

Gruppi
Cancellieri umanisti di Firenze

1469 Nasce a Firenze dal giurista Bernardo e da Bartolomea de' Nelli.

1494 I Medici sono cacciati da Firenze a favore di Girolamo Savonarola.

1498 Dopo la condanna di Savonarola, Machiavelli è nominato segretario della Seconda Cancelleria e dei Dieci con competenze militari.

1500-01 È in missione a Nevers da Luigi XII, re di Francia. Sposa Marietta Corsini, da cui avrà sette figli.

1502-03 Diventa il più stretto collaboratore di Piero Soderini, gonfaloniere della Repubblica fiorentina. È in missione a Urbino da Cesare Borgia e poi a Roma per l'elezione di papa Giulio II.

1507 È nominato cancelliere dei Nove ufficiali della milizia fiorentina, con compiti di reclutamento. È in missione a Bolzano dall'imperatore Massimiliano I.

1512 I Medici riprendono il potere a Firenze e Machiavelli è allontanato dalla vita pubblica.

1513 È arrestato, torturato per sospetta congiura, quindi scarcerato grazie a un'amnistia; si ritira nel podere dell'Albergaccio e compone il trattato *De principatibus* ("I principati").

1520 Riceve nuovi incarichi politici e letterari. A Firenze e poi a Roma viene rappresentata la sua commedia *Mandragola*.

1527 I mercenari del Sacro Romano Impero invadono Roma. I Medici sono cacciati da Firenze dove Machiavelli muore il 21 giugno.

NEVERS • BOLZANO • FIRENZE • ALBERGACCIO • URBINO • ROMA

8 Niccolò Machiavelli

Innocenzo Spinazzi, *Monumento funebre a Machiavelli*, 1787, marmo (Firenze, Basilica di Santa Croce)

il meme

Il volto di profilo di Machiavelli è scolpito sul suo monumento funebre senza fronzoli, segno di una personalità incisiva ma sobria.

Nella figura allegorica si riconoscono gli attributi della politica, della storia e della diplomazia: Machiavelli è stato un maestro in tutte e tre le discipline.

L'epigrafe latina, tradotta in italiano, recita: "Nessun elogio è pari a una fama così grande". Nell'Ottocento, Machiavelli è celebrato tra le "itale glorie" sepolte nella Basilica di Santa Croce e indicate come esempi in favore dell'unità nazionale.

> "Vidi ove posa il corpo di quel grande che, temprando lo scettro a' regnatori, gli allor ne sfronda, ed alle genti svela di che lagrime grondi e di che sangue."
> (U. Foscolo, *Dei sepolcri*, vv. 155-58)

Il principe (*De principatibus*)

@FrancescoVettori

#unitànazionale
@Medici

#esperienza

"Ho composto uno **opuscolo *De principatibus*** [...], disputando che cosa è principato, di quale spezie sono, come e' si acquistono, come e' si mantengono, perché e' si perdono". Così nel **1513** Machiavelli, con parole chiarissime, dall'inconfondibile cadenza fiorentina, presenta il suo trattato all'amico **Francesco Vettori**, ambasciatore di Firenze alla corte di papa **Leone X**, un Medici. Il suo libro analizza le **radici del potere**, che all'inizio del Cinquecento, in Italia, si esprimeva nella forma dei **principati personali**, piccoli e in continua trasformazione. Machiavelli li incoraggia ad assumere una prospettiva nazionale, come in Francia e come nell'antico Israele. Il possibile artefice dell'**unità italiana** è identificato prima in **Giuliano**, poi in **Lorenzo di Piero de' Medici**, con il sostegno del papa loro parente. L'invito, però, rimane inascoltato e non gli frutta nemmeno un ritorno alla vita politica attiva, che arriverà soltanto nel 1520.

Quando scrive il trattato che gli editori chiameranno *Il principe*, Machiavelli è un **uomo solo**: tenuto lontano da Firenze per le sue simpatie repubblicane, ha voglia di rimettersi in gioco, di offrire le proprie abilità di diplomatico e di consigliere militare e le proprie conoscenze di storico al nuovo regime mediceo. Per ora deve accontentarsi del **dialogo con gli autori antichi**, scrivendo per i posteri prima che per i contemporanei.

La tradizione fa cominciare con *Il principe* la storia del **pensiero politico moderno**: nei suoi **26 capitoli**, infatti, non si parla di come uno Stato dovrebbe essere, ma di come gli Stati hanno dimostrato di essere. La figura che dà il titolo all'opera non è un personaggio astratto, ideale. Al contrario, il principe del *Principe* è la somma di tutti quei legislatori

Il Cinquecento

#CesareBorgia — mitici e di quelle personalità storiche (tra cui il famigerato **Cesare Borgia**, figlio di papa Alessandro VI) che hanno ancora qualcosa da insegnare. Secondo Machiavelli:

#virtù
#fortuna
- il principe deve saper vincere e anticipare con la propria "**virtù**" gli imprevisti della "**fortuna**";
- i valori della **morale tradizionale** (la pietà, l'umanità, la lealtà) sono buoni, ma se destabilizzano il principato vanno solo simulati;

#milizienazionali
- le **uniche forze militari** affidabili sono quelle **nazionali**, del proprio popolo in armi, non quelle mercenarie, che si vendono al miglior offerente;

#religione
- la **religione** è uno **strumento** per governare e tenere coeso lo Stato, e il principato ecclesiastico ha dimostrato di essere più un ostacolo che un aiuto all'unificazione italiana.

Sono questi i capisaldi del pensiero machiavelliano (attenzione: non machiavellico), esposti con **argomenti stringenti** ed **esempi illuminanti**; Machiavelli si ispira sia al passato sia al presente, senza pretendere di costruire un sistema perfettamente coerente. L'autore del *Principe* sa di non avere nulla da perdere: per questo osa scuotere i suoi lettori con una lezione di **realismo**.

#logica #esempi

#realismo

Il principe, capitolo 18°

T11 — La natura del principe

TRACCIA 11 — Politica, guerra, mafia

La morale idealistica fa del principe una figura nobile, che dovrebbe coltivare la lealtà e l'umanità; tuttavia, l'esperienza storica insegna che fidarsi è bene, non fidarsi è meglio. Machiavelli offre così un ritratto del vero principe, di quello che vuole mantenere lo Stato bilanciando astuzia e forza.

PER COMINCIARE

1. ATTIVIAMO IL VOCABOLARIO Collega ogni verbo al suo argomento per ottenere il corrispondente modo di dire; quindi scrivi una frase con ciascuna espressione così ottenuta.

1. mantenere
2. ricorrere
3. difendersi
4. obbedire
5. guardare

a. a una strategia
b. all'autorità
c. una promessa
d. dai nemici
e. al proprio utile

2. DA IERI A OGGI Leggi l'elenco di parole usate da Machiavelli con la loro versione attuale; quindi completa la riscrittura delle tre frasi proposte sotto.

laudabile (r. 1): lodevole
uno (r. 1): un
nondimanco (r. 2): nondimeno (tuttavia)
e (rr. 4, 13, 14, 32, 36): i
delli (r. 5): degli
in su la realtà (rr. 5-6): sulla lealtà
adunque (r. 6): dunque
e' sono dua generazioni (r. 6): sono due i generi
el (r. 8): il
Sendo (r. 11): Essendo
debbe (r. 11): deve

la golpe e il lione (r. 12): la volpe e il leone
osservanzia (r. 16): osservanza
li (r. 16): gli
che (r. 16): dal momento che
cagioni (r. 16): ragioni
feciono (r. 17): fecero
fussino (r. 17): fossero
tristi (r. 18): malvagi
osserverebbono (r. 18): osserverebbero
tu *etiam* non (rr. 18-19): neanche tu
mancorno (r. 19): mancarono

esempli (r. 21): esempi
quante pace (r. 21): quante paci
promisse (r. 21): promesse
irrite (r. 22): non valide
infidelità (r. 22): infedeltà
troverrà (r. 26): troverà
hassi a intendere (r. 28): si deve intendere (capire)
massime (r. 28): soprattutto
a chi reclamare (r. 35): a cui si debba rispondere (rendere conto)
fieno iudicati (r. 37): saranno giudicati

1. La golpe non si difende da' lupi. → .... non si difende (da sola) dai lupi.
2. Li uomini sono tristi e non osserverebbono la fede. → .... sono .... e non .... la lealtà.
3. E mezzi sempre fieno da ciascuno laudati. → I mezzi ....

62

Dal generale al particolare
L'argomentare di Machiavelli procede spesso così: prima enuncia un principio di carattere universale (è buona norma mantenere la parola data); quindi, introdotto dall'avverbio *nondimanco*, isola ciò che davvero accade nella storia (i principi di successo hanno tradito i patti).

Il principe-bestia
Il principe, e solo il principe, deve affrontare circostanze che lo costringono a rinunciare alla propria umanità: ricorrerà dunque alla forza (il leone) e all'astuzia (la volpe) quando sarà necessario.

La malvagità umana
Machiavelli sostiene la forza della virtù per combattere le circostanze sfavorevoli, ma nutre una generale sfiducia verso gli uomini: nati cattivi, non possono essere trattati con lealtà, perché se ne approfitterebbero.

RIPASSIAMO
I SUFFISSI *-TORE/-TRICE*

Oltre il bene e il male
Le categorie etiche non funzionano nelle alte sfere del potere: per preservare le fondamenta dello Stato, il principe dovrà saper essere anche malvagio, senza farsi troppi scrupoli morali o religiosi.

Quanto sia laudabile in uno principe il mantenere la fede e vivere con integrità e non con astuzia, ciascuno lo intende; nondimanco si vede per esperienza ne' nostri tempi quelli principi avere fatto gran cose, che della fede hanno tenuto poco conto e che hanno saputo con l'astuzia aggirare e
5 cervelli delli uomini: e alla fine hanno superato quelli che si sono fondati in su la realtà. Dovete adunque sapere come e' sono dua generazioni di combattere: l'uno, con le leggi; l'altro, con la forza. Quel primo è proprio dello uomo; quel secondo, delle bestie. Ma perché el primo molte volte non basta, conviene ricorrere al secondo: pertanto a uno principe è necessario sapere bene usare
10 la bestia e lo uomo. [...]
   Sendo dunque necessitato uno principe sapere bene usare la bestia, debbe di quelle pigliare la golpe e il lione: perché el lione non si difende da' lacci, la golpe non si difende da' lupi; bisogna adunque essere golpe a conoscere e lacci, e lione a sbigottire e lupi: coloro che stanno semplicemente in sul lione, non
15 se ne intendono. Non può pertanto uno signore prudente, né debbe, osservare la fede, quando tale osservanzia li torni contro e che sono spente le cagioni che la feciono promettere. E se li uomini fussino tutti buoni, questo precetto non sarebbe buono: ma perché e' sono tristi e non la osserverebbono a te, tu *etiam* non l'hai a osservare a loro; né mai a uno principe mancorno cagioni
20 legittime di colorire la inosservanzia. Di questo se ne potrebbe dare infiniti esempli moderni e mostrare quante pace, quante promisse sono state fatte irrite e vane per la infidelità de' principi: e quello che ha saputo meglio usare la golpe, è meglio capitato.
   Ma è necessario questa natura saperla bene colorire ed essere gran simu-
25 latore e dissimulatore: e sono tanto semplici gli uomini, e tanto ubbidiscono alle necessità presenti, che colui che inganna troverrà sempre chi si lascerà ingannare. [...]
   E hassi a intendere questo, che uno principe e massime uno principe nuovo non può osservare tutte quelle cose per le quali gli uomini sono chiamati buo-
30 ni, sendo spesso necessitato, per mantenere lo stato, operare contro alla fede, contro alla carità, contro alla umanità, contro alla religione. E però bisogna che egli abbia uno animo disposto a volgersi secondo che e venti della fortuna e la variazione delle cose gli comandano; e, come di sopra dissi, non partirsi dal bene, potendo, ma sapere entrare nel male, necessitato. [...] nelle azioni di
35 tutti gli uomini, e massime de' principi, dove non è iudizio a chi reclamare, si guarda al fine. Facci dunque uno principe di vincere e mantenere lo stato: e mezzi sempre fieno iudicati onorevoli e da ciascuno saranno laudati [...].

Leonardo da Vinci, *Studio di testa maschile di profilo, di tre quarti e di fronte* (presunto ritratto di Cesare Borgia, per cui l'arista lavorò come architetto militare), 1502 circa, sanguigna su carta (Torino, Biblioteca Reale)

Il Cinquecento

ATTIVITÀ

▶ 1 **RIPASSIAMO I SUFFISSI -TORE/-TRICE** Completa le frasi ricavando dal verbo tra parentesi la parola necessaria utilizzando i suffissi -tore/-trice.

Esempio: Non fidatevi di quegli uomini: sono degli __approfittatori__ (approfittare)!

1. I politici sperano nei voti degli .... (eleggere).
2. La .... (simulare) è colei che finge ciò che non è, mentre la .... (dissimulare) finge che non sia avvenuto qualcosa che invece lo è.
3. I principi sono i veri .... (agire) della scena politica rinascimentale.
4. Al congresso nazionale del partito parteciperanno anche .... (osservare) stranieri.
5. Sono state loro le vere .... (ideare) del documento.
6. Romolo è considerato il .... (fondare) della città di Roma, nel 753 a.C.
7. Machiavelli sperava che uno dei Medici, ... (detenere) del potere a Firenze, raccogliesse il suo invito a unificare politicamente l'Italia.

▶ 2 **DIALOGA CON L'AUTORE** Le affermazioni di Machiavelli suonano tuttora sconvolgenti: oggi nessuno si sognerebbe mai, in pubblico, di consigliare ai potenti della Terra di comportarsi da "bestie", di "entrare nel male", di "operare contro alla fede, contro alla carità, contro alla umanità, contro alla religione". Eppure l'idea che l'apparire conti più dell'essere non è morta, anzi sostenendola Machiavelli mostra una sensibilità pienamente moderna. Scegli nel brano due delle affermazioni che ritieni più audaci, trascrivile a parte e prova a svilupparle con nuove osservazioni, adattandole al contesto attuale. Puoi confermarle oppure controbatterle con obiezioni argomentate e originali tratte dalla tua esperienza, seguendo questo schema:

> citazione del capitolo del *Principe*;
> argomento favorevole o contrario;
> esempio contemporaneo (politica, società, mentalità e stili di vita ecc.).

Mandragola, La notte degli inganni e un frate-principe → **EXTRA**

il troll — Machiavelli machiavellico?

Le tesi sostenute da Machiavelli nel *Principe* hanno avuto nella storia un'**enorme risonanza**, tanto da essere banalizzate o addirittura ridotte in proverbi come il famoso "Il fine giustifica i mezzi". Con questa frase, chiaramente ispirata al *Principe*, sembra che Machiavelli abbia autorizzato chiunque, in politica come nella vita di tutti i giorni, a sfruttare ogni risorsa pur di ottenere un certo risultato (carriera, vittoria alle elezioni, voto scolastico, consenso ecc.).

Se è vero che Machiavelli **separa la teoria politica dalla morale** e suggerisce al principe di apparire più che di essere eticamente buono, nel *Principe* non si trova traccia della frase "Il fine giustifica i mezzi". Machiavelli non l'ha mai pensata e, se l'ha pensata, l'avrà attribuita al "volgo", all'opinione di chi si lascia ingannare dai detentori del potere. Quando uno Stato è stabile – spiega Machiavelli – non importa come lo sia diventato: la gente applaudirà il suo sovrano, diventato idolo e modello (guarderà al "fine"); soltanto lo scienziato politico saprà valutare il cammino tortuoso e disinibito che ha portato a quel risultato (analizzerà i "mezzi").

Tutto ciò ha fatto interpretare Machiavelli come il **cinico ideatore di inganni**, che ogni politico dovrebbe mettere in atto per garantirsi il potere. In realtà, l'analisi di Machiavelli si presenta come realistica, attenta al **dato "effettuale"**, concreto; insomma, i suoi **ragionamenti** sono non tanto "machiavellici" quanto **antidealistici**. In un secolo come il Cinquecento, che amava le città ideali di carta e di penna, Machiavelli avverte che **la storia conta più delle utopie**: a quella bisogna attenersi anche se le sue vicende non sono edificanti.

Ludovico Ariosto

Professione
Funzionario cortigiano

Segue
- Alfonso d'Este
- Alessandra Benucci ♥
- Pietro Bembo
- Matteo Maria Boiardo
- Virginio (figlio)

Contatti bloccati
- Ippolito d'Este
- Giulio II (papa)

Gruppi
Poeti epico-cavallereschi

1474 Nasce a Reggio Emilia da Niccolò e Daria Malaguzzi Valeri, di origini ferraresi.

1494 Segue a Ferrara i corsi universitari e, abbandonati gli studi di legge, si dedica alla letteratura. Entra al servizio della corte degli Este.

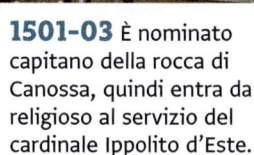

1501-03 È nominato capitano della rocca di Canossa, quindi entra da religioso al servizio del cardinale Ippolito d'Este.

1510 In missione a Roma, rischia di finire annegato nel Tevere dalle guardie del papa Giulio II, adirato con Ippolito.

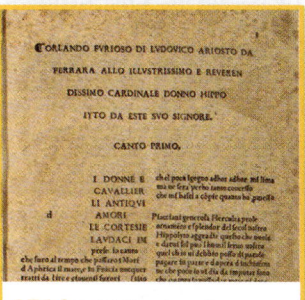

1516 Pubblica la prima edizione dell'*Orlando furioso* (in 40 canti).

1517 Rifiuta di seguire Ippolito nella sua nuova sede in Ungheria e, licenziato, entra al servizio del duca Alfonso.

1522-25 È governatore della Garfagnana, regione piena di briganti, povera e ostile agli Este.

1528 Sposa in segreto Alessandra Benucci (in modo che lui non perda i benefici ecclesiastici, lei quelli di vedova) e ricopre incarichi pubblici e di rappresentanza.

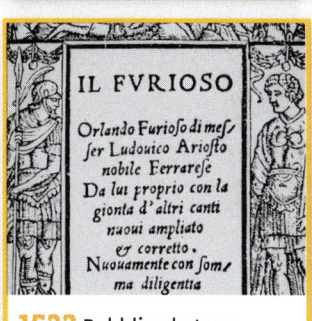

1532 Pubblica la terza edizione dell'*Orlando furioso* (in 46 canti) più vicina alla lingua di Petrarca, secondo le regole di Pietro Bembo.

1533 Muore, appartato, a Ferrara.

Il Cinquecento

Orlando furioso

Nel primo verso dell'*Orlando furioso* è racchiuso lo spirito dell'opera, che segna l'apice del genere del **poema epico-cavalleresco**: "Le donne, i cavallier, l'arme, gli amori". In questo memorabile chiasmo, che è anche una citazione di Dante, Ariosto sintetizza i contenuti del suo capolavoro: storie di **innamorati** e **innamorate**, **duelli** tra soldati e soldatesse. Tanto nel verso d'apertura quanto nel poema palpitano **due cuori**:

#poemacavalleresco

@CarloMagno
- quello **guerriero** delle imprese di **Carlo Magno**, re di Francia, e dei suoi paladini contro i saraceni;
- quello **sentimentale** proprio dei romanzi della **Tavola rotonda** (re Artù, Ginevra, Lancillotto e gli altri cavalieri).

@IppolitodEste @Ferrara
#entrelacement

Per tenere insieme i due filoni, a cui si aggiunge quello **encomiastico** (la celebrazione degli **Este** di **Ferrara**), Ariosto impiega la tecnica dell'*entrelacement*, l'intreccio di vicende e personaggi, che sarà tipico del romanzo moderno.

La trama principale è annunciata dal titolo: Orlando. Ma quale Orlando? Il Rolando che nella tradizione medievale è il paladino più valoroso di Carlo Magno e, tradito, cade in un'imboscata? No, non è l'Orlando guerriero e morente che interessa Ariosto: il suo è quello già cantato, sempre a Ferrara, da **Matteo Maria Boiardo** nell'*Orlando innamorato* (1482-95), furiosamente vivo, pazzo d'amore per Angelica, la figlia del re del Catai (in Cina) alla quale mirano come a un trofeo tanti cavalieri. Orlando insegue Angelica che incontra per caso Medoro che è stato ferito da… I lettori e le lettrici del poema, diviso in **46 canti**, trovano spesso queste catene di eventi, complicate dal fatto che l'autore lascia alcune vicende **in sospeso** per concentrarsi su altre.

@MatteoMariaBoiardo

#narratore

Il libro viene pubblicato in prima edizione nel **1516**, quindi in seconda nel **1521**, infine in terza nel **1532** in una lingua meno settentrionale e più toscana. L'*Orlando furioso* è un'opera in cui il **narratore** si prende la scena tanto quanto i suoi personaggi. Le due parti in gioco, i cristiani di re Carlo e i saraceni di re Agramante, si cercano, si uccidono, si sfuggono, con l'intervento di stregoni e maghe, a volte persino travestendosi, ma l'io narrante quasi li snobba. Ariosto sa che secoli di poemi e cantari (le composizioni popolari di argomento cavalleresco) hanno reso banale la storia di Orlando e per questo stravolge le aspettative del suo pubblico con l'**ironia**:

#ironia
- introduce la **magia**, ma ne svela l'**inverosimiglianza**;
- parla da **cristiano** per una corte cristiana, ma mette in primo piano anche gli **eroi "pagani"**;
- dà **spessore storico** ai personaggi citando fonti e alberi genealogici, ma non ne nasconde l'**origine fantastica**.

#ottave

Proprio in questo **distacco dalla materia**, cantata in **ottave** dal ritmo trascinante, sta la novità maggiore dell'*Orlando furioso* come opera letteraria: il suo degno erede sarà *Don Chisciotte*, non meno *furioso*. Leggendo di Orlando, ci si può dimenticare la complicatissima trama, non la voce che la racconta.

Arnold Böcklin, *La follia di Orlando*, 1885, olio e tempera (Lipsia, Museum der bildenden Künste)

9 Ludovico Ariosto

L'ippogrifo Fierobecco (Buckbeak), dal film Harry Potter e il prigioniero di Azkaban, regia di Alfonso Cuarón, Regno Unito-Usa, 2004

> "Non è finto il destrier, ma naturale,
> ch'una giumenta generò d'un grifo:
> simile al padre avea la piuma e l'ale,
> li piedi anteriori, il capo e il grifo;
> in tutte l'altre membra parea quale
> era la madre, e chiamasi ippogrifo;
> che nei monti Rifei vengon, ma rari,
> molto di là dagli aghiacciati mari."
>
> (L. Ariosto, *Orlando furioso*, canto 4°, ottava 18)

il meme

Orlando furioso, canto 34°, ottave 72-83

T12 Per Orlando non più furioso

TRACCIA 12 — La fantasia del mito, il mito della fantasia

Lasciato l'ippogrifo, il cavaliere Astolfo sale con san Giovanni a bordo di un carro e vola sulla Luna. Qui trova tutto ciò che sulla Terra è stato perso (come il senno del protagonista Orlando) o che risulta vano: la fama, le suppliche, i tormenti di chi si ama, i popoli del passato, le lusinghe dei cortigiani, la bellezza. Insomma, il nostro satellite, pur essendo "altro" da noi, viene trasformato da Ariosto nello specchio deformato del mondo umano.

PER COMINCIARE

1 **ATTIVIAMO IL VOCABOLARIO** Scrivi sotto ogni immagine il nome corretto, scegliendolo tra quelli elencati; poi scrivi una breve descrizione di ciascuna.

minestra • ampolla • cicala • nodo • bica • amo • tarlo • ghirlanda

1. ....
2. .... 
3. ....
4. .... 
5. .... 
6. .... 
7. .... 
8. ....

Il Cinquecento

2 DA IERI A OGGI
Leggi l'elenco di parole usate da Ariosto con la loro versione attuale; quindi riscrivi le cinque espressioni proposte sotto.

cittadi (72, v. 4): città
de le quai (72, v. 5): delle quali
magne (72, v. 5): grandi
ample (72, v. 7): ampie
condutto (73, v. 3): condotto
istretto (73, v. 4): stretto
diffetto (73, v. 6): difetto
raguna (73, v. 8): raduna
Non pur (74, v. 1): Non solo
tor (74, v. 3): togliere
intender... ancora (74, v. 4): significare... anche
prieghi (74, v. 7): preghiere
a giuoco (75, v. 2): nel gioco
non han mai loco (75, v. 4): non si realizzano mai
tumide vesiche (76, v. 3): vesciche gonfie

furo / incliti (76, vv. 7-8): furono famosi
appresso (77, v. 1): vicino
mercede (77, v. 3): compenso
avari (77, v. 4): avidi
ascosi (77, v. 5): nascosti
laude (77, v. 8): lode
mal seguiti (78, v. 2): finiti male
Ruine (79, v. 1): Rovine
castella (79, v. 1): castelli
sozzopra (79, v. 2): sottosopra
cuopra (79, v. 4): copra (nasconda)
boccie (79, v. 7): bocce
dottor (80, v. 2): guida
ch'importe (80, v. 2): che cosa significhi
lassa (80, v. 3): lascia
putia (80, v. 6): puzzava
lece (80, v. 7): è lecito (concesso)

dimostre (81, v. 4): mostrate
occurrenzie (81, v. 6): occorrenze (cose necessarie)
se ne parte (81, v. 8): se ne allontana
sui (82, v. 1): suoi
si converse (82, v. 2): si rivolse
discernea (82, v. 4): discerneva (riconosceva)
che par sì averlo a nui (82, v. 5): che a noi sembra di possedere tanto
voti non ferse (82, v. 6): non si fecero voti
conte (82, v. 8): raccontate (citate)
liquor suttile (83, v. 1): liquido sottile (fine)
in che (83, v. 5): in cui
quando (83, v. 7): perché

1. intender voglio ancora: ....
2. ciò che qua giù perdesti, là su salendo ritrovar potrai: ....
3. si fanno versi in laude dei signor: ....
4. i mal seguiti amori: ....
5. domanda al suo dottor: ....

La Luna, l'"altra" faccia della Terra
Anche se la Luna si presenta come un altro mondo rispetto a quello umano, il suo paesaggio ha le stesse caratteristiche della Terra: montagne e pianure, fiumi e laghi, città e castelli.

Le perifrasi dei personaggi
Per evitare ripetizioni, Ariosto indica i vari personaggi con perifrasi: "il paladin" è Astolfo, "duca" britannico; "l'apostolo santo" è san Giovanni; il "signor d'Anglante" (vedi ottava 83) è Orlando, conte e principe d'Angers, in Francia.

72

Altri fiumi, altri laghi, altre campagne
sono là su, che non son qui tra noi;
altri piani, altre valli, altre montagne,
c'han le cittadi, hanno i castelli suoi,
con case de le quai mai le più magne
non vide il paladin prima né poi:
e vi sono ample e solitarie selve,
ove le ninfe ognor cacciano belve.

73

Non stette il duca a ricercare il tutto;
che là non era asceso a quello effetto.
Da l'apostolo santo fu condutto
in un vallon fra due montagne istretto,
ove mirabilmente era ridutto
ciò che si perde o per nostro diffetto,
o per colpa di tempo o di Fortuna:
ciò che si perde qui, là si raguna.

74

Non pur di regni o di ricchezze parlo,
in che la ruota instabile lavora;
ma di quel ch'in poter di tor, di darlo
non ha Fortuna, intender voglio ancora.

68

Il deposito degli oggetti smarriti
Sulla Luna si trova tutto ciò che si perde sulla Terra, come la fama, ma anche ciò che si spreca: le preghiere non esaudite, i pianti degli innamorati, il tempo buttato, i progetti incompiuti.

Molta fama è là su, che, come tarlo,
il tempo al lungo andar qua giù divora:
là su infiniti prieghi e voti stanno,
che da noi peccatori a Dio si fanno.

75

Le lacrime e i sospiri degli amanti,
l'inutil tempo che si perde a giuoco,
e l'ozio lungo d'uomini ignoranti,
vani disegni che non han mai loco,
i vani desideri sono tanti,
che la più parte ingombran di quel loco:
ciò che in somma qua giù perdesti mai,
là su salendo ritrovar potrai.

76

Un paesaggio allegorico
Anziché lasciare indecifrate le allegorie della vita di corte, Ariosto fornisce la chiave per interpretarle: vesciche = popoli antichi dimenticati; ami = doni con cui si spera di far abboccare i potenti; lacci nascosti tra i fiori = lusinghe; cicale esplose = poeti che celebrano a vanvera i signori; cappi e catene dorate = amori non corrisposti; artigli = potere dei rappresentanti dei signori; mantici lungo i pendii = i piaceri concessi dai principi ai loro amanti omosessuali (Ganimede era il giovane rapito dal dio Zeus).

Passando il paladin per quelle biche,
or di questo or di quel chiede alla guida.
Vide un monte di tumide vesiche,
che dentro parea aver tumulti e grida;
e seppe ch'eran le corone antiche
e degli Assirii e de la terra lida,
e de' Persi e de' Greci, che già furo
incliti, et or n'è quasi il nome oscuro.

77

Ami d'oro e d'argento appresso vede
in una massa, ch'erano quei doni
che si fan con speranza di mercede
ai re, agli avari principi, ai patroni.
Vede in ghirlande ascosi lacci; e chiede,
et ode che son tutte adulazioni.
Di cicale scoppiate imagine hanno
versi ch'in laude dei signor si fanno.

78

Di nodi d'oro e di gemmati ceppi
vede c'han forma i mal seguiti amori.
V'eran d'aquile artigli; e che fur, seppi,
l'autorità ch'ai suoi danno i signori.
I mantici ch'intorno han pieni i greppi,
sono i fumi dei principi e i favori
che danno un tempo ai ganimedi suoi,
che se ne van col fior degli anni poi.

79

La sezione politica
Sulla Luna si trovano anche i trattati politici mai applicati, le congiure scoperte, le monete false e rubate, il servizio usa e getta dei cortigiani.

Ruine di cittadi e di castella
stavan con gran tesor quivi sozzopra.
Domanda, e sa che son trattati, e quella
congiura che sì mal par che si cuopra.
Vide serpi con faccia di donzella,
di monetieri e di ladroni l'opra:
poi vide boccie rotte di più sorti,
ch'era il servir de le misere corti.

69

Il Cinquecento

La donazione di Costantino
Appare come un fiore maleodorante il documento (falso) con cui la Chiesa aveva legittimato il proprio potere temporale (il controllo su Roma e l'Italia centrale): l'imperatore Costantino, nel 315, si sarebbe privato di una parte della propria autorità per concederla al papa di allora, Silvestro I.

80
Di versate minestre una gran massa
vede, e domanda al suo dottor ch'importe.
"L'elemosina è (dice) che si lassa
alcun, che fatta sia dopo la morte".
Di varii fiori ad un gran monte passa,
ch'ebbe già buono odore, or putìa forte.
Questo era il dono (se però dir lece)
che Constantino al buon Silvestro fece.

81

Una punta misogina
Nel lungo elenco di vanità non poteva mancare lo stereotipo della bellezza femminile destinata a sfiorire: è raffigurata come una trappola ricoperta di vischio appiccicoso per attirare e catturare gli uccellini.

Vide gran copia di panie con visco,
ch'erano, o donne, le bellezze vostre.
Lungo sarà, se tutte in verso ordisco
le cose che gli fur quivi dimostre;
che dopo mille e mille io non finisco,
e vi son tutte l'occurrenzie nostre:
sol la pazzia non v'è poca né assai;

RIPASSIAMO GLI USI DI *NE*
che sta qua giù, né se ne parte mai.

82
Quivi ad alcuni giorni e fatti sui,
ch'egli già avea perduti, si converse;
che se non era interprete con lui,
non discernea le forme lor diverse.
Poi giunse a quel che par sì averlo a nui,
che mai per esso a Dio voti non ferse;
io dico il senno: e n'era quivi un monte,
solo assai più che l'altre cose conte.

83

Il senno liquido di Orlando
Il senno è descritto come un gas liquefatto, capace di evaporare non appena si sia stappata l'ampolla che lo contiene: quella di Orlando è la più "capace", ovvero la più grande, e si riconosce dall'etichetta.

Era come un liquor suttile e molle,
atto a esalar, se non si tien ben chiuso;
e si vedea raccolto in varie ampolle,
qual più, qual men capace, atte a quell'uso.
Quella è maggior di tutte, in che del folle
signor d'Anglante era il gran senno infuso;
e fu da l'altre conosciuta, quando
avea scritto di fuor: "Senno d'Orlando".

Gustave Doré, *Astolfo e san Giovanni in volo verso la Luna*, 1879, incisione

ATTIVITÀ

1 **RIPASSIAMO GLI USI DI NE** Riscrivi le frasi sostituendo le espressioni in corsivo con la particella *ne*, da posizionare correttamente: quando serve, modifica anche altri elementi.

Esempio: Astolfo vola sulla Luna insieme con san Giovanni: infatti, si fidava di *san Giovanni*.
→ Astolfo vola sulla Luna insieme con san Giovanni. Infatti, se ne fidava.

1. Astolfo incontra l'apostolo Giovanni ed è guidato *dall'apostolo Giovanni* sulla Luna.
→ ....
2. I popoli antichi godevano di grande fama, ma ora tutti si sono dimenticati *dei popoli antichi*.
→ ....
3. La pazzia resta sul pianeta Terra e *dal pianeta Terra* non si allontana mai.
→ ....
4. Sulla Luna si trova tutto il senno degli uomini folli: Astolfo trova una montagna *di senno*.
→ ....
5. Il senno si presenta come un liquido poco denso: le ampolle sono piene *di tale liquido*.
→ ....
6. Orlando ha perso la testa per Angelica perché si era invaghito *di Angelica*.
→ ....

2 **SCRIVI IL TUO SAGGIO** Il viaggio di Astolfo sulla Luna si ricollega sia al mito classico (il volo in cielo) sia alla fede cristiana (san Giovanni è l'apostolo prediletto di Gesù, considerato l'autore del quarto *Vangelo* e dell'*Apocalisse*). Questa missione ricorda tante avventure da romanzo e persino il viaggio di Dante nella *Commedia*, anche se gli elementi soprannaturali sono accolti con distacco da Ariosto e paragonati a oggetti terrestri (le "biche", la "minestra" ecc.). A queste relazioni letterarie vanno aggiunte le scoperte geografiche e astronomiche del Cinquecento: in quel secolo, infatti, gli scienziati e gli esploratori europei allargano lo spazio conosciuto, in Terra e in Cielo. Rifletti su come Ariosto ha modellato l'episodio di Astolfo sulla Luna, sul rapporto che si crea tra Luna e Terra, sui possibili modelli del testo (letterari e "scientifici"), sul tono generale del racconto (ironico, distaccato, amaro, satirico, misogino). Scegli uno di questi aspetti e approfondiscilo in un saggio di circa 3-4 pagine, a cui darai un titolo originale.

CARTA GEOSTORICA

L'ITALIA ALL'INIZIO DEL CINQUECENTO

- Marchesato di Saluzzo
- Contea di Asti
- Marchesato del Monferrato
- Ducato di Mantova (ai Gonzaga)
- Ducato di Modena e Reggio (agli Estensi)
- Principato di Massa (ai Malaspina)
- Repubblica di Lucca
- Repubblica di Firenze (ai Medici)
- Ducato di Piombino (agli Appiani)
- Repubblica di Siena

10 Baldassarre Castiglione

Professione
Ambasciatore e nunzio apostolico

Segue
- Guidubaldo da Montefeltro
- Elisabetta Gonzaga
- Pietro Bembo
- Leone X (papa)
- Bernardo Dovizi da Bibbiena
- Ippolita Torelli ❤
- Raffaello Sanzio
- Clemente VII (papa)
- Carlo V (imperatore)

Contatti bloccati
- Lorenzo de' Medici
- Mercenari imperiali

Gruppi
Teorici del Rinascimento

1478 Nasce a Casatico, vicino a Mantova, da Cristoforo e Aloisa Gonzaga.

1503-04 Compiuti gli studi a Milano, entra al servizio di Guidubaldo da Montefeltro ed Elisabetta Gonzaga a Urbino come comandante militare. Conosce Pietro Bembo, autore delle *Prose della volgar lingua* (1525).

1513 Si trasferisce a Roma alla corte del papa Leone X. Allestisce la commedia *Calandra* del cardinale Bernardo Dovizi da Bibbiena.

1516 Il papa assegna il Ducato di Urbino a Lorenzo de' Medici, suscitando lo sconcerto di Castiglione, che sposa a Mantova Ippolita Torelli.

1519 È nominato ambasciatore dei Gonzaga a Roma. Scrive con il pittore Raffaello una lettera a Leone X sulla condizione dei monumenti romani antichi.

1521 Dopo la morte di Ippolita, si fa sacerdote.

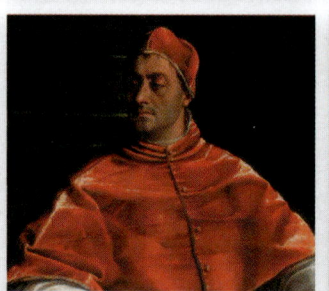

1524 È nominato da papa Clemente VII nunzio apostolico in Spagna, alla corte dell'imperatore Carlo V.

1527 Dalla Spagna non riesce a impedire il sacco di Roma da parte dei mercenari imperiali di Carlo V.

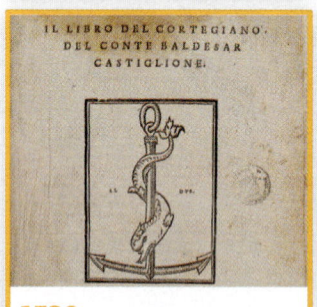

1528 Pubblica il *Libro del Cortegiano* (già circolante in forma manoscritta).

1529 Celebrato da Carlo V, muore a Toledo.

MILANO — MANTOVA
CASATICO
URBINO
ROMA
TOLEDO

10 Baldassarre Castiglione

> Raffaello Sanzio, *Elisabetta Gonzaga*, 1502 circa, olio su tavola (Firenze, Gallerie degli Uffizi); Raffaello Sanzio, *Guidubaldo da Montefeltro*, 1506 circa, olio su tavola (Firenze, Gallerie degli Uffizi)

Sulla fronte Elisabetta porta un ciondolo a forma di scorpione, che dovrebbe propiziare la generazione di nuovi figli o simboleggiare la dialettica pungente: nel libro, la coda a S è oggetto di un gioco galante.

il meme

La duchessa Elisabetta Gonzaga, alla cui corte si svolgono i dialoghi del *Cortegiano*, nel ritratto di Raffaello indossa una veste dai tratti dorati che ricorda lo stemma dei Montefeltro.

Ritratto da Raffaello con aspetto e abito austeri, Guidubaldo, esperto di arte militare, è l'ultimo Montefeltro a guidare il Ducato: spodestato dal "principe" Cesare Borgia, torna a Urbino nel 1503 e, gravemente malato, muore senza eredi nel 1508.

> "Mandovi questo libro come un ritratto di pittura della corte d'Urbino, non di mano di Rafaello o Michel Angelo, ma di pittor ignobile e che solamente sappia tirare le linee principali."
>
> (B. Castiglione, *Libro del Cortegiano*, Dedica)

Libro del Cortegiano

Nell'unico vero libro di Castiglione è riassunto un secolo, il Cinquecento, e forse anche più di uno, finché durano le corti dei monarchi assoluti e dei principi, con i loro riti sacri e profani. Pur essendo celebrato come manuale di comportamento per il **perfetto cortigiano** e la sua **corrispondente femminile**, il libro è un **dialogo**; anzi, raccoglie una **serie di dialoghi**, in quattro libri, ambientati alla **corte di Urbino** nel **1506**.

Domina le conversazioni, con una presenza discreta ma decisiva, la duchessa **Elisabetta Gonzaga**, ridotta quasi a vedova dalla malattia del marito Guidubaldo, eppure animatrice di vivaci **discussioni** presiedute da **Emilia Pia**, la sua dama di compagnia. Sono coinvolti più di venti interlocutori: tra loro, il conte Ludovico di Canossa, Cesare Gonzaga, Giuliano de' Medici, il misogino Gaspare Pallavicino e **Pietro Bembo**, arbitro della lingua letteraria italiana. Grandi assenti sono Castiglione stesso, allora impegnato all'estero, e il duca Guidubaldo.

Circa vent'anni separano la data dell'ambientazione fittizia dei dialoghi dalla loro pubblicazione, avvenuta nel **1528** a Venezia dopo che ampie parti del testo sono già state diffuse in forma manoscritta. Nella dedica a **Miguel de Sylva** (ambasciatore portoghese a Roma) Castiglione ricorda che molti dei personaggi citati nel libro sono morti, compresa Elisabetta: il dato, insieme alla **cornice notturna** dei dialoghi, li pervade di un'intensa nostalgia. Nel momento in cui Castiglione definisce il perfetto cortigiano nell'atmosfera fatata della piccola Urbino, questo modello sembra già superato dalle circostanze storiche: l'immensa estensione dell'impero di Carlo V, la volatilità delle corti italiane strette tra francesi e spagnoli, le opposte ambizioni di papi e parenti di papi.

Ciò non impedisce al libro di diventare un **classico** da comodino reale, tradotto subito in tutte le principali lingue europee. Ma di che cosa parla il *Cortegiano*?

#perfezioneacorte
#dialogo
@Urbino
@ElisabettaGonzaga
@EmiliaPia
@PietroBembo
@MigueldeSylva
#notte

73

Il Cinquecento

#cortigiano
- **I libro**: si delinea la **nobiltà dell'uomo di corte** e si discute della **lingua** che deve usare, aperta al parlato e fondata sulle concrete esigenze comunicative, non su modelli arcaici;

#motti
- **II libro**: sulla scia delle opere oratorie del latino Cicerone, si definisce il ruolo dei **motti di spirito** nella vita di corte;

#cortigiana
- **III libro**: si delinea la figura della perfetta **donna di palazzo**;

#amore
- **IV libro**: attraverso le parole di Pietro Bembo, che sembra in estasi, si profila la **visione perfetta dell'amore**.

In questa società eletta ma anche spietata, ogni minimo dettaglio conta e, se trascurato, rischia di far cadere lo sbadato dalle stelle alle stalle. Perciò, Castiglione mescola **precetti morali**, **consigli** da stilista di moda, **dissertazioni linguistiche e filosofiche**. La sua opera tratteggia il quadro di una **corte perfetta** ma sull'orlo del precipizio: il nuovo giorno preannunciato nel finale del libro non sorgerà mai.

#filosofia

Libro del Cortegiano, libro 1º, paragrafo 26

T13 La grazia, vera regina della corte

TRACCIA 13 — Politica, guerra, mafia

Attraverso le parole del conte veronese Ludovico di Canossa scopriamo che la qualità suprema del cortigiano perfetto è la grazia, anzi la disinvoltura travestita da grazia: il vizio da evitare è dunque il suo contrario, l'affettazione, che fa sembrare ogni cosa innaturale, forzata, tirata per i capelli.

PER COMINCIARE

1 ATTIVIAMO IL VOCABOLARIO Collega ogni espressione al suo significato. Attenzione: alcune hanno più di un significato.

1. grazia
2. disgrazia
3. sprezzatura
4. studio

a. cura meticolosa
b. evento percepito come sfortunato
c. processo di apprendimento
d. (in testi letterari) mancanza di grazia
e. noncuranza, disinvoltura
f. atteggiamento fine, delicato, gradevole

2 DA IERI A OGGI Leggi l'elenco di parole usate da Castiglione con la loro versione attuale; quindi riscrivi le quattro espressioni proposte sotto.

meco (r. 1): fra me e me
onde (r. 1): da dove
lasciando (r. 2): tralasciando
l'hanno (r. 2): la fanno derivare
regula (r. 2): regola
ciò è (r. 4): cioè
po (rr. 4, 11): può
asperissimo (r. 5): durissimo
nova (r. 5): nuova
difficultà (r. 9): difficoltà
maraviglia (r. 9): meraviglia
per lo contrario (rr. 9-10): al contrario

il sforzare (r. 10): lo sforzare
capegli (r. 10): capelli
estimar (r. 11): stimare (considerare)
si sia (r. 11): sia
Però (r. 11): Perciò
poner (r. 12): porre
l'omo (r. 13): ogni persona
ricordomi (r. 14): mi ricordo
sforzavansi (r. 15): si sforzavano
sé non aver notizia alcuna di lettere (rr. 15-16): che loro non avevano nessuna conoscenza letteraria

simplicissimamente (r. 17): in maniera molto semplice
più tosto (r. 17): piuttosto
porgea (r. 17): porgeva (offriva)
'l studio (r. 18): lo studio
arìa (r. 18): avrebbe
populo (r. 19): popolo
adunque (r. 19): dunque

1. pensare meco: ....
2. dire una nova parola: ....
3. tirato per i capegli: ....
4. poner il studio: ....

74

10 Baldassarre Castiglione

Tre parole chiave
Ogni gesto, ogni parola del cortigiano deve essere ispirata all'ideale della grazia, della naturalezza, dell'apparente noncuranza ed evitare di sembrare preparata.

RIPASSIAMO L'USO DI *SI*

Un antico motto
Come insegnavano i poeti latini, la vera arte consiste nel nascondere l'arte, nel farla sembrare naturale: si mescolano qui ideali letterari e valori morali.

L'esempio del ragionamento
Come prova dell'argomentazione sono citati gli antichi oratori: i loro discorsi erano frutto di un lungo lavoro compositivo, ma agli ascoltatori suonavano estremamente lineari.

"Ma avendo io già più volte pensato meco onde nasca questa grazia, lasciando quelli che dalle stelle l'hanno, trovo una regola universalissima, la qual mi par valer circa questo in tutte le cose umane che si facciano o dicano più che alcuna altra, e ciò è fuggir quanto più si po, e come
5 un asperissimo e pericoloso scoglio, la affettazione; e, per dir forse una nova parola, usar in ogni cosa una certa sprezzatura, che nasconda l'arte e dimostri ciò che si fa e dice venir fatto senza fatica e quasi senza pensarvi. Da questo credo io che derivi assai la grazia; perché delle cose rare e ben fatte ognun sa la difficultà, onde in esse la facilità genera grandissima maraviglia; e per lo
10 contrario il sforzare e, come si dice, tirar per i capegli dà somma disgrazia e fa estimar poco ogni cosa, per grande ch'ella si sia. Però si po dir quella esser vera arte che non pare esser arte; né più in altro si ha da poner studio, che nel nasconderla: perché se è scoperta, leva in tutto il credito e fa l'omo poco estimato. E ricordomi io già aver letto esser stati alcuni antichi oratori eccellentissimi, i
15 quali tra le altre loro industrie sforzavansi di far credere ad ognuno sé non aver notizia alcuna di lettere; e dissimulando il sapere mostravan le loro orazioni esser fatte simplicissimamente, e più tosto secondo che loro porgea la natura e la verità, che 'l studio e l'arte; la qual se fosse stata conosciuta, aria dato dubbio negli animi del populo di non dover esser da quella ingannati. Vedete adun-
20 que come il mostrar l'arte ed un così intento studio levi la grazia d'ogni cosa".

← Luciano Laurana, Il cortile d'onore del Palazzo Ducale di Urbino, 1468-72

ATTIVITÀ

1 **RIPASSIAMO L'USO DI *SI*** Trasforma le parole in corsivo delle frasi utilizzando la particella *si*.

Esempio: Le cose *che vengono applicate* a tutti nel mondo sono dette universali.
→ Le cose che si applicano a tutti nel mondo sono dette universali.

1. Le parole *che vengono pronunciate* con affettazione non risultano persuasive.
→ ....
2. *Può essere definita* arte solo quella che sembri realistica.
→ ....
3. *Devono essere presi* a modello soltanto gli scrittori migliori.
→ ....
4. Nelle opere d'arte come nella vita di corte *bisogna nascondere* lo sforzo necessario a raggiungere la perfezione.
→ ....
5. *Sono definiti* "oratori" gli autori di orazioni, cioè di discorsi destinati a un'occasione pubblica.
→ ....

2 **DIALOGA CON L'AUTORE** Insistendo sul concetto di grazia e di sprezzatura Castiglione delinea uno stile che riguarda il modo di parlare, di scrivere, di vestire e potremmo aggiungere di mangiare, di disegnare, di cantare... Insomma di tutte quelle forme di arte e di cultura che ancora oggi caratterizzano lo stile *made in Italy*. Rifletti sulla fortuna del concetto di grazia dal Cinquecento ai giorni nostri: integra il ragionamento di Castiglione con nuove argomentazioni ed esempi tratti dalla contemporaneità, in base ai tuoi gusti e alla tua visione dello stile italiano. Infine riassumi le tue osservazioni in una registrazione vocale di circa cinque minuti, rivolgendoti direttamente a Castiglione.

11 Michelangelo Buonarroti

Professione
Scultore, architetto, pittore

Segue
- Domenico Ghirlandaio
- Poliziano
- Lorenzo de' Medici
- Leone X (papa)
- Clemente VII (papa)
- Tommaso Cavalieri ♥
- Paolo III (papa)
- Vittoria Colonna
- Donato Giannotti
- Luigi del Riccio
- Michelangelo Buonarroti il Giovane

Contatti bloccati
Giulio II (papa)

Gruppi
Geni del Rinascimento

1475 Nasce a Caprese da Ludovico e Francesca di Neri di Miniato del Sera. Entra a Firenze nella bottega del pittore Domenico Ghirlandaio e frequenta Poliziano e Lorenzo de' Medici.

1495-1501 Si trasferisce a Roma, dove studia le statue antiche e realizza la *Pietà*; poi rientra a Firenze.

1509-12 Su incarico di papa Giulio II, con cui i rapporti non sono facili, affresca la volta della Cappella Sistina con scene e figure bibliche.

1516-20 Papa Leone X gli affida il progetto della facciata della Basilica di San Lorenzo a Firenze, poi accantonato, e il cardinale Giulio de' Medici (poi papa Clemente VII) quello di un mausoleo di famiglia.

1532-34 Incontra a Roma Tommaso Cavalieri, di cui si innamora. Papa Paolo III pretende che lavori in esclusiva per lui. Ridisegna la Piazza del Campidoglio.

1536-41 Affresca il *Giudizio universale* nella Cappella Sistina. Conosce Vittoria Colonna ed entra in contatto con gli esponenti del riformismo cattolico.

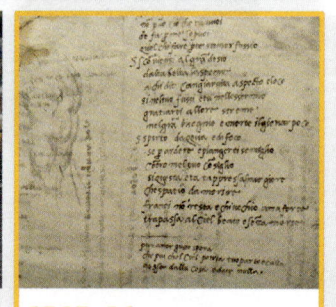

1545-46 Progetta un'edizione delle sue poesie (non realizzata) a cura degli amici Donato Giannotti e Luigi del Riccio.

1547 È nominato primo architetto della Fabbrica di San Pietro per la costruzione della nuova basilica.

1564 Muore a Roma ed è sepolto a Firenze nella Basilica di Santa Croce, celebrato già come "divino".

1623 Esce l'edizione delle *Rime* a cura del nipote Michelangelo Buonarroti il Giovane.

FIRENZE • CAPRESE • ROMA

76

11 Michelangelo Buonarroti

▶ Michelangelo Buonarroti, *La creazione di Adamo*, 1511, affresco (Città del Vaticano, Cappella Sistina, volta)

La scena si svolge nei primi giorni della creazione del mondo, in un paesaggio ancora non ben definito.

Il passaggio del flusso vitale è realizzato attraverso gli indici delle due mani che si sfiorano, riconoscendosi simili.

La figura del primo uomo, il biblico Adamo, è scolpita più che dipinta: le sue forme giovanili, anatomicamente perfette, esprimono la quintessenza della bellezza divina e terrena secondo Michelangelo.

Dio, ritratto come un vecchio vigoroso e circondato dagli angeli, guarda il frutto della sua creazione, plasmato dalla terra "a sua immagine".

il meme

> *Se ben col fattor l'opra sua consuona,*
> *che colpa vuol giustizia ch'io n'aspetti,*
> *s'i' amo, anz'ardo, e per divin concetti*
> *onoro e stimo ogni gentil persona?*
> (M. Buonarroti, *Rime*, 279, vv. 5-8)

Rime

#Rinascimento
#nonfinito

Massima espressione del **Rinascimento**, scultore, architetto, pittore, Michelangelo è anche poeta. Un **poeta anomalo**, visto che spesso lascia **incompiuti** i propri **testi** e sfrutta qualunque tipo di carta per scrivere: disegni, pagine già usate, fogli volanti...

Tra il 1545 e il 1546 progetta un'edizione delle sue poesie, curata dagli amici Donato Giannotti e Luigi del Riccio, ma poi non se ne fa nulla. E così Michelangelo continua a scrivere senza pensare a pubblicare; soltanto nel **1623** le sue poesie saranno stampate dal nipote Michelangelo Buonarroti il Giovane, che darà alla raccolta il titolo di *Rime* e inserirà molti interventi arbitrari.

@TommasoCavalieri
@VittoriaColonna

Non si tratta di un vero canzoniere nel senso di un insieme organico di poesie intorno a un unico argomento. Ci sono però alcuni temi e destinatari ricorrenti, tra cui **Tommaso Cavalieri**, **Vittoria Colonna** e un'imprecisata "**donna bella e crudele**", ma spesso è impossibile capire a quale dei tre il testo si riferisca.

#bellezza #amore

In generale nelle poesie prevale il **culto della bellezza e dell'amore** in tutti i risvolti, euforici o tormentosi: come dal marmo emerge la forma della statua, così dal mondo terreno e dalle sue creature trapela la presenza divina. È, questa, la versione michelangiolesca del **Neoplatonismo**, ovvero della **ricerca dell'Idea** nel caos della materia, della Grazia illuminante nelle tenebre del peccato.

#Neoplatonismo

#stileconcettoso

Con la sua **immaginazione**, che spesso prevale sul risultato concreto, Michelangelo scopre nelle cose continue **contraddizioni**: queste si riflettono in uno **stile concettoso**, cerebrale, che accosta tra loro sinonimi o contrari per produrre **versi insoliti**, che brillano solo per rivelare il **chiaroscuro** della composizione.

Il Cinquecento

Il suo è un **petrarchismo del contrasto**, ispirato sì al modello di Petrarca come richiedeva la moda del tempo, ma rivisitato da un'**ansia spirituale**, **morale**, **estetica**, ignota ai tanti poeti-pappagalli del petrarchismo cinquecentesco.

Le *Rime* di Michelangelo arrivano a noi lettori come le sue sculture incompiute (i *Prigioni* per la tomba di papa Giulio II, la *Pietà* Rondanini) o come i tanti progetti architettonici mai conclusi. Per Michelangelo, l'**abbozzo**, su carta come nel marmo, lascia intravedere l'essenza dell'**opera finita** e dunque ha la sua stessa dignità.

#abbozzo

Rime, 102

T14 Il ritratto della notte

La notte, tempo del riposo, conforta i sensi stanchi e placa ogni dolore: la sua oscurità e la sua somiglianza con la morte non devono far dimenticare gli effetti benefici che procura.

PER COMINCIARE

1 ATTIVIAMO IL VOCABOLARIO Collega ogni espressione al suo significato.

1. benché
2. intelletto intero
3. rimedio degli afflitti
4. carne inferma

a. mente integra, che ragiona
b. corpo malato, fiacco
c. cura dei sofferenti
d. sebbene, anche se

2 DA IERI A OGGI Leggi l'elenco di parole usate da Michelangelo con la loro versione attuale; quindi riscrivi le tre frasi proposte sotto, riordinando le varie espressioni.

ogn'opra (v. 2): ogni opera (azione)	**ov'ire** (v. 8): dove andare	**rasciughi** (v. 13): asciughi
t'exalta (v. 3): ti esalta	**alma** (v. 10): anima	**posi** (v. 13): fai smettere
ché (v. 6): perché	**delli** (v. 11): degli	**furi** (v. 14): rubi (sottrai)

1. ogn'opra / sempre / verso l'obiettivo finale / si dibatte → ....
2. l'umida ombra della notte / ogni sorta di quiete / procura → ....
3. cessa / ogni miseria / dell'alma e del cuore / nemica → ....

Contrasti concettosi
La notte porta pace in ogni cosa, ma lo fa in maniera inquieta e perturbante.

O notte, o dolce tempo, benché nero,
  con pace ogn'opra sempr'al fin assalta;
ben vede e ben intende chi t'exalta,
4 e chi t'onor' ha l'intelletto intero.

Tu mozzi e tronchi ogni stanco pensiero,
ché l'umid'ombra ogni quiet'appalta,
e dall'infima parte alla più alta
8 in sogno spesso porti, ov'ire spero.

RIPASSIAMO I SUPERLATIVI

Notte o morte?
La morte trova nella notte una sorta di anticipazione, preparando le persone alla fine della vita.

O ombra del morir, per cui si ferma
ogni miseria a l'alma, al cor nemica,
11 ultimo delli afflitti e buon rimedio;

tu rendi sana nostra carn'inferma,
rasciughi i pianti e posi ogni fatica,
14 e furi a chi ben vive ogn'ira e tedio.

Le forbici della notte
Di notte i pensieri e le preoccupazioni cadono nell'oblio, come un filo tagliato da un paio di forbici.

La malinconia del genio saturnino
Come tutti gli artisti, anche Michelangelo sembra subire l'influsso del pianeta Saturno: la sua manifestazione più evidente è la noia di vivere, la malinconia o depressione, tradizionalmente associata al genio.

11 Michelangelo Buonarroti

ATTIVITÀ

1 **RIPASSIAMO I SUPERLATIVI** Completa le frasi con il superlativo dell'aggettivo tra parentesi. Attenzione: non sempre si fa con il "più".

Esempio: I poeti trovano spesso nella notte il tempo ___più favorevole___ (*favorevole*) alla scrittura.

1. Secondo Michelangelo, la notte è il momento .... (*buono*) della giornata.
2. Tutti i pensieri .... (*cattivi*) sono dissolti.
3. Quando sogna, il poeta immagina di trovarsi nella parte .... (*alta*) del cielo.
4. La Terra è considerata la parte .... (*bassa*) dell'universo.
5. La pace della notte è la cosa .... (*simile*) alla morte che ci sia.
6. Anche le persone .... (*arrabbiato*) e .... (*angosciato*) trovano pace nel sonno.

2 **PREPARA LA TUA PRESENTAZIONE** Michelangelo dedica alla notte non solo poesie ma anche la sua opera di artista: tra i suoi lavori spiccano l'affresco sulla divisione fra luce e tenebre da parte di Dio all'alba della creazione e l'allegoria della Notte scolpita per la tomba di Giuliano de' Medici. Agli attributi negativi della notte, identificata con il peccato, il dolore, la morte, Michelangelo nel sonetto sostituisce quelli positivi: la serenità, la pace, il riposo ristoratore.
Confronta il sonetto con le opere michelangiolesche dedicate alla notte. In una presentazione digitale organizza testo, immagini e commento, in modo da evidenziare le somiglianze e le differenze ma anche i significati simbolici (soprattutto religiosi).

◀ **Michelangelo Buonarroti, *La separazione della luce dalle tenebre*, 1512, affresco (Città del Vaticano, Cappella Sistina, volta)**
Secondo il racconto biblico della Genesi, Dio è ritratto mentre separa la luce (ovvero l'ordine) dal buio (il caos), dando inizio al tempo umano: "Dio chiamò la luce giorno e le tenebre notte".

▶ **Michelangelo Buonarroti, *Allegoria della Notte*, 1526-31, marmo (Firenze, Basilica di San Lorenzo, Sagrestia Nuova, Tomba di Giuliano de' Medici)**
La Notte è rappresentata come una donna, nuda, addormentata e circondata dai suoi attributi: una corona con luna e stella, una maschera (che ricorda i sogni e le visioni), un barbagianni (uccello notturno) e un mazzo di papaveri (che donano l'oblio).

Il Cinquecento

Rime, 151

T15 Un artista d'amore

Intrecciando il linguaggio della scultura con quello petrarchesco dell'amore, Michelangelo spiega la propria visione delle due "arti". Entrambe causano fatica e dolore per un uomo incapace di agire come vorrebbe.

PER COMINCIARE

1 ATTIVIAMO IL VOCABOLARIO Collega ogni parola al suo sinonimo; poi definisci ciascuna con un aggettivo a tua scelta.

1. concetto ....
2. intelletto ....
3. effetto ....
4. fortuna ....

a. sorte ....
b. risultato ....
c. ingegno ....
d. idea ....

2 DA IERI A OGGI Leggi le espressioni usate da Michelangelo con la loro versione attuale; quindi completa la riscrittura delle tre frasi proposte sotto.

circonscriva (v. 2): circoscriva (racchiuda)
col suo superchio (v. 3): con un eccesso di materia (di marmo)
man (v. 4): mano
'l (vv. 5, 13): il

diva (v. 6): divina
tal (v. 7): così
al disïato effetto (v. 8): all'effetto desiderato
tua beltade (v. 9): la tua bellezza
disdegno (v. 10): disprezzo

dentro del tuo cor (v. 12): dentro il tuo cuore
pietate (v. 12): pietà
in un tempo (v. 13): allo stesso tempo, insieme
e che (v. 13): e se accade che

1. Il marmo in sé *circonscrive* un concetto *col suo superchio*. → Il marmo .... in sé un'idea insieme ....
2. Spesso si ottiene dall'amore un effetto contrario a quello *disïato*. → Spesso si ottiene dall'amore un risultato contrario a quello ....
3. *Dentro del cor* a volte si combattono un senso di morte e *pietate*. → .... a volte si combattono un senso di morte e ....

La concezione della scultura
Secondo Michelangelo, il blocco di marmo contiene già l'idea dell'opera che poi lo scultore dovrà realizzare, liberandola dall'eccesso di materia con lo scalpello.

Il poeta che ama
Il sonetto è indirizzato a una donna che non ricambia l'amore del poeta, secondo le convenzioni del petrarchismo.

RIPASSIAMO
LE ESPRESSIONI ECCETTUATIVE

Non ha l'ottimo artista alcun concetto
ch'un marmo solo in sé non circonscriva
col suo superchio, e solo a quello arriva
4 la man che ubbidisce all'intelletto.

Il mal ch'io fuggo, e 'l ben ch'io mi prometto,
in te, donna leggiadra, altera e diva,
tal si nasconde; e perch'io più non viva,
8 contraria ho l'arte al disïato effetto.

Amor dunque non ha, né tua beltate
o durezza o fortuna o gran disdegno
11 del mio mal colpa, o mio destino o sorte;

se dentro del tuo cor morte e pietate
porti in un tempo, e che 'l mio basso ingegno
14 non sappia, ardendo, trarne altro che morte.

Un'arte umana e divina
La mano dell'artista segue gli ordini dell'intelletto, ovvero della parte più nobile degli esseri umani, che consente di vedere la presenza di Dio nel creato.

Il fallimento in amore
Michelangelo riconosce che la ragione del fallimento in amore non sta nella donna o nella sorte ma nella propria incapacità di sollecitare lo scambio di affetti: al grande scultore corrisponde un innamorato imbranato.

11 Michelangelo Buonarroti

ATTIVITÀ

▶ **1** **RIPASSIAMO** **LE ESPRESSIONI ECCETTUATIVE** **Completa le frasi dopo l'espressione eccettuativa in corsivo scegliendo la conclusione dall'elenco.**

a. fu commentato pubblicamente a Firenze nel 1546
b. nel blocco di marmo
c. scoprire le potenzialità della materia lavorata
d. con sé stesso
e. segua i consigli dell'intelletto
f. pietà e morte

Esempio: Della storia di questo famoso sonetto non sappiamo molto *eccetto che* ..... **fu commentato pubblicamente a Firenze nel 1546** ..... .

1. Lo scultore non deve fare *altro che* ....
2. Secondo Michelangelo, l'idea di una scultura è astratta *salvo che* ....
3. La mano di un artista fallisce *a meno che non* ....
4. Il cuore della donna a cui Michelangelo scrive non gli fa sorgere alcun sentimento *se non* ....
5. L'innamorato non corrisposto non può prendersela con nessuno *tranne che* ....

▶ **2** **SCRIVI IL TUO SAGGIO** Anche se il sonetto si serve del paragone con l'arte per parlare d'amore, questi versi sono famosi soprattutto per la prima quartina, dedicata alla scultura. Molte opere di Michelangelo (come i cosiddetti *Prigioni* o la *Pietà Rondanini*) rimaste non finite mostrano il modo di procedere dello scultore: la ricerca del "concetto" oltre il "superchio" del marmo. Cerca su Internet le immagini delle opere non compiute di Michelangelo e confrontale con la visione del lavoro dell'artista espressa dal sonetto. Qual è il fascino (se c'è) del non finito? È davvero concepibile un'arte "divina" che riveli le forme e le potenzialità già racchiuse nella materia? Oppure l'artista agisce da solo, guidato soltanto dalle proprie idee? Raccogli le tue riflessioni in un saggio di circa 5-6 pagine, facendo gli opportuni riferimenti sia alle opere d'arte sia alla poesia di Michelangelo.

◀ *Due dei prigioni (lo schiavo che si risveglia e lo schiavo giovane) per la tomba del papa Giulio II, 1530-34 circa, marmo (Firenze, Galleria dell'Accademia)*

12 Vittoria Colonna

Professione
Animatrice culturale

Segue
- Ferrante d'Avalos ♥
- Costanza d'Avalos
- Juan de Valdés
- Bernardino Ochino
- Reginald Pole
- Renata di Francia
- Michelangelo Buonarroti

Contatti bloccati
- Paolo III (papa)
- Inquisizione

Gruppi
Spirituali

1490 Nasce nel castello di famiglia a Marino da Fabrizio e Agnesina di Montefeltro.

1509 Sposa Ferrante d'Avalos, marchese di Pescara, nel castello di Ischia, che diventa un cenacolo letterario e spirituale sotto la guida di Vittoria e di Costanza d'Avalos.

1525 Ferrante muore dopo la battaglia di Pavia combattuta per l'imperatore Carlo V: dopo aver pensato di farsi suora, Vittoria si ritira a Ischia.

1533-36 Frequenta Juan de Valdés, Bernardino Ochino e Reginald Pole, che esortano la Chiesa a rinnovarsi e a coltivare l'introspezione.

1537 Segue Ochino a Ferrara, forse per imbarcarsi per la Terra Santa; qui frequenta la duchessa Renata di Francia, che ha fama di luterana.

1538 Esce a Parma la prima edizione delle *Rime* (non autorizzata). Crescono le tensioni tra la famiglia Colonna e papa Paolo III, dei Farnese.

1541 Si ritira in un convento a Viterbo, dove organizza gruppi di lettura sui temi del libero arbitrio, della salvezza per Grazia e dell'"occhio interiore".

1544 Ritorna a Roma, dove si ritira nel convento di Sant'Anna e approfondisce l'amicizia con Michelangelo Buonarroti.

1546 Escono a Venezia le *Rime spirituali* (non autorizzate).

1547 Gravemente malata, muore a Roma.

12 Vittoria Colonna

▶ Enrico Fanfani, *Michelangelo legge dei versi a Vittoria Colonna*, 1880, olio su tela (Perugia, Fondazione Cassa di Risparmio)

I due amici si incontrano nello studio dell'artista, sotto lo sguardo severo della statua di Mosè: segno di un rapporto profondo ma anche protetto da orecchie indiscrete.

il meme

Michelangelo legge a Vittoria i propri versi: l'amicizia tra i due era fondata sulla stessa visione religiosa, coltivata nel silenzio, tra gruppi eletti di sodali.

Vittoria, vestita in abiti scuri per umiltà e anche in ricordo del marito morto, ascolta Michelangelo: i temi delle sue poesie spirituali sono in sintonia con quelle dell'artista.

> Alta Colonna e ferma a le tempeste
> del ciel turbato, a cui chiaro onor fanno
> leggiadre membra avvolte in nero panno,
> e pensier santi, e ragionar celeste.
> (P. Bembo, *Rime*, 126, vv. 1-4)

Rime spirituali

@DonatoRullo

Nel **1546**, l'umanista **Donato Rullo** pubblica a Venezia una raccolta di *Rime spirituali* senza però che l'autrice, Vittoria Colonna, sia stata coinvolta direttamente nell'impresa. La poetessa tace e acconsente da lontano, rimanendo fedele alla propria scelta di una **vita appartata** dalla **vanità** del mondo e dalla stampa; solo un manoscritto delle sue poesie spirituali è da lei donato all'amico **Michelangelo Buonarroti**. Eppure Vittoria deve sapere che quel libro di "**versi divini**" (così li definisce Rullo) abbatte un nuovo muro della tradizione laica e maschile della poesia italiana. Pochi anni prima Colonna ha già conquistato il record di prima poetessa italiana ad avere un'edizione di testi commentata. Le sue rime inaugurano il **petrarchismo spirituale**:

#vanità
@MichelangeloBuonarroti

#petrarchismospirituale

▶ petrarchismo quanto a forma (sonetti, immagini e stile ricordano Petrarca);
▶ spirituale quanto a temi (le poesie trattano gli argomenti teologici cari ai circoli frequentati dall'autrice e in seguito condannati dalla Chiesa cattolica).

#Riforma

In anni di intenso dibattito religioso, alimentato dalla **Riforma protestante**, prima che il Concilio di Trento (1545-63) stabilisca che cosa è giusto e che cosa è sbagliato, Colonna e i suoi amici si godono gli ultimi anni di libertà di parola nel chiuso di castelli e conventi. Si parla di **Grazia illuminante**, di **disprezzo del mondo**, degli effetti benefici del **sacrificio di Cristo**, della centralità della **fede** rispetto alle opere umane. Si legge la **Bibbia cristiana**, soprattutto san Giovanni, si leggono i **mistici**. Vittoria venera **santa Caterina da Siena**, campionessa della prosa spirituale come lei lo è della poesia.

#Grazia
#fede

#Cristo
#predicatori
#croce

Abbandonato il culto del marito Ferrante, celebrato nelle rime profane, Vittoria cerca il contatto diretto con l'unico vero sole: **Cristo**. Al suo amore divino si affida con il linguaggio dei **predicatori** da lei prediletti. Il premio della poetessa spirituale non sarà, come nella tradizione petrarchesca, la corona d'alloro ma la **croce**.

83

Il Cinquecento

Rime spirituali, 1

T16 Dall'amore profano all'amore sacro

Dopo aver rinunciato ai beni e ai valori del mondo, Vittoria Colonna si affida totalmente, anche in poesia, a Cristo: per lei la croce diventa il nuovo punto di riferimento letterario, che rivisita in senso cristiano il petrarchismo del Cinquecento.

PER COMINCIARE

1 ATTIVIAMO IL VOCABOLARIO Scrivi il significato dei verbi elencati.

1. languire: ....
2. sostenere: ....
3. convenire: ....
4. aspirare: ....
5. poggiare: ....
6. porgere: ....

2 DA IERI A OGGI Leggi l'elenco di parole usate da Vittoria Colonna e completa quelle in cui manca la versione attuale. Se hai dubbi, consulta il dizionario.

Poi che (v. 1): Dopo che	**omai** (v. 5):	**u'** (v. 11): dove
l'alma (v. 2):	**sieno** (v. 5): siano	**alluma** (v. 12): illumina
angue (v. 2): serpente	**exangue** (v. 7): esangue (morente)	**umor** (v. 14): liquido
nudrio (v. 3): nutrì	**sì ch'** (v. 8): in modo che	**equale** (v. 14): ....
onde (v. 4): da cui	**Ei** (v. 8): Egli (Lui)	

Una nuova vita
Vittoria lascia la poesia d'amore per il marito, che come un serpente tentatore l'ha spinta a cercare la gloria terrena, e si dedica alla lirica spirituale.

Poi che 'l mio casto amor gran tempo tenne
l'alma di fama accesa, ed ella un angue
in sen nudrio, per cui dolente or langue
4 volta al Signor, onde il rimedio venne,

i santi chiodi omai sieno mie penne,
e puro inchiostro il prezioso sangue,
vergata carta il sacro corpo exangue,
8 sì ch'io scriva per me quel ch'Ei sostenne.

Cristo crocifisso in versi
La scrittura poetica rivisita la crocifissione: i chiodi di Cristo in croce diventano le penne della poetessa; il sangue di Cristo è l'inchiostro delle penne; il corpo di Cristo è la carta su cui scrivere.

Chiamar qui non convien Parnaso o Delo,
ch'ad altra acqua s'aspira, ad altro monte
11 si poggia, u' piede uman per sé non sale;

Dagli dèi pagani al Dio cristiano
Vittoria rinuncia alla laurea poetica e alle fonti legate al mito di Apollo (associato al monte Parnaso e all'isola di Delo, in Grecia): per lei conteranno soltanto l'acqua del battesimo e il monte Calvario, il luogo della morte di Cristo.

quel Sol ch'alluma gli elementi e 'l Cielo
RIPASSIAMO prego, ch'aprendo il Suo lucido fonte
I VERBI DI *DIRE* 14 mi porga umor a la gran sete equale.

ATTIVITÀ

1 RIPASSIAMO I VERBI DI *DIRE* Trasforma le frasi aggiungendo il verbo tra parentesi.

Esempio: Secondo gli scrittori, il massimo successo deriva dalla fama.
(pensare) → Gli scrittori pensano che il massimo successo derivi dalla fama.

1. Secondo Vittoria, la fama è come un serpente che avvelena il pensiero.
   (dire) → ....
2. Secondo i poeti antichi, il dio Apollo vive con le Muse sul monte Parnaso.
   (riferire) → ....

3. Secondo i *Vangeli*, Cristo è morto a Gerusalemme sul monte Calvario.
   (scrivere) → ....
4. Secondo i versi del sonetto, gli esseri umani da soli non possono salvarsi.
   (avvertire) → ....
5. Secondo gli scienziati medievali, il Sole gira intorno alla Terra e non viceversa.
   (sostenere) → ....
6. Secondo Vittoria, la meditazione spirituale è come una fonte d'acqua per la sua ricerca interiore.
   (sperare) → ....

2 PREPARA LA TUA PRESENTAZIONE

Nella meditazione di Vittoria Colonna e delle sue guide e compagni spirituali, l'evento della crocifissione ha una centralità assoluta: morendo Cristo dona agli esseri umani il proprio "beneficio", ovvero la salvezza. È un tema molto dibattuto all'epoca, tra cattolici e protestanti, per il ruolo che hanno la fede e le opere in questa prospettiva; ed è anche l'iconografia dominante di tanti capolavori della tradizione cristiana, come in un famoso disegno di Michelangelo donato proprio all'amica Vittoria. Dopo aver svolto una ricerca sulle più famose *Crocifissioni* del Cinquecento, prepara una presentazione digitale in cui le dovrai commentare inserendo:
> i versi del sonetto di Vittoria Colonna;
> le informazioni sulle opere scelte;
> il contesto storico (Riforma, Controriforma, Inquisizione).

Michelangelo Buonarroti, *Crocifissione per Vittoria Colonna*, 1545 circa, disegno (Londra, The British Museum)

il troll — Colonna eretica?

La Riforma protestante, avviata da **Martin Lutero** in Germania nel 1517, scuote sia le alte sfere della politica sia le coscienze dei cristiani sinceramente devoti. I protestanti, infatti, non mettono in discussione solo le **brutte pratiche della Chiesa cattolica** di allora (la corruzione, la vendita delle indulgenze, le superstizioni feticistiche) ma la stessa **teologia**. Così a **Viterbo**, poco lontano da Roma, dal 1541 si raccoglie un cenacolo di intellettuali (noto come "Chiesa viterbese") ispirato dall'inglese **Reginald Pole**. Anche Vittoria Colonna partecipa alle discussioni del gruppo "riformato", incentrate sulla **lettura diretta** della Bibbia, che la Chiesa proibisce. Grazie alla corrispondenza epistolare e ad alcune pubblicazioni il **gruppo si allarga**, coinvolge altre nobildonne (tra cui, a Napoli, **Giulia Gonzaga**), altri predicatori, altri cristiani insoddisfatti. Nessuno da parte della Chiesa di Roma avanza ancora accuse formali di eresia contro di loro: infatti, sono anni di faticosa mediazione tra Italia e Germania, si spera in una ricomposizione della Riforma. In questo limbo le discussioni di Pole, Colonna e compagnia sono tollerate, ma per poco. Chi intuisce che il papa sta per colpire i dissidenti scappa nella libera Svizzera.

Con il **Concilio di Trento**, iniziato nel 1545, la rottura con i protestanti si approfondisce; quando diventa definitiva, la Chiesa di Roma impone l'obbedienza ai rafforzati dogmi. Il cenacolo viterbese si disperde, iniziano i **processi per eresia** contro i suoi membri, piovono le condanne dell'**Inquisizione**. Colonna, malata, torna da Viterbo a Roma e trascorre gli ultimi anni in **solitudine**: pare che fosse pronto anche contro di lei un processo. **Vittoria muore** dunque **innocente**, per un soffio, circondata dai sospetti del potere.

Matteo Bandello

Professione
Frate domenicano, funzionario e vescovo

Segue
- Vincenzo Bandello (zio)
- Leonardo da Vinci

- Famiglia Bentivoglio
- Isabella d'Este
- Federico Gonzaga
- Cesare Fregoso
- Costanza Rangone ❤

Contatti bloccati
Pietro Bembo

Gruppi
Cortigiani

1485 Nasce a Castelnuovo Scrivia (allora sotto Milano) da Giovanfrancesco (il nome della madre non è noto).

1495 Sotto la guida dello zio Vincenzo, priore domenicano, studia a Milano nel convento di Santa Maria delle Grazie, dove ammira Leonardo da Vinci dipingere l'*Ultima cena*.

1504 Prende i voti a Genova e con lo zio viaggia nei conventi domenicani d'Italia, intessendo relazioni amorose e letterarie.

1506 Dopo la morte dello zio, rientra a Milano, si fa sacerdote e si lega ai Bentivoglio, famiglia bolognese.

1515 Dopo che Milano viene conquistata dai francesi, si trasferisce a Mantova alla corte dei Gonzaga e diventa segretario della marchesa Isabella d'Este.

1526 Fugge di nuovo da Milano per motivi non chiari, chiede di rinunciare alla vita conventuale ed entra al servizio di Federico Gonzaga.

1528 È al servizio di Cesare Fregoso, comandante a Verona, e poi di sua moglie Costanza Rangone a Bazens, in Francia.

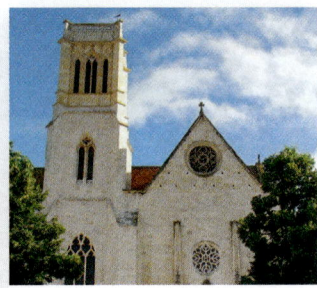

1550 È nominato vescovo di Agen.

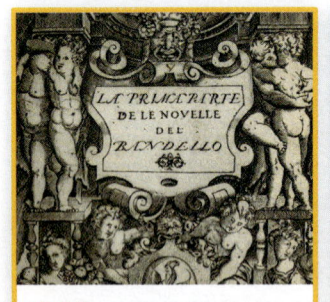

1554 Pubblica le prime tre parti delle *Novelle* (la quarta uscirà postuma nel 1573).

1561 Muore in Francia.

Matteo Bandello

Novelle

Dimentichiamoci il *Decameron* e i suoi dieci novellatori in fuga dalla peste. Il **novelliere** (cioè la raccolta di novelle) di Bandello è un'altra cosa:

#raccoltasenzacornice
- **non** presenta una **cornice**;

#quattroparti
- raccoglie un **numero** più che **doppio di storie** (214), divise in **quattro parti**, le prime tre pubblicate nel 1554, la quarta, postuma, nel 1573, tutte composte nell'arco di più decenni;
- usa come fonti soprattutto **storici**, **cronisti** e **viaggiatori** (non testi letterari).

Le *Novelle* non sono raggruppate per temi, spaziano tra **vari generi**, fino a toccare quello che oggi definiremmo fantascientifico, e coinvolgono **personaggi storici**: il pittore Leonardo, gli scrittori Machiavelli e Castiglione, le nobildonne Ippolita Sforza e Isabella d'Este, il filosofo Pietro Pomponazzi e poi ancora cortigiane e buffoni. Questo campionario di **casi umani** rappresenta tutte le sfaccettature della **vita di corte** e della geografia italiana di allora: Roma, Napoli, Venezia, Milano, Verona, città realmente visitate da Bandello, prendono vita sullo sfondo dei racconti.

#personaggistorici

#casiumani #vitadicorte

Ogni novella è accompagnata da una **lettera di dedica**, con cui l'autore la indirizza a una personalità nota e ne spiega l'origine. Tutto è raccontato in una lingua che volutamente si discosta dal modello di prosa prescritto da **Pietro Bembo** nel Cinquecento: Bandello non scrive nel fiorentino di Boccaccio, ma nella **variante regionale** che gli è più familiare, ovvero quella **lombarda** (non in dialetto però!).

@PietroBembo

#lombardo

Casa di Giulietta, via Cappello 23 (Verona)

Nell'arco d'ingresso è murato un rilievo con il cappello, che dà il nome alla via e ricorderebbe la famiglia di Giulietta: i Capelletti o Capuleti, che però secondo i documenti storici erano di Cremona, non di Verona.

il meme

Nel cortile dal 1972 è collocata una statua di Giulietta: le coppie di turisti considerano beneagurante toccarle il seno destro (facendosi ovviamente fotografare).

La tradizione, consacrata da Shakespeare, vuole che in questa casa Giulietta vivesse e si affacciasse dal balcone (che in realtà è un'aggiunta moderna).

> O Romeo! Romeo! Perché tu sei Romeo?
> Rinnega dunque tuo padre e rifiuta quel nome,
> o se non vuoi, legati al mio amore
> e più non sarò una Capuleti.
>
> (W. Shakespeare, *Romeo e Giulietta*, atto 2°, scena 2ª, trad. it. di S. Quasimodo)

Il Cinquecento

La seconda parte de le novelle, 9

T17 La prima finestra di Giulietta

TRACCIA 17 — Politica, guerra, mafia

La storia di Romeo Montecchi e Giulietta Capelletti è famosa come tragedia teatrale, ma è nata dalla penna di Bandello come novella: di quest'ultima riportiamo l'inizio e il dialogo tra i due innamorati. Shakespeare e i veronesi ci hanno abituati a immaginarlo avvenuto sopra e sotto un balcone: la novella parla invece di una finestra, affacciata su una via stretta e poco illuminata.

PER COMINCIARE

1 ATTIVIAMO IL VOCABOLARIO Collega ogni nome all'aggettivo più adatto per descriverlo; quindi inventa cinque frasi con le espressioni così ottenute.

1. famiglia
2. inimicizia
3. rissa
4. via
5. luna

a. fiera
b. stretta
c. nobile e famosa
d. splendente
e. sanguinosa

1. ....
2. ....
3. ....
4. ....
5. ....

2 DA IERI A OGGI Leggi l'elenco di parole usate da Bandello con la loro versione attuale; quindi riscrivi le espressioni in corsivo nelle frasi proposte sotto.

de la (r. 1): della	**sì... e altresì** (rr. 13-14): sia... sia	**sforzarei** (r. 27): sforzerei
in Verona (r. 1): a Verona	**camino** (r. 13): cammino	**vagliano** (r. 27): valgano
l'altre (r. 2): le altre	**per iscontro a la** (r. 14): di fronte alla	**soverchie** (r. 28): superiori
che che se ne fosse cagione (r. 3): qualunque fosse la ragione di ciò	**sì tosto** (r. 17): così prontamente	**devendo** (r. 29): dovendo
sanguinolente nemicizia (r. 4): inimicizia sanguinosa	**nol conoscesse** (r. 17-18): non lo riconoscesse	**debbia** (r. 31): debba
suso (r. 8): su	**perciò che** (r. 18): perché	**proprio** (r. 34): mio
quantunque volte (r. 11): tutte le volte che	**l'appellò** (r. 19): lo chiamò	**calesse... cale** (rr. 35-36): importasse... importa
	punto (r. 25): affatto	**levareste** (r. 36): levereste
		viverei (r. 37): vivrei (sarei)

1. *Quantunque volte* la vedevo, mi sentivo bene. → .... la vedevo, mi sentivo bene.
2. Giulietta *appellò* Romeo *per iscontro* a la sua finestra. → Giulietta .... Romeo .... sua finestra.
3. Si comporta come se *nol* conoscesse. → Si comporta come se .... conoscesse.
4. *Viverei* felicissimo se voi mi amaste. → .... felicissimo se voi mi amaste.

3 Elimina le ripetizioni dalle frasi per renderle più scorrevoli.

1. Se fossi trovato qui dai vostri parenti che mi odiano, sarei ucciso dai vostri parenti.
2. Il mio amore per voi è così potente come il vostro amore per me è potente.
3. A me importa della vostra vita come a voi importa della mia vita.
4. Se mi amaste, io sarei l'uomo più contento di tutti gli uomini.

Il contesto storico
Bandello, che ha vissuto a Verona, precisa subito i dettagli storici della vicenda: è ambientata al tempo degli Scaligeri (la famiglia della Scala), signori della città tra il Duecento e il Trecento.

Furono già al tempo dei signori de la Scala due famiglie in Verona tra l'altre di nobiltà e ricchezze molto famose, cioè i Montecchi e i Capelletti, le quali tra loro, che che se ne fosse cagione, ebbero fiera e sanguinolente nemicizia, di modo che in diverse mischie, essendo
5 ciascuna potente, molti ci morirono così di Montecchi e Capelletti

13 Matteo Bandello

come di seguaci che a quelli s'accostarono; il che di più in più i lor odii accrebbe. [...]

RIPASSIAMO
LE PREPOSIZIONI DI LUOGO

Aveva la camera di Giulietta le finestre suso una vietta assai stretta cui di rimpetto era un casale; e passando Romeo per la strada grande, quando arrivava al capo de la vietta, vedeva assai sovente la giovane a la finestra, e quantunque volte la vedeva, ella gli faceva buon viso e mostrava vederlo più che volentieri. Andava spesso di notte Romeo e in quella vietta si fermava, sì perché quel camino non era frequentato e altresì perché stando per iscontro a la finestra sentiva pur talora la sua innamorata parlare. Avvenne che essendo egli una notte in quel luogo, o che Giulietta il sentisse o qual se ne fosse la cagione, ella aprì la finestra. Romeo si ritirò dentro il casale, ma non sì tosto ch'ella nol conoscesse, perciò che la luna col suo splendore chiara la vietta rendeva. Ella che sola in camera si trovava, soavemente l'appellò e disse: "Romeo, che fate voi qui a quest'ore così solo? Se voi ci foste còlto, misero voi, che sarebbe de la vita vostra? Non sapete voi la crudel nemistà che regna tra i vostri e i nostri e quanti già morti ne sono? Certamente voi sareste crudelmente ucciso, del che a voi danno e a me poco onore ne seguirebbe". "Signora mia", rispose Romeo, "l'amor ch'io vi porto è cagione ch'io a quest'ora qui venga; e non dubito punto che se dai vostri fossi trovato, ch'essi non cercassero d'ammazzarmi. Ma io mi sforzarei per quanto le mie deboli forze vagliano, di far il debito mio, e quando pure da soverchie forze mi vedessi avanzare, m'ingegnerei non morir solo. E devendo io ad ogni modo morire in questa amorosa impresa, qual più fortunata morte mi può avvenire che a voi vicino restar morto? Che io mai debbia esser cagione di macchiar in minimissima parte l'onor vostro, questo non credo che avverrà già mai, perché io per conservarlo chiaro e famoso com'è mi ci affaticherei col sangue proprio. Ma se in voi tanto potesse l'amor di me come in me di voi può il vostro, e tanto vi calesse de la vita mia quanto a me de la vostra cale, voi levareste via tutte queste occasioni e fareste di modo che io viverei il più contento uomo che oggidì sia [...]".

Una notte di luna piena
La cornice perfetta per gli innamorati è una notte di plenilunio: il buio è caro ai malfattori, ma la luce della luna illumina il labirinto dell'amore.

Il culto dell'onore
Montecchi e Capelletti si detestano al punto da uccidersi: Giulietta lo sa e ha a cuore la propria reputazione, che per una donna significava pudicizia. La finestra diventa dunque metafora di un divieto familiare che non può essere superato se non a caro prezzo.

Il martire dell'amore
Romeo si dichiara fin da ora pronto a sfidare i nemici e anche a sacrificarsi: vicino a Giulietta la morte sarà dolce.

L'ardore della passione
Dal punto di vista dell'innamorato le parole di Giulietta, più concreta e razionale, sono pretesti ("occasioni"): Romeo vuole godere del presente, senza pensare alle conseguenze.

ATTIVITÀ

1 RIPASSIAMO LE PREPOSIZIONI DI LUOGO Completa il brano con le preposizioni e le locuzioni di luogo elencate.

su • in • di fronte alla • dentro • in cima a

La casa di Giulietta era affacciata **su** una via piuttosto stretta; già **(1.)** .... tale via era possibile vedere la giovane alla finestra. **(2.)** .... casa si trovava un casale, ovvero un edificio rustico, **(3.)** .... cui Romeo si nascondeva per non essere visto. Una sera, però, non fece in tempo a rifugiarsi **(4.)** .... il casale e Giulietta, aprendo la finestra, lo notò. I due iniziarono così un dialogo pieno di passione.

2 SCRIVI IL TUO SAGGIO La storia di Romeo e Giulietta, molto lunga e complessa, arriva fino alla famosissima tragedia di William Shakespeare (tradotta nel 1959 dal poeta siciliano Salvatore Quasimodo), che l'ha letta non nel libro di Bandello ma in rielaborazioni inglesi. Al di là delle generiche somiglianze, ogni autore insiste su alcuni temi specifici (la passione di Romeo, il sacrificio di Giulietta, il conflitto tra famiglie rivali ecc.). Confronta la scena della "finestra" di Bandello con quella del "balcone" di Shakespeare (*Romeo and Juliet*, act 2, scene 2): in un saggio comparativo di circa 5-6 pagine metti in luce analogie e differenze, legate alla trama e al diverso genere letterario delle due opere.

14 Gaspara Stampa

Professione
Cantante e musicista

Segue
- Bartolomeo Stampa (padre)
- Cassandra Stampa (sorella)
- Andrea Gritti ❤
- Bartolomeo Zen ❤

Contatti bloccati
Collaltino di Collalto ❤

Gruppi
Accademia dei Dubbiosi

1523 Nasce a Padova da Bartolomeo, gioielliere, e Cecilia.

1529 Il padre muore e la famiglia si trasferisce a Venezia, dove Gaspara riceve un'educazione umanistica e musicale.

1540 circa Frequenta l'alta società veneziana come cantante e musicista e si lega ad Andrea Gritti, da cui ha due figlie.

1548 Conosce a Ca' Venier il conte Collaltino di Collalto, signore di Treviso, condottiero e poeta, e si trasferisce nelle sue terre; inizia a scrivere poesie per Collaltino.

1551 La relazione con Collaltino si interrompe. A Venezia Gaspara entra nell'Accademia dei Dubbiosi con il nome di Anassilla e coltiva un nuovo amore, per il nobile veneziano Bartolomeo Zen.

1554 Muore di febbre. La sorella Cassandra pubblica le *Rime*.

◀ Il castello di San Salvatore dei conti di Collalto a Susegana, vicino a Treviso

14 Gaspara Stampa

il meme

→ Andrea del Sarto, *Ritratto di giovane donna con un "petrarchino"*, 1528, olio su tavola (Firenze, Gallerie degli Uffizi)

L'identità della donna ritratta è ignota (forse è la moglie del pittore). È presentata di scorcio, in un'ambientazione intima e familiare.

Con la mano la donna indica il "libro" che sta leggendo, ovvero una raccolta tascabile delle *Rime* di Petrarca (o "petrarchino"): il dettaglio testimonia il successo trasversale del petrarchismo (movimento letterario ispirato a Petrarca) tra lettori e scrittori, lettrici e scrittrici.

Il libro presenta l'aspetto di un codice manoscritto, mentre sulle pagine sono riprodotti due sonetti tratti da un'edizione stampata a Firenze nel 1522.

> Ché spererei de la più sacra fronde,
> così donna qual sono, ornarmi il crine,
> e star con Saffo e con Corinna a lato.
> (G. Stampa, *Rime*, 249, vv. 9-11)

Rime

@CassandraStampa

@GiovannidellaCasa

@CollaltinodiCollalto

Scritta da una donna, curata da una donna: la raccolta di Gaspara, pubblicata sotto la direzione della **sorella Cassandra**, è frutto di un vero **sodalizio femminile**. Stampate pochi mesi dopo la morte dell'autrice, a soli 31 anni, le *Rime* di Gaspara guardano all'universo maschile nei dedicatari: la lettera iniziale, stesa da Cassandra, è indirizzata a **Giovanni della Casa**, poeta e uomo influente, autore del *Galateo*, mentre quella pensata da Gaspara in apertura (poi finita al secondo posto) è dedicata a **Collaltino di Collalto**, signore di Treviso. È lui, nobile, uomo d'armi, poetastro, il "tu" di gran parte delle liriche: al conte Collaltino la non aristocratica Gaspara si rivolge fra ardori d'amore e turbamenti per la sua assenza o incostanza. È un uomo difficile, sempre in viaggio, forse ignaro della ricchezza interiore di Gaspara e delle sue qualità poetiche.

#amorenonricambiato

Il canzoniere di lei nasce da questo **rapporto solo inizialmente ricambiato** e tutt'altro che monotono. Diversamente dalle varie "Laure" dei petrarchisti, maschere femminili più che donne in carne e ossa, il "Lauro" di Gaspara è vivo e vegeto, ha un nome e un indirizzo, si allontana per avventure militari ed erotiche reali, **senza essere nascosto da misteriose coperture letterarie**.

#petrarchismo

#autenticità

Nelle 310 poesie di Gaspara c'è tanto Collaltino, ma ci sono anche un **nuovo amore** e una serie di **corrispondenti** che testimoniano la sua rete di contatti, dentro e fuori Venezia. Gaspara ci consegna una prova di **petrarchismo della vita**, non dell'arte. Di soffrire, di essere stati abbandonati non ci si deve pentire, come piangeva Petrarca; al contrario, la **sofferenza**, proprio in quanto **autentica**, merita di diventare poesia.

Il Cinquecento

Rime, 7

T18 Il ritratto dell'uomo amato

TRACCIA 18 | Questioni di genere

Petrarca ci ha abituati/e ai ritratti di Laura bionda, chiara, sfuggente; Gaspara cambia la prospettiva, cantando lei il suo bel Collalto secondo le convenzioni del petrarchismo.

PER COMINCIARE

1 ATTIVIAMO IL VOCABOLARIO Collega ogni nome al suo aggettivo; quindi utilizza le espressioni così ottenute per descrivere una persona a te cara.

1. aspetto
2. età
3. capelli

a. giovane
b. biondi
c. gentile

2 DA IERI A OGGI Leggi l'elenco di parole usate da Stampa con la loro versione attuale; quindi riscrivi le tre espressioni proposte sotto.

vago (v. 2): bello	**finalmente** (v. 7): infine	**rimiri** (v. 9): guardi con attenzione
imagin (vv. 4, 11): immagine (ritratto)	**opra** (v. 7): opera (azione)	**martìri** (v. 11): tormenti
pelo (v. 5): peli e capelli	**oimè lassa** (v. 8): ahimè infelice	**fé** (v. 12): fede, fedeltà

1. vago aspetto: ....
2. lassa me: ....
3. fé salda: ....

Collaltino signore
La poetessa pone l'amato in cima ai propri pensieri e sentimenti: è lui a condizionare il suo umore e i suoi versi.

Chi vuol conoscer, donne, il mio signore,
miri un signor di vago e dolce aspetto,
giovane d'anni e vecchio d'intelletto,
4 imagin de la gloria e del valore:

Un essere quasi perfetto
Collaltino ha un unico vizio, che scalza tutti i suoi pregi agli occhi di Gaspara: non ne ricambia più l'amore.

di pelo biondo, e di vivo colore,
di persona alta e spazioso petto,
e finalmente in ogni opra perfetto,
8 fuor ch'un poco (oimè lassa!) empio in amore.

Sostanza e apparenza
Per Gaspara non c'è differenza tra essere e apparire: ciò che conta e che vale la pena di cantare non è un'immagine ideale ma la realtà terrena, bella o brutta che sia.

E chi vuol poi conoscer me, rimiri
una donna in effetti ed in sembiante
11 imagin de la morte e de' martìri,

Il contrario di lui
Gaspara descrive sé stessa con i tratti opposti a quelli di Collalto: lei è fedele, salda, sofferente, non abbastanza convincente.

un albergo di fé salda e costante,
una, che, perché pianga, arda e sospiri,
14 non fa pietoso il suo crudel amante.

RIPASSIAMO
GLI USI DI *PERCHÉ*

ATTIVITÀ

1 RIPASSIAMO GLI USI DI *PERCHÉ* Scegli il sinonimo corretto di *perché* tra i due proposti.

Esempio: Non certo *perché* (*per il fatto che*/*affinché*) tu stia piangendo ho cambiato idea.

1. *Perché* (*Per quale ragione*/*Che cosa*) Gaspara ritiene che Collaltino sia perfetto?
2. L'uomo sembra anziano di testa *perché* (*anche se*/*dal momento che*) è molto saggio e maturo.
3. I capelli di Collaltino sono biondi forse *perché* (*in quanto*/*benché*) la sua famiglia aveva origini tedesche.
4. La poetessa prega *perché* (*poiché*/*affinché*) l'uomo torni presto in Italia.
5. Gli studiosi e le studiose si chiedono (*perché quanto*/*per quale motivo*) Gaspara sia morta così giovane.

2 SCRIVI IL TUO SAGGIO Il sonetto si inserisce nella tradizione del ritratto dell'amato o amata: qui Gaspara descrive sia Collaltino sia sé stessa, immersa nel dolore per un amore non più corrisposto. In un saggio di 4-5 pagine analizza il doppio ritratto presente nella poesia di Gaspara; poi confrontala con il sonetto in cui Petrarca descrive Laura (T4, p. 32), mostrando somiglianze e differenze.

Torquato Tasso

Professione
Cortigiano

Segue
- Bernardo Tasso (padre)
- Sperone Speroni
- Luigi d'Este
- Lucrezia d'Este
- Leonora d'Este
- Inquisizione
- Vincenzo Gonzaga
- Cinzio Aldobrandini

Contatti bloccati
- Alfonso II d'Este
- Angelo Ingegneri

Gruppi
Apolidi

1544 Nasce a Sorrento da Bernardo, poeta e cortigiano, e Porzia de' Rossi.

1554-59 Si trasferisce a Roma, poi a Bergamo, a Pesaro, a Urbino e a Venezia, dove frequenta i letterati veneti e inizia il suo primo poema epico: *Il Gierusalemme*.

1560 Studia legge e filosofia all'università di Padova, dove conosce il letterato Sperone Speroni e compone il *Rinaldo*.

1565-66 Entra al servizio di Luigi d'Este a Ferrara e frequenta la corte ducale di Alfonso II, Lucrezia e Leonora. Compone i primi canti del *Gottifredo*.

1572-75 Entra al servizio del duca Alfonso II. Completa il poema sulla prima crociata (redazione del 1575) e lo invia a Roma ad alcuni amici per una revisione.

1576-79 Chiede di essere sottoposto all'Inquisizione ed è assolto. Viene arrestato per aver minacciato un servo, quindi lascia Ferrara e viaggia tra varie corti, finché è imprigionato nell'ospedale di Sant'Anna.

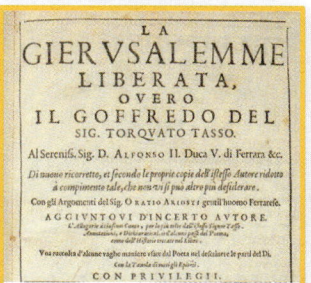

1581 Angelo Ingegneri fa pubblicare a Parma la prima edizione della *Gerusalemme liberata* (non autorizzata).

1586-87 Liberato, passa a Mantova da Vincenzo Gonzaga, poi fugge a Roma, cerca di riottenere i beni familiari a Napoli e si pone sotto la protezione del cardinale Cinzio Aldobrandini, nipote del papa.

1593 Pubblica la *Gerusalemme conquistata*.

1596 Malato, muore a Roma, nel convento di Sant'Onofrio.

Il Cinquecento

→ Eugène Delacroix, *Tasso in prigione*, 1839, olio su tela (Winterthur, Oskar Reinhart Collection)

il meme

- I suoi compagni di prigione o forse i fantasmi della sua mente cercano di penetrare nella cella, ma il poeta resta isolato dalle sbarre.
- Tasso è ritratto da Delacroix con vestiti poveri e poco curati, immerso nei propri pensieri e con lo sguardo assente.
- L'attività letteraria del poeta continua anche durante la reclusione: Tasso scrive e cerca nuovi protettori, mentre fuori le sue opere vengono pubblicate senza il suo consenso.

> Il poeta in cella, trasandato, malato, sgualcendo un manoscritto con il piede agitato, osserva con lo sguardo infiammato dal terrore l'abisso di vertigine dove sprofonda il suo cuore.
>
> (C. Baudelaire, *Sul Tasso in prigione di Eugène Delacroix*, vv. 1-4, trad. it. di F. Merati)

Gerusalemme liberata

@GoffredodiBuglione
#primacrociata

"Canto l'arme pietose e 'l capitano", ovvero "racconterò in versi le battaglie dell'esercito cristiano guidato da **Goffredo di Buglione** durante la **prima crociata**". Così inizia la *Gerusalemme liberata*: in un'epoca attraversata dai conflitti tra Stati europei e turchi e animata dalla volontà della Chiesa di Roma di riaffermare la propria autorità e la fede cattolica, Tasso mette al centro del suo poema epico la **conquista di Gerusalemme** nell'anno **1099**. Fin dall'adolescenza, Torquato, figlio di padre poeta, pensa di dedicare all'evento un'opera nuova, che porta a termine nel 1575, quando presenta il poema al duca di Ferrara **Alfonso II**.

@AlfonsoII

Il lavoro di revisione continua negli anni successivi, affidato ad alcuni amici intellettuali ed ecclesiastici, ma la prigionia, iniziata nel 1579, impedisce a Tasso di dirigere le vicende editoriali dell'opera. Questa è pubblicata nel **1581** senza la sua autorizzazione: divisa in venti canti e con un titolo, *Gerusalemme liberata*, scelto da altri. L'unica versione approvata da Tasso uscirà nel 1593 (*Gerusalemme conquistata*), con interventi e modifiche sostanziali rispetto alla *Liberata*, ovvero al capolavoro che ancora oggi leggiamo.

#unità

Tasso ha voluto trattare un'**unica vicenda**, con personaggi nettamente divisi tra **Bene** (i cristiani, illuminati da Dio) e **Male** (i pagani, fomentati da Satana). L'**unità della trama** si oppone all'*entrelacement* dell'*Orlando furioso*; tuttavia, Tasso non rinuncia:

#meraviglioso
- all'elemento **meraviglioso**, attraverso prodigi e magie che hanno a che fare con il **sacro**;

#amore
- all'elemento **amoroso**, facendo innamorare guerrieri e guerriere dei fronti nemici.

94

15 Torquato Tasso

#tormentiindividuali
#impresacollettiva

I loro **tormenti interiori** si intrecciano con l'**impresa collettiva della crociata** e spesso la ostacolano: Erminia, principessa di Antiochia, rischia la vita per curare il cristiano Tancredi; a sua volta Tancredi uccide senza saperlo l'amata Clorinda, di fede islamica; Rinaldo (capostipite degli Este) è stregato dalla maga Armida... Nel frattempo, infuria uno scontro che il pio Goffredo cerca di governare nonostante le defezioni dei soldati più valorosi.

#stilesolenne

Tasso racconta con uno **stile solenne**, in **ottave** dense di espressioni rare e dalla sintassi articolata, presentandosi come autore-narratore che **crede in ciò che scrive**. Nel secolare confronto tra l'estro funambolico di Ariosto e il rigore compositivo di Tasso, la vera vincitrice è la fantasia di lettori e lettrici: siamo noi che possiamo scegliere se volare sulle ali dell'ippogrifo oppure su quelle dell'arcangelo Gabriele.

Gerusalemme liberata, canto 4°, ottave 9-13

T19 La vendetta di Satana

Fede e sacro

TRACCIA 19

Dietro le vicende dei crociati e i loro scontri con i nemici "infedeli" si sviluppa un conflitto sovrumano tra le forze di Dio e quelle di Satana, l'angelo caduto dal cielo ed eterno ribelle. Come un vero personaggio del poema, Satana convoca il suo esercito infernale tenendo un discorso da generale.

PER COMINCIARE

1 ATTIVIAMO IL VOCABOLARIO Collega ogni espressione al suo sinonimo.

1. altrui sospetti
2. alta impresa
3. aureo sol
4. abisso oscuro
5. vil fango

a. azione nobile, illustre
b. voragine buia, tenebrosa
c. dubbi, insinuazioni di altri
d. sole luminoso come l'oro
e. materia misera, ignobile

2 DA IERI A OGGI Leggi l'elenco di espressioni usate da Tasso e completa quelle in cui manca la versione attuale.

sovra (9, v. 2): ....
meco (9, v. 3): con me
caso (9, v. 4): caduta (dal Paradiso)
chiostra (9, v. 4): clausura (luogo chiuso)
feri (9, v. 5): fieri (feroci)
alme rubelle (9, v. 8): anime ribelli
in vece (10, v. 1): ....
de gli stellati giri (10, v. 2): dei cieli con le stelle

n'ha (10, v. 3): ci ha
poscia (10, v. 5): ....
inaspra i miei martìri (10, v. 6): inasprisce (rende acute) le mie sofferenze
ne' (10, v. 7): ....
parve assai (11, v. 1): sembrò abbastanza
Ei (11, v. 3): ....
ivi (11, v. 8): ....

rinovo (12, v. 1): rinnovo (ripeto)
déssi (12, v. 5): si deve
trarrem neghittosi (13, v. 1): passeremo senza far niente
l'ore (13, v. 1): ....
né degna cura fia che 'l cor n'accenda (13, v. 2): e non ci sarà una passione nobile che ci infiammi ....
novi (13, v. 8): ....

Dal Cielo all'Inferno
Satana si rivolge ai suoi compagni d'Inferno (o Tartaro, secondo la mitologia classica) ricordando la loro origine celeste.

L'invidia di Dio
Dio, mai nominato, è il responsabile della caduta di Satana e degli altri angeli ribelli per la sua gelosia.

9

«Tartarei Numi, di seder più degni
là sovra il sole, ond'è l'origin vostra,
che meco già da i più felici regni
spinse il gran caso in questa orribil chiostra,
gli antichi altrui sospetti e i feri sdegni
noti son troppo, e l'alta impresa nostra;
or Colui regge a suo voler le stelle,
e noi siam giudicate alme rubelle.

Il Cinquecento

L'uomo, ossessione di Satana
La rabbia di Satana consiste nel fatto che Dio ha cacciato lui (un angelo!) dal Cielo, ma ha accolto l'uomo (una creatura fatta di fango, umile, senza qualità).

10
Ed in vece del dì sereno e puro,
de l'aureo sol, de gli stellati giri,
n'ha qui rinchiusi in questo abisso oscuro,
né vuol ch'al primo onor per noi s'aspiri;
e poscia (ahi quanto a ricordarlo è duro!
Quest'è quel che più inaspra i miei martìri)
ne' bei seggj celesti ha l'uom chiamato,
l'uom vile e di vil fango in terra nato.

11
Né ciò gli parve assai; ma in preda a morte,
sol per farne più danno, il figlio diede.

La redenzione di Cristo
Dopo la morte sulla croce, secondo la tradizione cristiana, Gesù scende nell'Inferno, libera le anime dei giusti vissuti prima di lui e le conduce in Paradiso. Satana descrive l'episodio come l'ennesima battaglia tra Cielo e Inferno, che è di nuovo sconfitto.

Ei venne e ruppe le tartaree porte,
e porre osò ne' regni nostri il piede,
e trarne l'alme a noi dovute in sorte,
e riportarne al Ciel sì ricche prede,
vincitor trionfando, e in nostro scherno
l'insegne ivi spiegar del vinto Inferno.

12
Ma che rinovo i miei dolor parlando?
Chi non ha già l'ingiurie nostre intese?
Ed in qual parte si trovò, né quando
ch'egli cessasse da l'usate imprese?
Non più dèssi a l'antiche andar pensando,
pensar dobbiamo a le presenti offese.

Una nuova sfida: la crociata
La prima crociata, a cui è dedicato il poema, è vista come il tentativo di Dio di diffondere la religione cristiana fra nuovi popoli.

Deh! non vedete omai come egli tenti
tutte al suo culto richiamar le genti?

13
Noi trarrem neghittosi i giorni, e l'ore,   **RIPASSIAMO** L'USO DEL FUTURO
né degna cura fia che 'l cor n'accenda?
e soffrirem che forza ognor maggiore
il suo popol fedele in Asia prenda?

Contro il successo dei crociati
Satana non può sopportare che il nome del Dio cristiano sia celebrato anche in Palestina (Giudea), fra popoli che non parlano latino, cantato in nuove opere, inciso su statue di bronzo e di marmo. Ai suoi fedeli non basta l'Occidente: ora vogliono anche l'Oriente!

e che Giudea soggioghi? e che 'l suo onore,
che 'l nome suo più si dilati e stenda?
che suoni in altre lingue, e in altri carmi
si scriva, e incida in novi bronzi e marmi?"

Agostino Carracci, *Plutone, il dio latino degli Inferi, con Cerbero, il cane dalle tre teste*, 1592, olio su tela (Modena, Galleria Estense)

96

ATTIVITÀ

1 **RIPASSIAMO L'USO DEL FUTURO** Completa le frasi con il futuro semplice del verbo tra parentesi.

Esempio: Satana è convinto che il suo esercito ......**trionferà**...... (*trionfare*).

1. Il diavolo promette agli altri angeli ribelli che un giorno .... (*ritornare*) padroni del cielo.
2. Se i guerrieri crociati .... (*vincere*), il nome del Dio cristiano .... (*imporsi*) anche in Oriente.
3. Il diavolo ricorda che dopo la morte ogni essere umano, creatura amata da Dio, ... (*vivere*) nell'eternità.
4. Gli angeli rimasti fedeli a Dio .... (*aiutare*) i crociati e .... (*combattere*) al loro fianco.
5. Quando la crociata .... (*essere finita*), Gerusalemme .... (*diventare*) piena di nuovi monumenti.
6. In caso di sconfitta, tutti i diavoli .... (*rimanere*) prigionieri nell'Inferno.

2 **SCRIVI IL TUO SAGGIO** Il discorso di Satana è un esempio del "meraviglioso cristiano" a cui Tasso mira con il suo poema epico-storico: le vicende della prima crociata sono animate da una lotta che non è solo umana. D'altra parte, nella figura del diavolo (come in quella del sultano), vediamo una rappresentazione deformata dell'Avversario, dell'Altro che diventa nemico e pertanto viene descritto con tratti inquietanti. Rifletti sulla caratterizzazione di Satana e sui punti centrali del suo discorso in un saggio di 4-5 pagine; confrontala anche con altri testi letterari a te noti che parlano del destino del re dell'Inferno come angelo caduto (ad esempio, la *Commedia* di Dante o il *Paradise Lost* di John Milton).

il troll — Tasso furioso?

La reclusione di Tasso a Sant'Anna è un dato certo, conseguenza delle sue **aggressioni verbali** e delle **minacce** fatte ad altri cortigiani e servi; altrettanto certa è la paura del duca di Ferrara Alfonso II di essere travolto da **scandali di eresia** per colpa di un poeta ossessionato dall'Inquisizione. La vicenda di Tasso si inserisce dunque in un **quadro storico e sintomatologico chiaro** (il problema è, semmai, la diagnosi): da un lato, sbalzi d'umore, allucinazioni, forse dovute a schizofrenia e disturbo bipolare; dall'altro, il realismo cinico del duca. Eppure, mentre Tasso è prigioniero in una specie di carcere-manicomio, continua a scrivere: non solo lettere indirizzate ad amici e potenziali protettori, ma anche discorsi, dialoghi, poesie.

Il **mito di Tasso** nasce con lui e continua con **biografi e visitatori illustri** (tra cui Montaigne), fino all'epoca moderna: Goethe, Leopardi, Delacroix, Baudelaire celebrano in Tasso il genio saturnino, l'innamorato non ricambiato dalle sue muse ispiratrici, l'artista perseguitato dai propri fantasmi e dalla politica. Persino i **primi psichiatri** si interessano al caso Tasso, sentenziandone l'"alienazione" (ovvero la follia) e lodando Alfonso II per averlo isolato in una struttura apposita.

Come insegna Sigmund Freud, tuttavia, non è possibile dare una spiegazione clinica in assenza del paziente. Nelle sue lettere Tasso racconta di incontri con topi e folletti ladri, di "fischi, tintinni, campanelle" e rumori di orologio, di sogni di cavalli che gli cadono addosso, di mal di testa e di pancia, di visioni della Madonna con Gesù Bambino... L'inquietudine (o come vogliamo chiamarla) di Tasso si intreccia con la letteratura e dà vita a un **personaggio** che ha commosso generazioni di artisti al pari degli eroi e delle eroine della *Gerusalemme liberata*. Lo provano le tante **biografie del poeta** che continuano a essere pubblicate con successo; vengono così sottolineati aspetti, come l'omosessualità di Tasso, che illuminano da un punto di vista nuovo e diverso non solo il poema ma anche le tantissime **poesie d'amore** dedicate a nobildonne e dame di corte.

16 Isabella Andreini

Professione
Attrice

Segue
- Paolo Canali (padre)
- Francesco Andreini ♥
- Ferdinando de' Medici
- Cristina di Lorena
- Torquato Tasso
- Enrico IV (re di Francia)
- Maria de' Medici (regina di Francia)

Contatti bloccati
Vittoria Piissimi (attrice rivale)

Gruppi
- Dive
- Commedia dell'arte

1562 Nasce a Padova dal veneziano Paolo Canali. Riceve un'educazione umanistica e impara le lingue.

1578 Entra a Bologna nella compagnia teatrale dei Gelosi nel ruolo di "Prima Donna Innamorata". Sposa uno degli attori, Francesco Andreini, famoso come "Innamorato" e come "Capitano Spavento".

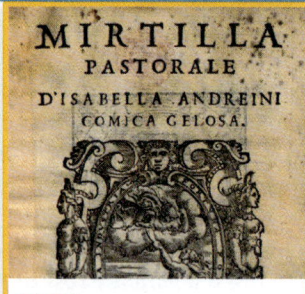

1588 Pubblica a Verona la *Mirtilla*.

1589-93 Dopo uno scontro con l'altra prima donna dei Gelosi, Vittoria Piissimi, recita a Firenze per le nozze di Ferdinando de' Medici e Cristina di Lorena. A Roma incontra Torquato Tasso.

1601 Pubblica un volume di poesie ed entra nell'Accademia degli Intenti di Pavia.

1603-04 Recita a Parigi alla corte di Enrico IV e Maria de' Medici, re e regina di Francia. Muore a Lione dopo aver partorito l'ottavo figlio.

◀ Michelangelo Cerquozzi, *Uno spettacolo della Commedia dell'arte*, 1630-40, olio su tela (collezione privata)

98

🔴 Hieronymus Francken il Vecchio, *Una scena di Commedia dell'arte*, 1580 circa (Parigi, Musée Carnavalet)

L'innamorato invia un messaggio alla donna tramite un intermediario velato, che si avvicina a lei mentre sta passeggiando.

Pantalone, il personaggio avido della Commedia dell'arte, scruta l'innamorata, pronto a corteggiarla nonostante la differenza d'età.

L'innamorata domina la scena in abiti aristocratici: l'attrice che la impersona è Isabella Andreini e gli altri attori sono della compagnia dei Gelosi.

Zanni (poi si chiamerà Arlecchino) è il servo di Pantalone: ha un temperamento violento e iracondo, come rivela il pugnale che tiene nascosto.

> A sì dolce spettacolo e giocondo
> dian le spere armonia, lume le stelle,
> sia spettatore il ciel, teatro il mondo.
>
> (G. B. Marino, *Per la signora Isabella Andreini nella rappresentazione d'una Tragedia*, vv. 12-14)

Mirtilla

#pastorale #teatro #pastori #ninfe

Pubblicata a Verona nel 1588, la *Mirtilla* è una **favola pastorale**, ovvero un'**azione teatrale** con **pastori**, **ninfe** e **satiri**, in cinque atti. Dopo un prologo recitato da Venere e dal figlio Amore-Cupido, che poi non intervengono più, le protagoniste dell'opera sono quattro coppie di innamorati: Tirsi e Mirtilla, Uranio e Ardelia, Igilio e Filli, Coridone e Nisa,

#matrimonio

che nel finale consacrano la loro unione nel **matrimonio**. Attraverso discorsi di sfogo e svolte improvvise, anche i pastori e le ninfe più resistenti all'amore, dediti alla caccia e alla solitudine, cedono.

#amore

L'intreccio è complicato dal fatto che il **sentimento** di quasi tutti i personaggi inizialmente **non è corrisposto**. Questo dà luogo a **soluzioni drammaturgiche originali**: Mirtilla e Filli, entrambe innamorate di Uranio, prima si alleano contro di lui, quindi scelgono di unirsi a chi veramente le ama (rispettivamente, Tirsi e Igilio); Uranio, a sua volta, si è invaghito di Ardelia, che però Cupido ha fatto innamorare di sé stessa, della propria immagine femminile specchiata in una fonte, con risvolti quasi saffici.

@FrancescoAndreini #diva

Sembra che durante le prime rappresentazioni Isabella Andreini, autrice e attrice, recitasse la parte di Filli e il marito **Francesco** quella di Igilio. Questa **diva** del Rinascimento interpretava dunque ruoli che nell'Inghilterra di Shakespeare erano riservati soltanto a uomini, diventando una vera e propria **stella del teatro europeo**: uno dei suoi motti era "Il fuoco fa volare".

#Arcadia

La *Mirtilla* è ambientata in un'**Arcadia** felice e priva di sofferenze, secondo le caratteristiche che la poesia attribuisce a questa regione della Grecia: ogni proposito di suicidio cade e anche il tentato stupro di Filli da parte di un satiro fallisce. Scrivendo versi

Il Cinquecento

@TorquatoTasso

musicali che quasi anticipano il melodramma, Andreini si pone sulla scia di **Tasso**, autore dell'*Aminta* (1580), una pastorale di enorme successo, e incrocia vari generi: dalla lirica di Petrarca alle *Stanze* di Poliziano.

#cornicebucolica

La **cornice bucolica**, del resto, con una natura meravigliosa che asseconda tormenti e baci d'amore, si rivelerà una scenografia da premio Oscar: l'Arcadia di *Mirtilla* e *Aminta* rivive nei pascoli del Wyoming nello struggente racconto di Annie Proulx *Brokeback Mountain* (1997). Pastori moderni, sentimenti antichi.

Mirtilla, atto 2º, scena 3ª, vv. 1105-17 e 1168-79

T20 Un triangolo amoroso

Arte, musica, teatro

TRACCIA 20

Il cuore della pastorale è dominato dal sentimento non ricambiato dei personaggi: la ninfa Mirtilla è innamorata del pastore Uranio, ma questo ama Ardelia, che a sua volta, come il Narciso del mito, ama soltanto sé stessa.

PER COMINCIARE

1 ATTIVIAMO IL VOCABOLARIO Collega ogni verbo al suo contrario; quindi scrivi una frase con ciascuna coppia.

1. amare
2. seguire
3. apprezzare
4. restare

a. disprezzare
b. partire
c. odiare
d. fuggire

1. ....
2. ....
3. ....
4. ....

2 DA IERI A OGGI Leggi l'elenco di espressioni usate da Andreini con la loro versione attuale; quindi completa la riscrittura delle quattro frasi proposte sotto.

Onde (v. 1105): Da dove	**stimolarmi (v. 1112):** infastidirmi	**sprezzi (v. 1174):** disprezzi
d'un alpestre scoglio (v. 1105): da una roccia delle Alpi	**foco (v. 1114):** fuoco (d'amore)	**discortese (v. 1174):** scortese
infra (v. 1107): tra, fra	**resta ne la malora (v. 1116):** sii maledetto!	
noiarmi (v. 1111): annoiarmi (disturbarmi)	**mi parto (v. 1116):** me ne vado	
	prezzi (v. 1172): apprezzi	

1. Vai ne la malora! → .... !
2. Perché continui a stimolarmi? → .... ?
3. Fai male a sprezzare chi ti prezza. → ....
4. Quanto sei discortese! → .... !

MIRTILLA (*a Uranio*) 1005 Onde nascesti? d'un alpestre scoglio?
ti diedero le tigri ircane il latte?

→ **Animali selvatici**
Le tigri dell'Ircania (zona dell'antica Persia), una leonessa e un serpente sono tutti animali che simboleggiano ferocia e crudeltà, proprio come chi non ama.

URANIO (*ad Ardelia*) Or sei tu nata infra i gelati monti?
ti partorì, crudele, una leonza?

ARDELIA (*a Uranio*) Or sei tu nato d'un aspide sordo
1110 che intender non mi vuoi? Dico che t'odio.

→ **Ripetizioni teatrali**
Le battute dei personaggi sono piene di ripetizioni, che danno un ritmo incalzante al dialogo e lo rendono vivace ed espressivo.

URANIO (*a Mirtilla*) Or sei tu nata per noiarmi sempre
e stimolarmi ognor? Dico che t'odio.

MIRTILLA (*a Uranio*) O più saldo che marmo al mio gran pianto.

→ **RIPASSIAMO**
IL COMPARATIVO

100

Uranio (*ad Ardelia*)   O più fredda che neve al mio gran foco.

Ardelia (*a Uranio*)   1115 O più noioso che cicala stridula,
resta ne la malora, ch'io mi parto
per non sentirti più, né per vederti. [...]

Mirtilla (*a Uranio*)   Deh perché segui, Uranio, chi ti fugge?
deh perché fuggi, Uranio, chi ti segue?
1170 perché ami tu chi t'odia?
perché odi tu chi t'ama?
deh perché prezzi tu, misero amante,
una donna crudel che ti disprezza?
deh perché sprezzi, discortese amato,
1175 una fedele amante che ti prezza?
Deh, fuggi chi ti fugge,
sprezza chi ti disprezza,
accogli chi ti segue,
rendi amor per amor, odio per odio.

> **Il gioco degli opposti**
> Le regole del gioco d'amore sono bizzarre, come in un mondo alla rovescia: Uranio è innamorato di Ardelia, che lo disprezza, e non sopporta Mirtilla, che invece lo ama.

ATTIVITÀ

1 **RIPASSIAMO IL COMPARATIVO** Inserisci nelle frasi le parole mancanti per completare i paragoni.

Esempio: Secondo Mirtilla, Uranio è più duro __di__ una pietra perché non è commosso dalle sue lacrime.

1. Pare che le tigri dell'Ircania fossero più feroci .... qualunque altro felino.
2. Ardelia si mostra più fredda .... neve rifiutando l'amore di Uranio.
3. Uranio è più fastidioso .... una cicala con le sue chiacchiere vane.
4. Come dice il proverbio, in amore sembra più vantaggioso fuggire .... inseguire.
5. Più .... odiare gli altri dovremmo imparare a conoscerli.
6. Chi rende odio per amore è più crudele .... un animale selvatico.

2 **PREPARA LA TUA PRESENTAZIONE** Nel dialogo a tre, l'amore è descritto con metafore tratte dal mondo naturale (animali, minerali, elementi). Commenta quelle usate da Mirtilla, Uranio e Ardelia e spiega il loro punto di vista in una presentazione digitale. Per ogni slide scegli come sfondo un'immagine significativa che corrisponda alla metafora; quindi, aggiungi i versi del brano, e una colonna sonora.

Thomas Cole, *Lo stato d'Arcadia o pastorale*, 1834, olio su tela (New York, New-York Historical Society)

17 Moderata Fonte

Professione
Casalinga

Segue
- Prospero Saraceni
- Nicolò Doglioni
- Filippo Zorzi ♥

Contatti bloccati
Maschilisti misogini

Gruppi
Femministe

1555 Modesta da Pozzo nasce a Venezia da Ieronimo, avvocato, e Marietta dal Moro, che l'anno dopo muoiono.

1566 Insieme con il fratello Lunardo è accolta nella casa del secondo marito della nonna, Prospero Saraceni.

1576 Si trasferisce nella casa di Nicolò Doglioni, marito della figlia di Prospero ed erudito; sotto la sua guida, legge e pubblica le sue opere con lo pseudonimo di Moderata Fonte.

1582 Sposa Filippo Zorzi, avvocato.

1588-92 Compone *Il merito delle donne*. Muore di parto.

1600 Esce postumo *Il merito delle donne*, a cura di Nicolò Doglioni.

◀ Il Canal Grande (Venezia)

102

17 Moderata Fonte

➡ *Ritratto autentico di Moderata Fonte a 34 anni*, stampa dall'edizione *Il merito delle donne*, Imberti, Venezia 1600

il meme

Dietro l'elegante acconciatura si nota la corona d'alloro, simbolo della poesia.

Il ritratto rispecchia il profilo di Moderata, senza idealizzazioni, e rappresenta fedelmente anche la moda veneziana del tempo per le donne aristocratiche.

L'iscrizione precisa che rispetto agli altri ritratti di Moderata circolanti questo è il più fedele al vero.

VERA MODERATAE FONTIS EFFIGIES ÆTATIS SVÆ ANNO XXXIII

> Ho permesso ciò sotto imaginato nome di Moderata Fonte, poi che il mio vero e proprio non ho giudicato esser bene di esponer alla publica censura, essendo giovane da marito, e secondo l'uso della città obligata a molti rispetti.
>
> (Modesta da Pozzo/Moderata Fonte, *Floridoro*, Lettera dedicatoria a Francesco I de' Medici, 17 novembre 1580)

Il merito delle donne

#donne

Sette **donne**, due giornate, un giardino: è questa l'ambientazione della "**domestica conversazione**" che Moderata Fonte porta frettolosamente a termine poco prima di morire, nel 1592; il **dialogo** sarà pubblicato dai suoi parenti nel **1600**. L'esaltazione delle virtù femminili, attraverso figure esemplari e personaggi idealizzati, non è una novità nel panorama letterario; la novità è la scelta **come interlocutrici** di **sette aristocratiche veneziane**, di cui due vedove (Adriana, la regina della conversazione, e Leonora), tre sposate (Lucrezia, Cornelia, Elena) e due nubili (Virginia per età, Corinna per scelta). Queste conversano in una **cornice privata** sulla base della propria **esperienza personale**.

#dialogo

#aristocraticheveneziane

#esperienza

L'argomento centrale è la **distinzione tra i sessi**, ma nella seconda giornata la discussione si allarga: le sette interlocutrici affrontano - in continue digressioni - temi storici, letterari, giuridici, naturalistici, dimostrando come il raggiungimento di **competenze professionali adeguatamente remunerate** sia il presupposto dell'**emancipazione** femminile. Proprio nel nesso tra **istruzione** e **autonomia**, tra **sapere** e **libertà** sta la riflessione più originale dell'opera.

#emancipazione
#istruzione #libertà

Nel Rinascimento, tanti trattati e dialoghi affrontano la questione della superiorità o inferiorità del sesso femminile come una divagazione scherzosa, spunto per dispute retoriche prive di ricadute sociali. Quello di Moderata Fonte è invece un **punto di vista propositivo**, che guarda alla **realtà del tempo** per correggerne i difetti.

#realtàstorica

Il Cinquecento

Secondo il dialogo, il predominio maschile ha la sua base non nella presunta debolezza biologica delle donne, ma nel **calcolato cinismo** delle costrizioni storiche a cui sono state sottoposte perfino in una città libera come Venezia. Per questo – sostiene Corinna – il **matrimonio** non può essere l'unica prospettiva femminile: se non vuole farsi suora, una donna ha il diritto di restare **single** senza essere discriminata come "zitella" e costretta a fare la serva di casa. Soltanto quando le cariche e i mestieri, le attività pubbliche e quelle private saranno declinate anche al femminile, la **parità di genere** potrà dirsi raggiunta. Sembra una dichiarazione delle Nazioni Unite, invece è il ragionamento di una trentasettenne veneziana del Cinquecento, vissuta con il corpo entro i confini ristretti della laguna, con la mente in quelli cosmopoliti della vera umanità.

#matrimonio
#singletudine
#paritàdigenere

Il merito delle donne, giornata 1ª

T21 L'ingiusta tirannia del maschio

TRACCIA 21 — Questioni di genere

Ribaltando luoghi comuni e stereotipi, Corinna, la più agguerrita delle interlocutrici del dialogo, enuncia la propria tesi in favore dell'emancipazione femminile: gli uomini sono stati creati al servizio delle donne, non il contrario. Il predominio maschile è frutto di un'interpretazione errata della storia sacra e profana.

PER COMINCIARE

1 ATTIVIAMO IL VOCABOLARIO Scrivi una breve definizione di ogni parola.

1. soggezione: ....
2. obbedienza: ....
3. pazienza: ....
4. timore: ....
5. carità: ....
6. dignità: ....

2 DA IERI A OGGI Leggi l'elenco di espressioni usate da Moderata Fonte con la loro versione attuale; quindi riscrivi le cinque frasi proposte sotto.

si hanno essi arrogata da loro (rr. 1-2): si sono attribuiti da soli	**fattori o castaldi** (rr. 11-12): amministratori di un'azienda agricola	**che rileva** (r. 21): che importa
se ben (r. 2): sebbene		**niun** (r. 22): nessun
dovemo (r. 2): dobbiamo	**acciò** (rr. 12, 13): affinché, perché	**vaghezza** (r. 22): bellezza
anco (r. 3): anche	**commandare** (r. 12): comandare	**fabriche** (r. 23): edifici
ubidienza (r. 5): obbedienza	**patrone** (r. 13): padrone	**adorni palagi** (r. 23): bei palazzi
pacienza (r. 5): pazienza	**possino** (r. 13): possano	**si nutriscono** (r. 24): si nutrono
christiana (r. 6): cristiana	**gli remunerate** (r. 16): li ricompensate	**vili semente** (r. 24): umili semi
essercizio (r. 6): esercizio		**apparono** (r. 25): appaiono
tolgono essi per contrario senso (r. 7): interpretano con significato opposto	**movete a sprezzarli** (r. 16): spingete a disprezzarli	**volse** (r. 27): volle
	inanzi (r. 17): prima	**honor** (r. 28): onore
faticar (r. 10): lavorare	**havemo** (r. 17): abbiamo	**vagliamo** (r. 29): valiamo
a punto (r. 11): appunto		**invidendo al merito nostro** (r. 29): invidiano il nostro valore

1. Si hanno essi arrogata da loro questa signoria. → ....
2. Sopportiamo le disgrazie della vita con pacienza. → ....
3. Essi sono forti acciò possino sopportare le fatiche. → ....
4. Da vili semente nascono fiori splendidi. → ....
5. Che rileva l'honore senza la dignità? → .... ?

104

17 Moderata Fonte

Rispose Corinna: "Questa preminenza si hanno essi arrogata da loro, che se ben dicono che dovemo star loro soggette, si deve intender soggette in quella maniera, che siamo anco alle disgrazie, alle infermità e altri accidenti di questa vita, cioè non soggezione di
5 ubidienza, ma di pacienza e non per servirli con timore, ma per sopportarli con carità christiana, poiché ci sono dati per nostro essercizio spirituale; e questo tolgono essi per contrario senso e ci vogliono tiranneggiare, usurpandosi arrogantemente la signoria che vogliono avere sopra di noi e la quale anzi dovremmo noi avere sopra di loro; poiché
10 si vede chiaramente che 'l loro proprio è di andarsi a faticar fuor di casa e travagliarsi per acquistarci le facoltà, come fanno a punto i fattori o castaldi, acciò noi stiamo in casa a godere e commandare come patrone; e perciò sono nati più robusti e più forti di noi, acciò possino sopportar le fatiche in nostro servizio".
15 "Dunque per tante fatiche e sudori" disse Lucrezia "che essi spendono per noi, voi così male gli remunerate, che vi movete a sprezzarli tanto; e pur sapete che sono nati inanzi di noi e havemo bisogno del loro aiuto, come confessate voi stessa".

"Sono nati inanzi di noi" rispose Corinna "non per dignità loro, ma
20 per dignità nostra; poiché essi nacquero dell'insensata terra perché noi poi nascessimo della viva carne; e poi, che rileva quel nascer inanzi? Prima si gettano le fondamenta in terra di niun valore o vaghezza, e sopra vi s'ergono poi le sontuose fabriche, con gli adorni palagi; in terra si nutriscono prima vili semente, donde poi s'aprono i soavissi-
25 mi fiori e apparono le vaghe rose e gli odorati narcisi. E di più si sa che Adamo primo uomo fu creato nel mondo nei campi damasceni, dove la donna per maggior sua nobiltà volse Dio crearla nel Paradiso terrestre; e noi siamo loro aiuto, honor, allegrezza e compagnia; ma essi conoscendo molto bene quanto vagliamo, invidendo al merito nostro,
30 cercano di distruggerci".

RIPASSIAMO
I VERBI SERVILI: *DOVERE, VOLERE, POTERE*

La tirannia dei maschi
Le donne di ogni ceto sociale subiscono come un'ingiustizia secolare la superiorità degli uomini: al contrario, se si guarda alle abitudini storiche e alle attitudini biologiche, sono gli uomini a dover servire le donne.

Il bisogno
Gli uomini non sono inutili, anzi in una società patriarcale un buon matrimonio continua ad apparire a molte donne come il male minore per avere una vita dignitosa.

Adamo di terra, Eva di carne
Secondo la Bibbia, Adamo, il primo uomo, fu creato da Dio con la terra, in Oriente, vicino a Damasco; solo in seguito fu portato nel Paradiso terrestre e lì da una sua costola nacque Eva, la prima donna.

ATTIVITÀ

1 **RIPASSIAMO** I VERBI SERVILI: *DOVERE, VOLERE, POTERE* Scegli la forma corretta del verbo tra le due proposte.

Esempio: Per <u>poter</u>/dover dirsi veramente libere, le donne possono/<u>devono</u> avere a cuore la propria indipendenza.
1. Secondo la mentalità maschilista, le donne *devono/debbano* essere sottomesse agli uomini come mogli, madri, sorelle e figlie, senza ruoli sociali autonomi.
2. Corinna pensa che i mariti e i padri *debbano/dovessero* essere sopportati come una disgrazia più che come un privilegio.
3. I maschi *vogliano/vorrebbero* sempre tiranneggiare, ovvero esercitare il proprio dominio assoluto, sia nella società sia nella famiglia.
4. Gli uomini del Cinquecento *avrebbero dovuto/avessero voluto* concedere maggiori libertà alle donne.
5. Serve un fisico resistente per *potendo/poter* sopportare le fatiche più dure.
6. Dio ha *voluto/volente* creare la prima donna non dall'umile terra, ma dalla carne di un altro essere vivente.

2 **DIALOGA CON L'AUTRICE** Nel discorso di Corinna, Moderata Fonte rielabora una serie di riflessioni misogine e di stereotipi secolari: le donne sarebbero più deboli, dedite solo alla cura della casa, biologicamente inferiori ecc. Più che dichiararli falsi, Corinna li sfrutta a proprio vantaggio: l'emancipazione femminile non è un'utopia, ma il risultato dell'interpretazione corretta di abitudini sociali già diffuse. Immagina di poter aggiungere un brano al testo che hai letto, confermando le parole di Corinna oppure contraddicendole. Elabora le tue considerazioni in maniera chiara, basandoti anche sulla tua esperienza personale.

Il Seicento e il Settecento

La sede storica della Sapienza, l'università di Roma, con la chiesa di Sant'Ivo di Francesco Borromini

Palazzo Madama, di proprietà dei Medici, poi del papa e oggi del Senato italiano

Il fiume Tevere

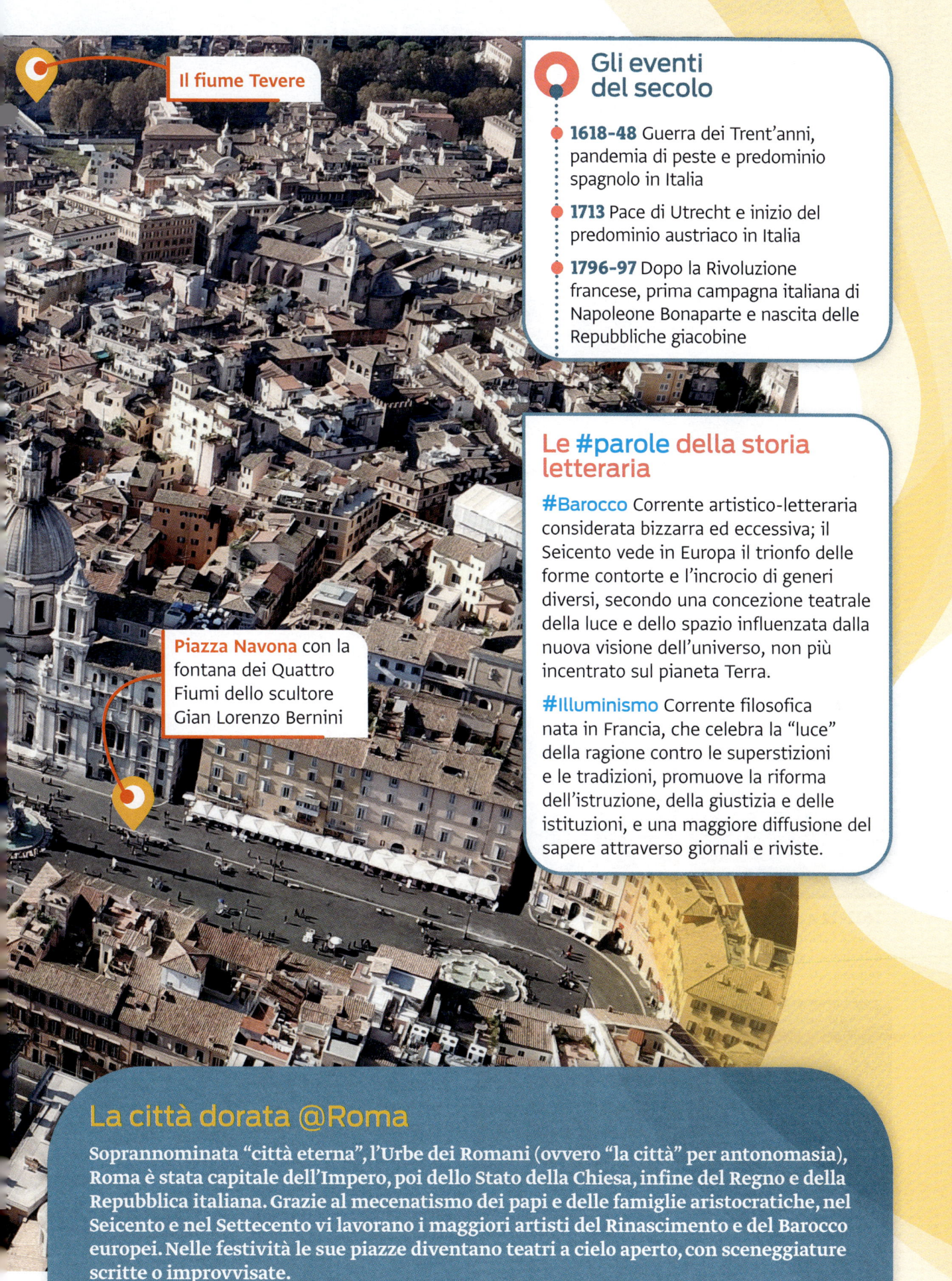

Piazza Navona con la fontana dei Quattro Fiumi dello scultore Gian Lorenzo Bernini

Gli eventi del secolo

- **1618-48** Guerra dei Trent'anni, pandemia di peste e predominio spagnolo in Italia
- **1713** Pace di Utrecht e inizio del predominio austriaco in Italia
- **1796-97** Dopo la Rivoluzione francese, prima campagna italiana di Napoleone Bonaparte e nascita delle Repubbliche giacobine

Le #parole della storia letteraria

#Barocco Corrente artistico-letteraria considerata bizzarra ed eccessiva; il Seicento vede in Europa il trionfo delle forme contorte e l'incrocio di generi diversi, secondo una concezione teatrale della luce e dello spazio influenzata dalla nuova visione dell'universo, non più incentrato sul pianeta Terra.

#Illuminismo Corrente filosofica nata in Francia, che celebra la "luce" della ragione contro le superstizioni e le tradizioni, promuove la riforma dell'istruzione, della giustizia e delle istituzioni, e una maggiore diffusione del sapere attraverso giornali e riviste.

La città dorata @Roma

Soprannominata "città eterna", l'Urbe dei Romani (ovvero "la città" per antonomasia), Roma è stata capitale dell'Impero, poi dello Stato della Chiesa, infine del Regno e della Repubblica italiana. Grazie al mecenatismo dei papi e delle famiglie aristocratiche, nel Seicento e nel Settecento vi lavorano i maggiori artisti del Rinascimento e del Barocco europei. Nelle festività le sue piazze diventano teatri a cielo aperto, con sceneggiature scritte o improvvisate.

18 Giovan Battista Marino

Professione
Funzionario cortigiano

Segue
- Matteo di Capua
- Caravaggio
- Pietro Aldobrandini
- Maria de' Medici
- Luigi XIII (re di Francia)
- Nicolas Poussin

Contatti bloccati
- Giovan Francesco Marino (padre)
- Gaspare Murtola
- Inquisizione

Gruppi
Poeti barocchi

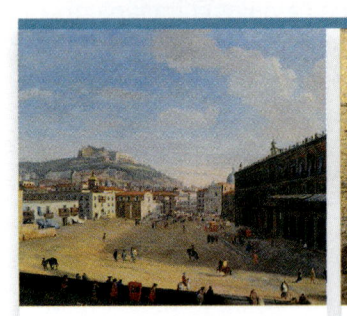

1569 Nasce a Napoli dal giurista Giovan Francesco, che caccia il figlio di casa per la sua scelta di dedicarsi alla poesia.

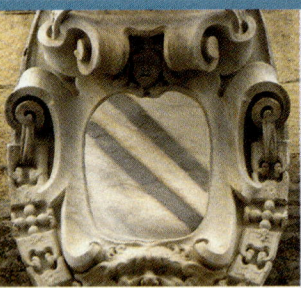

1596-98 Diventa segretario del principe Matteo di Capua. È arrestato in quanto omosessuale.

1600-03 Viaggia a Roma, dove conosce il pittore Caravaggio, poi a Firenze e a Venezia, dove cura la pubblicazione delle *Rime*. Entra al servizio del cardinale Pietro Aldobrandini prima a Roma, poi a Ravenna e frequenta poeti e pittori.

1608-09 Segue Aldobrandini alla corte dei Savoia di Torino e si scontra con il poeta Gaspare Murtola, che gli rivolge accuse di oscenità. Riceve il titolo di cavaliere dell'Ordine dei santi Maurizio e Lazzaro. Murtola gli spara senza ferirlo.

1611-12 A causa di una poesia satirica è incarcerato a Torino e i suoi scritti sono sequestrati.

1615 Si trasferisce a Parigi, alla corte di Maria de' Medici e poi di Luigi XIII.

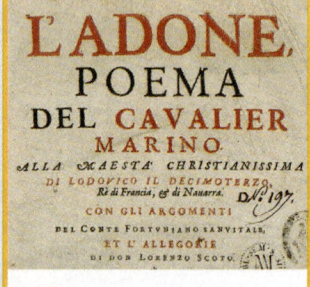

1623 Pubblica *L'Adone* a Parigi e a Venezia.

1623 Rientra a Torino e poi a Roma, dove ritrova il pittore Nicolas Poussin, già conosciuto a Parigi.

1625 Muore a Napoli per un'infezione.

1627 *L'Adone* è inserito nell'*Indice dei libri proibiti* dall'Inquisizione.

PARIGI · TORINO · VENEZIA · RAVENNA · FIRENZE · ROMA · NAPOLI

108

18 Giovan Battista Marino

➡ Caravaggio, *Ritratto di Giovan Battista Marino*, prima del 1609, olio su tela (Londra, collezione privata)

il meme

Nel ritratto, Caravaggio, "creator più che pittore", dà grande luminosità al volto di Marino, già famoso a Roma: il grande pittore e il grande poeta sono associati nel segno dell'arte.

L'epoca del ritratto è confermata dall'assenza della croce, segno della nomina di Marino a cavaliere.

⬆ Frans Pourbus il Giovane, *Ritratto di Giovan Battista Marino*, 1621 circa, olio su tela (Detroit, Institute of Arts); particolare

> È del poeta il fin la meraviglia.
> (G. B. Marino, 23ª *Fischiata contro il poeta Gaspare Murtola*, v. 9)

L'Adone

Il poema a cui Marino dedica tanti anni di lavoro esce contemporaneamente a Parigi e a Venezia nel **1623**. È l'**opera di una vita** ma anche la cifra di un'epoca, il manifesto di quello che dall'arte alla letteratura è definito **Barocco**. La trama è presto detta: **Venere**, dea dell'amore e della bellezza, si innamora del giovane **Adone**, che però durante una battuta di caccia viene attaccato e ucciso da un cinghiale gigante. Com'è possibile che una storia tanto semplice occupi **venti canti** e più di cinquemila ottave?

#Barocco
#mito

#digressioni

In realtà la vicenda mitica diventa l'occasione per una serie di continue **digressioni**: Adone entra nel giardino dei piaceri, dove sperimenta tutte le potenzialità dei cinque sensi (vista, olfatto, udito, gusto, tatto); sotto la guida del dio Mercurio visita i cieli sopra la Terra (con un omaggio a **Galileo** e al cannocchiale); vede in anticipo il futuro, il che consente a Marino di preannunciare le glorie della **casa reale francese**, a cui il poema è dedicato. Dunque, *L'Adone*, più che essere, *non* è molte cose:

@GalileoGalilei
@cortefrancese

- **non è un poema epico**, perché non affronta imprese militari come le crociate;
- **non è un poema sacro**, perché parla di una favola mitologica, pagana ed erotica;
- **non è un poema eroico**, in quanto Adone è tutto tranne che un eroe, subendo gioie e dolori in maniera passiva, non attiva.

#policentrismo

È, invece, proprio per questa sua originalità, un **poema moderno, policentrico**. Se volessimo confrontarlo con la *Gerusalemme liberata* di Tasso, potremmo usare un paragone tratto dalla geometria: il poema di Tasso è un cerchio, che ruota intorno all'unico centro della prima crociata e del suo protagonista Goffredo; il poema di Marino è un'**ellisse**, cioè una figura a due centri, simbolo di **pluralità**, di **varietà**, di **infinito**. Se il mondo di Tasso

#ellisse

109

Il Seicento e il Settecento

riflette la visione geocentrica, fedele alla teologia cristiana, il mondo di Marino segue un'**orbita nuova**, che inquieta le autorità ecclesiastiche. Nell'*Adone* il mito è posto sullo stesso piano del **sacro**, mentre l'**eros** trionfa in ogni sua sfaccettatura: eterosessuale, omosessuale, perfino animale.

#sacro #eros

Marino si compiace della **concettosità**, delle espressioni raffinate e antitetiche, ma la sua non è solo voglia di stupire. Il poeta intuisce di vivere in un'epoca di grandi "**trasformazioni**" (così aveva intitolato un'opera poi confluita nell'*Adone*). A rischio della libertà e della vita, mosso dal puro amore della scrittura, stordito dalle guerre in Francia a lui contemporanee, Marino coltiva un'idea della letteratura come **piacere estetico**, non più schiavo della morale. Non è un caso che *L'Adone* conosca lo stesso destino delle opere di Galileo: la condanna da parte dell'**Inquisizione**.

#estetica

@Inquisizione

L'Adone, canto 18°, ottave 95-98

T22 La morte di Adone

TRACCIA 22 — La fantasia del mito, il mito della fantasia

Siamo quasi alla fine del poema: il povero Adone è sopraffatto dalla forza del cinghiale che lo assalta, ma le intenzioni dell'animale sono diverse da quelle che sembrano a prima vista. È così che la morte di Adone si carica di un erotismo brutale e sconvolgente.

PER COMINCIARE

1 ATTIVIAMO IL VOCABOLARIO Inserisci negli spazi corretti i nomi delle parti del corpo del cinghiale e dell'uomo elencate.

mostaccio (muso coperto di setole) • dente/zanna • ferine braccia (zampe) • fianco • anca • volto

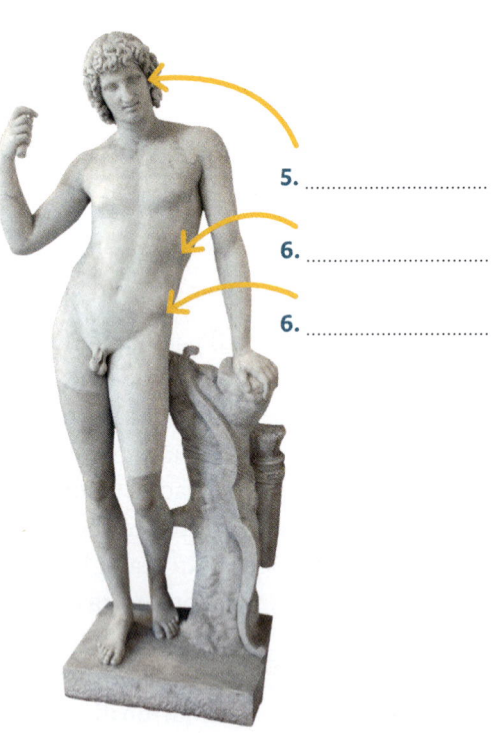

1. ....
2. ....
3. ....
5. ....
6. ....
6. ....

2 DA IERI A OGGI Leggi l'elenco di espressioni usate da Marino con la loro versione attuale; quindi riscrivi le quattro frasi proposte sotto.

punto (95, v. 2): affatto	**incontra lui s'aventa e serra** (96, v. 2): si avventa contro di lui e lo blocca	**alfin** (96, v. 6): alla fine
vincea (95, v. 4): vinceva		**sovra** (96, v. 8): sopra
le nevi istesse (95, v. 4): la neve stessa	**rota** (96, v. 3): ruota	**da la banda manca** (97, v. 2): sul lato sinistro
stampa (95, v. 6): segno	**infellonito** (96, v. 3): inferocito	**ruinoso** (97, v. 3): rovinoso (letale)
fur (95, v. 7): furono	**svelle** (96, v. 5): strappa	**vago galon** (97, v. 4): bel fianco
quei (96, v. 1): lui (Adone)	**far non basta** (96, v. 5): non riesce a evitare	**onde** (97, v. 5): perciò

110

18 Giovan Battista Marino

tosto rubineggiar (97, v. 6): subito diventare rossa
lunge (97, v. 7): lontano
lacero (97, v. 8): lacerato (come fatto a pezzi)
meschinel (97, v. 8): meschinello (poverino)
dolce (98, v. 1): dolcemente
ché (98, v. 3): perché
stassi (98, v. 4): si sta (è)
voto ed essangue (98, v. 5): vuoto ed esanime (morente)

1. Non è punto giusto! → .... !
2. I nemici hanno attaccato da la banda manca. → ....
3. Il meschinel rimase senza difese. → ....
4. Una bestia beroce s'aventa e serra contro di lui. → ....

95

Il mostro
Il cinghiale assalta Adone non per ucciderlo: Marino descrive la scena come un atto di violenza sessuale finito nel sangue.

Tutta calda d'amor la bestia folle
senza punto saper ciò che facesse,
col mostaccio crudel baciar gli volle
il fianco che vincea le nevi istesse
e, credendo lambir l'avorio molle,
del fier dente la stampa entro v'impresse.
Vezzi fur gli urti: atti amorosi e gesti
non le insegnò Natura altri che questi.

96

La debole difesa di Adone
Adone cerca di difendersi con la lancia e ferisce il cinghiale, ma la bestia enorme è più forte.

Vibra quei lo spuntone e gli contrasta
ma l'altro incontra lui s'aventa e serra,
rota le zanne infellonito e l'asta
che l'ha percosso e che 'l disturba afferra
e di man gliela svelle e far non basta
Adone alfin che non sia spinto a terra.
L'atterra e poi con le ferine braccia
il cinghial sovra lui tutto si caccia.

RIPASSIAMO
I NESSI DI COESIONE

97

Un uomo dai tratti angelici
La pelle di Adone è bianca come la neve, il sangue rosso come il rubino e come uno smalto di color porpora, gli occhi splendenti come stelle.

Tornando a sollevar la falda in alto
squarcia la spoglia e da la banda manca
con amoroso e ruinoso assalto
sotto il vago galon gli morde l'anca,
onde si vede di purpureo smalto
tosto rubineggiar la neve bianca.

Il ricordo di Saetta
Poco prima di Adone il cinghiale aveva ucciso il suo cane, il fedele Saetta.

Così non lunge da l'amato cane
lacero in terra il meschinel rimane.

98

O come dolce spira e dolce langue,
o qual dolce pallor gl'imbianca il volto!

Una poesia di contrasti
Sul volto di Adone morente combattono il piacere (il sorriso) e l'orrore (la violenza subita): persino la morte in lui sembra bella.

Orribil no, ché ne l'orror, nel sangue
il riso col piacer stassi raccolto.
Regna nel ciglio ancor voto ed essangue
e trionfa negli occhi Amor sepolto
e chiusa e spenta l'una e l'altra stella
lampeggia e morte in sì bel viso è bella.

111

Il Seicento e il Settecento

ATTIVITÀ

1 RIPASSIAMO I NESSI DI COESIONE Completa il brano con i nessi di coesione elencati.

~~inizialmente~~ • poi • infatti • per questo • infine

La morte di Adone è descritta come una scena di violenza sessuale: _inizialmente_ il cinghiale cerca di baciare il giovane, ma con la zanna lo ferisce; **(1.)** _____ Adone colpisce l'animale con la lancia. **(2.)** _____ il cinghiale cerca di togliergliela di mano e si scaglia su di lui. Il giovane, **(3.)** _____ , è rimasto disarmato, non più difeso nemmeno dal fedele cane Saetta. **(4.)** _____ , quasi fatto a pezzi dalla bestia, Adone muore, anche se lascia la vita con un sorriso.

2 SCRIVI IL TUO SAGGIO La morte di Adone è una scena di grande fortuna letteraria: Marino la descrive in chiave erotica, ma suggerisce anche un'analogia con la morte di Cristo. Più volte il poema istituisce somiglianze tra le due figure, fino alla morte e alla successiva resurrezione (Cristo in quanto Dio, Adone in forma di fiore). Anche un pittore vicino a Marino come Nicolas Poussin (1594-1665) ha approfondito questo paragone sfruttando lo stesso schema iconografico per il lamento di Venere su Adone e per quello della Madonna su Cristo. Confronta il testo dell'*Adone* con il primo quadro di Poussin dedicato allo stesso tema (analizza in particolare la posa di Adone, la descrizione della pelle, l'espressione del volto, la presenza della dea Venere e di Cupido); quindi, verifica le somiglianze con il secondo quadro, in cui Cristo, ferito anche lui vicino al fianco, sta per essere sepolto sotto lo sguardo degli angeli. Raccogli le tue osservazioni in un saggio di 5-6 pagine, facendo gli opportuni riferimenti.

Nicolas Poussin, *La morte di Adone*, 1627, olio su tela (Caen, Musée des Beaux-Arts)

Nicolas Poussin, *Lamento sul Cristo morto*, 1627 (Monaco di Baviera, Alte Pinakothek)

19 Galileo Galilei

Professione
Professore universitario e scienziato

Segue
- Vincenzio Galilei (padre)
- Cosimo II de' Medici
- Urbano VIII (papa)

Contatti bloccati
- Roberto Bellarmino
- Inquisizione
- Orazio Grassi

Gruppi
Inquisiti

1564 Nasce a Pisa dal musicista e commerciante Vincenzio e da Giulia Ammannati.

1581-89 Si iscrive all'università di Pisa, ma non si laurea. Tiene due lezioni sull'*Inferno* di Dante a Firenze. Inizia a insegnare matematica all'università di Pisa.

1592 Si trasferisce all'università di Padova sempre come lettore di matematica, ma insegna anche privatamente e produce strumenti tecnici da vendere.

1609-10 Crea il suo primo telescopio: osserva la Luna, i satelliti di Giove, le stelle della Via Lattea. È nominato matematico primario dell'università di Pisa dal granduca Cosimo II.

1611 Visita Roma e presenta le proprie osservazioni al cardinale Roberto Bellarmino, membro dell'Inquisizione.

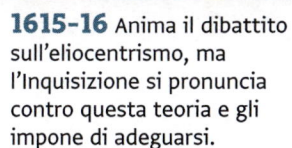

1615-16 Anima il dibattito sull'eliocentrismo, ma l'Inquisizione si pronuncia contro questa teoria e gli impone di adeguarsi.

1618-23 Polemizza con il gesuita Orazio Grassi sulla natura delle comete.

1624 Omaggia l'amico cardinale Maffeo Barberini, diventato papa Urbano VIII, che riconosce l'eliocentrismo solo come ipotesi.

1631-32 Pubblica a Firenze il *Dialogo sopra i due massimi sistemi del mondo tolemaico e copernicano*. L'anno dopo l'Inquisizione lo costringe all'abiura e lo fa arrestare.

1642 Cieco e ancora attivo negli studi, muore ad Arcetri, nella villa detta "il Gioiello".

PADOVA
PISA FIRENZE ARCETRI
ROMA

Il Seicento e il Settecento

▶ Pittore italiano ispirato al ritratto di Justus Sustermans, *Ritratto di Galileo Galilei*, XVII secolo, olio su tela (Londra, Wellcome Collection)

il meme

Gli occhi dello scienziato, progressivamente indeboliti, guardano altrove nello spazio e al futuro nel tempo: Galileo è considerato il padre della fisica matematica.

Lo studio della Terra e dei suoi moti è al centro del pensiero galileiano: anche per queste sue scoperte Galileo è processato a Roma nel 1633.

Galileo progetta (oggi diremmo "brevetta") vari congegni, come compassi e cannocchiali, necessari ai suoi studi, ma che hanno anche applicazioni pratiche.

> Questo grandissimo libro (io dico l'universo) è scritto in lingua matematica, e i caratteri sono triangoli, cerchi, ed altre figure geometriche.
> (G. Galilei, *Il saggiatore*)

Dialogo sopra i due massimi sistemi del mondo tolemaico e copernicano

@Inquisizione

@UrbanoVIII

#processo

La storia della pubblicazione del *Dialogo* sembra un romanzo: l'autore lavora alla sua composizione per diversi anni, ma serve l'*imprimatur* (in latino "si stampi"), ovvero l'**autorizzazione alla stampa** da parte **dell'Inquisizione**. Galileo cerca in tutti i modi di ottenere il permesso a Roma, fa leggere il manoscritto agli **inquisitori**, ne discute con l'amico papa **Urbano VIII**, accoglie le numerose richieste di correzione. Ottenuta l'autorizzazione dall'Inquisizione di **Firenze**, l'opera è stampata **tra il 1631 e il 1632**. Quando la legge, Urbano VIII non è soddisfatto: il papa chiede l'apertura di un'inchiesta per accertare il rispetto, da parte dell'autore, di un precedente accordo: a Galileo, infatti, nel 1616 è stato imposto di presentare le proprie teorie come ipotetiche. È l'inizio di una vicenda drammatica, che porterà Galileo, nel 1633, al **processo**, all'**abiura** e alla **detenzione**, prima a Roma, poi a Siena, infine ad Arcetri. Inserito nell'*Indice dei libri proibiti*, il *Dialogo* sarà ristampato in Italia con il permesso dell'autorità soltanto nel 1744.

19 Galileo Galilei

#dialogo   Come dice il titolo, l'opera non è un trattato scientifico ma un **dialogo**, non è scritta in latino ma in volgare. Galileo lascia emergere argomenti e tesi dalla discussione fra **tre interlocutori**:

Aristotele #geocentrismo
- **Simplicio**, seguace immaginario dell'aristotelismo, ovvero del sapere tradizionale basato sull'insegnamento del filosofo **Aristotele**, e del **sistema tolemaico** o **geocentrico** (la Terra è al centro dell'universo), ricondotto al geografo Tolomeo (II secolo d.C.);

#eliocentrismo
@MikołajKopernik
- Filippo **Salviati** (1582-1614), già allievo di Galileo e fautore del **sistema copernicano** o **eliocentrico** (il Sole è al centro dell'universo e la Terra gli ruota intorno), promosso dall'astronomo polacco **Mikołaj Kopernik** (1473-1543);
- Giovan Francesco **Sagredo** (1571-1620), nobile veneziano a sua volta allievo di Galileo a Padova e, nonostante il suo ruolo di mediatore, anche lui vicino alle teorie copernicane.

#quattrogiornate   Il *Dialogo* è diviso in **quattro giornate**, ciascuna dedicata a un tema specifico: la critica alla cosmologia aristotelica, non senza ironia verso Simplicio ("sempliciotto" di nome e di fatto), legato a un "mondo di carta" lontano dalla realtà; il moto di rotazione della Terra (sul proprio asse) e di rivoluzione (intorno al Sole); questioni astronomiche, ottiche e meccaniche; le maree, che in realtà Galileo spiega in maniera errata, mettendole in relazione con il moto terrestre.

L'insistenza dell'autore sul movimento della Terra e la sua implicita identificazione con Salviati bastano a spiegare la reazione della Chiesa di Roma: le autorità, infatti, non possono tollerare che la Terra sia considerata uno dei tanti pianeti orbitanti nell'universo. Questo mette in discussione il primato e la centralità degli esseri umani come creature privilegiate.

#divulgazione   Oltre ad avere scatenato il processo, il *Dialogo* è anche un **esempio di divulgazione scientifica**: con uno sforzo immane Galileo trova nella lingua italiana le parole per spiegare concetti profondissimi e cerca di rendere le nuove teorie alla portata di (quasi) tutti.

#libertàdellascienza   L'opera diventerà il simbolo della **libertà di pensiero**, dell'**autonomia della scienza dalla fede**, del primato dell'osservazione empirica sulle parole dei testi sacri e di Aristotele. Il drammaturgo tedesco Bertolt Brecht (1898-1956) costruirà proprio intorno al *Dialogo* il suo celebre dramma *Vita di Galileo*.

⬆ Andreas Cellarius, *La Terra al centro dell'universo circondata dagli altri pianeti e dalle costellazioni secondo la teoria geocentrica*, 1661, incisione

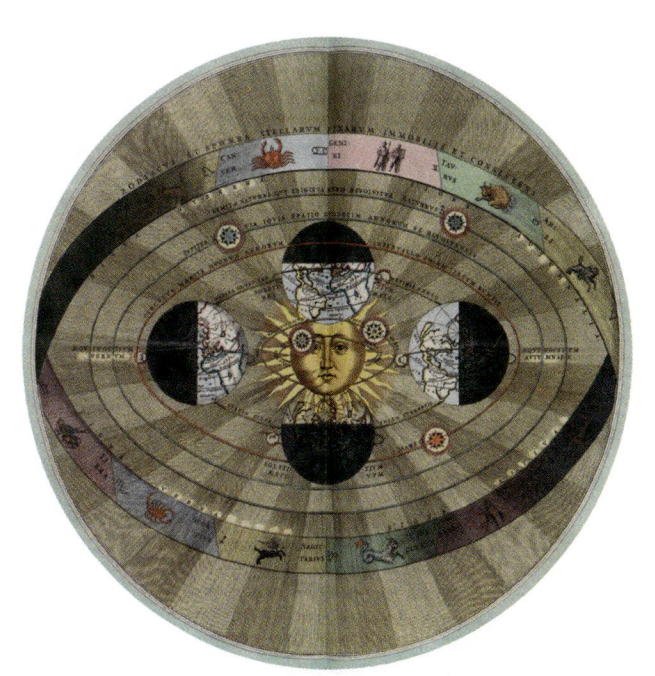

⬆ Andreas Cellarius, *Il moto di rivoluzione della Terra intorno al Sole secondo la teoria eliocentrica*, 1661, incisione

Il Seicento e il Settecento

Dialogo sopra i due massimi sistemi del mondo, giornata 2ª

T23 Il fascino del pensiero critico

TRACCIA 23

Politica, guerra, mafia

Sagredo analizza il modo di pensare dei tanti seguaci di Aristotele (chiamati peripatetici) e dei pochi seguaci di Copernico: gli aristotelici leggono solo i testi e i commenti del maestro, considerato un'autorità indiscutibile; i copernicani hanno accolto le nuove teorie dopo lunghe riflessioni e anche per questo appaiono più credibili.

PER COMINCIARE

1 ATTIVIAMO IL VOCABOLARIO Collega ogni espressione al suo significato.

1. corso
2. opinione
3. concorso di uditori
4. ragione
5. in virtù di

a. pensiero, parere, convinzione
b. intervento di tante persone come pubblico
c. serie di lezioni universitarie su un certo argomento
d. grazie a, attraverso
e. motivazione logica e anche intelligenza

2 DA IERI A OGGI Leggi l'elenco di parole ed espressioni usate da Galileo con la loro versione attuale; quindi completa la riscrittura delle quattro frasi proposte sotto.

giovanetto (r. 1): giovane
occorse (r. 3): accadde
dua o ver tre lezioni (r. 5): due o tre lezioni
suggetto (r. 6): soggetto (argomento)
'l negozio (r. 10): la faccenda
intelligente assai e molto circospetto (r. 11): molto intelligente e prudente
secondo che m'incontravo in alcuno (rr. 12-13): quando mi imbattevo in qualcuno
istesso (r. 14): stesso
esaminatigli (r. 17): esaminatili (dopo averli interrogati)
e' (r. 18): essi (loro)
gli (r. 18): li
si sieno (r. 20): si siano
de i (rr. 21, 24): dei
nessun è che segua (r. 27): non ci sia nessuno che segua

Aristotile (rr. 28, 29, 31): Aristotele
all'incontro (r. 29): al contrario
nissuno (r. 29): nessuno
per addietro (r. 30): prima
fusse (r. 35): fosse
reputo a mia gran ventura (r. 37): mi considero molto fortunato per
amendue voi (r. 37): voi due
veruna (r. 38): nessuna
istato (r. 40): stato

1. Per addietro era una persona circospetta assai. → .... era una persona ....
2. Secondo che incontravamo alcuni, gli chiedevamo che cosa pensassero. → .... , gli chiedevamo che cosa pensasse.
3. Reputiamo a nostra gran ventura l'avervi incontrati. → .... per avervi incontrati.
4. Vorrei capire le vostre ragioni senza veruna fatica. → Vorrei capire le vostre ragioni ....

Novità dall'estero
Si potrebbe trattare di Christopher Wursteisen di Rostock, in Germania: durante la sua formazione universitaria a Padova, avrebbe divulgato le teorie copernicane mentre vi insegnava Galileo.

RIPASSIAMO
L'USO DEL PARTICIPIO PASSATO

Tutti i copernicani di oggi sono stati aristotelici
Tutti gli studiosi che Sagredo intervista e che dicono di essere seguaci di Copernico prima lo sono stati di Aristotele: la forza argomentativa della nuova teoria li ha spinti a cambiare idea.

"Essendo assai giovanetto, che appena avevo finito il corso della filosofia, tralasciato poi per essermi applicato ad altre occupazioni, occorse che certo oltramontano di Rostochio, e credo che 'l suo nome fosse Cristiano Vurstisio, seguace dell'opinione del Copernico, capitò in queste
5 bande, ed in una Accademia fece dua o ver tre lezioni in questa materia, con concorso di uditori, e credo più per la novità del suggetto che per altro: io però non v'intervenni, avendo fatta una fissa impressione che tale opinione non potesse essere altro che una solenne pazzia. Interrogati poi alcuni che vi erano stati, sentii tutti burlarsene, eccettuatone
10 uno che mi disse che 'l negozio non era ridicolo del tutto; e perché questo era reputato da me per uomo intelligente assai e molto circospetto, pentitomi di non vi essere andato, cominciai da quel tempo in qua, secondo che m'incontravo in alcuno che tenesse l'opinione copernicana, a domandarlo se egli era stato sempre dell'istesso parere; né per molti ch'io n'abbia interroga-
15 ti, ho trovato pur un solo che non m'abbia detto d'essere stato lungo tempo

116

19 Galileo Galilei

Espressioni idiomatiche
Galileo inserisce nel proprio dialogo scientifico espressioni della lingua parlata: "fare il bello spirito", ovvero "essere spiritosi, originali"; "imbevuta col latte", ovvero "assorbita senza spirito critico"; "toccar lo fondo", ovvero "esaminare ogni aspetto"; "cavato di dubbio", ovvero "tolto dal dubbio".

La presunzione degli aristotelici
I copernicani conoscono bene i libri e i commenti di Aristotele e sanno confutarli; al contrario, gli aristotelici non conoscono gli scritti di Copernico e li criticano a priori.

L'importanza del dialogo
Sagredo si rivolge ai suoi due interlocutori, Simplicio (aristotelico) e Salviati (copernicano), per avere un quadro chiaro delle due visioni, senza pregiudizi.

dell'opinion contraria, ma esser passato in questa mosso dalla forza delle ragioni che la persuadono: esaminatigli poi ad uno ad uno, per veder quanto bene e' possedesser le ragioni dell'altra parte, gli ho trovati tutti averle prontissime, tal che non ho potuto veramente dire che per ignoranza o per vani-
20 tà o per far, come si dice, il bello spirito si sieno gettati in questa opinione. All'incontro, di quanti io abbia interrogati de i Peripatetici e Tolemaici (che per curiosità ne ho interrogati molti), quale studio abbiano fatto nel libro del Copernico, ho trovato pochissimi che appena l'abbiano veduto, ma di quelli ch'io creda che l'abbiano inteso, nessuno: e de i seguaci pur della dottrina
25 peripatetica ho cercato d'intendere se mai alcuno di loro ha tenuto l'altra opinione, e parimente non ne ho trovato alcuno. Là onde, considerando io come nessun è che segua l'opinion del Copernico, che non sia stato prima della contraria e che non sia benissimo informato delle ragioni di Aristotile e di Tolomeo, e che all'incontro nissuno è de' seguaci di Tolomeo e d'Aristotile,
30 che sia stato per addietro dell'opinione del Copernico e quella abbia lasciata per venire in quella d'Aristotile, considerando, dico, queste cose, cominciai a credere che uno che lascia un'opinione imbevuta col latte e seguita da infiniti, per venire in un'altra da pochissimi seguita, e negata da tutte le scuole e che veramente sembra un paradosso grandissimo, bisognasse per neces-
35 sità che fusse mosso, per non dir forzato, da ragioni più efficaci. Per questo son io divenuto curiosissimo di toccar, come si dice, il fondo di questo negozio, e reputo a mia gran ventura l'incontro di amendue voi, da i quali io possa senza veruna fatica sentir tutto quel ch'è stato detto, e forse che si può dire, in questa materia, sicuro di dover esser, in virtù de' vostri ragionamenti,
40 cavato di dubbio e posto in istato di certezza."

ATTIVITÀ

1 RIPASSIAMO L'USO DEL PARTICIPIO PASSATO Completa le frasi con il participio passato del verbo tra parentesi.

Esempio: _Esaminate_ (esaminare) tutte le vostre teorie, deciderò quale sarà risultata la più credibile.

1. .... (ascoltare) la lezione di un copernicano a Padova, Sagredo e anche Galileo iniziarono a studiare la nuova dottrina eliocentrica.
2. Gli scienziati del tempo, ... (escludere) pochissimi, seguivano il metodo tradizionale, che risaliva ad Aristotele, filosofo .... (morire) nel 322 a.C.
3. .... (interrogare) molti illustri colleghi, Sagredo osserva che quasi nessuno ha letto davvero le opere di Copernico, scienziato polacco .... (nascere) nel 1473.
4. La stragrande maggioranza degli astronomi del Rinascimento, seguendo Tolomeo, pensava che la Terra fosse immobile, ... (porre) da Dio al centro dell'universo.
5. .... (attrarre) dalle teorie copernicane, Sagredo nota che i loro argomenti sono più solidi di quelli del sistema tolemaico.
6. .... (sottolineare) l'importanza della discussione, i tre interlocutori del dialogo espongono la propria visione in maniera dialettica, senza imporla dall'alto.

2 PREPARA LA TUA PRESENTAZIONE Il brano mette in luce il diverso approccio metodologico dei seguaci dei due *massimi sistemi*: gli aristotelici e i tolemaici seguono il principio di autorità (in latino *ipse dixit*, ovvero "lui ha detto"), accettando in maniera passiva gli scritti del maestro Aristotele; i copernicani, invece, sono stati tutti aristotelici un tempo e in seguito hanno accolto come più efficace la nuova visione del mondo.
In una presentazione digitale esponi il punto di vista geocentrico e quello eliocentrico e le loro conseguenze filosofiche e teologiche (l'essere umano è al centro del cosmo o invece la Terra è uno dei tanti pianeti?). Dedica a ciascun punto di vista almeno tre *slides* con immagini pertinenti, commentalo rispetto alle conoscenze attuali (che cosa si studia oggi a scuola? chi sono i "terrapiattisti"?), infine riassumi il ragionamento di Sagredo.

20 Carlo Goldoni

Professione
Avvocato e autore teatrale

Segue
- Nicoletta Connio ♥
- Repubblica di Genova
- Anna Baccherini
- Accademia dell'Arcadia
- Gerolamo Medebach
- Teatro Sant'Angelo
- Teatro San Luca
- Antonio Vendramin
- Luigi XV (re di Francia)

Contatti bloccati
- Teatro San Samuele
- Pietro Chiari

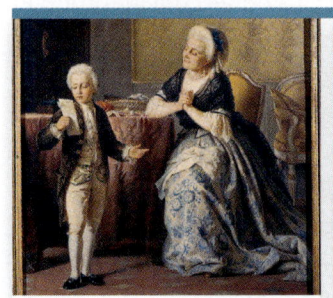

Gruppi
Commedia

1707 Nasce a Venezia da Giulio e Margherita Salvioni.

1721 Fugge da Rimini a Chioggia con una compagnia teatrale. Studia a Pavia, ma viene espulso per un componimento satirico.

1728 Lavora a Chioggia nella cancelleria criminale. Allestisce le sue prime opere teatrali per il Teatro San Samuele di Venezia.

1736-40 Sposa a Genova Nicoletta Connio. È nominato console della Repubblica di Genova a Venezia.

1743-44 Scrive la prima commedia per intero (*La donna di garbo*) per l'attrice Anna Baccherini. Riprende la professione di avvocato e a Pisa entra nell'Accademia dell'Arcadia.

1749 Firma un contratto con l'impresario Gerolamo Medebach per quattro anni e torna a Venezia al Teatro Sant'Angelo. Inizia la rivalità con Pietro Chiari, del Teatro San Samuele.

1752 Scrive *La locandiera*, che va in scena l'autunno successivo al Teatro Sant'Angelo.

1753 Passa al Teatro San Luca di Antonio Vendramin, dove lavorerà per dieci anni; scrive commedie, tragicommedie, opere buffe, in prosa e in versi, in italiano e in dialetto.

1762-65 Parte per Parigi e lavora per la *Comédie Italienne*. Diventa maestro di italiano della figlia del re Luigi XV a Versailles. Continua a scrivere.

1793 Muore a Parigi in povertà, dopo che i rivoluzionari hanno sospeso tutte le pensioni reali.

VERSAILLES PARIGI
PAVIA VENEZIA CHIOGGIA
GENOVA RIMINI
PISA

118

20 Carlo Goldoni

↪ Enrico Gamba, *Goldoni studia le sue commedie dal vero*, 1870, olio su tela (collezione privata)

il meme

Il drammaturgo osserva con attenzione la realtà che lo circonda: non s'inventa niente, ma prende ispirazione dalla vita.

La città di Venezia, con la sua ricchezza culturale ed economica, offre tantissimi spunti: la popolano donne e uomini di ogni ceto sociale e provenienza.

Goldoni si trova su una gondola (la tipica imbarcazione veneziana), nei pressi di uno dei ponti che attraversano i canali della laguna.

"I due libri su' quali ho più meditato, e di cui non mi pentirò mai d'essermi servito, furono il Mondo e il Teatro."
(C. Goldoni, *Prefazione alle Commedie*, Bettinelli, Venezia 1750)

La locandiera

Nella Commedia dell'arte, un genere teatrale tradizionalmente associato all'Italia e alle compagnie italiane, il ruolo femminile principale era svolto dalla "prima innamorata": era una maschera fissa, oggetto delle attenzioni di uno o più spasimanti e accompagnata da una "**servetta**" scaltra, pronta a sostenerla in caso di svenimento e di imprevisti vari. A partire da questo secondo ruolo Goldoni plasma il carattere di **Mirandolina**, "locandiera" in quanto proprietaria di una locanda, a Firenze. Intorno a lei l'autore costruisce, nel **1752**, una commedia che ha un **successo enorme** fin dalla prima rappresentazione (nel carnevale del **1753**) anche grazie all'attrice che la interpreta: **Maddalena Raffi**, entrata l'anno prima nella compagnia del **Teatro Sant'Angelo**, che Goldoni dirige.

Rispetto alla "servetta" della Commedia dell'arte, Mirandolina è una **donna intraprendente** e **gelosa** della propria autonomia, che ricorre alle armi della **seduzione** per sconfiggere la **misoginia** e l'alterigia dei suoi ospiti, come se stessa seguendo un copione da attrice. Accanto a lei si muovono vari **personaggi maschili**: il Marchese di Forlipopoli, un aristocratico senza soldi, il Conte di Albafiorita, borghese che si è comprato il titolo nobiliare, il Cavaliere di Ripafratta, che odia le donne, e Fabrizio, il cameriere della locanda. La trama si snoda in **tre atti** e registra le progressive conquiste di Mirandolina, che si impunta nel voler suscitare l'amore di tutti i propri clienti. Tuttavia, dopo l'evasione carnevalesca, che ha dato alla donna pieno potere sugli uomini, nel finale Mirandolina cede alle **convenzioni sociali** e al **matrimonio con un marito**, il popolano Fabrizio, **del suo stesso rango**.

La locandiera è un esempio perfetto della cosiddetta **riforma goldoniana** del teatro:
▸ **tutte le parti degli attori e delle attrici** sono **scritte per intero**, senza spazio per l'improvvisazione, in un italiano che si sforza di apparire "nazionale", non regionale;
▸ i personaggi **non** sono **maschere ma caratteri**, con una personalità individuale che li distingue dai tipi fissi della Commedia dell'arte;
▸ la **trama è verosimile**, vicina alla realtà sociale del tempo (vediamo in scena sia nobili decaduti sia borghesi arricchiti e desiderosi di affermazione pubblica).

#servetta
#Mirandolina

@MaddalenaRaffi

#intraprendenza
#seduzione
#misoginia

#treatti

#riformadellacommedia
#copionescritto

#caratteri

#verosimiglianza

Il Seicento e il Settecento

In questa combinazione di vita e arte, tra voglia di libertà e rispetto delle regole sociali, sta la forza di un personaggio femminile riflesso nei ruoli teatrali e cinematografici di tante **dive italiane** del Novecento. Un po' di Mirandolina c'è in un'icona del cinema come Sophia Loren, che in molte delle sue interpretazioni fa rivivere quello spirito di **intraprendenza e fascino** messo in scena da Goldoni.

#dive

La locandiera, atto 1°, scena 9ª

T24 La filosofia di Mirandolina

Arte, musica, teatro

TRACCIA 24

Come un fiume in piena, Mirandolina sfoga in questo celebre monologo la propria visione della vita e dei rapporti tra uomini e donne. Sembra un'originalissima dichiarazione di indipendenza femminile. Ma è davvero così?

PER COMINCIARE

1 **ATTIVIAMO IL VOCABOLARIO** Collega ogni modo di dire al suo significato.

1. tutto fumo e niente arrosto
2. fare il cascamorto
3. rustico come un orso
4. in un salto
5. muovere la bile
6. mettersi di picca

a. tante parole vane, senza nulla di concreto
b. subito, immediatamente
c. rozzo, brusco come un animale selvatico
d. mostrarsi innamorato
e. impuntarsi, intestardirsi, incaponirsi
f. far arrabbiare, indispettire

2 **DA IERI A OGGI** Leggi l'elenco di parole ed espressioni usate da Goldoni e la loro versione attuale; quindi riscrivi le quattro frasi proposte sotto.

pure se (r. 2): se anche	**forestiere (r. 8):** forestiero	**maritarmi (r. 18):** sposarmi
averei (r. 4): avrei	**s'abbiano a (r. 10):** si debbano	**godo (r. 19):** mi godo
mi esibiscono (r. 6): mi offrono	**chi sa (r. 13):** chissà	**spasimati (r. 20):** innamorati, che sospirano d'amore
a dirittura (r. 7): addirittura	**Quei (r. 14):** Quelli	
sì (r. 8): così	**vagheggiata (r. 16):** desiderata	**conquassare (r. 21):** rovinare

1. Il forestiere ha lasciato a dirittura 100 euro di mancia.
→ ....

2. Chi sa che cosa pensano quei!
→ ....

3. Nessuno sa quanti giorni abbiano a passare prima del loro ritorno.
→ ....

4. Mi fanno tenerezza le persone spasimate.
→ ....

MIRANDOLINA

Il nobile senza un soldo
Il marchese di Forlipopoli, vittima dell'"arsura", cioè della sete di denaro, corteggia Mirandolina pensando di poter contare sulla propria nobiltà di sangue.

Uh, che mai ha detto! L'eccellentissimo signor marchese Arsura mi sposerebbe? E pure se mi volesse sposare, vi sarebbe una piccola difficoltà. Io non lo vorrei. Mi piace l'arrosto, e del fumo non so che farne. Se avessi sposati tutti quelli che hanno detto volermi, oh, averei
5 pure tanti mariti! Quanti arrivano a questa locanda, tutti di me s'innamorano, tutti mi fanno i cascamorti; e tanti e tanti mi esibiscono di sposarmi a dirittura. E questo signor Cavaliere, rustico come un orso, mi tratta sì bruscamente? Questi è il primo forestiere capitato alla mia locanda il quale non abbia avuto piacere di trattare con me. Non dico
10 che tutti in un salto s'abbiano a innamorare: ma disprezzarmi così? È una cosa che mi muove la bile terribilmente. È nemico delle donne? Non le può vedere? Povero pazzo! Non avrà ancora trovato quella

RIPASSIAMO
IL PERIODO IPOTETICO

Il misogino
Il Cavaliere di Ripafratta, nemico giurato delle donne, è l'unico personaggio che si mostra estraneo alle attenzioni di Mirandolina: per questo, la locandiera farà di tutto per conquistarlo.

120

20 Carlo Goldoni

Un'ambigua visione femminile
Le donne sono presentate come amanti della propria libertà ma anche desiderose di essere corteggiate: il personaggio di Mirandolina, creato da un uomo, oscilla così tra voglia di indipendenza e stereotipi di genere.

Contro l'amore convenzionale
Mirandolina deride quegli innamorati così languidi e sospirosi da sembrare parodie di sé stessi.

che sappia fare. Ma la troverà. La troverà. E chi sa che non l'abbia trovata? Con questi per l'appunto mi ci metto di picca. Quei che mi corrono dietro, presto presto m'annoiano. La nobiltà non fa per me. La ricchezza la stimo e non la stimo. Tutto il mio piacere consiste in vedermi servita, vagheggiata, adorata. Questa è la mia debolezza, e questa è la debolezza di quasi tutte le donne. A maritarmi non ci penso nemmeno; non ho bisogno di nessuno; vivo onestamente, e godo la mia libertà. Tratto con tutti, ma non m'innamoro mai di nessuno. Voglio burlarmi di tante caricature d'amanti spasimati; e voglio usar tutta l'arte per vincere, abbattere e conquassare quei cuori barbari e duri che son nemici di noi che siamo la miglior cosa che abbia prodotto al mondo la bella madre natura.

Pau Audouard, L'attrice Eleonora Duse (detta "la divina") nel ruolo di Mirandolina in una rappresentazione del 1884 a Trieste, fotografia

ATTIVITÀ

1 RIPASSIAMO IL PERIODO IPOTETICO Scegli la forma corretta del modo congiuntivo o del condizionale tra le due proposte.

Esempio: Se dovesse citare tutti i propri spasimanti, Mirandolina *farebbe*/*facesse* un elenco lungo.

1. Se il marchese si proponesse a Mirandolina, lei non *accetterebbe*/*accettasse* mai di sposarlo.
2. Se anche i suoi corteggiatori fossero ricchissimi, la locandiera *continuasse*/*continuerebbe* a coltivare la propria libertà.
3. Se Mirandolina *avrebbe*/*avesse* sposato tutti i suoi spasimanti, avrebbe accumulato molti mariti.
4. Se il Cavaliere *trattasse*/*tratterebbe* le donne con maggior cura, non avrebbe fama di misogino.
5. Mirandolina non *avrebbe*/*avesse* dichiarato guerra al Cavaliere se questo si fosse comportato con educazione.
6. Potendo scegliere tra libertà e matrimonio, la locandiera *sembrasse*/*sembrerebbe* apprezzare di più la prima.

2 DIALOGA CON L'AUTORE Nel monologo Mirandolina espone la propria "filosofia" di vita: l'amore per lei fa parte degli affari della locanda, è un'arma da utilizzare a proprio vantaggio per legare a sé gli ospiti, anche i più resistenti. Il personaggio, che pure ama essere corteggiato, custodisce gelosamente la propria libertà e prende in giro i ruoli fissi, considerati caricature inverosimili, degli innamorati della Commedia dell'arte. Immagina di assistere come spettatore o spettatrice al discorso di Mirandolina e di poterti alzare in piedi per ribattere alle sue argomentazioni: condividi i punti centrali del suo ragionamento? Lo consideri moderno? Oppure è tutta una finzione, con cui Goldoni di fatto conferma la misoginia della società del tempo? Elabora le tue osservazioni in 3-4 pagine, rivolgendoti direttamente a Mirandolina in un monologo di tua invenzione.

Cesare Beccaria

Professione
Professore e funzionario statale

Segue
- Teresa Blasco ♥
- Accademia dei Pugni
- Pietro Verri
- Alessandro Verri
- Anna Barbò ♥
- Alessandro Manzoni

Contatti bloccati
- Giovanni Saverio Beccaria (padre)
- Tortura e pena di morte

Gruppi
Illuministi lombardi

1738 Nasce a Milano dal marchese Giovanni Saverio e da Maria Visconti di Saliceto.

1758 Si laurea in diritto all'università di Pavia.

1761 Sposa contro la volontà paterna Teresa Blasco. Rompe con la famiglia d'origine e abbraccia le idee dell'Illuminismo nell'Accademia dei Pugni dei fratelli Pietro e Alessandro Verri.

1764 Pubblica anonimo a Livorno il trattato *Dei delitti e delle pene* e collabora con la rivista "Il Caffè" dei Verri.

1766 Parte per Parigi, dove incontra i filosofi illuministi, ma poi preferisce tornare a Milano.

1768 È nominato professore di scienze camerali (economia, amministrazione e finanza) alle Scuole Palatine di Milano.

1771 Diventa alto funzionario imperiale per l'economia sotto l'autorità austriaca.

1774 Dopo la morte di Teresa Blasco, si risposa con Anna Barbò. Ha varie crisi nervose e si allontana dai Verri.

1791 Entra nella commissione istituita per la riforma del diritto penale.

1794 Muore improvvisamente a Milano, pianto dal nipote Alessandro Manzoni; la sua tomba non è conservata.

PARIGI
MILANO
PAVIA
LIVORNO

122

21 Cesare Beccaria

Dei delitti e delle pene

#anonimo

Nel **1764** esce a Livorno, **anonimo**, un libretto che fa rumore: l'autore, il nobile milanese Cesare Beccaria, ha soltanto 26 anni, ha mandato a quel paese la famiglia di origine e non è ancora il professore di business né l'alto funzionario statale che diventerà da adulto. Le sue idee, però, sono già chiarissime. Il trattato *Dei delitti e delle pene*, diviso in 47 capitoli, affronta le questioni più scottanti della **riforma della giustizia** incoraggiata dai **filosofi illuministi**: il **ruolo dei giudici**, spesso poco umani; l'importanza di una **testimonianza libera**, non condizionata dalla **tortura**; l'**inviolabilità dell'accusato**, secondo un **approccio garantista**; la **chiarezza** delle norme e delle condanne, che devono essere motivate adeguatamente; la visione del crimine come **violazione dei rapporti sociali**; la separazione tra **colpa e peccato**, dunque tra **diritto e religione**. Questi punti, per noi forse scontati, nel Settecento sono percepiti come novità assolute.

#riformadellagiustizia
#Illuminismo
#tortura
#garantismo

#religione

#penadimorte

#pubblicafelicità

Il sistema penale di tutti gli Stati contemplava la tortura, la **pena di morte**, nessuna difesa per i condannati, tribunali speciali per aristocratici e religiosi. Per combattere queste ingiustizie, Beccaria propone un **sistema valido per tutti**, che miri alla "**pubblica felicità**", cioè a preservare la **sicurezza dell'intero Stato**. Ispirandosi alle teorie del francese **Jean-Jacques Rousseau**, autore del *Contrat social* (1762), Beccaria spiega che un delitto procura un danno a tutta la società e per questo va punito con una **pena compensativa**, come i lavori forzati. In questo modo, il colpevole sarà di esempio per gli altri e, una volta rieducato, verrà restituito alla società civile.

@JeanJacquesRousseau
#penacompensativa

#illuminati
#riformapenale

Queste riflessioni spingono molti sovrani europei, detti "**illuminati**", come l'imperatore d'Austria Giuseppe II e la zarina di Russia Caterina II, a **riformare il diritto penale** dei loro regni. Nel 1772 in Svezia e nel 1776 in Polonia è abolita la tortura, mentre nel 1786 il Granducato di Toscana abolisce la pena di morte. Oltre al successo tra gli illuministi, l'opera di Beccaria scatena polemiche, discussioni, scandali: censurata come libro "proibito", commentata e tradotta ovunque nel mondo occidentale, essa conosce moltissime edizioni anche grazie alla **forza espressiva** del suo autore. Beccaria non parla come giurista, citando codici e cavilli, ma innanzitutto come essere umano. Il suo trattato giovanile diventa un **manifesto dell'Illuminismo europeo**, in cui brilla davvero la luce della ragione e anche un po' del cuore.

#manifesto

▶ Prigionieri a Guantánamo (Cuba)

il meme

Il trattamento dei detenuti nella base militare statunitense di Guantánamo è un esempio di quanto le riflessioni di Beccaria sulla tortura e sulla pena di morte siano attuali.

Le associazioni umanitarie denunciano violenze continue contro le persone accusate di atti terroristici, ma nonostante questo il carcere risulta ancora operativo.

Le tute arancioni, simbolo di Guantánamo, nascondono le torture subite da molti prigionieri: secondo Beccaria, ogni condannato ha diritto all'inviolabilità personale.

> Ogni pena deve esser essenzialmente pubblica, pronta, necessaria, la minima delle possibili nelle date circostanze, proporzionata a' delitti, dettata dalle leggi.
> (C. Beccaria, *Dei delitti e delle pene*, capitolo 47°)

Il Seicento e il Settecento

Dei delitti e delle pene, capitolo 28°

T25 La pena di morte va abolita

Con un ragionamento stringente e impeccabile, Beccaria sostiene che la pena capitale è ingiusta, inutile e persino dannosa. Chi commette un delitto va punito in modo da scoraggiare gli altri e lui stesso a non sbagliare più.

PER COMINCIARE

▶ **1 ATTIVIAMO IL VOCABOLARIO** Scrivi la definizione delle seguenti espressioni tratte dal lessico del diritto e della giustizia.

1. sovranità: ....
2. legge/leggi: ....
3. volontà generale: ....
4. arbitrio: ....
5. pena: ....
6. delitto: ....
7. interesse privato: ....

▶ **2 DA IERI A OGGI** Leggi l'elenco di parole usate da Beccaria con la loro versione attuale; quindi riscrivi le espressioni in corsivo nelle quattro frasi proposte sotto.

Qual (r. 1): Quale	**bestia di servigio** (r. 16): animale da lavoro	**veggon** (r. 20): vedono
mentre (r. 8): perché	**colle** (r. 16): con le	**Parmi un assurdo** (r. 22): Mi pare assurdo
intensione (r. 11): intensità	**ritorno sopra di noi medesimi** (r. 18): pensiero interiore	**esse medesime** (r. 23): loro stesse
passeggiero (r. 14): passeggero		
stentato (r. 15): lento, che richiede sforzo	**possente** (r. 20): potente (efficace)	

1. L'*intensione* (..) di una pena non è tanto importante quanto la sua durata.
2. Una punizione *passeggiera* (..) fa meno impressione di una punizione lunga.
3. *Parmi un assurdo* (..) che in molti Stati non siano rispettati i diritti umani.
4. La pena capitale, ovvero la pena di morte, e la tortura sono *esse medesime* (..) un delitto.

RIPASSIAMO GLI INTERROGATIVI

Sovranità e volontà generale
L'autorità dello Stato, espressione delle singole volontà dei cittadini e delle cittadine, deve tutelare l'interesse pubblico e non può consentire l'omicidio di uno/a di loro.

Quale pena per i criminali?
La pena di morte dura un istante e non ha effetti benefici sulla società: al contrario, una condanna prolungata nel tempo consente di dissuadere gli altri dal commettere lo stesso reato e favorisce la rieducazione del colpevole.

La forza dell'esempio
La vista di una persona in punizione è più efficace della notizia di un'esecuzione capitale: anche per questo la pena di morte è inutile, perché non funziona come deterrente.

▶ Qual può essere il diritto che si attribuiscono gli uomini di trucidare i loro simili? Non certamente quello da cui risulta la sovranità e le leggi. Esse non sono che una somma di minime porzioni della privata libertà di ciascuno; esse rappresentano la volontà generale, che è l'aggregato delle 5 particolari. Chi è mai colui che abbia voluto lasciare ad altri uomini l'arbitrio di ucciderlo? Come mai nel minimo sacrificio della libertà di ciascuno vi può essere quello del massimo tra tutti i beni, la vita? [...]

Non è dunque la pena di morte un *diritto*, mentre ho dimostrato che tale essere non può, ma è una guerra della nazione con un cittadino, perché giu10 dica necessaria o utile la distruzione del suo essere. [...]

▶ Non è l'intensione della pena che fa il maggior effetto sull'animo umano, ma l'estensione di essa; perché la nostra sensibilità è più facilmente e stabilmente mossa da minime ma replicate impressioni che da un forte ma passeggiero movimento. [...] Non è il terribile ma passeggiero spettacolo della 15 morte di uno scellerato, ma il lungo e stentato esempio di un uomo privo di libertà, che, divenuto bestia di servigio, ricompensa colle sue fatiche quel▶ la società che ha offesa, che è il freno più forte contro i delitti. Quell'efficace, perché spessissimo ripetuto ritorno sopra di noi medesimi, *io stesso sarò*

124

21 Cesare Beccaria

ridotto a così lunga e misera condizione se commetterò simili misfatti, è assai più possente che non l'idea della morte, che gli uomini veggon sempre in una oscura lontananza. [...]

Parmi un assurdo che le leggi, che sono l'espressione della pubblica volontà, che detestano e puniscono l'omicidio, ne commettono uno esse medesime, e, per allontanare i cittadini dall'assassinio, ordinino un pubblico assassinio. Quali sono le vere e le più utili leggi? Quei patti e quelle condizioni che tutti vorrebbero osservare e proporre, mentre tace la voce sempre ascoltata dell'interesse privato o si combina con quello del pubblico.

I difetti delle leggi
Le leggi devono essere coerenti con sé stesse: non possono proibire l'omicidio e poi autorizzare quello dei criminali; le norme devono essere superiori agli interessi dei singoli e guardare soltanto al bene della collettività.

Giovanni Lapi su un'idea di Beccaria, *La Giustizia respinge il boia che le presenta le teste di tre condannati a morte*, incisione dal frontespizio della terza edizione (1765) del trattato *Dei delitti e delle pene*

ATTIVITÀ

1 RIPASSIAMO GLI INTERROGATIVI Completa le frasi con l'interrogativo corretto tra quelli elencati; quindi rispondi alle domande così ottenute.

~~quando~~ • che • come • chi • perché • quali • che cosa

Esempio: <u>Quando</u> è stata abolita la pena di morte in Toscana? <u>Nel 1786.</u>

1. .... può essere stato il primo ad autorizzare la pena di morte?
2. .... è possibile che uno Stato civile consenta la tortura?
3. In .... consiste la cosiddetta volontà generale?
4. .... Beccaria ritiene più importante l'intensità di una pena rispetto alla sua durata?
5. .... società moderne contemplano sia l'ergastolo sia la pena capitale?
6. In .... senso l'interesse privato dovrebbe sempre tacere nelle leggi di uno Stato?

2 PREPARA LA TUA PRESENTAZIONE Beccaria sostiene l'abolizione della pena di morte con argomenti ragionevoli, senza fare appello alla religione né alla filosofia. Riassumili in una presentazione digitale, quindi arricchisci il tuo file di immagini e dati numerici per illustrare quanto la pena di morte è ancora diffusa nel mondo e con quali argomenti gli Stati moderni hanno scelto di abolirla oppure di mantenerla. Puoi usare come fonti i siti delle principali associazioni umanitarie e delle Nazioni Unite.

22 Vittorio Alfieri

Professione
Proprietario terriero

Segue
- Monica Maillard de Tournon (madre)
- Luisa Stolberg contessa d'Albany ♥
- Giulia Alfieri (sorella)
- Accademia dell'Arcadia

Contatti bloccati
- Reale Accademia di Torino
- Charles Edward Stuart
- Rivoluzionari francesi

Gruppi
Tragedia

1749 Nasce ad Asti dai nobili Antonio e Monica Maillard de Tournon.

1758-66 Studia alla Reale Accademia di Torino, ma senza una vera guida né in campo letterario né in campo militare.

1766-72 Viaggia in Italia ed Europa, dove frequenta i salotti e gli ambienti diplomatici e ha varie storie d'amore.

1774-75 Rientrato a Torino, inizia a scrivere tragedie teatrali.

1777 Si trasferisce a Siena e poi a Firenze per migliorare il suo italiano, e studia Machiavelli. Conosce Luisa Stolberg contessa d'Albany, moglie di Charles Edward Stuart, e se ne innamora. Dona tutti i beni alla sorella Giulia per essere libero da qualunque obbligo.

1781-83 Si trasferisce a Roma e scrive altre tragedie, che fa recitare nei salotti e nell'Accademia dell'Arcadia. Travolto dallo scandalo per la relazione con Luisa Stolberg, lascia Roma e viaggia in Francia e a Londra.

1784 In Alsazia, a Colmar, ritrova l'amata, che si è separata dal marito, ma i due continuano a vivere divisi. Compone la tragedia *Mirra*.

1787-90 Si trasferisce a Parigi, dove vive finalmente con la contessa d'Albany. Nel pieno della Rivoluzione francese, da lui disprezzata, cura la pubblicazione di tutte le sue opere, tra cui la *Vita*.

1793 Rientra con Luisa a Firenze, ma vive isolato, leggendo e scrivendo.

1803 Muore improvvisamente, lasciando la contessa d'Albany sua erede universale.

LONDRA · PARIGI · COLMAR · TORINO · ASTI · FIRENZE · SIENA · ROMA

François-Xavier Fabre, *Ritratto di Vittorio Alfieri*, 1793, olio su tela (Firenze, Gallerie degli Uffizi)

il meme

"capelli or radi in fronte, or rossi pretti;
lunga statura, e capo a terra prono;

bianca pelle, occhi azzurri, aspetto buono;
giusto naso, bel labro e denti eletti;

irato sempre, e non maligno mai;
la mente e il cor meco in perpetua lite."

(V. Alfieri, "Sublime specchio di veraci detti", vv. 4-11)

Mirra

#tragedia

La parola "**tragedia**" è in genere associata a vicende complesse, ambientate in un contesto storico e politico tormentato: un protagonista, uomo o donna, si ribella eroicamente al destino e poi muore. Così è per le tragedie di Alfieri. Tuttavia nella *Mirra*, che come le altre è scritta **in versi** e pensata per la **lettura e la recitazione private**, Alfieri rappresenta un **conflitto interiore** tra sentimenti misteriosi e orrendi. Mirra, la protagonista della tragedia tratta dal **mito** greco, non combatte contro un tiranno corrotto ma contro il proprio **cuore**. La dea Venere, infatti, ha ispirato in lei una **passione incestuosa** per il padre **Ciniro**, re di Cipro, tanto che la giovane si rifiuta di sposare il principe Pereo. Per i primi quattro atti vediamo Mirra in preda a un malessere di cui tutti ignorano la causa; soltanto nel quinto atto, a causa delle insistenze del padre e dopo il suicidio di Pereo, la giovane lascia intendere il motivo inconfessabile del proprio male e **si uccide** con la spada di Ciniro.

#conflittointeriore
#mito
#incesto

A parte lo sfogo di Mirra, nulla di osceno avviene "in scena": tutto è nell'animo e nei sospiri della donna, che vorrebbe **tenere nascosto** il segreto per preservare la propria **innocenza** almeno nell'opinione di chi la circonda. Da questa dinamica traspare la concezione del delitto e del castigo tipica delle società moderne: la **colpa** non è tale finché non viene **confessata** a qualcuno che poi alimenterà il biasimo collettivo. Così, l'**empietà** di Mirra si manifesta solo alla fine della tragedia, davanti ai familiari.

#innocenza

#empietà

#riformateatrale

La **trama** procede in maniera **lineare**: Alfieri limita il numero dei personaggi e la sequenza delle scene, portando avanti la "**riforma teatrale**" che Goldoni ha avviato sul versante della commedia. Non si avverte il debito verso i modelli classici o rinascimentali (ad esempio Shakespeare): Alfieri fa di testa propria, criticando gli attori e le compagnie dell'epoca, che secondo lui non sanno recitare e non capiscono le sceneggiature. La sua proposta drammaturgica, difficilmente realizzabile sui fastosi palchi settecenteschi, apre la strada a **soluzioni nuove**, più sobrie forse, ma anche più inquietanti.

#desiderio
#istinto
#silenzio

Nella tragedia di Mirra, il discorso sull'amore si intreccia con quello sulla **purezza** e sul **peccato**, sulla **pietà** e sulla **malinconia**: la voce della giovane è la stessa di tante innocenti che lottano contro le convenzioni sociali. Il **desiderio dell'incesto** viene represso in quanto **istinto irrazionale**, inconcepibile soprattutto in una donna; ciò alimenta l'**angoscia** della ragazza, che **tace** o esclama "Oh!" invece di formulare ragionamenti compiuti. Mirra non muore pronunciando un'orazione di difesa, ma mormorando puntini di sospensione.

Il Seicento e il Settecento

Mirra, atto 5°, scena 2ª, vv. 146-161

T26 Il suicidio di Mirra

Tra puntini di sospensione e punti esclamativi Mirra confessa il proprio amore incestuoso per il padre Ciniro e poi si suicida: la confessione della colpa è subito seguita dal castigo che la donna stessa si procura con la spada.

PER COMINCIARE

1 ATTIVIAMO IL VOCABOLARIO Collega ogni verbo al suo significato.

1. concesso
2. varrà
3. vendicarti
4. mi strappasti

a. servirà, sarà utile
b. riscattarti con un gesto di espiazione
c. mi sottraesti con la forza
d. permesso, autorizzato

2 DA IERI A OGGI Leggi l'elenco di parole usate da Alfieri con la loro versione attuale; quindi completa la riscrittura delle quattro frasi proposte sotto.

almen (vv. 146, 153): almeno
Ove (vv. 150, 151): Dove
mi ascondo (v. 151): mi nascondo
brando (v. 151): spada
festi (v. 152): facesti
tel rendo (v. 153): te lo rendo (restituisco)

ratta (v. 153): rapida
al par che la (v. 154): al pari della
pietade (v. 155): pietà
presso al (v. 157): sul punto di
arcano (v. 159): segreto
sol colla (v. 160): solo con la

dal labro mio (v. 161): dalle mie labbra
men rea... mi moro (v. 161): muoio con meno colpa

1. Ove mi ascondo? → .... mi .... ?
2. Il brando tuo mi varrà. → La tua .... mi ....
3. Figlia, che festi? → Figlia, che cosa .... ?
4. L'orrido arcano mi strappasti. → Mi sottraesti con la forza ....

MIRRA Oh madre mia felice!... almen concesso
a lei sarà... di morire... al tuo fianco...

CINIRO Che vuoi tu dirmi?... Oh! qual terribil lampo,
da questi accenti!... Empia, tu forse?...

MIRRA Oh cielo!
150 che dissi io mai?... Me misera!... Ove sono?
Ove mi ascondo?... Ove morir? – Ma il brando
tuo mi varrà... *(Rapidissimamente avventatasi al brando del padre, se ne trafigge)*
Figlia... Oh! che festi? il ferro...

CINIRO Ecco,... or... tel rendo... Almen la destra io ratta

MIRRA ebbi al par che la lingua.
...Io... di spavento,...

CINIRO 155 e d'orror pieno, e d'ira,... e di pietade,...
immobil resto.

Oh Ciniro!... Mi vedi...

MIRRA presso al morire... Io vendicarti... seppi,...
e punir me... Tu stesso, a viva forza,
l'orrido arcano... dal cor... mi strappasti...
160 ma, poiché sol colla mia vita... egli esce...
dal labro mio,... men rea... mi moro...

La gelosia di Mirra
Attraverso queste parole Mirra lascia intendere il privilegio di vivere vicino al padre Ciniro, di cui è tanto innamorata da essere gelosa della propria madre.

L'empietà confessata
Nell'ottica dei personaggi alfieriani, il peccato non espresso non li rende colpevoli: invece ora che Mirra ha rivelato il proprio amore malato non può salvarsi dalla condanna.

RIPASSIAMO
LE ESCLAMAZIONI

La reazione incredula di Ciniro
Il padre di Mirra resta come pietrificato dalla confessione, che non poteva nemmeno lontanamente immaginare: la sua reazione oscilla tra l'angoscia, la rabbia e la compassione.

Colpevole o innocente?
La morte di Mirra è vista come un sacrificio necessario alla sua espiazione: il suicidio la libera parzialmente dalla colpa dell'incesto.

ATTIVITÀ

1 RIPASSIAMO LE ESCLAMAZIONI Segli l'esclamazione corretta tra le due proposte.

Esempio: *Accipicchia*/*Evvai*! Stavolta non si può rimediare!

1. *Oh cielo*/*Che bello*! Non mi aspettavo questa confessione!
2. *Evviva*/*Mamma mia*! In che guaio si sono cacciati!
3. *Povera me*/*Felice me*! Il cielo mi ha abbandonata anche questa volta!
4. *Accidenti*/*Urrà*! Nessuno si aspettava questo finale!
5. *Deh*/*Ahi*! La reazione del padre l'ha ferita profondamente!
6. *Allegria*/*Caspita*! Chi l'avrebbe mai detto?!

2 DIALOGA CON L'AUTORE Nelle ultime scene della tragedia, la figura di Mirra è presentata come "empia", colpevole di un peccato gravissimo ma non del tutto dipendente dalla sua volontà. L'amore, infatti, come passione alimentata dagli dèi, sembra sfuggire a ogni razionalizzazione e dunque anche alla responsabilità umana. D'altra parte, Ciniro vuole scoprire la causa del malessere della figlia, ma finisce per indurla a una confessione sconvolgente e infine al suicidio. Prova a prendere posizione in difesa di Mirra oppure di Ciniro, preparando un discorso come se fossi il loro avvocato o avvocata davanti a un giudice. Esponi i tuoi argomenti in circa 4-5 pagine e dai un titolo efficace al tuo testo.

Vita, Gli studi del piccolo Vittorio → **EXTRA**

il troll — Alfieri preromantico?

La figura di Vittorio Alfieri, vissuto nella seconda metà del Settecento, è stata classificata con **etichette contrapposte**. Alcuni critici legano lo scrittore all'**Illuminismo** per il suo odio viscerale contro ogni forma di tirannide, politica e intellettuale; altri fanno di lui una **tappa preliminare del Romanticismo** ottocentesco, per la sua esaltazione della passione, dei sentimenti, della libertà. In realtà, l'**opera** di Alfieri è così **originale e complessa** che ogni tentativo di semplificazione rischia di escluderne alcuni aspetti.

L'adesione all'Illuminismo, infatti, contrasta con la reazione di Alfieri agli eventi della Rivoluzione francese: a Parigi lo scrittore, di famiglia aristocratica, assiste con sdegno alle repressioni indiscriminate di nobili e antirivoluzionari, tanto che decide di rientrare in Toscana. D'altra parte, il Romanticismo è un movimento ancora in formazione quando Alfieri scrive; il suo **compiaciuto isolamento** e la **misantropia** degli ultimi anni lo tengono lontano da quasi tutti gli intellettuali del tempo, che pure conosce attraverso le tante letture e i viaggi in giro per l'Italia e l'Europa.

◀ Antonio Canova, *Monumento funerario di Vittorio Alfieri*, 1806-10, marmo (Firenze, Basilica di Santa Croce)

Ciononostante, la figura di Alfieri diventa, per i pensatori dell'Ottocento, un punto di riferimento politico e ideologico: il suo richiamo all'autonomia della letteratura e alla ribellione contro l'oppressore fa di lui uno degli **ispiratori della libertà nazionale** dal dominio straniero. Il poeta **Ugo Foscolo**, per sollecitare l'amor di patria degli italiani, li inviterà a far visita alla tomba dell'"austero" Alfieri a Firenze, commissionata dalla contessa d'Albany allo scultore Antonio Canova, nella Basilica di Santa Croce. È il segno della consacrazione del nome di Vittorio accanto a quelli di Dante, di Petrarca, di Machiavelli, di Galileo, ovvero delle **glorie culturali dell'Italia** prima dell'Unità.

23 Eleonora de Fonseca Pimentel

Professione
Animatrice culturale e giornalista

Segue
- Accademia dei Filaleti
- Pietro Metastasio
- Regno del Portogallo
- Voltaire
- Rivoluzionari francesi

Contatti bloccati
- Pasquale Tria de Solis ♥
- Regno di Napoli

Gruppi
Illuministi napoletani

1752 Nasce a Roma dai portoghesi Clemente e Caterina Lopez de Leon.

1760 Si trasferisce con la famiglia a Napoli a causa di divergenze tra Portogallo e Stato della Chiesa.

1768 Pubblica la sua prima raccolta poetica come socia dell'Accademia dei Filaleti e viene lodata dal librettista Pietro Metastasio.

1777-78 Celebra le riforme del re del Portogallo e avvia uno scambio epistolare con Voltaire. Sposa il nobile napoletano Pasquale Tria de Solis.

1779 Muore il suo primo figlio in un clima familiare teso e violento.

1784-85 Ridotta in condizioni miserevoli e fatta spiare dal marito, si separa da lui dopo un lungo processo.

1790 Interviene nel dibattito politico per sostenere l'autonomia del Regno di Napoli dallo Stato della Chiesa.

1792-95 Ospita a casa propria intellettuali e pensatori riformisti per commentare le vicende della Rivoluzione francese.

1798 È arrestata per cospirazione.

1799 Liberata dopo un assalto alle prigioni, propone l'istituzione della repubblica a Napoli. Pubblica il *Monitore napoletano*. Al ritorno del re è processata e impiccata.

ROMA
NAPOLI

130

23 Eleonora de Fonseca Pimentel

Monitore napoletano

@Napoli
#rivoluzione
#repubblica
#opposizione

Nel 1799, dieci anni esatti dopo l'inizio della Rivoluzione francese, a **Napoli** si consuma un **esperimento politico** di enorme portata storica: la **cacciata del re** e la **fondazione della Repubblica partenopea**. Il governo provvisorio si adopera per diffondere nella società i **nuovi ideali repubblicani e illuministi**, anche se non è facile a causa dell'**opposizione dei conservatori** e della **Chiesa cattolica**, da sempre vicina alla famiglia reale.

#stampa

Consapevoli dell'importanza della **stampa** e dell'**editoria**, i "patrioti" promuovono la pubblicazione di **giornali rivoluzionari**, come già accaduto in Francia. Nasce così il *Monitore* (cioè "Informatore") *napoletano*, che secondo il programma iniziale "darà notizia di tutte le operazioni del governo". Il primo numero esce il **2 febbraio 1799** e la stampa prosegue con **cadenza bisettimanale** (martedì e sabato). Gli **articoli** sono **anonimi** oppure firmati "**E.F.P.**". Anche se inizialmente la direzione è affidata a **Carlo Lauberg**, infatti, la vera anima del giornale, redattrice e autrice di quasi tutti i pezzi, è Eleonora de Fonseca Pimentel. Come una vera cronista, Eleonora partecipa agli **eventi pubblici** di Napoli: cerimonie, discussioni, assemblee, commissioni del governo repubblicano.

@CarloLauberg

#educazione

Fiduciosa nell'**educazione del popolo** anche attraverso la stampa, Eleonora sintetizza e semplifica concetti complessi in uno stile chiaro, e incoraggia i politici a rivolgersi ai napoletani in dialetto per avvicinarli al nuovo corso. Persino il teatro popolare – scrive Eleonora nel *Monitore* – dovrebbe affrontare i temi cari ai pensatori democratici per promuoverne la diffusione. Ma non è tutto rose e fiori: de Fonseca Pimentel sa che le nuove idee non sono facili da far digerire e che i militari francesi, ovvero il braccio armato dei patrioti repubblicani, avanzano pretese per sé. Per questo non risparmia **critiche alla nuova classe dirigente**, proponendo soluzioni di **compromesso tra i radicali e i moderati**, come sulla questione dei **feudi**, gli immensi terreni delle famiglie aristocratiche in cui i contadini erano ridotti in condizioni di quasi schiavitù.

#classedirigente

#feudi

#chiusura

L'**8 giugno 1799** esce l'ultimo numero del *Monitore napoletano*; poco dopo la sua direttrice viene arrestata e condannata a morte per impiccagione (nemmeno per decapitazione, che secondo la convenzione del tempo era riservata ai nobili).

#rinnovamentosociale

Lo spirito propositivo della "cittadina" Eleonora parla di una **società che va rinnovata dal basso**. Il suo sacrificio ricorda quello dei martiri uccisi per la loro fede; a lei, però, importava la riforma di questo mondo prima che dell'altro.

Domenico Battaglia, *Perquisizione in casa di Eleonora de Fonseca Pimentel*, XIX secolo, olio su tela (collezione privata)

il meme

L'esercito monarchico entra di prepotenza nella casa di Eleonora: la sua appartenenza alla nobiltà non conta.

Eleonora assiste con dignità alla perquisizione, fiduciosa nella giustizia e nella bontà dei propri ideali.

I funzionari del re di Napoli mettono sottosopra la casa della "patriota" in cerca di documenti compromettenti che saranno usati contro di lei nel processo.

"La libertà non può amarsi per metà."
(E. de Fonseca Pimentel, *Monitore napoletano*, n. 28, 14 maggio 1799)

Il Seicento e il Settecento

Monitore napoletano, n. 2, 5 febbraio 1799

T27 L'importanza dell'istruzione popolare

Come una filosofa illuminista, Eleonora de Fonseca Pimentel riflette su un tema fondamentale per la costruzione di una società e di uno Stato pienamente democratici: la formazione. Diffondere le nuove idee tra la "plebe", cioè tra tutto il popolo, permetterà di coinvolgere il numero più ampio possibile di persone nel rinnovamento politico di Napoli e dell'Italia.

PER COMINCIARE

1 ATTIVIAMO IL VOCABOLARIO Collega ogni espressione alla sua definizione.

1. spirito pubblico
2. tirannia
3. zelante
4. eloquente allocuzione
5. plebe
6. reo che delinque

a. premuroso, pieno di buone iniziative
b. senso civico, attenzione per il bene comune
c. governo dispotico e ingiusto
d. popolo minuto, spesso oppresso dall'aristocrazia
e. discorso ben scritto, efficace
f. colpevole che commette un crimine

2 DA IERI A OGGI Leggi l'elenco di espressioni usate da Fonseca Pimentel con la loro versione attuale; quindi indica se le tre frasi proposte sotto sono corrette (C) o sbagliate (S).

salvoché (r. 5): salvo che (tranne che)
ne' vili istromenti ed assecli (r. 5): nei vili strumenti e seguaci
commiseranda (r. 6): misera
da per tutto (rr. 6-7): dappertutto

antiche impressioni (r. 7): radicate opinioni
aggirata (r. 7): raggirata (ingannata)
si appalesa (r. 8): si mostra
chiamasi (r. 12): si chiama

costei (rr. 12, 13): di essa, suo/a
siccome (r. 14): così come
persuasiva popolare (r. 16): arte di predicare al popolo persuadendolo

1. Se un'impressione è antica, vuol dire che è radicata da tempo. C S
2. Appalesarsi significa "nascondersi, sparire". C S
3. Quando si cerca di persuadere il popolo, si sta usando l'arte della persuasiva popolare. C S

RIPASSIAMO
LE ESPRESSIONI DI *DOVERE*

La sconfitta dell'ignoranza
I regimi assolutistici mantengono il popolo nell'ignoranza e nella povertà: ora che con la rivoluzione si è insediato un nuovo governo, le persone potranno esercitare lo spirito critico e valutare che cosa sia necessario al progresso della società.

Come diffondere il messaggio democratico
L'autrice propone di creare una rete di missioni, coordinate anche dagli uomini di Chiesa progressisti, per diffondere le nuove idee.

La necessità della formazione
Come sosteneva anche Beccaria, spesso chi commette un reato lo fa in quanto spinto dalla povertà: per questo bisogna sconfiggerla se si vuole costruire una società più giusta.

Lo stato di questa Città centrale, sebbene non ancor tale, quale lo desidererebbero i buoni Patrioti, pure migliora ogni giorno: pochi spiacevoli incidenti particolari non sono da porsi in confronto con quella calma ed ordine, che in generale vi si gode. Lo spirito pubblico, il qual era già qui formato e diffuso, salvoché ne' vili istromenti ed assecli del passato Governo ed in quella commiseranda parte del Popolo, che per la sua ignoranza è da per tutto più tenace nelle sue antiche impressioni e più facile ad essere aggirata, si appalesa in tutti con tanto più vigore, quanto più era stato compresso dalla tirannia. Molti zelanti Cittadini pubblicano anche ogni giorno delle civiche ed eloquenti allocuzioni dirette al Popolo; sarebbe però da desiderarsi, che se ne stendessero alcune destinate particolarmente a quella parte di esso che chiamasi plebe, proporzionata alla costei intelligenza, e ben anche nel costei linguaggio. Invitiamo il Governo a stabilire delle missioni civiche, siccome ve n'erano prima delle semplicemente religiose; ed invitiamo il gran numero dei nostri non men dotti che civici e zelanti ecclesiastici, i quali han già la pratica della persuasiva popolare, a prestarsi a quest'opera anche senza ordine ed invito del Governo. Non è mai tutto reo chi delinque perché ignorante; quindi l'esatta giustizia ci obbliga ad istruire la plebe, prima che condannarla, ed ogni momento è tardi per questa istruzione.

132

ATTIVITÀ

1 **RIPASSIAMO** **LE ESPRESSIONI DI DOVERE** Sostituisci il verbo *dovere* nelle frasi con l'espressione corretta, scegliendola tra le due proposte: il significato complessivo deve rimanere lo stesso.

Esempio: Secondo gli illuministi napoletani lo Stato *deve essere rinnovato* (<u>*va rinnovato*</u>/*si rinnoverà*) completamente.

1. Pochi errori *non devono essere considerati* (*non sono da considerarsi*/*non sono considerati*) dannosi per il risultato finale.
2. La povertà e l'ignoranza *devono essere combattute* (*possono essere combattute*/*vanno combattute*).
3. *Ci si dovrebbe augurare* (*Sarebbe da augurarsi*/*Sarebbe augurato*) che tutti i cittadini e le cittadine di uno Stato fossero istruiti/e.
4. Le cosiddette missioni civiche *dovranno essere diffuse* (*saranno da diffondere*/*saranno diffuse*) ovunque.
5. I crimini *devono essere condannati* (*potranno essere condannati*/*vanno condannati*), ma bisogna anche eliminare le condizioni che li favoriscono.
6. Il progresso civile della società *deve essere sostenuto* (*va sostenuto*/*può sostenere*) sia dagli intellettuali laici sia dagli ecclesiastici.

2 **SCRIVI IL TUO SAGGIO** Quello dell'istruzione popolare è un tema caro ai pensatori illuministi, che vedono nell'educazione il mezzo per liberare gli oppressi e consentire a tutti una vita dignitosa e un lavoro soddisfacente. Ancora oggi molti vedono nell'istruzione elementare e poi universitaria la soluzione alla discriminazione, alla disuguaglianza sociale, al razzismo. Analizza in un saggio di circa 5-6 pagine gli argomenti e le proposte di Eleonora de Fonseca Pimentel; arricchiscili con le tue riflessioni sulla base della tua esperienza e della tua conoscenza di altri autori o autrici.

CARTA GEOSTORICA
L'ITALIA ALLA FINE DEL SETTECENTO

L'Ottocento

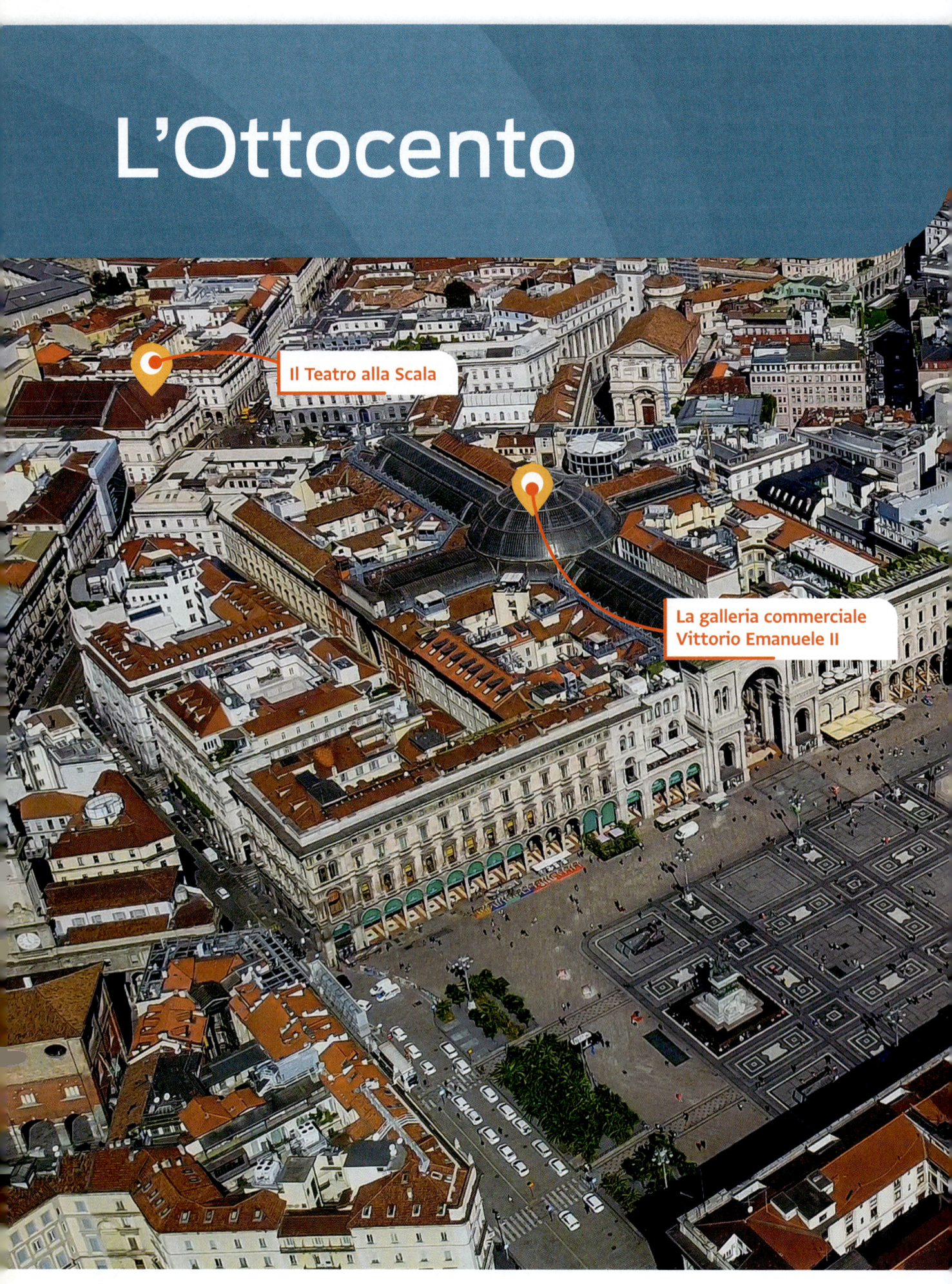

Il Teatro alla Scala

La galleria commerciale Vittorio Emanuele II

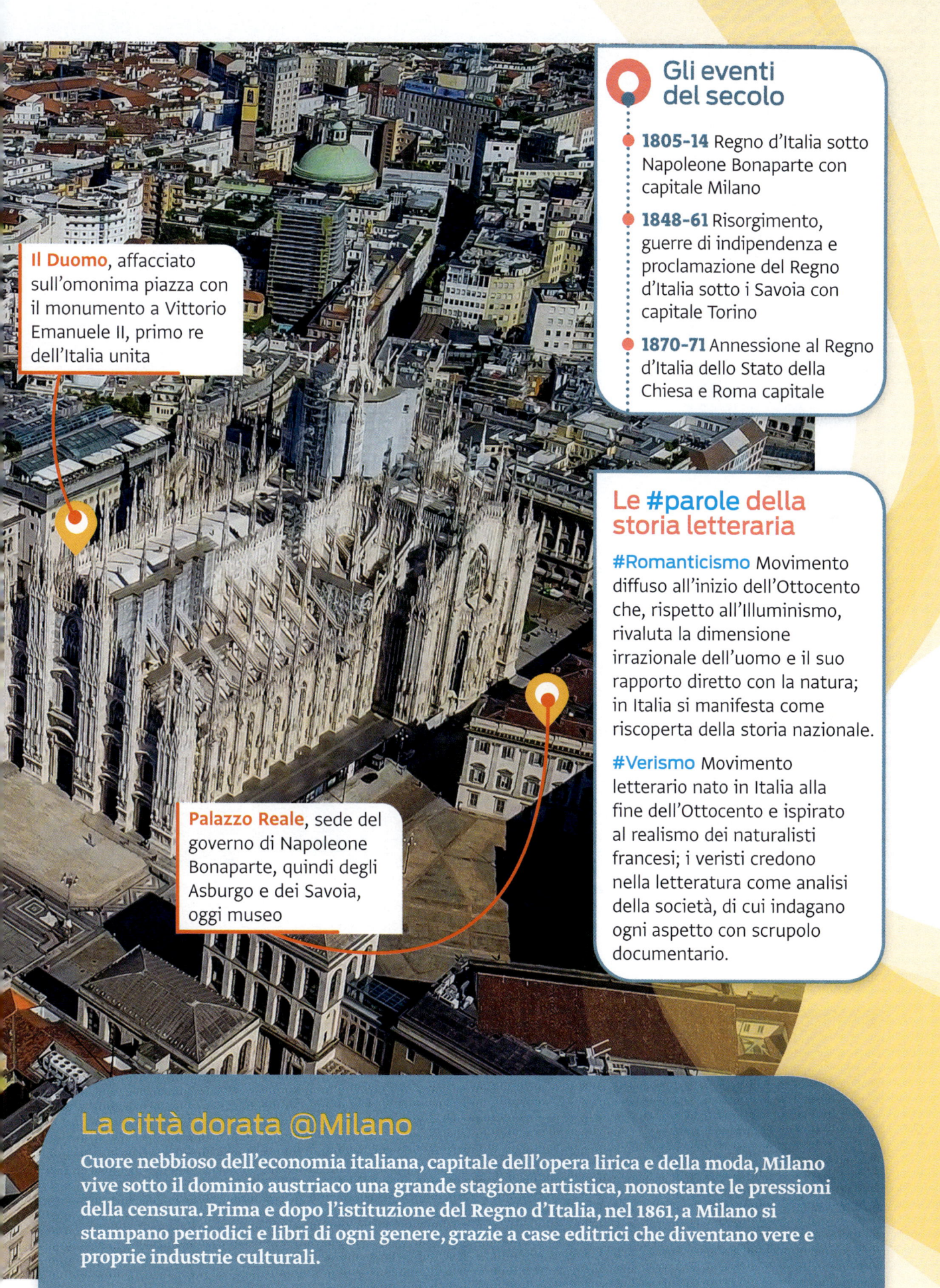

Il Duomo, affacciato sull'omonima piazza con il monumento a Vittorio Emanuele II, primo re dell'Italia unita

Palazzo Reale, sede del governo di Napoleone Bonaparte, quindi degli Asburgo e dei Savoia, oggi museo

Gli eventi del secolo

- **1805-14** Regno d'Italia sotto Napoleone Bonaparte con capitale Milano
- **1848-61** Risorgimento, guerre di indipendenza e proclamazione del Regno d'Italia sotto i Savoia con capitale Torino
- **1870-71** Annessione al Regno d'Italia dello Stato della Chiesa e Roma capitale

Le #parole della storia letteraria

#Romanticismo Movimento diffuso all'inizio dell'Ottocento che, rispetto all'Illuminismo, rivaluta la dimensione irrazionale dell'uomo e il suo rapporto diretto con la natura; in Italia si manifesta come riscoperta della storia nazionale.

#Verismo Movimento letterario nato in Italia alla fine dell'Ottocento e ispirato al realismo dei naturalisti francesi; i veristi credono nella letteratura come analisi della società, di cui indagano ogni aspetto con scrupolo documentario.

La città dorata @Milano

Cuore nebbioso dell'economia italiana, capitale dell'opera lirica e della moda, Milano vive sotto il dominio austriaco una grande stagione artistica, nonostante le pressioni della censura. Prima e dopo l'istituzione del Regno d'Italia, nel 1861, a Milano si stampano periodici e libri di ogni genere, grazie a case editrici che diventano vere e proprie industrie culturali.

Ugo Foscolo

24

Professione
Soldato e professore

Segue
- Diamantina Spathis (madre)
- Isabella Teotochi ❤
- Sophia Saint John Hamilton ❤
- Mary detta Floriana (figlia)
- Luisa Stolberg contessa d'Albany (vedova di Alfieri)
- Quirina Mocenni Magiotti ❤

Contatti bloccati
- Napoleone Bonaparte
- Autorità austriache

Gruppi
- Patrioti
- Neoclassicismo

1778 Nasce sull'isola greca di Zante (l'antica Zacinto), sotto il dominio veneziano, dal medico Andrea e da Diamantina Spathis.

1793 Dopo la morte del padre, la famiglia si trasferisce a Venezia. Ugo studia i poeti antichi e moderni e inizia a frequentare i salotti della città, tra cui quello di Isabella Teotochi, della quale si innamora.

1797-98 Si arruola come volontario a Bologna in vista della liberazione francese di Venezia. Dopo che Napoleone cede il Veneto all'Austria, fugge a Milano. Inizia a pubblicare le *Ultime lettere di Jacopo Ortis*.

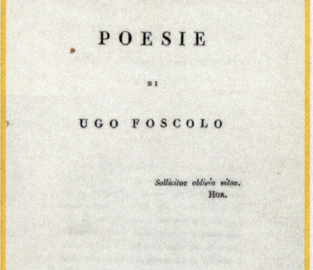

1803 Pubblica a Milano le *Poesie*.

1804 In missione militare a Valenciennes conosce la nobile inglese Sophia Saint John Hamilton, con cui ha una figlia, Mary. A Parigi incontra Manzoni.

1806 Rientra a Milano e poi a Venezia. Compone a Brescia il carme *Dei sepolcri*.

1808 È nominato per un anno accademico professore di eloquenza all'università di Pavia.

1812 Si trasferisce a Firenze, dove frequenta il salotto della contessa d'Albany e conosce Quirina Mocenni Magiotti, che sarà la custode delle sue carte.

1814-16 Dopo la fine del Regno Napoleonico, fugge a Zurigo, poi a Londra, dove insegna italiano.

1827 Assistito dalla figlia Mary (da lui chiamata Floriana) muore a Londra in povertà.

LONDRA · VALENCIENNES · PARIGI · ZURIGO · BRESCIA · MILANO · VENEZIA · PAVIA · BOLOGNA · FIRENZE · ISOLA DI ZANTE

136

24 Ugo Foscolo

→ Antonio Canova, *Venere italica*, 1804-12, marmo (Firenze, Palazzo Pitti, Galleria Palatina)

il meme

La statua di Venere di Antonio Canova è realizzata per sostituirne un'altra di età romana, fatta trasportare da Napoleone a Parigi insieme a tante altre opere d'arte.

La scultura rivela l'ideale di bellezza femminile perseguito sia da Canova sia da Foscolo, protagonista di appassionate avventure sentimentali.

La dea si copre come per proteggersi: è un gesto di grazia umanissima che suscita l'ammirazione di Foscolo.

Rispetto alle statue antiche, Canova leviga il marmo fino a farlo apparire lucente, perfetto, secondo la visione del Neoclassicismo.

> "Questa Venere mi lusinga del paradiso anche in questa valle di lacrime."
> (U. Foscolo, Lettera a Isabella Teotochi, 15 ottobre 1812)

Poesie

#odi #sonetti
#autobiografia
#esilio
#bellezza

Nel 1803 Foscolo pubblica a **Milano** un libricino con l'edizione definitiva della sua **selezionatissima raccolta poetica**: due **odi** e dodici **sonetti**. Il titolo, il più semplice e inclusivo possibile, è *Poesie*. I temi sono diversi fra loro ma tutti **autobiografici**: l'**autoritratto**, la meditazione sulla **morte**, il **tempo** che passa, l'**esilio** e la lontananza dalla **patria**, la **bellezza femminile** trasfigurata dal mito. Ispirandosi a Petrarca e Alfieri, Foscolo dà ampio spazio al proprio io, anche se nelle *Poesie* il filone amoroso non è quello dominante: la sua lirica si arricchisce dell'attualissima **tematica politica** e fa del poeta un **esule senza patria**, senza affetti stabili, senza speranza. Attraverso le radici familiari (il padre italiano, la madre greca) Foscolo si richiama alle **origini della poesia occidentale**, nata in Grecia con **Omero**. Il suo **neoclassicismo**, ovvero la riscoperta e rielaborazione della letteratura e dell'arte degli antichi greci, non è dunque esibizione erudita ma **esperienza vissuta**. Il destino di inquieta infelicità pone Foscolo sulla scia di **Ulisse**, l'eroe rimasto per vent'anni lontano dalla sua Itaca (vicino a Zacinto) e cantato nell'*Odissea* omerica.

@Omero

#Ulisse

#stiledifficile

Non si tratta di un **canzoniere**: Foscolo rinuncia alla proliferazione di testi e l'indice ridotto delle sue *Poesie* rivela la ricerca di uno **stile difficile**. Nei testi foscoliani si sperimenta quanto la letteratura possa essere **lontana dalla lingua comune**: generazioni di studenti hanno sudato sui versi di Foscolo, al punto da considerarli scritti in un'"altra lingua". Bisogna però capire che il piacere della lettura deriva anche dalla capacità di analizzare in profondità un testo, di coglierne ogni sfumatura, di ricostruire l'ordine delle parole oltre gli *enjambements* e le inversioni. La struttura delle frasi, lunghe e complesse, non deve spaventare; è il **marchio di fabbrica del poeta**, il *Made by Foscolo*.

137

L'Ottocento

Poesie, Sonetti, 9

T28 A Zacinto

TRACCIA 28

Storie di deportazioni e di migrazioni

Riflettendo sul proprio destino di esule, Foscolo si rivolge all'isola greca, nel mar Ionio, che l'ha visto nascere e svolgere i primi studi: la lontananza del giovane dalla terra natale lo avvicina a Ulisse, il mitico protagonista di viaggi e avventure via terra e via mare. Piccola nota: il titolo *A Zacinto* non è d'autore.

PER COMINCIARE

1 ATTIVIAMO IL VOCABOLARIO Collega ogni aggettivo al suo sinonimo.

1. sacre
2. feconde
3. limpide
4. fatali
5. petrosa
6. illacrimata

a. fertili, produttive
b. chiare, cristalline
c. sassosa, piena di pietre
d. non pianta, senza lacrime
e. sante, in cui si sente la presenza divina
f. previste, volute dal destino

2 DA IERI A OGGI Leggi l'elenco di parole usate da Foscolo con la loro versione attuale; quindi completa le tre frasi proposte sotto riordinando le parole e riscrivendole.

Né più mai (v. 1): E mai più
ove (v. 2): dove
fanciulletto (v. 2): di bambino
nell'onde (v. 3): nelle onde

fea (v. 5): faceva (rendeva)
onde (v. 6): perciò
l'inclito verso (v. 8): l'illustre poesia

l'acque (v. 8): le acque
diverso esiglio (v. 9): esilio in luoghi lontani

1. Ove il mio corpo fanciulletto giacque. → ……………………… giacque il mio corpo ……………………… .
2. Non tacque le tue limpide nubi e le tue fronde l'inclito verso. → L' ……………………… non tacque le tue nubi limpide né le tue fronde.
3. L'acque cantò fatali, ed il diverso esiglio. → Cantò le ……………………… e l' ……………………… .

Nel segno del "mai più"
Il sonetto si apre con una fortissima negazione: quello che il poeta immagina, ovvero il ritorno a Zacinto, dove è nato, forse non avverrà mai.

Né più mai toccherò le sacre sponde
ove il mio corpo fanciulletto giacque,
Zacinto mia, che te specchi nell'onde
4 del greco mar, da cui vergine nacque

RIPASSIAMO
IL PASSATO REMOTO

La nascita di Venere
Come sappiamo dal mito, da Poliziano e da Botticelli (→ p. 56), la dea Afrodite-Venere nasce nella spuma del mar Egeo: il suo sorriso infonde amore e rende fertile l'ambiente circostante.

Venere, e fea quelle isole feconde
col suo primo sorriso, onde non tacque
le tue limpide nubi e le tue fronde
8 l'inclito verso di colui che l'acque

Il nome di Omero
Il greco Omero, autore dell'*Odissea*, è il primo poeta dell'antichità classica: i suoi versi illustri celebrano le avventure dell'eroe Ulisse, astuto ed eloquente, durante e dopo la vittoria dei greci a Troia.

L'esule Ulisse
Di Ulisse, re dell'isola di Itaca, vicino a Zacinto, Foscolo sottolinea la condizione di esule: l'eroe resta infatti per vent'anni lontano dalla sua terra e dai suoi cari (la moglie Penelope, il figlio Telemaco e la madre Anticlea).

cantò fatali, ed il diverso esiglio
per cui bello di fama e di sventura
11 baciò la sua petrosa Itaca Ulisse?

Tu non altro che il canto avrai del figlio,
o materna mia terra; a noi prescrisse
14 il fato illacrimata sepoltura.

Una tomba solitaria
La paura più grande del poeta è quella di morire in esilio, senza che nessuno lo pianga: questo succederà davvero, visto che Foscolo morirà in un sobborgo di Londra, senza un soldo.

138

24 Ugo Foscolo

ATTIVITÀ

1 **RIPASSIAMO** **IL PASSATO REMOTO** Completa le frasi coniugando al passato remoto il verbo tra parentesi.

Esempio: Zacinto (o Zante) e Itaca sono due isole dello stesso arcipelago: secondo il mito, a Itaca ....*regnò*.... (*regnare*) Ulisse.

1. Il poeta Ugo Foscolo .... (*nascere*) sull'isola di Zacinto.
2. Sia Petrarca sia Foscolo .... (*scrivere*) sonetti, ovvero componimenti di quattordici versi divisi in quattro strofe.
3. Il poeta greco Omero, nell'*Odissea*, ... (*cantare*) le imprese di Ulisse dalla guerra di Troia al suo ritorno in patria.
4. Davanti alle tombe dei grandi scrittori italiani, a Firenze, il poeta .... (*tacere*) improvvisamente.
5. Da giovane Foscolo .... (*leggere*) moltissimo, spinto dal suo amore per la letteratura.
6. Fino al 1871 i resti di Foscolo .... (*giacere*) in un cimitero di Londra.

2 **PREPARA LA TUA PRESENTAZIONE** Nel sonetto Foscolo cita diversi personaggi del mito e luoghi che corrispondono a quelli della sua infanzia (la dea Venere, l'eroe Ulisse, le isole di Zacinto e Itaca). Svolgi una piccola ricerca al riguardo, quindi allestisci una presentazione digitale con immagini e mappe pertinenti. Cerca di illustrare sia le tappe della giovinezza di Foscolo sia le opere artistiche e letterarie che possono averlo ispirato (ad esempio i poemi omerici e le sculture neoclassiche di Antonio Canova).

Ultime lettere di Jacopo Ortis, Il sacrificio della patria → **EXTRA**

CARTA GEOSTORICA

L'ITALIA ALLA METÀ DELL'OTTOCENTO PRIMA DELL'UNITÀ

Alessandro Manzoni

Professione
Proprietario terriero

Segue
- Giulia Beccaria (madre)
- *Idéologues*
- Enrichetta Blondel ♥
- Antonio Rosmini
- Teresa Borri Stampa ♥
- Vittorio Emanuele II di Savoia
- Parlamento italiano

Contatti bloccati
Potere temporale della Chiesa

Gruppi
- Cattolici liberali
- Senatori

1785-1805 Nasce a Milano da Giulia Beccaria (figlia di Cesare) e dal suo amante Giovanni Verri, ma il padre legale è il conte Pietro Manzoni. Giulia va a vivere a Parigi, dove Alessandro la raggiunge e conosce i filosofi *idéologues*.

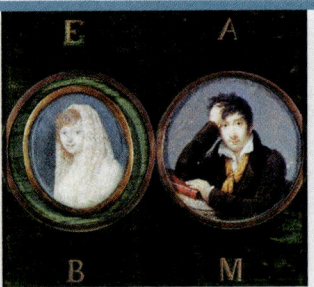

1807-10 Morto Pietro, Giulia torna a Milano nella villa di Brusuglio con Alessandro, che sposa Enrichetta Blondel, calvinista; i due si trasferiscono a Parigi e si avvicinano al cattolicesimo. Rientrati a Milano, vivono nel raccoglimento.

1815 Resta impressionato dalla sconfitta di Napoleone. Ha crisi nervose e attacchi di agorafobia. Si lega agli ambienti intellettuali antiaustriaci, ma non si espone mai pubblicamente.

1821-27 Inizia a scrivere e pubblica la prima edizione del romanzo *I promessi sposi*. Parte per Firenze, dove si lega agli intellettuali liberali e ne studia la parlata per la riscrittura del romanzo. Diventa amico del filosofo Antonio Rosmini, cattolico liberale.

1833 Enrichetta muore.

1837 Si risposa con Teresa Borri vedova Stampa.

1840-42 Pubblica l'edizione definitiva dei *Promessi sposi*.

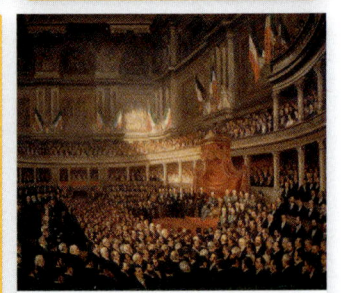

1860 È nominato senatore da Vittorio Emanuele II di Savoia: si pronuncia contro il potere temporale dei papi.

1867-68 Presiede una commissione ministeriale per la diffusione della lingua italiana nel Regno d'Italia.

1873 Muore a Milano dopo una caduta e gli sono tributati funerali solenni.

- PARIGI
- LECCO
- BRUSUGLIO
- TORINO
- MILANO
- FIRENZE
- ROMA

25 Alessandro Manzoni

→ Giuseppe Molteni, Massimo d'Azeglio, *Alessandro Manzoni*, 1835, olio su tela (Milano, Pinacoteca di Brera)

il meme

Il giovane Alessandro è pensieroso, ha lo sguardo rivolto verso l'alto, dove abita il Dio buono e terribile da lui venerato e temuto.

Sullo sfondo del ritratto compare il "ramo del lago di Como", vicino alla città di Lecco, in cui sono ambientate le vicende del romanzo; è un dettaglio aggiunto da Massimo d'Azeglio, pittore e patriota genero di Manzoni.

Nella mano destra Manzoni regge una copia del suo capolavoro: il romanzo *I promessi sposi*.

> Alessandro Manzoni domina la scena; è il capofamiglia. E d'altronde egli appare strano, tortuoso, complesso.
> (N. Ginzburg, *La famiglia Manzoni*, Einaudi, Torino 1983)

I promessi sposi

#romanzostorico

@WalterScott #vero
#Seicento

#RenzoeLucia
#umili
#mafia

Al genere del **romanzo storico** Alessandro Manzoni si avvicina senza avere alle spalle una tradizione italiana; lui stesso si è affermato come poeta e autore di tragedie, non come romanziere. La lettura di **Walter Scott** e il desiderio di dedicarsi al "**vero**" spingono Manzoni a costruire una trama dall'**ambientazione realistica**: la Lombardia **tra il 1628 e il 1630**, sotto il dominio spagnolo e in piena pandemia di peste. Al centro di questa "storia milanese del secolo XVII scoperta e rifatta" Manzoni pone una **coppia**: **Renzo** Tramaglino e **Lucia** Mondella, due **popolani** che vivono in un paesino sul lago di Como, "promessi sposi" ostacolati dal **capomafia locale**, "**don**" (ovvero signor) **Rodrigo**. Questo si è invaghito di Lucia e costringe il parroco, il vile **don Abbondio**, a rinviare le nozze. Iniziano così le avventure e disavventure di Renzo e Lucia, che si dividono: lui parte per Milano, dove è coinvolto nei disordini per la carestia e la peste e si rifugia nel territorio di Bergamo; lei, insieme con la madre Agnese, è ospitata da varie persone, tra cui la corrotta monaca di Monza, che la fa consegnare all'**Innominato**, il Lord Voldemort dei mafiosi lombardi. Il cattivone, però, rimane profondamente colpito dalla fede di Lucia e la libera, consentendo il suo ricongiungimento con Renzo, che dopo il **matrimonio** finalmente celebrato si trasferisce con la moglie lontano dal lago.

#matrimonio

#appendice

Come **appendice** il libro presenta un dettagliato resoconto sulla *Storia della colonna infame*, un monumento della vergogna innalzato a Milano contro due presunti "untori" di peste.

#tretempi

Manzoni lavora al suo romanzo in **tre tempi**:
▶ al **1821-23** risale la "**prima minuta**", un'opera corposa e non pubblicata, piena di digressioni, scritta sotto l'influenza della parlata regionale lombarda e detta *Fermo e Lucia*;

141

L'Ottocento

@FrancescoGonin

#fiorentino

▶ nel **1827** è pubblicata la cosiddetta edizione **"ventisettana"** dei *Promessi sposi*;
▶ nel **1840-42** esce l'edizione definitiva (**"quarantana"**), con **illustrazioni** disegnate da **Francesco Gonin** e un grosso investimento finanziario da parte dell'autore, che spera di scoraggiare le versioni pirata del romanzo; la novità di quest'ultima edizione è la riscrittura secondo la parlata dei **fiorentini colti**, che diventerà un **modello** per la scuola della nuova Italia unita (dal 1861), ancora priva di una vera lingua nazionale.

Fin dal 1827, tutti sottolineano nei *Promessi sposi* la novità di scegliere come protagonisti dei **personaggi non nobili né eroici**, vittime di un **sistema politico ed economico ingiusto**. Il cattolico Manzoni, del resto, inserisce le vicende di sciagura e riscatto in una

#Provvidenza

prospettiva religiosa: nel romanzo è centrale la **Provvidenza**, che regola gli eventi in maniera misteriosa e che è interpretata da Renzo e Lucia come una forza divina in grado di premiare i deboli attraverso il sacrificio. È una **visione pessimistica**, che tuttavia offre agli oppressi l'unica via d'uscita dai mali della Storia. Il **narratore** la riferisce, ma non la

#ironia

condivide del tutto, ritagliandosi un **ruolo superiore** e commentando i fatti con un'**ironia** che ricorda Ariosto. Questa attitudine traspare già nell'*Introduzione*, in cui il narratore fin-

#manoscritto

ge di aver ritrovato un **manoscritto anonimo** e di averlo trascritto e riscritto per i suoi "venticinque lettori".

All'ironia si unisce un'accurata **conoscenza storica del Seicento**: la descrizione delle rivolte popolari, delle manovre militari e del predominio straniero crea un legame indi-

#attualità

retto con il **presente**. La Milano dell'Ottocento, passata agli austriaci dopo la sconfitta di Napoleone, si rispecchia nella Milano del Seicento e trova in Manzoni la **guida morale e letteraria** capace di scuoterla con la penna anziché con la spada.

I promessi sposi, capitolo 2°

T29 Matrimonio sospeso

TRACCIA 29 — Fede e sacro

Don Abbondio, minacciato da due sgherri (i "bravi") di don Rodrigo, ha appena comunicato a Renzo che il suo matrimonio "non s'ha da fare". Renzo medita di uccidere il signorotto mafioso, ma al pensiero di Lucia si riscuote; deve però annunciare alla promessa sposa, già pronta per le nozze, che il prete ha cambiato idea.

PER COMINCIARE

▶ **1 ATTIVIAMO IL VOCABOLARIO** Collega le espressioni elencate al dettaglio corrispondente nel disegno (un ritratto di Lucia di Francesco Gonin per l'edizione definitiva dei *Promessi sposi*).

gomito • busto • sopracciglia • bocca • fronte • spilli • collo • manica

1. ....
2. ....
3. ....
4. ....
5. ....
6. ....
7. ....
8. ....

142

2 DA IERI A OGGI
Leggi l'elenco di espressioni usate da Manzoni e completa quelle in cui manca la versione attuale.

determinato (r. 1): deciso
smania (r. 2): impulso
soverchiatori (r. 3): sopraffattori, oppressori
altrui (r. 4): ad altri
pervertimento (r. 4): ....
ancora (r. 5): anche
giovine (r. 5): giovane
alieno dal sangue (rr. 5-6): ....
que' (r. 6): quei
tradimento (r. 8): tranello, agguato
al di dentro (r. 9): dentro
guardata (r. 10): sorvegliata
non vi potrebb'entrare (rr. 11-12): non ci sarebbe potuto entrare
sopra tutto (r. 12): ....
schioppo (r. 13): fucile (da caccia)
una pedata, quella pedata (rr. 15-16): un passo, quel passo (di don Rodrigo)

dare i tratti (r. 17): agonizzare prima di morire
a traverso di (r. 19): attraverso
avvezza (r. 20): abituata
Si rammentò (rr. 20, 21): Si ricordò
de' (r. 21): ....
ispavento (r. 24): spavento
seco (r. 25): con sé
vagheggiato (r. 26): desiderato
tenuto (r. 26): ritenuto, considerato
annunziarle una tal nuova (r. 27): annunciarle una notizia così seria
partito (r. 27): decisione
soverchieria (r. 30): ....
colui (r. 31): quello (don Rodrigo)
attillata (r. 38): vestita con cura (da sposa)
facevan forza (r. 39): costringevano

dirizzatura (r. 43): riga (tra i capelli)
si ravvolgevan (r. 43): si raccoglievano
moltiplici (r. 44): ....
all'intorno (r. 45): intorno
a guisa de' (r. 45): come i
vezzo di granati (r. 46): collana di rubini
a filigrana (r. 47): a filamenti di metallo prezioso
filaticcio (r. 48): filo non pregiato
vermiglie (r. 49): ....
pianelle (r. 49): scarpe piatte senza lacci
affezioni (r. 51): emozioni
Vo (r. 55): Vado
a monte (r. 58): a vuoto

Renzo intanto camminava a passi infuriati verso casa, senza aver determinato quel che dovesse fare, ma con una smania addosso di far qualcosa di strano e di terribile. I provocatori, i soverchiatori, tutti coloro che, in qualunque modo, fanno torto altrui, sono rei, non solo del male che commettono, ma del pervertimento
5 ancora a cui portano gli animi degli offesi. Renzo era un giovine pacifico e alieno dal sangue, un giovine schietto e nemico d'ogni insidia; ma, in que' momenti, il suo cuore non batteva che per l'omicidio, la sua mente non era occupata che a fantasticare un tradimento. Avrebbe voluto correre alla casa di don Rodrigo, afferrarlo per il collo, e... ma gli veniva in mente ch'era come una fortezza, guarnita di bravi al di
10 dentro, e guardata al di fuori; che i soli amici e servitori ben conosciuti v'entravan liberamente, senza essere squadrati da capo a piedi; che un artigianello sconosciuto non vi potrebb'entrare senza un esame, e ch'egli sopra tutto... egli vi sarebbe forse troppo conosciuto. Si figurava allora di prendere il suo schioppo, d'appiattarsi dietro una siepe, aspettando se mai, se mai colui venisse a passar solo; e, internandosi,
15 con feroce compiacenza, in quell'immaginazione, si figurava di sentire una pedata, quella pedata, d'alzar chetamente la testa; riconosceva lo scellerato, spianava lo schioppo, prendeva la mira, sparava, lo vedeva cadere e dare i tratti, gli lanciava una maledizione, e correva sulla strada del confine a mettersi in salvo. 'E Lucia?'. Appena questa parola si fu gettata a traverso di quelle bieche fantasie, i migliori pensieri a
20 cui era avvezza la mente di Renzo, v'entrarono in folla. Si rammentò degli ultimi ricordi de' suoi parenti, si rammentò di Dio, della Madonna e de' santi, pensò alla consolazione che aveva tante volte provata di trovarsi senza delitti, all'orrore che aveva tante volte provato al racconto d'un omicidio; e si risvegliò da quel sogno di sangue, con ispavento, con rimorso, e insieme con una specie di gioia di non aver fatto altro
25 che immaginare. Ma il pensiero di Lucia, quanti pensieri tirava seco! Tante speranze,

---

Il palazzo di don Rodrigo
Renzo immagina di andare da don Rodrigo e ucciderlo: sa però che il suo palazzo è sorvegliato e che soprattutto lui, in quanto promesso sposo di Lucia, è nella lista degli indesiderati.

La seconda fantasia di Renzo
Il secondo progetto di Renzo consiste nell'appostarsi di nascosto con il fucile in attesa di don Rodrigo e di sparargli; per sottrarsi alla condanna, dovrebbe poi passare i confini del Ducato di Milano e fuggire in territorio veneto.

L'Ottocento

Il discorso indiretto libero
I sospetti di Renzo sul possibile coinvolgimento di Lucia sono esposti nella forma del discorso indiretto libero: il narratore trascrive i pensieri del personaggio come si presentano nella sua mente, come domande incalzanti.

L'outfit della sposa
Lucia indossa gli abiti e gli accessori tipici delle spose lombarde del Seicento: sono vestiti eleganti ma non troppo raffinati, secondo la moda contadina.

Santa Lucia
Il personaggio di Lucia, il cui nome è legato alla "luce" della Grazia divina, illumina i pensieri di Renzo e di chi le sta vicino: le guazze dell'acconciatura di sposa incorniciano la sua testa come l'aureola dei santi.

La riscrittura fiorentina
La voce verbale "Vo" è tipica del fiorentino, nell'ultima edizione del romanzo; nel 1827 Lucia diceva "Vado".

RIPASSIAMO I VERBI DEL DISCORSO DIRETTO

tante promesse, un avvenire così vagheggiato, e così tenuto sicuro, e quel giorno così sospirato! E come, con che parole annunziarle una tal nuova? E poi, che partito prendere? Come farla sua, a dispetto della forza di quell'iniquo potente? E insieme a tutto questo, non un sospetto formato, ma un'ombra tormentosa gli passava per la mente. Quella soverchieria di don Rodrigo non poteva esser mossa che da una brutale passione per Lucia. E Lucia? Che avesse data a colui la più piccola occasione, la più leggiera lusinga, non era un pensiero che potesse fermarsi un momento nella testa di Renzo. Ma n'era informata? Poteva colui aver concepita quell'infame passione, senza che lei se n'avvedesse? Avrebbe spinte le cose tanto in là, prima d'averla tentata in qualche modo? E Lucia non ne aveva mai detta una parola a lui! al suo promesso!

Dominato da questi pensieri, passò davanti a casa sua, ch'era nel mezzo del villaggio, e, attraversatolo, s'avviò a quella di Lucia, ch'era in fondo, anzi un po' fuori. [...] Lucia usciva in quel momento tutta attillata dalle mani della madre. Le amiche si rubavano la sposa, e le facevan forza perché si lasciasse vedere; e lei s'andava schermendo, con quella modestia un po' guerriera delle contadine, facendosi scudo alla faccia col gomito, chinandola sul busto, e aggrottando i lunghi e neri sopraccigli, mentre però la bocca s'apriva al sorriso. I neri e giovanili capelli, spartiti sopra la fronte, con una bianca e sottile dirizzatura, si ravvolgevan, dietro il capo, in cerchi moltiplici di trecce, trapassate da lunghi spilli d'argento, che si dividevano all'intorno, quasi a guisa de' raggi d'un'aureola, come ancora usano le contadine nel Milanese. Intorno al collo aveva un vezzo di granati alternati con bottoni d'oro a filigrana: portava un bel busto di broccato a fiori, con le maniche separate e allacciate da bei nastri: una corta gonnella di filaticcio di seta, a pieghe fitte e minute, due calze vermiglie, due pianelle, di seta anch'esse, a ricami. Oltre a questo, ch'era l'ornamento particolare del giorno delle nozze, Lucia aveva quello quotidiano d'una modesta bellezza, rilevata allora e accresciuta dalle varie affezioni che le si dipingevan sul viso: una gioia temperata da un turbamento leggiero, quel placido accoramento che si mostra di quand'in quando sul volto delle spose, e, senza scompor la bellezza, le dà un carattere particolare. [...]

"Vo un momento, e torno," disse Lucia alle donne; e scese in fretta. Al veder la faccia mutata, e il portamento inquieto di Renzo, "cosa c'è?" disse, non senza un presentimento di terrore.

"Lucia!" rispose Renzo, "per oggi, tutto è a monte; e Dio sa quando potremo esser marito e moglie".

ATTIVITÀ

1 RIPASSIAMO I VERBI DEL DISCORSO DIRETTO Completa le frasi che contengono discorsi diretti con i verbi elencati. Attenzione: uno va usato due volte.

chiese • disse • rispose • pensò • esclamò

Esempio: "Che cosa è successo?" .... chiese .... Lucia.

1. "Don Abbondio si rifiuta di celebrare il nostro matrimonio" .... Renzo.
2. 'Forse Lucia sa qualcosa di don Rodrigo che io non so?' .... Renzo.
3. "Lucia!" .... Renzo. "Dobbiamo trovare una soluzione!"
4. "Va bene" .... Lucia. "Sia fatta la volontà di Dio."
5. 'Voglio troppo bene a Lucia per contraddirla', ... Renzo.

2 SCRIVI IL TUO SAGGIO Nel brano si delineano i caratteri dei due protagonisti del romanzo: Renzo l'impulsivo, irruente, coraggioso, insofferente verso le ingiustizie; Lucia la modesta, composta, elegante, silenziosa, portatrice di pace. Confronta i due personaggi e il modo in cui Manzoni li descrive in circa 3-4 pagine. Soffermati sia sulle espressioni usate per tratteggiarne l'atteggiamento sia sulle metafore e sul linguaggio figurato (ad esempio, il sangue per Renzo, l'aureola per Lucia).

26 Giacomo Leopardi

Professione
Collaboratore editoriale

Segue
- Monaldo Leopardi (padre)
- Pietro Giordani
- Liberali toscani
- Antonio Ranieri

Contatti bloccati
- Adelaide Antici (madre)
- Fanny Targioni Tozzetti ♥

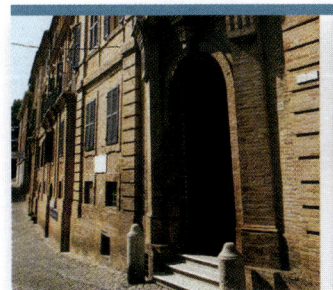

Gruppi
Incompresi

1798 Nasce a Recanati, dal conte Monaldo, conservatore papalino amante dei libri, e dalla marchesa Adelaide Antici, fredda e parsimoniosa amministratrice del patrimonio familiare.

1815-16 Dopo gli studi condotti quasi da autodidatta, si dedica alla poesia. Avvia uno scambio epistolare con lo scrittore Pietro Giordani che lo mette in contatto con numerosi intellettuali.

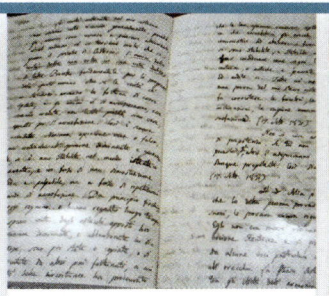

1817 Inizia a scrivere lo *Zibaldone*, una raccolta di riflessioni e pensieri di vario genere.

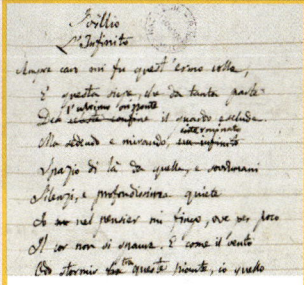

1819 Sperimenta il passaggio dal "bello" delle illusioni al "vero" della filosofia e scrive *L'infinito*. Ha una malattia agli occhi. Tenta la fuga dal palazzo paterno, ma viene scoperto.

1822-23 È a Roma dagli zii materni; piange sulla tomba di Tasso, ma la città e i suoi abitanti lo deludono. Abbandona la fede cattolica e i progetti di carriera ecclesiastica.

1825-28 Parte per Milano per una collaborazione editoriale poi fallita, quindi soggiorna a Bologna, a Firenze (dove conosce molti intellettuali liberali tra cui Antonio Ranieri) e a Pisa.

1830 Lascia di nuovo e per sempre Recanati e vive a Firenze grazie all'aiuto degli amici. Si innamora, non ricambiato, di Fanny Targioni Tozzetti e inizia a vivere con Ranieri.

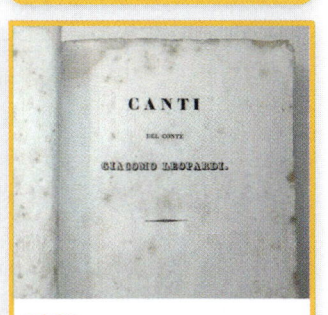

1831 Pubblica a Firenze la prima edizione dei *Canti*.

1833 Parte con Ranieri per Napoli, accolto freddamente dagli intellettuali della città.

1837 Muore a Napoli nel pieno dell'epidemia di colera: sulla sua tomba è presente un'epigrafe di Giordani.

MILANO · BOLOGNA · PISA · FIRENZE · RECANATI · ROMA · NAPOLI

L'Ottocento

Elio Germano nei panni di Leopardi nel film *Il giovane favoloso*, regia di Mario Martone, Italia, 2014

La tubercolosi ossea costringe Leopardi ad aiutarsi con un bastone: gli effetti della malattia arricchiscono (non determinano) le sue riflessioni sull'indifferenza della natura nei confronti degli esseri umani.

il meme

A Napoli, dove trascorre gli ultimi anni, Leopardi ama mangiare dolci e gelati: è il segno del suo attaccamento ai piaceri più semplici della vita.

Nelle città in cui vive, Leopardi si scontra con quei pensatori, progressisti o reazionari, che vedono in lui il cantore ateo del dolore universale, senza speranza; a causa dei loro pregiudizi non hanno compreso la profondità del pensiero leopardiano.

"In quella faccia emaciata e senza espressione tutta la vita s'era concentrata nella dolcezza del suo sorriso."
(F. De Sanctis, *La giovinezza*, a cura di P. Villari, Morano, Napoli 1889)

Canti

Leopardi inizia a scrivere fin da bambino poesie e traduzioni dal greco e dal latino, ma ritiene degni di essere inclusi in un vero libro solo i testi composti **a partire dal 1818**. Negli anni seguenti, con qualche pausa, Leopardi continua a scrivere, a pubblicare su varie riviste e a rivedere ciò che ha già scritto, ma la **prima edizione** dei *Canti* esce soltanto nel **1831**, a **Firenze**; il titolo allude all'**alta liricità** della raccolta e al nesso antichissimo tra **poesia e musica**. La struttura del libro, stampato in edizione definitiva e postuma nel **1845**, è un percorso in cinque **tappe principali** che rivisita il modello del canzoniere medievale:

@Firenze
#poesiaemusica

#canzoni
▶ le **canzoni**, di contenuto civile, patriottico o dedicate a figure della storia e del mito;

#idilli
▶ gli **idilli**, con *L'infinito*, in cui l'io del poeta rivela i momenti piacevoli di una vita tendenzialmente pervasa dall'apatia;

@Pisa
▶ i **canti pisano-recanatesi** (composti tra Pisa e Recanati), in cui il paesaggio e il ricordo si intrecciano rivelando al poeta verità spesso amare;

#Aspasia
▶ il **ciclo di Aspasia**, sull'amore non corrisposto per Fanny Targioni Tozzetti;

#ultimatappa
▶ infine, *La ginestra* e *Il tramonto della luna*, in cui il poeta svela il "male" che prevale nell'universo e contro il quale esorta gli esseri umani ad allearsi.

Nonostante la molteplicità dei temi e delle circostanze di composizione dei testi, è possibile individuare alcune **costanti** nella raccolta: la **dolcezza del ricordo** (la "**rimembranza**

#rimembranza
#lontananza
") e della lontananza, che nobilitano un fatto lontano nel tempo o nello spazio e lo caricano di valori nuovi; il **piacere delle illusioni**, che per quanto deboli aiutano a sopportare la vita; la **fallacia dei concetti di bene e di felicità**, inventati dagli esseri umani,

#amore
non dalla natura; i **tormenti dell'amore**, sognato, idealizzato e spesso caduto nel vuoto.

Leopardi sa che nell'epoca moderna la poesia è possibile soltanto con la **mediazione**

#filosofia
della ragione e delle verità della filosofia; al contrario, i poeti antichi si nutrivano di

#immaginazione
belle **immaginazioni** e di sogni fantastici che credevano veri. Eppure, Leopardi non ri-

@FrancescoPetrarca
nuncia al ruolo di poeta: la **tradizione letteraria**, soprattutto il vocabolario di **Petrarca**,

#paesaggio
diventa un **velo pudico** per cantare verità tremende. Le "vie dorate" del **paesaggio**, più

26 Giacomo Leopardi

#suoni
#materia #sensi
#vitalismo

spesso notturno che diurno, più letterario che realistico, ispirano versi di **sapore apocalittico** o di **straordinaria grazia**, con **dettagli sonori** che attivano l'immaginazione del poeta e, dopo di lui, del lettore. Anche per questo al nome di Leopardi si associano le parole "materialismo" e "sensismo": la **materia** e i **sensi** che fanno sembrare piacevole o dolorosa l'esistenza attraversano tutti i *Canti* e rivelano la **carica vitale** della loro poesia.

Canti, 12

T30 L'infinito

TRACCIA 30 — Ambiente, paesaggio, ecologia

Nel 1819, a vent'anni, Leopardi scrive una delle poesie più belle e celebri della letteratura italiana. Sbaglia chi vede in lui il poeta del dolore e del pessimismo universale; *L'infinito* è l'esatto opposto: è il piacere provato dalla fantasia mentre immagina un mondo senza confini oltre una siepe che nasconde l'orizzonte.

PER COMINCIARE

1 ATTIVIAMO IL VOCABOLARIO Collega ogni espressione alla sua definizione.

1. ermo colle
2. profondissima quiete
3. mi fingo
4. stormire
5. morte stagioni
6. annega

a. mi immagino nella fantasia
b. soffiare facendo rumore
c. collina solitaria
d. pace assoluta
e. si immerge e affoga
f. anni passati

2 DA IERI A OGGI Leggi l'elenco di parole usate da Leopardi con la loro versione attuale; quindi completa la riscrittura delle tre frasi proposte sotto.

il guardo (v. 3): lo sguardo	**di là da** (v. 5): oltre	**vo comparando** (v. 11): vado paragonando
mirando (v. 4): osservando con attenzione e ammirazione	**ove** (v. 7): dove	
interminati (v. 4): senza confini	**cor** (v. 8): cuore	**mi sovvien** (v. 11): mi viene in mente
	si spaura (v. 8): si spaventa	

1. Il guardo dell'ultimo orizzonte non è libero. → .... sull'ultimo tratto di orizzonte non è libero.
2. Vo comparando il presente al passato. → .... il presente al passato.
3. Mi sovvien l'eterno. → .... il concetto di ....

3 Nel 2019, in occasione del bicentenario della composizione dell'*Infinito*, il governo italiano ha promosso una lettura corale della poesia realizzata dai più celebri cantanti del Paese. Cercate il video online, ascoltatelo e poi provate a fare la stessa cosa in classe, alternandovi.

Un ostacolo necessario
Perché l'immaginazione si attivi, è necessario che lo sguardo del poeta sull'orizzonte sia ostruito da un ostacolo: la siepe copre parte del paesaggio e suggerisce l'idea di un altrove indefinito.

La finzione poetica
Prima il poeta descrive il paesaggio (gli "spazi", i "silenzi", la "quiete"), poi spiega le aggiunte della sua filosofia.

La metafora continuata del mare
Negli ultimi versi l'estasi del pensiero assume i tratti di un piacevole annegamento: la mente del poeta si immerge nelle acque della fantasia senza paura di perdersi.

Sempre caro mi fu quest'ermo colle,
e questa siepe, che da tanta parte
dell'ultimo orizzonte il guardo esclude.
Ma sedendo e mirando, interminati
5   spazi di là da quella, e sovrumani
silenzi, e profondissima quiete
io nel pensier mi fingo; ove per poco
il cor non si spaura. E come il vento
odo stormir tra queste piante, io quello
10 infinito silenzio a questa voce
vo comparando: e mi sovvien l'eterno,
e le morte stagioni, e la presente
e viva, e il suon di lei. Così tra questa
immensità s'annega il pensier mio;
15 e il naufragar m'è dolce in questo mare.

RIPASSIAMO I DIMOSTRATIVI

La potenza del suono
Il vento tra i rami alimenta una nuova immagine poetica: questa volta è il ricordo del tempo passato con la coscienza di quello presente, gli anni di ieri con quelli di oggi.

L'Ottocento

ATTIVITÀ

1 RIPASSIAMO I DIMOSTRATIVI Stabilisci se nelle frasi i dimostrativi in corsivo indicano vicinanza (V) oppure lontananza (L) da chi parla.

Esempio: Da *questa* parte non si riesce a vedere il mare. ☑ V ☐ L

1. *Questa* siepe ostacola la vista dell'orizzonte. ☐ V ☐ L
2. *Quella* collina laggiù non è molto alta. ☐ V ☐ L
3. Sta soffiando una brezza leggera tra *queste* piante. ☐ V ☐ L
4. Il poeta paragona il silenzio di *quei* luoghi al rumore di *questo* vento. ☐ V ☐ L ☐ V ☐ L
5. Tra la scorsa primavera e *questa* ho notato che siete cambiati. ☐ V ☐ L
6. In *quel* mare soltanto immaginato il poeta sogna di perdersi. ☐ V ☐ L

2 PREPARA LA TUA PRESENTAZIONE Al centro della poesia c'è il paesaggio di Recanati, in particolare il cosiddetto Colle dell'Infinito, che oggi ospita il Centro Nazionale di Studi Leopardiani. In tutta la cittadina si sente la presenza del poeta: il palazzo Leopardi con la biblioteca, la piazzetta del Sabato del Villaggio (dal titolo di un'altra poesia), la statua di Giacomo davanti al Comune, la Torre del Passero solitario (altra celebre lirica leopardiana). Svolgi una ricerca sul paese di Recanati e sui luoghi leopardiani; quindi raccogli le immagini in una presentazione digitale e prova a commentarle con i versi dell'*Infinito* e didascalie pertinenti.

← Panorama dal Colle dell'*Infinito* (Recanati)

Zibaldone, Un giardino malato → EXTRA

il troll — Leopardi pessimista?

L'immagine di Leopardi nella scuola è da sempre associata al "**pessimismo**", una sorta di malattia di cui i **critici**, come degli oncologi, hanno diagnosticato **varie fasi**: pessimismo individuale (legato all'io del poeta), storico (l'infelicità è dei moderni, non degli antichi), cosmico (tutti i viventi sono infelici), eroico (il poeta riconosce senza vergogna l'infelicità e spinge gli uomini ad associarsi contro il male comune). Le parole "ottimismo" e "pessimismo", come tutti gli *-ismi*, non piacciono a Leopardi, che ritiene che la natura non sia responsabile della **felicità** o dell'**infelicità**: queste, invece, sono **concetti** puramente **umani**. Gli uomini sbagliano a considerarsi dei privilegiati, perché soltanto per caso si sono affermati come la specie animale predominante.

La modernità, gli studi filosofici, la tecnologia hanno prodotto strumenti importanti per il progresso, ma presentano anche aspetti pericolosi. Per questo **Leopardi non condivide la fiducia nell'evoluzione sociale e politica** promossa da tanti pensatori italiani dell'Ottocento, a cui pure si lega umanamente (i *Canti* sono dedicati "agli amici suoi di Toscana", patrioti e liberali).

Allo stesso tempo, non bisogna pensare che Leopardi sia arrivato a sostenere l'indifferenza della natura in quanto colpito da varie **malattie**, altrimenti dovremmo essere tutti un po' poeti. La sofferenza fisica è certamente un fatto della vita di Leopardi, ma non basta a spiegare la sua poesia, che nasce dalle **illusioni piacevoli** degli esseri umani, sani o malati che siano: l'amore, il canto, la luna. Diversamente da Manzoni, Leopardi non ha crisi di nervi, non è depresso, non ha fobie: è semplicemente un grande poeta, che della vita celebra ogni sfumatura.

Giuseppe Verdi

Professione
Maestro al cembalo

Segue
- Vincenzo Lavigna
- Teatro alla Scala
- Margherita Barezzi ♥
- Giuseppina Strepponi ♥
- Parlamento italiano

Contatti bloccati
Conservatorio di Milano

Gruppi
- Melodramma
- Deputati
- Senatori

1813 Nasce alle Roncole, vicino a Busseto nel Ducato di Parma, da Carlo, commerciante, e Luigia Uttini, operaia tessile.

1832 Si trasferisce a Milano, ma non è ammesso al conservatorio e diventa allievo di Vincenzo Lavigna, cembalista e maestro del Teatro alla Scala.

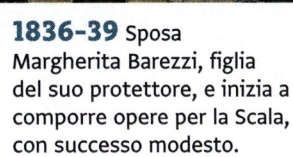

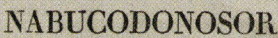

1836-39 Sposa Margherita Barezzi, figlia del suo protettore, e inizia a comporre opere per la Scala, con successo modesto.

1842 Va in scena il *Nabucco*: è un vero trionfo.

1851-53 Vanno in scena *Rigoletto*, *Il trovatore* e *La traviata*, ovvero la cosiddetta "Trilogia popolare".

1859 Rimasto vedovo, si risposa con la cantante Giuseppina Strepponi.

1861-62 È eletto deputato del nuovo Parlamento italiano tra i liberali moderati. Compone l'*Inno delle nazioni* (ispirato al *Canto degli italiani*, alla *Marsigliese* e a *God save the Queen*).

1871 In occasione dell'apertura del canale di Suez in Egitto compone l'*Aida*, rappresentata al Cairo.

1874 È nominato senatore del Regno d'Italia. Compone e dirige la *Messa di Requiem* per l'anniversario della morte di Manzoni. Fonda la Casa di riposo per musicisti.

1901 Muore a Milano e gli vengono tributati funerali di Stato.

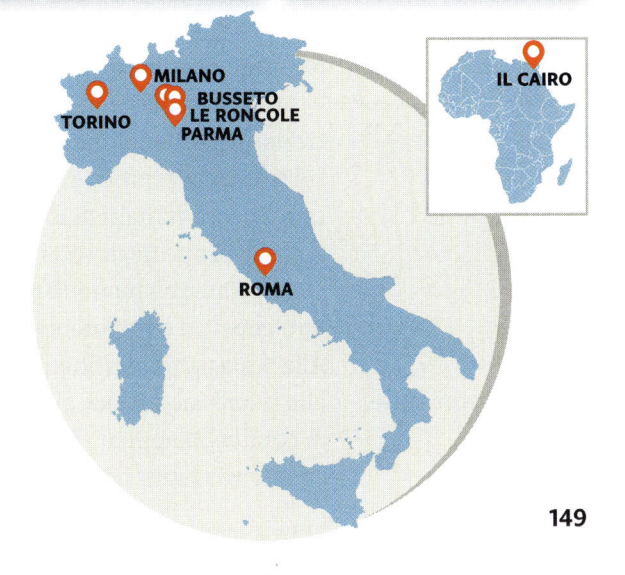

L'Ottocento

Giuseppe Piermarini, Interno del Teatro alla Scala, 1776-78 (Milano)

Il ceto popolare si posizionava in alto, nel loggione, ben separato dalle altre zone per evitare disordini.

Nei teatri il ceto medio maschile (soldati, studenti, professionisti) affollava la platea: le esibizioni erano accompagnate da applausi, fischi, urla, commenti ad alta voce.

I palchi erano riservati alle famiglie aristocratiche, soprattutto alle donne: erano come dei salotti e durante le pause diventavano luoghi di incontro e scambio intellettuale.

il meme

> "La musica è la fede d'un mondo di cui la poesia non è che l'alta filosofia."
> (G. Mazzini, *Filosofia della musica*, "L'italiano", 1836)

Nabucco

@TemistocleSolera
#NabucodonosorII #Bibbia

Il 9 marzo 1842, nella stagione di Carnevale e Quaresima, va in scena alla Scala di Milano la **terza opera** composta da Giuseppe Verdi, ancora non molto famoso, su libretto di **Temistocle Solera** (1815-78): è un trionfo. Il titolo con cui è nota, *Nabucco*, corrisponde al nome del **protagonista** (baritono), il re **Nabucodonosor II** che nel racconto della **Bibbia** ha conquistato Gerusalemme e deportato gli ebrei a Babilonia nel VI secolo a.C. Lo **scontro tra invasori e invasi** è complicato dall'amore che lega Ismaele (tenore), nipote del re di Gerusalemme, a Fenena (mezzosoprano), figlia di Nabucco. Un'altra presunta figlia, in realtà una schiava, Abigaille (soprano), è gelosissima della loro relazione e riesce a spodestare Nabucco, che impazzisce. Nel frattempo, gli ebrei guidati dal sacerdote Zaccaria (basso) e con loro Fenena, convertitasi alla fede monoteistica, sono condannati a morte dall'usurpatrice Abigaille. L'intervento prodigioso del **Dio d'Israele** fa rinsavire Nabucco, che libera gli ebrei e riceve l'omaggio di Zaccaria.

#Risorgimento

La trama riflette la **situazione della penisola italiana** divisa politicamente e in particolare di Milano, che si trova sotto il dominio degli Asburgo. Per gli austriaci l'Italia era soltanto "un'espressione geografica", per molti scrittori una semplice idea culturale. I non-ancora-italiani dell'Ottocento, invece, iniziano a credere nell'unificazione e dunque si identificano negli ebrei deportati a Babilonia che invocano con nostalgia la terra natale.

Gli Asburgo amano l'opera lirica, fanno costruire teatri ovunque nei loro domini e la loro **censura** è impotente di fronte a trame che ufficialmente parlano di storie lontane. Alla Scala ogni volta che, come nel *Nabucco*, risuonano le parole "patria", "libertà", "tiranno", che ricordano **Alfieri**, gli spettatori colgono **allusioni al presente**. Non sappiamo se Verdi condivida appieno i loro ideali: di certo lui, i suoi librettisti e gli impresari della Scala conoscono i **gusti del pubblico** e fanno di tutto per soddisfarli.

@VittorioAlfieri #presente

27 Giuseppe Verdi

#belcanto — Dal punto di vista musicale, *Nabucco* non si allontana dal **belcanto**, che grazie al virtuosismo dell'interprete mette in risalto la **singola aria** nella partitura: è la tradizione del **melodramma italiano** cara a Rossini, Bellini e Donizetti (quest'ultimo presente alla prima del *Nabucco*) da cui Verdi in seguito prenderà le distanze. D'altra parte, fin dalle prime produzioni, Verdi si considera un vero **regista**, attento al **nesso tra note e parole**, tra musica e trama, arrivando a prediligere cantanti meno talentuosi purché credibili anche

@GiuseppinaStrepponi — come **attori**. La parte di Abigaille, molto impegnativa, è affidata a **Giuseppina Strepponi** (poi seconda moglie di Verdi) e sarà interpretata nel Novecento da una straordinaria Maria Callas.

#coro @GiuseppeMazzini
#unitànazionale — A tenere insieme l'intera opera è il **coro**, che secondo il patriota **Giuseppe Mazzini** (come già secondo Manzoni) deve veicolare i **sentimenti popolari di unità nazionale**. Questo avviene nonostante la difficoltà dei testi di Solera: il librettista, altro fervente patriota, scrive versi di sapore petrarchesco, pieni di termini aulici e inversioni, di cui gli spettatori non potevano cogliere completamente il senso, anche a causa della poten-

#musica — za della **musica** e del **canto**. Eppure tutti, istruiti e non, avvertono ancora oggi la **forza drammatica** del *Nabucco* al punto da chiedere – come accaduto al maestro Riccardo Muti nel 1986 – un inaudito bis del *Va' pensiero*.

Nabucco, coro

T31 La nostalgia della patria

Arte, musica, teatro
TRACCIA 31

Per un italiano o un'italiana del 1842 sentire un gruppo di esuli ricordare con commozione la "patria" è come vedersi allo specchio. Temistocle Solera, l'autore del testo del libretto, lo sa bene e per questo fa parlare il coro del *Nabucco* come un gruppo di patrioti risorgimentali.

PER COMINCIARE

1 ATTIVIAMO IL VOCABOLARIO Collega ogni parola al suo significato.

1. suolo
2. riva
3. torre
4. arpa
5. petto

a. strumento musicale
b. sponda di un fiume
c. terreno
d. struttura che protegge una città
e. parte del corpo tra il collo e l'addome

2 DA IERI A OGGI Leggi l'elenco di parole usate dal librettista Solera con la loro versione attuale; quindi indica se le quattro frasi proposte sotto sono corrette (C) oppure sbagliate (S).

sull'ali (v. 1): sulle ali
ti posa (v. 2): posati
clivi (v. 2): pendii
ove (v. 3): dove
olezzano (v. 3): profumano
tepide (v. 3): tiepide
l'aure (v. 4): le aure (brezze)
Sïonne (v. 6): Sion (monte di Gerusalemme)

atterrate (v. 6): abbattute
sì (vv. 7, 8): così
perduta (v. 7): persa
membranza (v. 8): rimembranza (ricordo)
fatidici vati (v. 9): profeti che preannunciano il fato (destino)
raccendi (v. 11): riaccendi (ravviva)

ci favella (v. 12): raccontaci, parlaci
simìle (v. 13): sìmile
Sòlima (v. 13): Gerusalemme
traggi (v. 14): trai (emetti)
concento (v. 15): armonia
ne (v. 16): ci

1. Il verbo "favellare" significa "parlare, raccontare". C S
2. Sion è il monte che sorge vicino all'antica Babilonia. C S
3. L'aggettivo "simile" va letto in questo caso con l'accento sulla prima *i*. C S
4. Il "concento" è una dolce melodia, un'armonia piacevole. C S

3 In classe cercate su Internet un video con un'esecuzione moderna del coro del *Nabucco* (come quella del 1986 al Teatro alla Scala); quindi leggete il testo con la musica di sottofondo.

L'Ottocento

La personificazione della nostalgia
Il pensiero degli ebrei deportati vola come un uccello da Babilonia a Gerusalemme: il ricordo è più forte del dolore.

Va', pensiero, sull'ali dorate;
va', ti posa sui clivi, sui colli,
ove olezzano tepide e molli
4 l'aure dolci del suolo natal!

RIPASSIAMO
GLI USI DI *DOVE*

La geografia degli esuli
La Palestina è ricordata attraverso il monte di Sion, dove sorge Gerusalemme, assediata dai babilonesi, e il fiume Giordano, che bagna la regione.

Del Giordano le rive saluta,
di Sionne le torri atterrate...
Oh, mia patria sì bella e perduta!
8 Oh, membranza sì cara e fatal!

Ieri Israele, oggi l'Italia
La parola "patria" rende attualissima la trama del *Nabucco*: come gli ebrei a Babilonia, così gli italiani nel 1842 sono un popolo senza patria, sotto il dominio straniero.

Un'immagine biblica
L'immagine dell'arpa appesa a una pianta in segno di lutto e dolore è tratta da un *Salmo* della Bibbia ispirato all'esilio babilonese: è tempo di riprenderla e tornare a cantare.

Arpa d'or dei fatidici vati,
perché muta dal salice pendi?
Le memorie nel petto raccendi,
12 ci favella del tempo che fu!

O simìle di Sòlima ai fati
traggi un suono di crudo lamento,
o t'ispiri il Signore un concento
16 che ne infonda al patire virtù!

L'arpa del riscatto
La dolce armonia del canto dovrebbe consolare i deportati e aiutarli a sopportare con coraggio e dignità la loro condizione: è la premessa del riscatto dalla schiavitù.

↩ Il coro del *Nabucco* nella produzione di Pier Luigi Pizzi, 2017 (Novara, Teatro Coccia)

ATTIVITÀ

▶ **1** **RIPASSIAMO** GLI USI DI *DOVE* Sostituisci la parola *dove* nelle frasi con un'espressione di significato analogo, scegliendola tra le due proposte.

Esempio: La regione *dove* (<u>nella quale</u>/per cui) il popolo ebraico si è insediato è la Palestina.

1. *Dove* (*In quale regione*/*In quale epoca*) si trova Gerusalemme?
2. Tutti si sentono a proprio agio nella terra *dove* (*dalla quale*/*nella quale*) soffia l'aria dolce di casa.
3. Riprendiamo il canto da *dove* (*dal punto in cui*/*da quando*) l'abbiamo lasciato interrotto.
4. Non c'era libertà *dove* (*nel luogo in cui*/*per il luogo per cui*) si trovava allora il popolo ebraico.
5. L'opera *Nabucco* spiega il *dove* (*momento*/*luogo*) e il quando dell'invasione babilonese della Palestina.
6. La storia del popolo ebraico è fatta di esili per ogni *dove* (*secolo*/*regione del mondo*).

▶ **2** **SCRIVI IL TUO SAGGIO** Come tante opere dell'Ottocento, ovvero il secolo del Risorgimento e dell'indipendenza nazionale italiana, anche *Nabucco* è interpretato in chiave patriottica: individua le possibili implicazioni politiche del testo del coro a partire dal ruolo del popolo ebraico deportato da Gerusalemme. In un saggio di 5-6 pagine esponi la tua tesi facendo le opportune citazioni dal libretto di Solera e, in base alle tue competenze, dalla partitura di Verdi; prova anche a spiegare il legame tra parole (difficili) e musica (potente e avvolgente).

28 Giovanni Verga

Professione
Proprietario terriero

Segue
- Scapigliatura
- Luigi Capuana
- Émile Zola
- Naturalismo

Contatti bloccati
- Pietro Mascagni
- Editore Sonzogno

Gruppi
- Verismo
- Senatori

1840 Nasce a Catania da Giovanni Battista, piccolo proprietario terriero e nobile, e Caterina Di Mauro, borghese.

1858-62 Si iscrive alla facoltà di giurisprudenza a Catania, ma lascia gli studi. Pubblica a spese della famiglia il romanzo storico *I carbonari della montagna*.

1869 Risiede a Firenze, allora capitale d'Italia, si avvicina al pensiero positivista e si dedica alla scrittura teatrale.

1872 Si trasferisce a Milano, dove frequenta gli scrittori ribelli della Scapigliatura, compone romanzi passionali e approfondisce l'amicizia con Luigi Capuana, teorico del Verismo.

1880 Pubblica la raccolta di novelle *Vita dei campi* adottando la tecnica veristica dell'impersonalità.

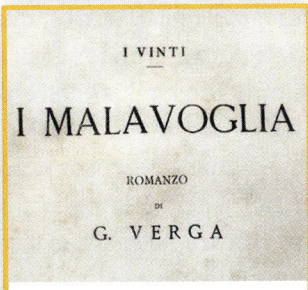

1881 Pubblica a Milano il romanzo *I Malavoglia*, pensato come il primo del ciclo dei *Vinti*.

1882 A Médan incontra Émile Zola, maestro del Naturalismo.

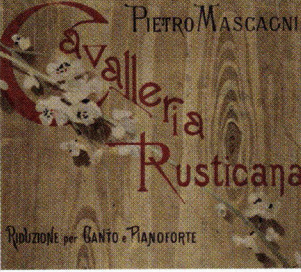

1891 Fa causa al musicista Pietro Mascagni e all'editore Sonzogno per i diritti d'autore sull'opera lirica *Cavalleria rusticana*, tratta da una sua novella.

1893 Dopo aver vinto la causa, torna a Catania. Si appassiona di fotografia e cinema.

1922 Nominato senatore, muore a Catania.

- MÉDAN
- MILANO
- FIRENZE
- ROMA
- CATANIA

L'Ottocento

I Malavoglia

Oggi non studiamo Verga per le opere "borghesi", piene di amore passionale e di mondanità, che hanno successo quando è vivo lo scrittore. Per noi il nome di Verga è legato al **Verismo**, corrente letteraria ispirata al **Naturalismo francese** che cerca di riprodurre la realtà (soprattutto nei suoi aspetti più duri) senza idealizzazioni. Questa tendenza ha in **Luigi Capuana** il suo massimo teorico italiano e nei *Malavoglia* di Verga, pubblicati nel **1881**, il suo capolavoro.

L'opera nasce nel 1874 come **novella** (racconto breve), quindi diventa **romanzo**, il primo di un **ciclo dedicato ai *Vinti*** (ovvero gli sconfitti) della storia e della società del tempo, che vanno dai poveri agli arricchiti senza affetti, agli aristocratici decaduti. La famiglia Malavoglia, pescatori di **Aci Trezza**, un paesino vicino a Catania, è il primo anello di una **catena di vittime del progresso** e dell'**ambizione**. I Toscano (questo il loro vero cognome, *Malavoglia* indica ironicamente la loro dedizione al lavoro) sono guidati da Padron 'Ntoni, il capofamiglia e patriarca che cerca di arricchirsi con il commercio; la sua barca però, chiamata *Provvidenza*, fa naufragio con un carico di legumi e con il figlio ed erede Bastianazzo. La disgrazia fa precipitare i giovani nipoti nella **povertà**, tanto che devono vendere l'amata dimora, la "**casa del nespolo**": il maggiore, 'Ntoni, lascerà il paese, Luca finirà ucciso in guerra, Lia andrà in città a fare la prostituta; i due rimasti ad Aci Trezza, Alessi e Mena, riusciranno con fatica a riscattare la casa e a ricominciare una **vita dignitosa**, dopo la morte di padron 'Ntoni.

Su queste vicende tristi e ordinarie, in cui ogni tentativo di cambiare le cose finisce male, si sente il peso della nuova **logica economica** che si è affermata in Italia dopo l'Unità. Padron 'Ntoni è fedele all'**etica del lavoro**, ai **valori della famiglia**, al **senso dell'onore**, ma quando cerca di adottare la strategia degli affaristi si muove in un territorio che non gli appartiene. La sua fallita **impresa commerciale** mostra come il mito del progresso abbia ormai contagiato anche gli umili, incoraggiandoli a non accontentarsi, a far fruttare la "**roba**", ovvero le cose materiali.

Gli altri abitanti del paese stanno a guardare, **commentano cinicamente** gli eventi o addirittura approfittano dell'ingenuità dei Malavoglia. I personaggi secondari formano una specie di **coro paesano**: il **narratore** ne riporta i discorsi e il punto di vista quasi identificandosi con la loro **voce popolare**. Verga si nasconde dietro proverbi e modi di dire tradotti dal siciliano all'italiano, mettendo a nudo le regole crudeli, i luoghi comuni e i falsi miti della vita paesana. Il popolo che ad Aci Trezza assiste alle sventure dei Malavoglia non ha nulla di evangelico; ognuno pensa a sé e al proprio **interesse**, sminuisce o invidia la fortuna altrui, diffonde pettegolezzi. Sono lontani i tempi di Renzo e Lucia, umili idealizzati e fiduciosi nella mano di Dio: nei *Malavoglia*, la Provvidenza affonda con la barca di Bastianazzo che porta il suo nome.

#Verismo #Naturalismo
@LuigiCapuana
#ciclo
@Sicilia
#casa
#famiglia #onore
#roba
#narratorepopolare
#interesse

Giuseppe Pellizza da Volpedo, *La fiumana*, 1898, olio su tela (Milano, Pinacoteca di Brera)

28 Giovanni Verga

I faraglioni e il borgo di Aci Trezza oggi

Le rocce laviche davanti ad Aci Trezza, ricondotte al mito di Ulisse, rappresentano la forza della tradizione e della saggezza popolare che cerca di resistere alla "marea" della Storia.

il meme

Il romanzo dei *Malavoglia* è ambientato ad Aci Trezza (in Sicilia), ai margini della vita economica e sociale italiana ma non per questo immune dalla "fiumana" del progresso.

Gli abitanti di Aci Trezza sono soprattutto pescatori, che vivono di poco, svolgendo lo stesso lavoro dei loro padri: il naufragio della barca dei Malavoglia è l'inizio della rovina della famiglia.

> "Solo l'osservatore ha il diritto di interessarsi ai vinti che levano le braccia disperate."
> (G. Verga, *Prefazione* ai *Malavoglia*, Treves, Milano 1881)

I Malavoglia, capitolo 15°

T32 Addio al paese

TRACCIA 32 — Storie di deportazioni e di migrazioni

Come un moderno espatriato, il giovane 'Ntoni alla fine del romanzo lascia il paese: sente ancora la forza delle radici familiari, si commuove alla vista dei fratelli, ma sa che ormai il suo destino è altrove.

PER COMINCIARE

1 ATTIVIAMO IL VOCABOLARIO Collega ogni modo di dire al suo significato.

1. fare festa a qualcuno/a
2. non vedere grazia di Dio
3. avere il cuore serrato/stretto in una morsa
4. andare in veleno
5. bastare l'animo

a. non toccare cibo né acqua
b. risultare dannoso, insopportabile
c. avere il coraggio
d. accoglierlo/a con entusiasmo
e. soffrire intimamente

2 DA IERI A OGGI Leggi le parole usate da Verga con la loro versione attuale; quindi completa la riscrittura delle espressioni in corsivo nelle quattro frasi proposte sotto.

uscio (r. 1): porta
colla (rr. 3, 30): con la
Ei (r. 5): Lui
fino (r. 6): perfino
ché (rr. 6, 18): perché
dacché (r. 17): da quando

buscarmi (r. 19): procurarmi
risolversi (r. 23): decidersi
onde (r. 33): per
gli era bastato l'animo (r. 34): aveva avuto il coraggio
cogli (rr. 45, 57): con gli

lustri (r. 45): lucidi (di lacrime)
colla (r. 61): con la
fariglioni (r. 65): faraglioni (grandi scogli fatti di lava solida)

1. Ho sentito un rumore *all'uscio* (......................................).
2. Dovrei *buscarmi* (......................................) una borsa nuova.
3. Antonio non sa *risolversi* (......................................) a partire.
4. Alessi lo vede commosso, *cogli occhi lustri* (......................................).

155

L'Ottocento

Il ritorno del giovane 'Ntoni
'Ntoni si presenta come un viaggiatore vagabondo, con una borsa e l'aspetto poco curato: il fratello Alessi non lo riconosce.

RIPASSIAMO
LE CONGIUNZIONI SUBORDINANTI

Una sera, tardi, il cane si mise ad abbaiare dietro l'uscio del cortile, e lo stesso Alessi, che andò ad aprire, non riconobbe 'Ntoni il quale tornava colla sporta sotto il braccio, tanto era mutato, coperto di polvere, e colla barba lunga. Come fu entrato e si fu messo a sedere in un cantuccio, non
5 osavano quasi fargli festa. Ei non sembrava più quello, e andava guardando in giro le pareti, come non le avesse mai viste; fino il cane gli abbaiava, ché non l'aveva conosciuto mai. Gli misero fra le gambe la scodella, perché aveva fame e sete, ed egli mangiò in silenzio la minestra che gli diedero, come non avesse visto grazia di Dio da otto giorni, col naso nel piatto; ma gli altri non
10 avevano fame, tanto avevano il cuore serrato. Poi 'Ntoni, quando si fu sfamato e riposato alquanto, prese la sua sporta e si alzò per andarsene.

Alessi non osava dirgli nulla, tanto suo fratello era mutato. Ma al vedergli riprendere la sporta, si sentì balzare il cuore dal petto, e Mena gli disse tutta smarrita: "Te ne vai?"
15 "Sì!" rispose 'Ntoni.

"E dove vai?" chiese Alessi.

"Non lo so. Venni per vedervi. Ma dacché son qui la minestra mi è andata tutta in veleno. Per altro qui non posso starci, ché tutti mi conoscono, e perciò son venuto di sera. Andrò lontano, dove troverò da buscarmi il pane,
20 e nessuno saprà chi sono".

Gli altri non osavano fiatare, perché ci avevano il cuore stretto in una morsa, e capivano che egli faceva bene a dir così. 'Ntoni continuava a guardare dappertutto, e stava sulla porta, e non sapeva risolversi ad andarsene. "Ve lo farò sapere dove sarò"; disse infine, e come fu nel cortile, sotto il nespolo, che
25 era scuro, disse anche: "E il nonno?"

Il nespolo, la casa, il nonno
La casa dei Malavoglia è costruita sotto un albero di nespolo: la pianta rappresenta le radici familiari, spezzate dalla morte del nonno padron 'Ntoni e di suo figlio Bastianazzo.

La scomparsa di Lia
Un'altra sorella dei Malavoglia ha lasciato la famiglia ed è diventata una prostituta: intorno al suo nome regna il silenzio come se fosse morta.

Alessi non rispose; 'Ntoni tacque anche lui, e dopo un pezzetto: "E la Lia che non l'ho vista?"

E siccome aspettava inutilmente la risposta, aggiunse colla voce tremante, quasi avesse freddo: "È morta anche lei?"
30 Alessi non rispose nemmeno; allora 'Ntoni che era sotto il nespolo, colla sporta in mano, fece per sedersi, poiché le gambe gli tremavano, ma si rizzò di botto, balbettando: "Addio addio! Lo vedete che devo andarmene?"

Prima d'andarsene voleva fare un giro per la casa, onde vedere se ogni cosa fosse al suo posto come prima; ma adesso, a lui che gli era bastato l'animo di
35 lasciarla, e di dare una coltellata a don Michele, e di starsene nei guai, non gli bastava l'animo di passare da una camera all'altra se non glielo dicevano. Alessi che gli vide negli occhi il desiderio, lo fece entrare nella stalla, col pretesto del vitello che aveva comperato la Nunziata, ed era grasso e lucente; e in un canto c'era pure la chioccia coi pulcini; poi lo condusse in cucina,
40 dove avevano fatto il forno nuovo, e nella camera accanto, che vi dormiva la Mena coi bambini della Nunziata, e pareva che li avesse fatti lei. 'Ntoni guardava ogni cosa, e approvava col capo, e diceva: "Qui pure il nonno avrebbe voluto metterci il vitello; qui c'erano le chiocce, e qui dormivano le ragazze, quando c'era anche quell'altra..." Ma allora non aggiunse altro, e stette zitto
45 a guardare intorno, cogli occhi lustri. [...]

Gli altri stettero zitti, e per tutto il paese era un gran silenzio, soltanto si udiva sbattere ancora qualche porta che si chiudeva; e Alessi a quelle parole si fece coraggio per dirgli: "Se volessi anche tu ci hai la tua casa. Di là c'è apposta il letto per te".

Il processo di 'Ntoni
Durante una lite, il giovane 'Ntoni aveva accoltellato don Michele, carabiniere, ed era finito in prigione.

La mamma
La figura materna è centrale nella concezione familiare dei Malavoglia: i figli sono come pulcini, bisognosi di protezione e unione.

28 Giovanni Verga

La scoperta dell'affetto
Partendo, 'Ntoni si è autoescluso dalla vita del paese e della famiglia: si rende conto dell'importanza degli affetti, ma sente che il suo futuro non può essere ad Aci Trezza.

"No!" rispose 'Ntoni. "Io devo andarmene. Là c'era il letto della mamma, che lei inzuppava tutto di lagrime quando volevo andarmene. Ti rammenti le belle chiacchierate che si facevano la sera, mentre si salavano le acciughe? e la Nunziata che spiegava gli indovinelli? e la mamma, e la Lia tutti lì, al chiaro di luna, che si sentiva chiacchierare per tutto il paese, come fossimo tutti una famiglia? Anch'io allora non sapevo nulla, e qui non volevo starci, ma ora che so ogni cosa devo andarmene".

In quel momento parlava cogli occhi fissi a terra, e il capo rannicchiato nelle spalle. Allora Alessi gli buttò le braccia al collo.

"Addio", ripetè 'Ntoni. "Vedi che avevo ragione d'andarmene! qui non posso starci. Addio, perdonatemi tutti".

E se ne andò colla sua sporta sotto il braccio; poi quando fu lontano, in mezzo alla piazza scura e deserta, che tutti gli usci erano chiusi, si fermò ad ascoltare se chiudessero la porta della casa del nespolo, mentre il cane gli abbaiava dietro, e gli diceva col suo abbaiare che era solo in mezzo al paese. Soltanto il mare gli brontolava la solita storia sotto, in mezzo ai faraglioni, perché il mare non ha paese nemmen lui, ed è di tutti quelli che lo stanno ad ascoltare, di qua e di là dove nasce e muore il sole, anzi ad Aci Trezza ha un modo tutto suo di brontolare, e si riconosce subito al gorgogliare che fa tra quegli scogli nei quali si rompe, e par la voce di un amico.

La voce del mare
All'inizio del romanzo, la *Provvidenza*, la barca dei Malavoglia, era affondata durante una tempesta, che aveva causato la morte del padre di 'Ntoni e quindi la rovina della famiglia.

◀ Angiolo Tommasi, *Gli emigranti*, 1896, olio su tela (Roma, Galleria Nazionale d'Arte moderna e contemporanea)

ATTIVITÀ

1 RIPASSIAMO LE CONGIUNZIONI SUBORDINANTI Completa le frasi scegliendo la congiunzione corretta tra le due proposte.

Esempio: *Quando*/*Siccome* 'Ntoni torna nel paese di Aci Trezza, è un uomo solo, orfano e vagabondo.

1. Il cane non riconosce il giovane 'Ntoni *perché*/*mentre* non l'ha mai visto prima.
2. *Quando*/*Poiché* Alessi mostra al fratello la casa riscattata, spera che anche lui resti.
3. *Perché*/*Come* 'Ntoni nomina il nonno e Lia, cala il silenzio.
4. I Malavoglia ricordano che un tempo, *siccome*/*mentre* si preparavano le acciughe, si facevano lunghe chiacchierate insieme.
5. *Siccome*/*Perché* non si sente più accolto in paese, 'Ntoni decide di lasciarlo per sempre.
6. *Quando*/*Poiché* il padre di 'Ntoni è morto durante una tempesta, il mare acquista per lui una connotazione tragica.

2 DIALOGA CON L'AUTORE L'esperienza di 'Ntoni non è diversa da quella di molti/e giovani che lasciano la loro terra d'origine per studiare o lavorare in un altro Paese, spesso lontano. Gli espatriati e le espatriate sperimentano una condizione di limbo: non si sentono ancora accolti/e nel nuovo Stato, cercano amicizie tra i/le connazionali e quando rientrano a casa sono considerati/e stranieri/e. In base alla tua esperienza personale prepara un podcast oppure un video in cui confronti la figura di 'Ntoni con te stesso/a: spiega se condividi la sua visione della famiglia e la necessità di partire per realizzarti.

L'Ottocento

il troll — Verga socialista?

Alla fine dell'Ottocento, grazie alla diffusione del **movimento operaio** e del pensiero di **Karl Marx** (1818-83), iniziano a formarsi in tutta Europa i **primi partiti di stampo socialista**. Per rispondere alle richieste di maggiori tutele nelle fabbriche, gli operai e le operaie del mondo industrializzato organizzano varie associazioni, laiche o d'ispirazione religiosa. Molti scrittori progressisti si schierano dalla parte dei deboli, dei "vinti", e sfruttano il **genere letterario del romanzo** per sensibilizzare l'opinione pubblica. È il caso del francese **Émile Zola** (1840-1902), autore di un ciclo di romanzi considerato un modello da Verga e dai veristi.

In Italia, tuttavia, la scrittura non è concepita come un mezzo per migliorare la situazione degli uomini e delle donne simili ai personaggi descritti. **Verga**, poi nominato senatore, **non invoca nessuna rivoluzione**, non promuove la causa dei movimenti socialisti, non manifesta in piazza per chiedere riforme, anzi approva il colonialismo e la repressione delle proteste. Politicamente Verga è un **liberale moderato**, fedele alla monarchia, e sa bene che gli ideali risorgimentali sono un lontano ricordo; crede nella **letteratura** in quanto **strumento di conoscenza**, di analisi del vero, senza avere la pretesa di cambiare le cose.

Il ciclo dei *Vinti* è un'**opera** innanzitutto **letteraria**, che svela le spietate regole del progresso, della lotta per la sopravvivenza nella vita sociale, sulla scia del pensiero di Charles Darwin in biologia. Nelle novelle e nei romanzi veristi Verga si presenta come un **osservatore** a tratti **cinico** della realtà che lo circonda nella campagna di Catania, dove vive e ha delle proprietà. I deboli gli ispirano racconti, drammi, fotografie: la **denuncia sociale** è una **conseguenza indiretta** dei suoi lavori, non l'obiettivo principale.

CARTA GEOSTORICA
L'ITALIA ALLA FINE DELL'OTTOCENTO DOPO L'UNITÀ

- Regno d'Italia (1861)
- Territori acquisiti dopo la Terza guerra di indipendenza (1866)
- Territori acquisiti dopo la presa di Roma (1870-71)

29 Carlo Collodi

Professione
Giornalista, critico e funzionario statale

Segue
- Libreria Piatti
- Provincia di Firenze
- "Giornale per i bambini"

Contatti bloccati
Asburgo d'Austria

Gruppi
- Patrioti
- Editoria per l'infanzia

1826 Carlo Lorenzini nasce a Firenze da Domenico, cuoco, e Angiolina Orzali, figlia di un agricoltore.

1844-48 Inizia a lavorare nella libreria e casa editrice Piatti di Firenze e pubblica i suoi primi articoli come critico teatrale e musicale. Di ideali democratici, combatte volontario contro gli austriaci a Montanara.

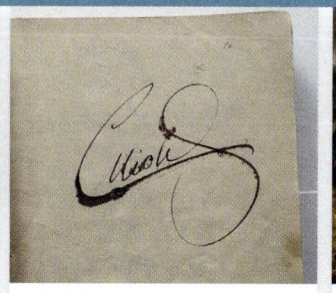

1856 Inizia a usare lo pseudonimo di "C. Collodi" (dal nome del paese della madre) nel pubblicare alcuni articoli umoristici.

1859-64 Partecipa come soldato alla Seconda guerra d'indipendenza italiana (conclusasi a Villafranca) e promuove l'annessione della Toscana al Regno di Sardegna. È assunto come impiegato della provincia di Firenze.

1881-83 Pubblica *Le avventure di Pinocchio*, prima a puntate sul "Giornale per i bambini", poi in volume.

1890 Muore improvvisamente a Firenze.

MONTANARA — VILLAFRANCA DI VERONA — FIRENZE

Michelozzo Michelozzi, Palazzo Medici Riccardi, 1444-59, sede del governo italiano al tempo di Firenze capitale (1865-71) e poi della provincia

L'Ottocento

Pinocchio (Roberto Benigni) e la Fata Turchina (Nicoletta Braschi), fotogramma di *Pinocchio*, regia di R. Benigni, Italia, 2002

Il successo del romanzo di Pinocchio è testimoniato dai tanti film tratti dalla sua storia: il premio Oscar Roberto Benigni ne ha realizzata una versione sceneggiata a quattro mani con lo scrittore Vincenzo Cerami.

il meme

Il difetto più celebre di Pinocchio, quello di dire bugie, ha come conseguenza l'allungamento del naso.

Il personaggio della Fata dai capelli turchini ha il ruolo di guida, maestra e madre: il colore che la contraddistingue ricorda quello dei ritratti della Madonna.

"Le bugie, ragazzo mio, si riconoscono subito: la tua è di quelle che hanno il naso lungo."
(C. Collodi, *Le avventure di Pinocchio: storia di un burattino*, capitolo 17°)

Le avventure di Pinocchio: storia di un burattino

#successointernazionale
#letteraturaperlinfanzia

Pubblicate inizialmente a puntate con un finale tragico e poi continuate e stampate in volume nel **1883**, *Le avventure di Pinocchio: storia di un burattino* sono subito un **successo nazionale e internazionale**. Tradotto in quasi tutte le lingue del mondo, il romanzo nasce per il pubblico di **piccoli lettori e lettrici** che nell'Italia da poco unificata ha bisogno di **libri ben scritti** e di **guide morali**. Collodi, ex-patriota che lavora nell'**editoria scolastica**, nel giornalismo e nella saggistica umoristica, ha maturato uno **stile accattivante**. Tuttavia, non crede molto nella sua nuova opera: con un amico parla di "**bambinata**", ma di fronte alla reazione entusiastica del pubblico è costretto a proseguirla.

#burattino

Il personaggio di Pinocchio, un **burattino** nato da un **ciocco di legno** nella Toscana contadina di fine Ottocento, è il **prototipo dei bambini italiani disobbedienti e ribelli**. Nonostante le cure e i sacrifici del padre single, il falegname **Geppetto**, Pinocchio promette e non mantiene: non va a scuola, rifiuta i consigli del **Grillo parlante** (la sua coscienza), dice bugie alla **Fata turchina**, è arrestato dai carabinieri... Le varie disavventure, che coinvolgono il povero Geppetto in cerca del figlio in fuga, fanno del libro un **romanzo di formazione**: il burattino Pinocchio via via matura, fino a salvare il padre inghiottito da un pescecane, meritando così di diventare un **bambino** a tutti gli effetti, in una **metamorfosi dal legno alla carne**.

#romanzodiformazione

#metamorfosi

#morale

#istruzione

Collodi, che ha tradotto dal francese favole e fiabe, mescola continuamente **realtà e finzione**, personaggi verosimili e fantastici, offrendo una **morale** precisa: in un'Italia ancora linguisticamente divisa in tanti dialetti, in una società in larga parte analfabeta, Pinocchio mostra l'importanza dell'**istruzione scolastica**, del **rispetto dei genitori** e **delle regole**.

29 Carlo Collodi

Gli antagonisti, ovvero il Gatto e la Volpe, rappresentano gli **affaristi** senza scrupoli che si approfittano dell'ingenuità dei poveri. Questi **personaggi animaleschi**, insieme con gli episodi dell'impiccagione di Pinocchio e del finto funerale della Fata turchina, arricchiscono il romanzo di **elementi tenebrosi**, di profonda **risonanza simbolica**.

#simbologia

Come nelle fiabe della tradizione popolare, Pinocchio sperimenta le estreme conseguenze dei propri comportamenti sbagliati, ma alla fine fa tesoro degli errori e lascia spazio alla bontà che lo anima. Dopo 36 vivacissimi capitoli arriva il **lieto fine**: non era scontato viste le premesse; perciò si lascia gustare non come una lezione di pedagogia paternalistica, ma come l'epilogo faticosamente raggiunto di un **racconto vicino al vero**.

#lietofine

Le avventure di Pinocchio: storia di un burattino, capitolo 35°

T33 Pinocchio e Geppetto nel pescecane

TRACCIA 33 — La fantasia del mito, il mito della fantasia

Inghiottito da un mostruoso pescecane, Pinocchio ritrova al suo interno il padre Geppetto, a cui riassume le proprie disavventure: i due insieme tentano la fuga e questa volta il burattino dimostrerà grande maturità.

PER COMINCIARE

1 ATTIVIAMO IL VOCABOLARIO Scrivi sotto ogni immagine il nome dell'animale o della pianta, scegliendolo tra quelli elencati.

uva • montone • lupo • pescecane • quercia • volpe • colombo • serpente • gambero • pappagallo

1. ....
2. .... 
3. .... 
4. .... 
5. .... 
6. .... 
7. .... 
8. .... 
9. .... 
10. .... 

2 DA IERI A OGGI Leggi l'elenco di espressioni usate da Collodi e completa quelle in cui manca la versione attuale.

se' (r. 6): sei
mi' (r. 6): mio
digià (r. 7): di già
a traverso (r. 9): di traverso (male)
cocessi (r. 12): cuocessi
dètte (rr. 13, 59): diede
si messero (rr. 15-16): si misero
dovecché (r. 17): ....

si messe (r. 23): si mise
viceversa (r. 23): invece
colla (r. 28): con la
tu' (r. 31): tuo
venire (r. 32): andare
pover'omo (r. 36): ....
core (r. 37): cuore
Pesce-cane (rr. 44, 59, 76): pescecane

scotendo (r. 48): scuotendo
Ti par egli possibile (r. 49): Ti pare (sembra) possibile
bell'e perduti (r. 65): del tutto persi
sdrucciolare (r. 66): ....
traversarono (r. 70): attraversarono (oltrepassarono)

161

L'Ottocento

Riassunto delle puntate precedenti
Qui inizia l'elenco delle disavventure capitate a Pinocchio a partire dal primo giorno di scuola; Geppetto ha fatto sacrifici enormi per garantire al burattino l'istruzione elementare, ma Pinocchio ha preferito fare altro.

Gli antagonisti: il Gatto e la Volpe
I due personaggi del Gatto e della Volpe ingannano Pinocchio per impossessarsi dei suoi soldi: sono l'esempio di chi si approfitta degli ingenui che non sanno difendersi.

L'aiutante: la Fata
La Fata dai capelli turchini sostituisce la figura materna, ignota al burattino Pinocchio: è lei che lo rimprovera in assenza di Geppetto e lo riconduce sulla via dell'onestà.

Un padre disperato
Geppetto si è messo da solo alla ricerca di Pinocchio, ma è finito nella pancia del pescecane.

RIPASSIAMO
GLI USI DI CI

Il burattino maturato
Siamo ormai alla fine del romanzo: Pinocchio ha imparato a comportarsi da ragazzo maturo ed è lui ora a salvare il padre.

Finalmente gli riuscì di cacciar fuori un grido di gioia, e spalancando le braccia e gettandosi al collo del vecchietto, [Pinocchio] cominciò a urlare: – Oh! babbino mio! finalmente vi ho ritrovato! Ora poi non vi lascio più, mai più, mai più!

5 – Dunque gli occhi mi dicono il vero? – replicò il vecchietto stropicciandosi gli occhi. – Dunque tu se' proprio il mi' caro Pinocchio?

– Sì, sì, sono io, proprio io! E voi mi avete digià perdonato, non è vero? Oh! babbino mio, come siete buono!... e pensare che io, invece... Oh! ma se sapeste quante disgrazie mi son piovute sul capo e quante cose mi son andate a traverso!

10 Figuratevi che il giorno che voi, povero babbino, col vendere la vostra casacca, mi compraste l'Abbecedario per andare a scuola, io scappai a vedere i burattini, e il burattinaio mi voleva mettere sul fuoco perché gli cocessi il montone arrosto, che fu quello poi che mi dètte cinque monete d'oro, perché le portassi a voi, ma io trovai la Volpe e il Gatto, che mi condussero all'Osteria del Gambero Rosso

15 dove mangiarono come lupi, e partito solo di notte incontrai gli assassini che si messero a corrermi dietro, e io via, e loro dietro, e io via e loro sempre dietro, e io via, finché m'impiccarono a un ramo della Quercia Grande, dovecché la bella Bambina dai capelli turchini mi mandò a prendere con una carrozzina, e i medici, quando m'ebbero visitato, dissero subito: "Se non è morto, è segno che è

20 sempre vivo", e allora mi scappò detto una bugia, e il naso cominciò a crescermi e non mi passava più dalla porta di camera, motivo per cui andai con la Volpe e col Gatto a sotterrare le quattro monete d'oro, che una l'avevo spesa all'osteria, e il pappagallo si messe a ridere, e viceversa di duemila monete non trovai più nulla, la quale il giudice quando seppe che ero stato derubato, mi fece subito met-

25 tere in prigione, per dare una soddisfazione ai ladri, di dove, col venir via, vidi un bel grappolo d'uva in un campo, che rimasi preso alla tagliola e il contadino di santa ragione mi messe il collare da cane perché facessi la guardia al pollaio, che riconobbe la mia innocenza e mi lasciò andare, e il serpente, colla coda che gli fumava, cominciò a ridere e gli si strappò una vena sul petto, e così ritornai

30 alla casa della bella Bambina, che era morta, e il Colombo vedendo che piangevo mi disse: "Ho visto il tu' babbo che si fabbricava una barchettina per venirti a cercare" e io gli dissi: "Oh! se avessi le ali anch'io" e lui mi disse: "Vuoi venire dal tuo babbo?" e io gli dissi: "Magari! ma chi mi ci porta?" e lui mi disse: "Ti ci porto io" e io gli dissi: "Come?" e lui mi disse: "Montami sulla groppa" e così abbia-

35 mo volato tutta la notte, poi la mattina tutti i pescatori che guardavano verso il mare mi dissero: "C'è un pover'omo in una barchetta che sta per affogare" e io da lontano vi riconobbi subito, perché me lo diceva il core, e vi feci segno di tornare alla spiaggia... [...] E quant'è che siete chiuso qui dentro? – domandò Pinocchio.

– Da quel giorno in poi, saranno ormai due anni: due anni, Pinocchio mio...
40 che mi son parsi due secoli! [...]

– Allora, babbino mio, – disse Pinocchio – non c'è tempo da perdere. Bisogna pensar subito a fuggire.

– A fuggire?... e come?

– Scappando dalla bocca del Pesce-cane e gettandosi a nuoto in mare.

45 – Tu parli bene: ma io, caro Pinocchio, non so nuotare!

– E che importa?... Voi mi monterete a cavalluccio sulle spalle, e io, che sono un buon nuotatore, vi porterò sano e salvo fino alla spiaggia.

– Illusioni, ragazzo mio! – replicò Geppetto, scotendo il capo e sorridendo malinconicamente. – Ti par egli possibile che un burattino, alto appena un metro
50 come sei tu, possa aver tanta forza da portarmi a nuoto sulle spalle?

162

– Provatevi e vedrete! A ogni modo, se sarà scritto in cielo che dobbiamo morire, avremo almeno la gran consolazione di morire abbracciati insieme.

E senza dir altro, Pinocchio prese in mano la candela, e andando avanti per far lume, disse al suo babbo: – Venite dietro a me, e non abbiate paura. [...]

Un pescecane da fiaba
Il corpo del pescecane si presenta come un ostacolo quasi insormontabile, una prova che Pinocchio deve superare per diventare un essere umano, un bambino maturo in carne e ossa.

55 Detto fatto salirono su per la gola del mostro marino, e arrivati in quell'immensa bocca cominciarono a camminare in punta di piedi sulla lingua; una lingua così larga e così lunga, che pareva il viottolone d'un giardino. E già stavano lì lì per fare il gran salto e per gettarsi a nuoto nel mare, quando, sul più bello, il Pesce-cane starnutì, e nello starnutire, dètte uno scossone così violento, che 60 Pinocchio e Geppetto si trovarono rimbalzati all'indietro e scaraventati nuovamente in fondo allo stomaco del mostro.

Nel grand'urto della caduta la candela si spense, e padre e figliuolo rimasero al buio.

– E ora?... – domandò Pinocchio facendosi serio.

65 – Ora, ragazzo mio, siamo bell'e perduti.

– Perché perduti? Datemi la mano, babbino, e badate di non sdrucciolare!...

– Dove mi conduci?

– Dobbiamo ritentare la fuga. Venite con me e non abbiate paura.

Ciò detto, Pinocchio prese il suo babbo per la mano: e camminando sempre 70 in punta di piedi, risalirono insieme su per la gola del mostro: poi traversarono tutta la lingua e scavalcarono i tre filari di denti. Prima però di fare il gran salto, il burattino disse al suo babbo: – Montatemi a cavalluccio sulle spalle e abbracciatemi forte forte. Al resto ci penso io.

La vista della luna
Il passaggio dal buio alla luce della luna indica che la notte della tentazione e della disperazione è ormai conclusa.

Appena Geppetto si fu accomodato per bene sulle spalle del figliuolo, il bravo 75 Pinocchio, sicuro del fatto suo, si gettò nell'acqua e cominciò a nuotare. Il mare era tranquillo come un olio: la luna splendeva in tutto il suo chiarore, e il Pesce-cane seguitava a dormire di un sonno così profondo, che non l'avrebbe svegliato nemmeno una cannonata.

Raul Verdini, *Pinocchio ritrova Geppetto nel ventre del pescecane*, 1974, disegno

L'Ottocento

ATTIVITÀ

1 **RIPASSIAMO GLI USI DI CI** Riscrivi le frasi sostituendo le espressioni in corsivo con *ci* o *ce* per evitare ripetizioni. Attenzione: *ci* e *ce* vanno prima del verbo.

Esempio: Geppetto ha accompagnato Pinocchio a scuola, ma il burattino non è mai andato *a scuola*.
→ Geppetto ha accompagnato Pinocchio a scuola, ma il burattino non ci è mai andato.

1. Pinocchio è finito nella pancia del pescecane e ha trovato Geppetto *nella pancia*.
→ ....

2. Padre e figlio tentano di fuggire dal pesce gigante, ma a causa di uno starnuto finiscono di nuovo dentro *il pesce gigante*.
→ ....

3. Un colombo dice a Pinocchio di aver visto Geppetto in mare e si offre di portarlo *nel mare*.
→ ....

4. Da bravo nuotatore il burattino invita il padre a mettersi sulle sue spalle e poi penserà lui *a nuotare*.
→ ....

5. Pinocchio fa di tutto per salvare sé stesso e Geppetto: crede veramente *nella loro salvezza*.
→ ....

6. Anche noi abbiamo letto il finale del romanzo, che ha entusiasmato *noi*.
→ ....

2 **PREPARA LA TUA PRESENTAZIONE** Il romanzo di Pinocchio è stato da subito illustrato, per poi entrare nel cinema e persino nel balletto. I personaggi umani, animali e fantastici, le peripezie e il percorso di metamorfosi del protagonista rimangono impressi nella mente di lettori e lettrici, piccoli/e e adulti/e; l'episodio del pescecane, in particolare, acquista un forte valore simbolico, come certi racconti della Bibbia e del mito. Rifletti sul significato formativo del racconto del pescecane e cerca su Internet immagini e fotogrammi tratti da film di questa disavventura di Pinocchio. Riassumi i risultati della tua ricerca in una presentazione digitale, alternando testo, commento personale e figure; puoi scegliere anche una colonna sonora.

Laura Giorgi, *Moby Dick*, 2005, acrilici su carta

30 Gabriele d'Annunzio

Professione
Giornalista e leader d'opinione

Segue
- Maria Hardouin di Gallese ♥
- Francesco Paolo Michetti
- Barbara Leoni ♥
- Maria Gravina Cruyllas ♥
- Renata (figlia)
- Eleonora Duse ♥
- Benito Mussolini

Contatti bloccati
- Censura
- Creditori italiani e francesi

Gruppi
Poeti che si autoproclamano vati

1863 Nasce a Pescara da Francesco Paolo e Luisa de Benedictis.

1881-83 Dopo aver studiato a Prato, si trasferisce a Roma e si iscrive alla facoltà di lettere, che abbandona in favore del giornalismo. Rapisce e sposa Maria Hardouin di Gallese.

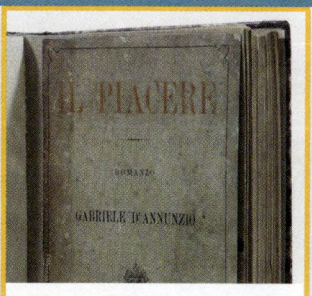

1888-89 Ospite vicino a Pescara dell'amico pittore Francesco Paolo Michetti, scrive e pubblica Il piacere.

1891 Legatosi a Barbara Leoni, lascia la moglie e i tre figli e va a vivere prima vicino a piazza di Spagna, poi a Napoli, dove si innamora della principessa Maria Gravina Cruyllas, da cui nasce la figlia Renata.

1894-97 A Venezia incontra l'attrice Eleonora Duse, suo nuovo amore e compagna di scrittura teatrale. Fa una crociera nel Mediterraneo. È eletto deputato della Destra.

1898-1900 Si trasferisce nella villa La Capponcina vicino a Firenze. Si candida deputato socialista, ma non viene eletto. Progetta la raccolta poetica delle Laudi.

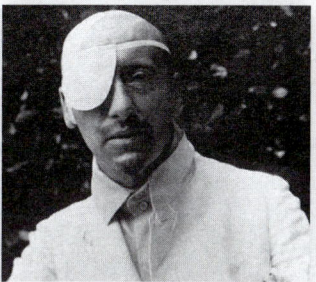

1910-16 Si trasferisce a Parigi. Tutte le sue opere sono messe all'Indice dalla censura. Si pronuncia a favore della Prima guerra mondiale, si arruola e resta ferito a un occhio.

1919-20 Deluso dalle trattative di pace dopo la guerra, occupa la città di Fiume in Dalmazia perché sia assegnata all'Italia, ma il governo gli impone lo sgombero.

1921 Si ritira vicino a Gardone Riviera, nella villa-museo Vittoriale degli italiani.

1938 Muore improvvisamente nel Vittoriale, dove è sepolto.

PARIGI · GARDONE RIVIERA · VENEZIA · FIUME (RIJEKA) · PRATO · FIRENZE · PESCARA · ROMA · NAPOLI

L'Ottocento

Toni Servillo nei panni di Jep Gambardella, fotogramma del film *La grande bellezza*, regia di Paolo Sorrentino, Italia-Francia, 2013

Roma è lo sfondo perfetto per la vita apatica dell'esteta: le rovine dell'antico Impero, gli immensi palazzi barocchi, le orrende architetture fasciste rivelano, dietro i piaceri della dolce vita, un'angoscia profonda.

Gli esteti conducono un'esistenza senza occupazioni precise: l'ossessione per la bellezza, per la vita come opera d'arte li pone al di fuori dell'ordinario.

Jep Gambardella è l'erede cinematografico di Andrea Sperelli: entrambi provenienti da Napoli, presenze fisse nei salotti romani, protagonisti di storie d'amore passionali ma discontinue.

il meme

"Non i suoi cieli irraggia soli ma il mondo Roma."
(G. d'Annunzio, *Elegie romane*, *Congedo*, v. 16)

Il piacere

@EmilioTreves

Nel **1889**, pubblicato dallo stesso visionario editore dei *Malavoglia*, **Emilio Treves**, esce a Milano un romanzo completamente **estraneo alla tradizione italiana**. Già il titolo, *Il piacere*, è uno schiaffo al perbenismo borghese e al moralismo di tanta narrativa ottocentesca. Il suo autore, D'Annunzio, vi ha condensato gran parte delle esperienze sensuali e sessuali fatte a **Roma** negli anni precedenti, quando ha partecipato e spesso influenzato la **mondanità** della **nuova capitale d'Italia**.

@Roma #mondanità

Protagonista del romanzo è un alter ego, un doppio di Gabriele d'Annunzio: si chiama Andrea ed è un conte della nobile famiglia napoletana degli Sperelli-Fieschi d'Ugenta. Rimasto orfano del padre, rotti i rapporti con la madre, Andrea si trasferisce a Roma, dove mette in pratica gli insegnamenti paterni: vive nel **Palazzo Zuccari**, vicino a piazza di Spagna, soddisfa tutte le proprie voglie, si divide tra **due amori**, quello puramente fisico con l'aristocratica **Elena** Muti e quello fatto di attrazione spirituale con **Maria** Ferres, moglie di un diplomatico del Guatemala. Tra appuntamenti galanti, duelli e tappezzerie Andrea combatte contro un **senso di vuoto**: la sua natura oziosa, infatti, gli impedisce di fare progetti a lungo termine ed entrambe le sue relazioni amorose falliscono. Confuso tra le due donne, per un lapsus freudiano, Andrea arriva a chiamare Maria con il nome di Elena.

#dueamori

#arte #esteta

Nel suo personaggio, D'Annunzio incarna il **binomio arte-vita** caro all'**Estetismo** europeo: Sperelli dipinge la propria esistenza come un quadro e legge la realtà attraverso il filtro dell'arte. Ogni minima sensazione, visiva, uditiva, olfattiva, è amplificata dal protagonista, un uomo che rifiuta il contatto con la massa e che si sente membro di un'**umanità superiore**. Il narratore assume la prospettiva del conte e accumula **citazioni letterarie**, riferimenti a **opere d'arte**, **varianti rare** delle parole.

#citazioni

30 Gabriele d'Annunzio

#stileprezioso

La ricerca di uno **stile prezioso**, fuori dall'ordinario, risponde al carattere di Andrea, che parla, pensa e si muove in una **Roma sontuosa**. I monumenti antichi e moderni, i palazzi, le ville, le fontane, le piazze rinascimentali e barocche ma anche i tramonti e le nevicate esaltano quella "grande bellezza" romana che ha dato il titolo al celebre film di Paolo Sorrentino. Così, il conte Sperelli, modellato sulla figura del **dandy**, del **libertino**, del **Don Giovanni**, del **superuomo**, di chi lotta per la vita secondo le teorie di **Darwin**, ha prodotto il suo erede cinematografico. In tutte queste figure l'estetica, il culto assoluto del bello, l'attenzione maniacale per la propria immagine pubblica in ogni dettaglio, perfino nei colori, hanno sostituito senza rimpianti l'etica, la "forza morale", la religione, considerate prerogative della grigia borghesia. È l'inizio dell'era di **Instagram**.

#dandy
@CharlesDarwin

#Instagram

Il piacere, parte 1ª, capitolo 2°

T34 Il ritratto dell'esteta

TRACCIA 34 — Arte, musica, teatro

Per far capire il carattere e i comportamenti di Andrea Sperelli, il narratore ne descrive l'educazione. D'Annunzio vi fonde i ricordi della propria famiglia d'origine (soprattutto del padre borghese), il desiderio di riscatto sociale e le memorie degli anni in cui, a Roma, ha iniziato a costruire il mito di sé stesso.

PER COMINCIARE

1 ATTIVIAMO IL VOCABOLARIO Collega i tratti caratteriali agli aggettivi corretti.

1. senza limiti nello spendere
2. amante della cultura e dell'arte
3. desideroso in maniera eccessiva
4. deciso, con grande forza di volontà
5. guasto, contaminato

a. intellettuale
b. avido
c. corrotto
d. prodigo
e. volitivo

2 DA IERI A OGGI Leggi l'elenco di parole usate da D'Annunzio con la loro versione attuale; quindi riscrivi le quattro espressioni proposte sotto.

giovine (r. 2): giovane	**in cospetto delle realità umane** (r. 14): al cospetto, di fronte alle realtà umane	**imaginazioni** (r. 35): immaginazioni (progetti, idee)
studii varii (r. 7): studi vari (variegati)		**criterii** (r. 37): criteri
a' (r. 7): ai	**esperimento** (r. 16): esperienza	**immatura** (r. 40): prematura (precoce)
coi (r. 8): con i	**forza sensitiva** (r. 18): sensibilità	**ventun anno** (rr. 40-41): ventuno anni
constrizioni di pedaghoghi (r. 10): costrizioni di precettori, insegnanti	**ond'egli** (r. 18): di cui lui	
	rinunzia (r. 23): rinuncia	**ruinata** (r. 51): rovinata (crollata)
passionato (r. 11): appassionato	**Anche** (rr. 30, 32): Inoltre	**bussi profondi** (r. 55): bossi (arbusti a cespuglio) fitti
de' (rr. 12, 43): dei	**intiera** (r. 31): intera	**in torno** (r. 57): intorno
	sopra tutto (r. 33): soprattutto	

1. in cospetto dell'esperimento: ....
2. belle imaginazioni: ....
3. libertà intiera: ....
4. palazzo ruinato: ....

La stirpe di Andrea
Andrea non solo appartiene a una famiglia aristocratica, ma rappresenta la versione moderna del carattere del giovane libertino, amante tanto della cultura quanto dei piaceri.

Il conte Andrea Sperelli-Fieschi d'Ugenta, unico erede, proseguiva la tradizion familiare. Egli era, in verità, l'ideal tipo del giovine signore italiano del XIX secolo, il legittimo campione d'una stirpe di gentiluomini e di artisti eleganti, l'ultimo discendente d'una razza
5 intellettuale.

Egli era, per così dire, tutto impregnato di arte. La sua adolescenza, nutrita di studii varii e profondi, parve prodigiosa. Egli alternò, fino a' vent'anni, le lunghe letture coi lunghi viaggi in compagnia del padre e poté compiere la sua straordinaria educazione estetica sotto la cura

167

L'Ottocento

paterna, senza restrizioni e constrizioni di pedagoghi. Dal padre appunto ebbe il gusto delle cose d'arte, il culto passionato della bellezza, il paradossale disprezzo de' pregiudizii, l'avidità del piacere. [...]

L'educazione di Andrea era dunque, per così dire, viva, cioè fatta non tanto sui libri quanto in cospetto delle realità umane. Lo spirito di lui non era soltanto corrotto dall'alta cultura ma anche dall'esperimento: e in lui la curiosità diveniva più acuta come più si allargava la conoscenza. Fin dal principio egli fu prodigo di sé; poiché la grande forza sensitiva, ond'egli era dotato, non si stancava mai di fornire tesori alle sue prodigalità. Ma l'espansion di quella sua forza era la distruzione in lui di un'altra forza, della forza morale, che il padre stesso non aveva ritegno a deprimere. Ed egli non si accorgeva che la sua vita era la riduzione progressiva delle sue facoltà, delle sue speranze, del suo piacere, quasi una progressiva rinunzia; e che il circolo gli si restringeva sempre più d'intorno, inesorabilmente sebben con lentezza.

Il padre gli aveva dato, tra le altre, questa massima fondamentale: "Bisogna fare la propria vita, come si fa un'opera d'arte. Bisogna che la vita d'un uomo d'intelletto sia opera di lui. La superiorità vera è tutta qui".

Anche il padre, ammoniva: "Bisogna conservare ad ogni costo intiera la libertà, fin nell'ebbrezza. La regola dell'uomo d'intelletto, eccola: – *Habere, non haberi*". Anche, diceva: "Il rimpianto è il vano pascolo d'uno spirito disoccupato. Bisogna sopra tutto evitare il rimpianto occupando sempre lo spirito con nuove sensazioni e con nuove imaginazioni".

Ma queste massime volontarie, che per l'ambiguità loro potevano anche essere interpretate come alti criterii morali, cadevano appunto in una natura involontaria, in un uomo, cioè, la cui potenza volitiva era debolissima. [...]

Dopo la morte immatura del padre, egli si trovò solo, a ventun anno, signore d'una fortuna considerevole, distaccato dalla madre, in balia delle sue passioni e de' suoi gusti. Rimase quindici mesi in Inghilterra. La madre passò in seconde nozze, con un amante antico. Ed egli venne a Roma, per predilezione.

Roma era il suo grande amore: non la Roma dei Cesari ma la Roma dei Papi; non la Roma degli Archi, delle Terme, dei Fòri, ma la Roma delle Ville, delle Fontane, delle Chiese. Egli avrebbe dato tutto il Colosseo per la Villa Medici, il Campo Vaccino per la Piazza di Spagna, l'Arco di Tito per la Fontanella delle Tartarughe. La magnificenza principesca dei Colonna, dei Doria, dei Barberini l'attraeva assai più della ruinata grandiosità imperiale. E il suo gran sogno era di possedere un palazzo incoronato da Michelangelo e istoriato dai Caracci, come quello Farnese; una galleria piena di Raffaelli, di Tiziani, di Domenichini, come quella Borghese; una villa, come quella d'Alessandro Albani, dove i bussi profondi, il granito rosso d'Oriente, il marmo bianco di Luni, le statue della Grecia, le pitture del Rinascimento, le memorie stesse del luogo componessero un incanto in torno a un qualche suo superbo amore. In casa della marchesa d'Ateleta sua cugina, sopra un albo di confessioni mondane, accanto alla domanda "Che vorreste voi essere?" egli aveva scritto "Principe romano".

La figura paterna
Il narratore individua nel padre di Andrea l'origine dei suoi comportamenti: un'educazione irregolare, affidata a massime paradossali, il ruolo secondario della cultura tradizionale, l'invito a non seguire i princìpi morali correnti.

RIPASSIAMO
I PRONOMI PERSONALI INDIRETTI

La quintessenza dell'Estetismo
La missione dell'esteta è quella di far corrispondere la propria vita a un'opera d'arte: tutto deve essere studiato con attenzione, niente lasciato al caso o all'improvvisazione.

Il motto del superuomo
Il padre insegna ad Andrea la frase latina "Possedere, non essere posseduti", ovvero "Prenditi tutto quello che vuoi, senza lasciarti prendere": la frase incarna il mito del superuomo, che si eleva sopra la massa e la vince.

Un nobile inetto
Nonostante le ambizioni da superuomo, Andrea è in fondo un inetto, ossia un uomo debole, indeciso: appartiene a quella tipologia di personaggio inconcludente che ha tanta fortuna nella narrativa italiana tra Ottocento e Novecento.

La Roma dell'esteta
Sperelli non apprezza le architetture antiche, in rovina: quello che lo attrae di Roma sono i monumenti del Rinascimento e del Barocco. Il narratore ne offre vari esempi, citando pittori e palazzi nobiliari tuttora ammirati.

Gli amori
Come Gabriele d'Annunzio, il suo doppio Andrea è immerso in continue avventure sentimentali, spesso con donne già impegnate: il fallimento delle sue relazioni conferma la debolezza decisionale dell'esteta.

ATTIVITÀ

1 **RIPASSIAMO** **I PRONOMI PERSONALI INDIRETTI** Riscrivi le frasi sostituendo la ripetizione in corsivo con il pronome personale corretto (lui/gli/lei/le).

Esempio: Andrea, il protagonista del romanzo, discende da antenati aristocratici e si sente molto legato *agli antenati aristocratici*.
→ *Andrea, il protagonista del romanzo, discende da antenati aristocratici e gli si sente molto legato.*

1. Durante l'adolescenza Andrea viaggia e studia in compagnia del padre, che è orgoglioso di *Andrea*.
→ ....

2. Il padre ha voluto per Andrea un'educazione non ordinaria e ha insegnato *ad Andrea* alcune massime a effetto.
→ ....

3. Nell'animo dell'esteta, il culto del bello combatte contro l'etica e alla fine si impone *all'etica*.
→ ....

4. La madre di Andrea ha avuto una relazione con un altro uomo, che poi si sposa con *la madre*.
→ ....

5. Roma è ricca di monumenti che prima gli imperatori, poi i papi hanno donato *a Roma* per abbellirla.
→ ....

6. Il conte adora Roma: le opere cinquecentesche della città piacciono moltissimo *al conte*.
→ ....

2 **PREPARA LA TUA PRESENTAZIONE** L'autore offre un ritratto completo del conte Andrea Sperelli, che comprende anche i suoi gusti artistici. Nell'ultima parte del brano, infatti, sono citate molte opere, monumenti e artisti italiani che hanno ridisegnato Roma tra Cinquecento e Seicento. Cerca su Internet le immagini dei loro capolavori; quindi, allestisci una presentazione digitale per esporre i risultati della tua ricerca; infine, prova a ricostruire e descrivere il palazzo in cui Andrea sogna di abitare (quartiere, stanze, quadri, colori ecc.).

Federico Zuccari, Girolamo Rainaldi, Palazzo Zuccari, inizio del Seicento (Roma), residenza di Andrea Sperelli nel *Piacere*

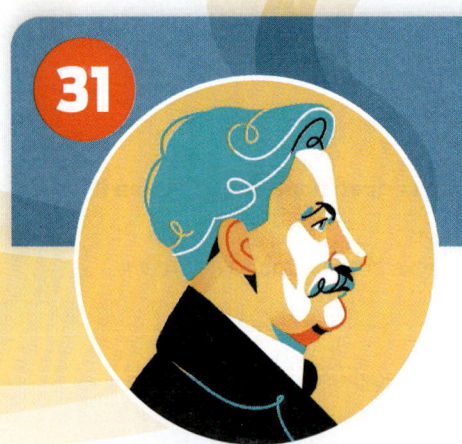

Giovanni Pascoli

Professione
Professore

Segue
- Giosue Carducci
- Anarchici italiani
- Ida Pascoli (sorella)
- Maria (Mariù) Pascoli (sorella)
- Gabriele d'Annunzio

Contatti bloccati
Carcere di Bologna

Gruppi
Simbolismo

1855 Nasce a San Mauro di Romagna da Ruggero, amministratore dei prìncipi Torlonia, e da Caterina Alloccatelli Vincenzi.

1867-68 Ruggero è ucciso da due sicari e il mandante non sarà mai arrestato; muoiono anche la sorella Margherita e la madre, lasciando la famiglia in povertà.

1873 Si iscrive alla facoltà di lettere dell'università di Bologna grazie a una borsa di studio, frequenta le lezioni di Giosue Carducci e si avvicina ad anarchici e socialisti.

1879 È arrestato a Bologna per aver protestato contro la condanna di alcuni anarchici.

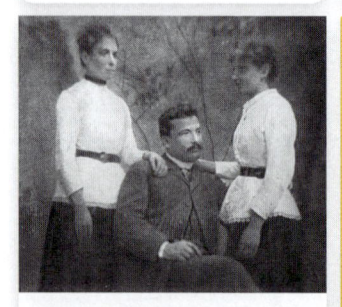

1882-87 Si laurea con una tesi sul poeta greco Alceo ed è nominato professore di liceo a Matera, poi a Massa, quindi a Livorno. Vive con le sorelle Ida e Maria ricostruendo il "nido" familiare.

1891 Pubblica a Livorno la prima edizione di *Myricae* ("Tamerici"), ammirate dal poeta Gabriele d'Annunzio.

1895-97 È nominato professore di grammatica latina e greca all'università di Bologna e poi di Messina.

1902-03 Con l'oro delle medaglie vinte a un concorso di poesia compra con Maria una casa a Castelvecchio, in Garfagnana. È nominato professore all'università di Pisa. Pubblica i *Canti di Castelvecchio*.

1905 È nominato professore di letteratura italiana all'università di Bologna, dopo Carducci.

1912 Muore a Bologna di cirrosi epatica ed è sepolto a Castelvecchio.

BOLOGNA · SAN MAURO · MASSA · CASTELVECCHIO · PISA · LIVORNO · MATERA · MESSINA

31 Giovanni Pascoli

▶ Lo studio di Pascoli nella sua casa di Castelvecchio

Nella casa di Castelvecchio Giovanni cerca di ricostruire il "nido" familiare insieme alla sorella Maria, rimasta nubile.

Dopo la morte di Giovanni, Maria continua a vivere nella casa e infine la dona al Comune di Barga per farne un museo.

il meme

Nello studio si trovano ancora le tre scrivanie di Pascoli: sulla prima lavorava alla poesia in italiano, sulla seconda alla poesia in latino, sulla terza ai saggi critici (soprattutto su Dante).

" È dentro noi un fanciullino che scopre nelle cose le somiglianze e relazioni più ingegnose. "
(G. Pascoli, Il fanciullino, Muglia, Messina 1903)

Myricae

#poesiabucolica

#frammento
#traumi
@RuggeroPascoli

#nido

#natura
#fonosimbolismo

#Simbolismo

#analogie

La prima raccolta poetica di Pascoli esce nel **1891** in occasione del **matrimonio** di un amico: contiene soltanto 22 testi e un titolo in latino, *Myricae*, ovvero "Tamerici", gli arbusti della **tradizione bucolica**. L'opera avrà molte edizioni, fino alla quinta, nell'anno **1900**, che arriva a comprendere 156 poesie. Le *Myricae* sono dunque frutto di una **lunga elaborazione**, che porta anche alla divisione interna della raccolta in varie sezioni. Al pari delle umili piante del titolo, le poesie si presentano come **liriche semplici**, in genere **brevi**, frutto dell'esperienza dell'autore, in particolare dei suoi **traumi** familiari.

Nella *Prefazione* del 1894, Pascoli associa i versi soprattutto alla **morte del padre Ruggero**, fatto uccidere da un rivale che intendeva prendere il suo posto di lavoro. Il lutto comporta per la famiglia la perdita del sostegno morale ed economico, a cui seguono altre **disgrazie** e altre **morti**. Giovanni si lega alle sorelle Ida e Maria e tenta di recuperare almeno con loro il "**nido**", cioè la casa, il focolare domestico. Per questo nelle *Myricae* si piange, si sogna, si ripercorrono le tappe interiori del **dolore** ma anche della **vocazione poetica**.

Eppure Pascoli non biasima la **natura**, scoprendo in essa un'alleata contro la sofferenza. La sua attenzione per il mondo vegetale e animale è resa evidente dal cosiddetto **fonosimbolismo**: nei testi delle *Myricae*, infatti, troviamo sia i versi degli uccelli e degli altri animali (le onomatopee) sia parole italiane che li contengono attraverso suoni evocativi. Con questa tecnica Pascoli mostra le misteriose **corrispondenze** presenti nel mondo naturale e intuite dal poeta, secondo la concezione del **Simbolismo** francese.

Pascoli procede per **libere associazioni**, dando voce al "fanciullino" innocente e creativo che è in lui. La natura o la mente offre uno spunto d'ispirazione a cui il poeta ricollega le varie **immagini**: le *Myricae* non raccontano una storia; rappresentano invece un susseguirsi di **analogie** dai contorni sfumati. Pascoli ama chiamare animali e cose con il loro nome, con precisione quasi scientifica, ma di ciascuno e ciascuna approfondisce le **risonanze interiori**, le suggestioni personali. Le "tamerici" diventano così una specie di lettino psicoanalitico, da maneggiare con cura, senza morbosità.

L'Ottocento

Myricae, sezione *Elegie*

T35 X agosto

Fede e sacro

TRACCIA 35

La morte del padre Ruggero, avvenuta il 10 agosto 1867, è per Giovanni il primo di una serie di lutti e traumi familiari. Pascoli fa risalire l'inizio della distruzione del "nido" proprio a questo evento, un assassinio in piena regola mai risolto dalla giustizia italiana.

PER COMINCIARE

1 ATTIVIAMO IL VOCABOLARIO Pronuncia ad alta voce gli aggettivi della colonna di sinistra in base all'accento segnalato; quindi collegali alla loro definizione.

1. còncavo
2. romìta
3. immòbile
4. attònito
5. seréno
6. opàco

a. superficie curva e piegata verso l'interno
b. persona stupita, impressionata
c. cielo limpido, terso, senza nuvole
d. casa solitaria, abbandonata
e. ambiente buio, resistente alla luce
f. persona ferma, che non si muove

2 DA IERI A OGGI Leggi l'elenco di espressioni usate da Pascoli con la loro versione attuale; quindi riscrivi le tre frasi proposte sotto, cambiando anche l'ordine delle parole se necessario.

tanto di stelle (vv. 1-2): tante stelle
sì gran pianto (v. 3): un pianto così grande (intenso)
ella (v. 7): lei
de' (v. 8): dei
negli aperti occhi (v. 15): negli occhi aperti
in vano (v. 18): invano (inutilmente)

1. Tanto di stelle in cielo brilla. → ....
2. Sì gran pianto il viso attraversa. → ....
3. Ella negli aperti occhi sembra gridare. → ....

La notte delle stelle cadenti
Il 10 agosto, festa del martire san Lorenzo, nel cielo notturno sono visibili le stelle cadenti: la tradizione popolare le interpreta come le lacrime del cielo sulle malvagità degli uomini.

San Lorenzo, io lo so perché tanto
di stelle per l'aria tranquilla
arde e cade, perché sì gran pianto
4 nel concavo cielo sfavilla.

Ritornava una rondine al tetto:
l'uccisero: cadde tra spini:
ella aveva nel becco un insetto:
8 la cena de' suoi rondinini.

Il simbolo della croce
La rondine è stata uccisa come Cristo: il suo martirio acquista una connotazione sacra.

Ora è là, come in croce, che tende
quel verme a quel cielo lontano;
e il suo nido è nell'ombra, che attende,
12 che pigola sempre più piano.

Il nido abbandonato
A causa della morte del genitore i piccoli restano senza cena: il nido, tema ricorrente nella poesia pascoliana, è disperso.

Anche un uomo tornava al suo nido:
l'uccisero: disse: Perdòno;
e restò negli aperti occhi un grido:
16 portava due bambole in dono...

La rondine-padre
Come dimostrano i parallelismi, l'uccello che ritorna dai suoi piccoli è figura (ovvero corrispettivo simbolico) del padre di Pascoli, che si occupava del sostentamento della numerosa famiglia.

RIPASSIAMO
GLI AGGETTIVI USATI COME AVVERBI O CON FUNZIONE PREDICATIVA

Il regalo del padre
Il signor Pascoli stava tornando a casa dal lavoro con due bambole per le figlie piccole Ida e Maria.

172

31 Giovanni Pascoli

L'addio
Il corpo del padre giace a terra come impressionato dalla cattiveria umana e sembra indicare con la mano il cielo.

Ora là, nella casa romita,
lo aspettano, aspettano in vano:
egli immobile, attonito, addita
20 le bambole al cielo lontano.

La Terra buia
Il nostro pianeta, un punto microscopico dell'universo, non brilla di luce propria ma di quella del Sole: simbolicamente il poeta indica che gli uomini, per natura cattivi, rifiutano il bene e arrivano a uccidersi tra loro.

E tu, Cielo, dall'alto dei mondi
sereni, infinito, immortale,
oh! d'un pianto di stelle lo inondi
24 quest'atomo opaco del Male!

Villa La Torre dei principi Torlonia (San Mauro), dove lavorava Ruggero Pascoli

ATTIVITÀ

1 RIPASSIAMO GLI AGGETTIVI USATI COME AVVERBI O CON FUNZIONE PREDICATIVA Completa le frasi con l'aggettivo corretto scegliendolo tra quelli elencati.

netta • distante • triste • sereno • piano • tranquillo • mute

Esempio: La lettera *X* nel titolo della poesia è il numero romano "10": sembra come incisa ....**netta**.......... su una lapide.

1. Il poeta si rivolge .... prima a san Lorenzo, poi al "Cielo", cioè a Dio.
2. Il padre di Pascoli sta tornando a casa ...., non immagina di morire.
3. Le bambole guardano .... il cielo.
4. In attesa della madre, i piccoli pigolano ....
5. Prima di morire, l'uomo perdona .... chi l'ha ucciso.
6. Il cielo assiste alla tragedia impassibile e ....

2 SCRIVI IL TUO SAGGIO La poesia è attraversata da una serie di richiami e parallelismi che creano continue corrispondenze analogiche: tra le stelle cadenti e il pianto del cielo, tra la rondine e il padre, tra il nido abbandonato e la casa dei Pascoli rimasta priva della guida. Inoltre, è molto intensa la simbologia cristiana: la rondine muore in croce come Cristo, mentre il padre invoca il perdono sui propri assassini. Infine, il poeta si rivolge direttamente a un interlocutore divino: san Lorenzo nella prima strofa, il Cielo nell'ultima. Alla luce di questi e di altri elementi da te notati, prova a ricostruire il senso del sacro che emerge dalla poesia, facendo le opportune citazioni, in un saggio di circa 5-6 pagine.

Dal Novecento a oggi

I grattacieli del Centro Direzionale, complesso avveniristico dell'architetto giapponese Kenzō Tange

Basilica di Santa Chiara, distrutta durante i bombardamenti alleati nel 1943 e ricostruita dopo la Seconda guerra mondiale

Il Vesuvio, vulcano ancora attivo

Il porto, dove arrivano e partono imbarcazioni mercantili, traghetti e navi da crociera

Gli eventi del secolo

- **1914-18** Prima guerra mondiale
- **1939-45** Seconda guerra mondiale
- **1946** Istituzione della Repubblica Italiana
- **1993** Trattato di Maastricht e istituzione dell'Unione Europea
- **2007-13** Crisi economico-finanziaria

Le #parole della storia letteraria

#Modernismo In letteratura, tendenza degli anni Venti e Trenta ad aderire alla modernità in tutte le sue manifestazioni più dirompenti, come l'importanza della dimensione soggettiva e il crollo delle certezze dopo la Prima guerra mondiale; si esprime attraverso romanzi psicologici il cui protagonista è un inetto, un antieroe amante della riflessione ma incapace di qualunque decisione attiva.

#Postmodernismo Tendenza nella seconda metà del Novecento a considerare finiti i modi tradizionali della rappresentazione artistica; si manifesta nel rifiuto dei sistemi di pensiero organici, nella constatazione del caos nel mondo e della massificazione della cultura e nella contaminazione di generi letterari diversi.

La città dorata @Napoli

Capitale di un regno secolare, prima città italiana pienamente europea, Napoli è protagonista dei traffici del Mediterraneo e del mondo. Nel Novecento, conosce un impetuoso sviluppo edilizio, la modernizzazione della camorra, diventata mafia internazionale, e un'epidemia di colera. Le architetture all'avanguardia, i quartieri popolari in pieno centro e i collegamenti con le isole di Ischia, Procida e Capri fanno di Napoli una città anfibia, ricca delle proprie contraddizioni.

Sibilla Aleramo

32

Professione
Giornalista

Segue
- Rivista "L'Italia femminile"
- Maria Montessori
- Matilde Serao
- Socialisti
- Luigi Pirandello
- Grazia Deledda
- Giovanni Cena ♥
- Filippo Tommaso Marinetti
- Gabriele d'Annunzio

Contatti bloccati
- Ulderico Pierangeli
- Dino Campana ♥

Gruppi
Femminismo

1876 Rina Faccio nasce ad Alessandria da Ambrogio, ingegnere, ed Ernesta Cottino, che dopo un tentativo di suicidio è ricoverata in manicomio.

1893-95 È violentata da Ulderico Pierangeli, impiegato della fabbrica di Macerata in cui anche lei lavora, e costretta a sposarlo. Nasce un figlio. Inizia a scrivere per varie riviste.

1899 Si trasferisce a Milano con il marito. Dirige la rivista "L'Italia femminile", a cui collaborano la pedagogista Maria Montessori e la scrittrice Matilde Serao. Si avvicina al socialismo.

1902 Lascia la famiglia e si trasferisce a Roma: conosce Luigi Pirandello e Grazia Deledda e si lega allo scrittore Giovanni Cena.

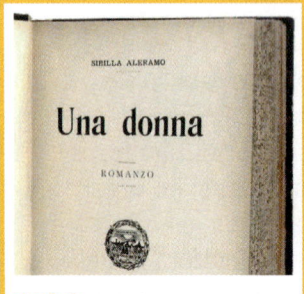

1906 Pubblica *Una donna* con lo pseudonimo di Sibilla Aleramo e intensifica l'impegno sociale.

1913 Conosce e ammira Filippo Tommaso Marinetti, promotore del Futurismo, e D'Annunzio, con cui avvia un rapporto epistolare.

1916 Ha varie relazioni con artisti, scrittrici e scrittori, tra cui il poeta Dino Campana, un rapporto reso drammatico dalle crisi psichiche di lui.

1925-28 Firma il *Manifesto degli intellettuali antifascisti*. Si stabilisce a Roma. In difficoltà economiche, ottiene un sussidio mensile dal governo fascista.

1946 Si iscrive al Partito comunista italiano e collabora con la stampa di sinistra.

1960 Muore a Roma dopo una malattia.

ALESSANDRIA • MILANO • MACERATA • ROMA

176

32 Sibilla Aleramo

→ Gli attori Stefano Accorsi e Laura Morante nei panni di Dino Campana e Sibilla Aleramo, fotogramma del film *Un viaggio chiamato amore*, regia di Michele Placido, Italia, 2002

La storia d'amore di Sibilla Aleramo con il poeta Dino Campana inizia durante la Prima guerra mondiale, nel 1916, sui monti del Mugello, in Toscana.

il meme

Sibilla aiuta Dino con le consulenze psichiatriche e i ricoveri, ma nel 1917, quando il poeta è internato definitivamente, sparisce dalla sua vita e non gli scrive più.

La relazione è tormentata, violenta, aggravata dalle crisi mentali di Dino e dalla gelosia reciproca: gli amici assistono impotenti ai loro insulti di persona e via lettera.

"Questo viaggio chiamavamo amore."
(D. Campana, *In un momento*, v. 8)

Una donna

#autobiografia
#sincerità

Pubblicato nel **1906**, il romanzo *Una donna* è **autobiografico**: non solo perché la narratrice parla in prima persona, ma perché di fatto coincide con l'autrice, che si firma Sibilla Aleramo. Dietro questa scelta, e anche dietro l'intero progetto editoriale, c'è il nuovo compagno di Rina-Sibilla, lo scrittore **Giovanni Cena**, che ben conosce il sofferto passato della donna e la esorta a metterlo per iscritto, sulla scia del pensiero socialista e femminista che sta scuotendo la cultura italiana.

@GiovanniCena

#famiglia

Il romanzo ripercorre l'infanzia della protagonista alternando il **racconto di fatti** più o meno felici con la loro **rivisitazione interiore**: così scopriamo l'affettuoso rapporto della donna con un **padre** presente e progressista, che tuttavia ha una relazione al di fuori del matrimonio; la difficile situazione psichica della **madre**, che dopo un tentativo di suicidio è ricoverata in manicomio fino alla morte, in completa solitudine; lo **stupro** commesso da colui che poi diventa il marito di "una donna", secondo l'oscena prassi del **matrimonio riparatore**; la **nascita del figlio** che non risolve nulla nella coppia e che anzi rende la protagonista sempre più consapevole di quanto la situazione sia insostenibile. La donna prende allora la decisione di lasciare la famiglia per sottrarsi alla "catena": sa di non poter portare con sé il figlio, che anzi rischia di non rivedere più, ma è decisa e compensa in parte il dolore del distacco dedicandogli il proprio libro.

#maternità

#femminismo
#genere
#identitàfemminile

Il romanzo ha una notevole risonanza e viene **tradotto** in varie lingue, con le prevedibili **polemiche** dei "maschi" e anche di alcune femministe. Prevedibili se si pensa che all'epoca, in Italia e non solo, le donne versavano in condizioni materiali oltre che mentali uguali se non peggiori rispetto a quelle della protagonista: senza diritti, senza pari opportunità, molestate impunemente, costrette a matrimoni precoci o alla prostituzione, schiave dell'etica dell'onore e del disonore.

#vitalismo

Non c'è nel romanzo alcuna pretesa di esemplarità, non la voglia di rivoluzione, non un sottinteso ideologico: l'autrice non tace il proprio **vitalismo** nonostante le ingiustizie subite, che riconduce a una mentalità degenere più che alle colpe del singolo marito. In *Una donna* l'io di Sibilla, grande ammiratrice di D'Annunzio, è piegato alla necessità di una narrazione sincera, malinconica. Lo stile raffinato, a tratti lirico, di questo **racconto-sfogo** non deve far dimenticare a donne e uomini la sofferenza che l'ha alimentato e il coraggio che ha spinto l'autrice a divulgarlo.

#sfogo

177

Dal Novecento a oggi

Una donna, capitoli 17° e 20°

T36 Poeti, donne e maternità

TRACCIA 36 — **Questioni di genere**

Riflettendo sul ruolo delle figure femminili nella letteratura italiana, Sibilla approfondisce il tema dell'identità delle donne in rapporto alla maternità: con parole decise e anticonformiste la scrittrice invita le proprie simili a ribellarsi alla tirannia dei maschi e della famiglia patriarcale.

PER COMINCIARE

1 ATTIVIAMO IL VOCABOLARIO Collega ogni espressione alla sua definizione.

1. duetto
2. elogio
3. geroglifico
4. rimorso
5. olocausto

a. sacrificio completo, dedizione totale
b. segno della scrittura degli antichi egizi, difficile da interpretare
c. discorso di lode
d. senso di colpa, insoddisfazione per un'azione malvagia
e. insieme di due elementi, coppia

2 DA IERI A OGGI Leggi l'elenco di parole usate da Sibilla Aleramo e completa quelle in cui manca la versione attuale.

ardimento (r. 10): gesto coraggioso
i poeti nostri (r. 12): i nostri poeti
potettero (r. 15): poterono
fantesca (r. 18): domestica (persona di servizio)

sacrifizio (r. 24): ....
Donde (r. 24): Da dove
servaggio (r. 26): servitù
pel (r. 27): per il
diletta (r. 29): ....

innanzi (r. 36): prima
v'ha da essere (r. 40): ci deve essere
rinunziamo (r. 43): ....

Il potere della parola
Come l'autrice, anche la narratrice collabora a Roma con giornali e periodici femministi, come l'immaginario "Mulier" ("Donna" in latino).

Le donne-idolo della letteratura
Secondo Sibilla, le donne celebrate in poesia (la Beatrice di Dante, la Laura di Petrarca) sono un contenitore di idee e valori vacui: le compagne reali degli scrittori, invece, sono state condannate a una vita ordinaria e anonima.

Vita = Arte
Fedele all'ideale di D'Annunzio, Sibilla vorrebbe far coincidere l'arte e la letteratura con la "vita", parola chiave del suo pensiero.

Una lunga schiavitù
Di generazione in generazione, nelle società patriarcali e maschiliste si tramandano pratiche discriminatorie nei confronti delle donne: umiliazioni e offese istituzionalizzate, simili a quelle subite dagli schiavi.

Mi pareva strano, inconcepibile che le persone colte dessero così poca importanza al problema sociale dell'amore. Non già che gli uomini non fossero preoccupati della donna; al contrario, questa pareva la preoccupazione principale o quasi. Poeti e romanzieri
5 continuavano a rifare il duetto e il terzetto eterni, con complicazioni sentimentali e perversioni sensuali. Nessuno però aveva saputo creare una grande figura di donna.

Questo concetto m'aveva animata a scrivere una lettera aperta ad un giovane poeta che aveva pubblicato in quei giorni un elogio del-
10 le figure femminili della poesia italiana. Fu un ardimento felice, che ebbe un'eco notevole nei giornali e fece parlare di *Mulier* con visibile soddisfazione dell'editore. Dicevo che quasi tutti i poeti nostri hanno finora cantato una donna ideale, che Beatrice è un simbolo e Laura un geroglifico, e che se qualche donna ottenne il canto dei poeti no-
15 stri è quella ch'essi non potettero avere: quella ch'ebbero e che diede loro dei figli non fu neanche da essi nominata. Perché continuare ora a contemplar in versi una donna metafisica e praticare in prosa con una fantesca anche se avuta in matrimonio legittimo? Perché questa innaturale scissione dell'amore? Non dovrebbero i poeti per primi vo-
20 ler vivere una nobile vita, intera e coerente alla luce del sole?

Un'altra contraddizione, tutta italiana, era il sentimento quasi mistico che gli uomini hanno verso la propria madre, mentre così poco stimano tutte le altre donne. [...]

Perché nella maternità adoriamo il sacrifizio? Donde è scesa a noi
25 questa inumana idea dell'immolazione materna? Di madre in figlia, da secoli, si tramanda il servaggio. È una mostruosa catena. Tutte

178

32 Sibilla Aleramo

Eccesso di amore
L'amore esagerato della donna per i figli è interpretato come una forma di compensazione per lo scarso affetto dimostrato verso la propria madre: è, però, un errore, perché comporta l'annichilimento della figura femminile, ridotta al servizio della famiglia.

Una lezione di pedagogia
I genitori devono avvertire la responsabilità del proprio ruolo prima di avere dei figli, non dopo: soltanto allora si raggiungerà un equilibrio sano tra l'essere madre/padre e l'essere donna/uomo.

Il rapporto figli-genitori
Quando nasce un figlio i genitori non devono annullarsi, ma continuare a coltivare la propria personalità indipendentemente.

RIPASSIAMO
GLI USI DI *STESSO*

abbiamo, a un certo punto della vita, la coscienza di quel che fece pel nostro bene chi ci generò; e con la coscienza il rimorso di non aver compensato adeguatamente l'olocausto della persona diletta. Allora
30 riversiamo sui nostri figli quanto non demmo alle madri, rinnegando noi stesse e offrendo un nuovo esempio di mortificazione, di annientamento. Se una buona volta la fatale catena si spezzasse, e una madre non sopprimesse in sé la donna, e un figlio apprendesse dalla vita di lei un esempio di dignità? Allora si incomincerebbe a comprendere
35 che il dovere dei genitori s'inizia ben prima della nascita dei figli, e che la loro responsabilità va sentita *innanzi*, appunto allora che più la vita egoistica urge imperiosa, seduttrice. Quando nella coppia umana fosse la umile certezza di possedere tutti gli elementi necessari alla creazione d'un nuovo essere integro, forte, degno di vivere, da quel
40 momento, se un debitore v'ha da essere, non sarebbe questi il figlio?
Per quello che siamo, per la volontà di tramandare più nobile e più bella in essi la vita, devono esserci grati i figli, non perché, dopo averli ciecamente suscitati dal nulla, rinunziamo all'essere noi stessi…

ATTIVITÀ

1 **RIPASSIAMO GLI USI DI *STESSO*** Sostituisci *stesso* nelle frasi scegliendo l'espressione corretta tra le due proposte.

Esempio: La narratrice del romanzo *Una donna* va identificata con l'autrice *stessa* (*in persona*/*simile*).

1. L'io narrante scrive una lettera aperta sulle figure femminili nella letteratura italiana, ovvero sullo *stesso* (*diverso*/*medesimo*) argomento su cui era già intervenuto un poeta.
2. Secondo la narratrice, *gli stessi* (*persino*/*nemmeno*) Dante e Petrarca hanno privilegiato l'amore ideale rispetto a quello reale.
3. La maternità dovrebbe essere separata dal concetto di identità femminile: è l'autrice *stessa* (*veramente*/*in persona*), da madre, a sostenerlo.
4. Quello della condizione delle donne è lo *stesso* (*simile*/*identico*) tema affrontato ancora oggi da numerose associazioni.
5. Una volta adulti, saranno i figli *stessi* (*in persona*/*identici*) a ringraziare i propri genitori di averli cresciuti senza diventare i loro servi.
6. La corrispondenza tra vita e arte è un obiettivo a cui mira *la stessa* (*forse*/*anche*) Sibilla.

2 **DIALOGA CON L'AUTRICE** Il rapporto tra identità femminile e maternità, insieme a quello tra genitori e figli, è un tema delicato, esposto non solo al contesto culturale di una società ma anche alle sue istituzioni politiche, alla religione e al ruolo attribuito alla "natura". La posizione di Aleramo è chiarissima su questo punto e molto dibattuta; alcune autrici femministe, infatti, hanno criticato la sua decisione di rinunciare alla relazione con il figlio pur di rispettare la propria autonomia come donna. Sulla base della tua esperienza e sensibilità scrivi, come la protagonista del romanzo, una "lettera aperta" all'immaginaria rivista "Mulier" in cui rispondi a una delle tante questioni sollevate nel brano: il ruolo della donna nella letteratura, la dialettica femminilità/maternità oppure i consigli pedagogici sul ruolo dei genitori. Elabora le tue considerazioni in circa 3-4 pagine, esponendo in maniera chiara i tuoi argomenti a favore o contro quelli di Sibilla Aleramo.

Grazia Deledda

Professione
Casalinga

Segue
- Luigi Capuana
- Romanzieri russi
- Gabriele d'Annunzio
- Palmiro Madesani ♥
- Eleonora Duse
- D.H. Lawrence

Contatti bloccati
Luigi Pirandello

Gruppi
Premi Nobel per la Letteratura

1871 Nasce a Nuoro da Giovanni e Francesca Cambosu, benestanti ma dalla mentalità chiusa e patriarcale. Segue studi irregolari, limitati alle scuole elementari e a lezioni private.

1888-89 Pubblica su una rivista di Roma una delle sue prime novelle (*Sangue sardo*) e il suo primo romanzo (*Memorie di Fernanda*).

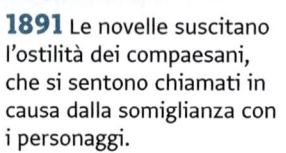

1891 Le novelle suscitano l'ostilità dei compaesani, che si sentono chiamati in causa dalla somiglianza con i personaggi.

1896 Il verista Luigi Capuana conferma e alimenta il successo di Deledda, che continua a scrivere novelle, poesie e romanzi ispirati ai grandi autori europei (soprattutto russi) e a D'Annunzio.

1900 Sposa Palmiro Madesani, impiegato ministeriale a Cagliari, e si trasferisce a Roma, dove conduce una vita tranquilla.

1911 Luigi Pirandello pubblica il romanzo *Suo marito*, ritratto umoristico della coppia Madesani-Deledda.

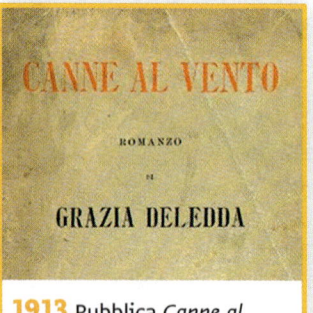

1913 Pubblica *Canne al vento*.

1916 Il suo romanzo *Cenere* viene adattato per un film con Eleonora Duse.

1926 Riceve a Stoccolma il premio Nobel per la Letteratura. D.H. Lawrence scrive la prefazione dell'edizione inglese del romanzo *La madre*.

1936 Muore a Roma. Esce postumo il romanzo autobiografco *Cosima*.

33 Grazia Deledda

🔍 Il monte Orthobène, 955 metri (Nuoro)

il meme

Dal 1901 sulla vetta del monte Orthobène è installata una statua di Cristo Redentore: ogni anno, alla fine di agosto, si celebra una festa in cui la tradizione cristiana si fonde con quelle locali, studiate da Deledda.

Tra le piante della macchia mediterranea vive una fauna di volpi, cinghiali sardi e uccelli maestosi, tutti presenti nelle descrizioni deleddiane.

Le montagne della Sardegna sono di granito rosato: con le loro rocce sono stati edificati monumenti megalitici (come i nuraghi), tombe e conche misteriose.

> "L'Orthobène è il nostro cuore, è l'anima nostra, il nostro carattere, tutto ciò che vi è di grande e di piccolo, di dolce e duro ed aspro e doloroso in noi."
> (G. Deledda, Lettera a Salvator Ruju, 5 settembre 1905)

Canne al vento

@Treves

@Sardegna

Nel **1913**, mentre sta per cominciare la Prima guerra mondiale, Grazia Deledda pubblica a Milano, per la casa editrice **Treves**, il suo romanzo più noto, *Canne al vento*, già uscito a puntate su una rivista. Nel titolo si avverte l'importanza che la scrittrice attribuisce al **paesaggio**: il **magnetico ambiente** della **Sardegna**. Quest'isola, come la Sicilia del Verismo, rappresenta allora una realtà ai margini della grande storia, dell'economia nazionale, del progresso industriale, persino del turismo, che scoppierà negli anni Sessanta, quando il principe Karim Aga Khan "inventerà" la Costa Smeralda. La Sardegna deleddiana è un **luogo dell'anima**, amato, odiato e poi idealizzato una volta che la scrittrice l'avrà lasciato per il "continente" (così gli isolani chiamano la penisola).

#provincia

#figurebibliche

Canne al vento raccoglie una **storia di provincia**, ambientata nel Nuorese, fatta di malintesi e sottintesi, di sospirate partenze e sospirati ritorni, di passioni e morti. Il punto di vista prevalente è quello di **Efix** (leggi: Èfish), un pastore-servo di tre sorelle dai **nomi** e dalla **statura biblica**: Ruth, Ester e Noemi Pintor, nubili e nobili. D'un tratto nella casa delle tre dame piomba **Giacinto**, il figlio di una quarta sorella, Lia, fuggita dal paese e per questo rinnegata (chi lascia la Sardegna è considerato traditore). La presenza del forestiero, che si perde tra gli amori e il gioco d'azzardo, sconvolge il trantran delle zie, prigioniere di un'**esistenza decadente**, in un palazzo che non possono più mantenere.

#religione

Intorno alle protagoniste si muove un universo di personaggi minori i cui ruoli sociali (l'usuraia, il ricco commerciante ecc.) trovano la loro ragion d'essere nelle occasioni pubbliche. Le **feste religiose**, in particolare, segnano le tappe del romanzo, sino al matrimonio finale

181

Dal Novecento a oggi

di don Predu, il sindaco del paese, con la cugina Noemi, la più giovane delle dame Pintor, che in questo modo seppellisce la propria folle passione per il nipote Giacinto e salva la famiglia dalla bancarotta. Con tempismo perfetto, Efix (che si rivela l'omicida del padre Pintor, il feroce don Zame) muore in casa durante le nozze.

Soffia sulle vicende della trama il vento delle canne (i giunchi sardi) portando con sé le voci notturne delle creature della **tradizione locale**: i folletti, le fate, gli spiriti dei morti, che si uniscono agli angeli custodi, alla Madonna e ai santi cattolici. Come una Emily Dickinson della Sardegna, Deledda trasferisce nella letteratura il proprio mondo interiore, che trova l'espressione più ricorrente in un meccanismo di **delitto e castigo** alla **Dostoevskij**. In *Canne al vento* la **tinta veristica** è solo **superficiale**. Le pagine più riuscite sono quelle in cui batte un cuore di **realismo magico** che non si manifesta in episodi soprannaturali, ma scandisce come un sottofondo inquietante, con parole e filastrocche in **lingua sarda**, le relazioni e le azioni dei personaggi.

#folklore
#delittoecastigo
@FëdorDostoevskij
#realismomagico
#sardo

Canne al vento, capitolo 1°

T37 Creature notturne

Fede e sacro

TRACCIA 37

All'inizio del romanzo il protagonista, il povero Efix, si prepara ad andare a dormire: i rumori della notte, però, lo tengono sveglio, ricordandogli che quello è il tempo delle creature magiche, non degli umani.

PER COMINCIARE

1 ATTIVIAMO IL VOCABOLARIO Completa la tabella classificando le parole elencate in base al loro significato. Se hai dubbi, consulta il dizionario.

giunco • cuculo • zirlio • grillo • cinghiale • volpe • ontano • abbaiare • mandorlo • fillirèa • cavallo • euforbia • serpente

ANIMALI	VERSI DI ANIMALI	PIANTE

2 DA IERI A OGGI Leggi l'elenco di parole usate da Grazia Deledda e completale con la loro versione attuale.

annunziare (r. 3): ....
coi (r. 5): ....
il zirlio (r. 10): zirlio ....
vivente (r. 34): ....
durante il corso del sole (r. 38): durante il ....

Una fede semplice e rigorosa
Efix teme i rumori della notte, ma allo stesso tempo nutre una grande fede in Dio: fortuna e disgrazie fanno parte del suo imperscrutabile disegno.

Un passo in lontananza gli fece sollevar gli occhi. Gli sembrò di riconoscerlo; era un passo rapido e lieve di fanciullo, passo d'angelo che corre ad annunziare le cose liete e le tristi. Sia fatto il volere di Dio: è lui che manda le buone e le cattive notizie; ma il cuore
5 cominciò a tremargli, ed anche le dita nere screpolate tremarono coi giunchi argentei lucenti alla luna come fili d'acqua.

Il passo non s'udiva più: Efix tuttavia rimase ancora là, immobile, ad aspettare.

La luna saliva davanti a lui, e le voci della sera avvertivano l'uomo
10 che la sua giornata era finita. Era il grido cadenzato del cuculo, il zirlio dei grilli precoci, qualche gemito d'uccello; era il sospiro delle canne e

RIPASSIAMO
LE FRASI SCISSE

Le canne al vento
La pianta che dà il titolo al romanzo è fin dalla *Commedia* di Dante simbolo di umiltà: colpite dal vento, le canne (o giunchi) si piegano fino a terra e gemono.

33 Grazia Deledda

Una storia antica
Galte, paese in cui è ambientato il romanzo, corrisponde a Galtellì, vicino a Nuoro, nella regione della Baronìa: nel Medioevo era sede di un feudo e di un castello.

Un catalogo del folklore sardo
La notte è il tempo della fantasia, quando il paesaggio si anima di creature dai nomi misteriosi, in sardo: le *panas* ovvero le donne morte di parto, gli spiriti demoniaci (abitanti dell'Inferno), i bambini morti senza battesimo (abitanti del limbo), le fate *janas*, e poi esseri minuti (folletti, nani) o colossali (i giganti), infine animali mostruosi (vampiri, cavalli e serpenti biblici) e angeli.

la voce sempre più chiara del fiume: ma era soprattutto un soffio, un ansito misterioso che pareva uscire dalla terra stessa; sì, la giornata dell'uomo lavoratore era finita, ma cominciava la vita fantastica dei folletti, delle fate, degli spiriti erranti. I fantasmi degli antichi Baroni scendevano dalle rovine del castello sopra il paese di Galte, su, all'orizzonte a sinistra di Efix, e percorrevano le sponde del fiume alla caccia dei cinghiali e delle volpi: le loro armi scintillavano in mezzo ai bassi ontani della riva, e l'abbaiar fioco dei cani in lontananza indicava il loro passaggio.

Efix sentiva il rumore che le *panas* facevano nel lavar i loro panni giù al fiume, battendoli con uno stinco di morto e credeva di intraveder l'*ammattadore*, folletto con sette berretti entro i quali conserva un tesoro, balzar di qua e di là sotto il bosco di mandorli, inseguito dai vampiri con la coda di acciaio.

Era il suo passaggio che destava lo scintillio dei rami e delle pietre sotto la luna: e agli spiriti maligni si univano quelli dei bambini non battezzati, spiriti bianchi che volavano per aria tramutandosi nelle nuvolette argentee dietro la luna: e i nani e le *janas*, piccole fate che durante la giornata stanno nelle loro case di roccia a tesser stoffe d'oro in telai d'oro, ballavano all'ombra delle grandi macchie di fillirèa, mentre i giganti s'affacciavano fra le rocce dei monti battuti dalla luna, tenendo per la briglia gli enormi cavalli verdi che essi soltanto sanno montare, spiando se laggiù fra le distese d'euforbia malefica si nascondeva qualche drago o se il leggendario serpente *cananèa*, vivente fin dai tempi di Cristo, strisciava sulle sabbie intorno alla palude.

Specialmente nelle notti di luna tutto questo popolo misterioso anima le colline e le valli: l'uomo non ha diritto a turbarlo con la sua presenza, come gli spiriti han rispettato lui durante il corso del sole; è dunque tempo di ritirarsi e chiuder gli occhi sotto la protezione degli angeli custodi.

Domus de janas a Lotzorai (Nuoro)
Le necropoli di età preistorica sono formate dalle cosiddette "Case delle fate", antiche tombe scavate nella roccia e presenti in tutta la Sardegna: erano i cimiteri dei villaggi.

Dal Novecento a oggi

ATTIVITÀ

▶ 1 **RIPASSIAMO** **LE FRASI SCISSE** Riscrivi le frasi mettendo in evidenza il soggetto con una frase scissa.

Esempio: Efix ha sentito un rumore in lontananza. → È Efix che ha sentito/ad aver sentito un rumore in lontananza.

1. Il cuore e le mani di Efix tremano di paura.
   → ....
   ....

2. La luce della luna e i versi degli uccelli notturni indicano che la giornata lavorativa è terminata.
   → ....
   ....

3. I folletti, le fate, i fantasmi dei morti e delle morte popolano il bosco di notte.
   → ....
   ....

4. Un gigante ha domato uno degli enormi cavalli verdi nel bosco.
   → ....
   ....

5. Secondo una leggenda sarda, un certo serpente viveva già all'epoca di Gesù Cristo.
   → ....
   ....

6. Efix pensa di non dover disturbare la vita notturna degli spiriti.
   → ....
   ....

▶ 2 **SCRIVI IL TUO SAGGIO** La descrizione del paesaggio notturno è ricca di creature fantastiche, presenti nella mente di Efix e nelle tradizioni secolari della Sardegna. Grazia Deledda, oltre che scrittrice, è anche studiosa del folklore sardo e perciò inserisce nelle proprie opere figure e miti della sua terra. Dopo aver individuato i personaggi principali della scena notturna, prova a esporre le loro possibili origini: chi potrebbero essere i giganti? Da dove deriverebbe la credenza negli "spiriti erranti", nelle *janas* e nelle *panas*? Sono figure riconducibili al paganesimo, al cristianesimo o piuttosto al senso del sacro? Elabora le tue osservazioni in un saggio di circa 4-5 pagine, arricchendole di eventuali paralleli con altre tradizioni culturali a te note dallo studio o dall'esperienza.

◀ Sfilata di *Mamuthones* e *Issohadores* (maschere sarde) al Carnevale di Mamoiada (Nuoro)

34 Luigi Pirandello

Professione
Professore e regista teatrale

Segue
- Maria Antonietta Portolano ❤
- Istituto superiore di magistero di Roma
- Rivista "Nuova Antologia"
- Nino Martoglio
- Teatro Olimpia
- Partito nazionale fascista
- Marta Abba ❤
- Albert Einstein

Contatti bloccati
Stefano Pirandello (padre)

Gruppi
Premi Nobel per la Letteratura

1867 Nasce ad Agrigento (allora Girgenti), nel casale detto Caos, da Stefano, commerciante di zolfo e patriota, e Caterina Ricci Gramitto.

1886-91 Si iscrive alla facoltà di legge e a quella di lettere a Palermo, poi a Roma, quindi a Bonn, dove si laurea. Si trasferisce a Roma e avvia varie collaborazioni letterarie.

1894-98 Sposa Maria Antonietta Portolano, figlia di un socio del padre. Pubblica la prima raccolta di novelle. Insegna all'Istituto superiore di magistero di Roma.

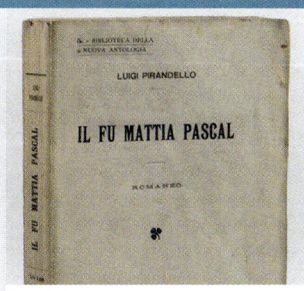

1903-04 Il padre fa precipitare la famiglia in una grave crisi finanziaria, che costa ad Antonietta la salute mentale. Esce a puntate sulla rivista "Nuova Antologia" il romanzo *Il fu Mattia Pascal*.

1910 Con l'aiuto del commediografo Nino Martoglio mette in scena a Roma i suoi primi lavori teatrali.

1917 Mette in scena al Teatro Olimpia di Milano *Così è (se vi pare)*.

1923-24 Viaggia a New York. Si iscrive al Partito nazionale fascista e dirige il Teatro d'Arte. Conosce l'attrice Marta Abba, sua nuova compagna. Lavora a Londra, Parigi e Berlino.

1934 Riceve il premio Nobel per la Letteratura a Stoccolma.

1935 Viaggia negli Stati Uniti, dove incontra Albert Einstein e collabora alla riduzione cinematografica dei propri lavori.

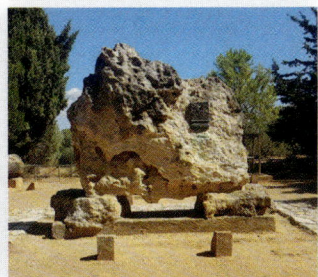

1936 Muore a Roma di broncopolmonite e le sue ceneri sono deposte nella sua casa natale.

Dal Novecento a oggi

Francobollo commemorativo di Luigi Pirandello stampato dall'Impero centroafricano (oggi Repubblica) su disegno di Gyula Làszlò Vasàrhelvi, 1977

Nel teatro pirandelliano la maschera non è solo uno strumento drammaturgico: è la manifestazione di ciò che vogliamo sembrare, di ciò che gli altri pensano di noi.

il meme

Il tema centrale del teatro pirandelliano è il difficile binomio tra vita autentica, intima, istintiva, e maschera o forma sociale imposta dall'esterno.

" *Senza saperlo ci mascheriamo di ciò che ci par d'essere.*
(L. Pirandello, *Enrico IV*, atto 3°)

Così è (se vi pare)

#provincia — In una città della **provincia italiana** irrompe una nuova famiglia, un **trio** composto da due donne (la signora Frola, adulta, e la signora Ponza, giovane) e un uomo (il signor Ponza, della stessa età della signora Ponza). Questi lavora per il consigliere Agazzi, notabile locale, ma l'identità delle sue compagne è un mistero. Le voci paesane e pettegole formulano

#ipotesi — **due ipotesi**:
▶ la giovane potrebbe essere **Lina**, ovvero la prima moglie del signor Ponza e figlia della signora Frola; a quest'ultima sarebbe proibito di vederla a causa della gelosia del signor Ponza nei confronti della moglie;
▶ la giovane potrebbe essere **Giulia**, ovvero la seconda moglie del signor Ponza, che l'avrebbe sposata dopo la morte della prima, figlia della signora Frola; quest'ultima, pazza di dolore, la crederebbe ancora viva.

Per sciogliere i propri dubbi, i borghesi e le borghesi del luogo organizzano con i nuovi arrivati dei veri e propri **interrogatori**, che però falliscono.

#dramma #relativismo
@AlbertEinstein
#apparire #essere
— Nel **dramma** - inizialmente una novella - trionfa il cosiddetto **relativismo**, con cui negli stessi anni lo scienziato **Albert Einstein** sta rivoluzionando la fisica. Come annuncia il titolo, infatti, nella realtà sociale **l'apparire** (*se vi pare*) **si impone sull'essere** (*Così è*) e quello che si considera un fatto assoluto, indiscutibile, è soggetto a diverse **interpretazioni**, tutte valide.

#dilemma
#ironia
#compassione
— Fin dalla prima a Milano, nel 1917, il pubblico si aspetta una soluzione per il dramma; invece, il **dilemma** resta irrisolto, fra le risate del personaggio di Laudisi, alter ego di Pirandello. Mentre l'**ironia** apre uno squarcio nella logica binaria dei provinciali, la signora Frola li invita alla pietà: la **compassione** e la **solidarietà**, virtù sconosciute alle malelingue di paese, sono l'unica terapia possibile in un mondo che si compiace di finte certezze

#maschere — e di **maschere**.

Pirandello stravolge il clima confortevole del salotto e del teatro borghese, in cui si celebrano i riti della **morale tradizionale** (la famiglia, la rispettabilità, il buon senso): l'appartamento diventa un tribunale e le domande degli inquisitori colpiscono allo stesso

34 Luigi Pirandello

#verità #perbenismo

modo dei manganelli fascisti. Oltre a presentarsi come la tragedia del fallimento della **verità**, *Così è (se vi pare)* denuncia l'insulso **perbenismo della borghesia**, che non sopporta lo straniero, l'ignoto, il diverso. Non si arriva alle estreme conseguenze di un film come *Dogville*, ma le premesse ci sono tutte.

Così è (se vi pare), atto 3°, scena 9ª

T38 Quale verità?

TRACCIA 38 — Arte, musica, teatro

Alla fine del dramma tutti, personaggi e pubblico, si aspettano la risposta alla domanda che ha suscitato la loro curiosità: chi è davvero la signora Ponza? La donna compare in scena, ma la sua identità resta sfuggente.

PER COMINCIARE

1 ATTIVIAMO IL VOCABOLARIO Osserva i rapporti di parentela proposti nello schema; quindi rispondi alle domande scegliendo l'alternativa corretta tra le due proposte.

SIGNORA FROLA (madre)
|
SIGNOR PONZA —— SIGNORA PONZA (figlia)

1. Chi è il signor Ponza per la signora Frola? Il *genero/suocero*.
2. Chi è la signora Frola per il signor Ponza? La *matrigna/suocera*.
3. Chi è la signora Ponza per il signor Ponza? La *moglie/sorella*.
4. Chi è la signora Ponza per il padre del signor Ponza? La *figliastra/nuora*.

2 DA IERI A OGGI Leggi l'elenco di espressioni usate da Pirandello con la loro versione attuale; quindi indica se le tre frasi proposte sotto sono corrette (C) oppure sbagliate (S).

DETTI (r. 1): già citati (nelle scene precedenti)	*in gramaglie* (r. 3): vestita a lutto, di nero	*spiccato* (r. 29): ben distinto, scandito
dar passo alla (r. 2): lasciar passare la	*col* (r. 3): con il	*mi si crede* (r. 36): si crede che io sia
	carezzandosi (r. 20): accarezzandosi	*Tela* (r. 41): Sipario

1. Quando un nome o un concetto non è mai stato citato può essere sostituito con la parola "detto".   C   S
2. In passato, in Italia, le vedove si presentavano per molto tempo, a volte per anni, in gramaglie, per osservare il lutto.   C   S
3. Quando finisce un'opera teatrale, in genere cala il sipario (o tela).   C   S

DETTI, *la* SIGNORA PONZA, *poi il* SIGNOR PONZA.

Tutti si scosteranno da una parte e dall'altra per dar passo alla signora Ponza che si farà avanti rigida, in gramaglie, col volto nascosto da un fitto velo nero, impenetrabile.

SIGNORA FROLA (*cacciando un grido straziante di frenetica gioia*) Ah! Lina... Lina...
5 Lina... (*E si precipiterà e s'avvinghierà alla donna velata, con l'arsura d'una madre che da anni e anni non abbraccia più la sua figliuola. Ma contemporaneamente, dall'interno, si udranno le grida del signor Ponza che subito dopo si precipiterà sulla scena*)

SIGNOR PONZA Giulia!... Giulia!... Giulia!... (*La signora Ponza, alle grida di lui,*
10 *s'irrigidirà tra le braccia della signora Frola che la cingono. Il signor Ponza, sopravvenendo, s'accorgerà subito della suocera così perdutamente abbracciata alla moglie e inveirà furente*) Ah! L'avevo detto io! Si sono approfittati così, vigliaccamente, della mia buona fede?

Tutti in scena
Nell'ultima scena del dramma ci sono tutti i personaggi della città di provincia citati nelle precedenti: tra questi, il consigliere Agazzi e la moglie Amalia, il prefetto, il commissario Centuri e Lamberto Laudisi, fratello di Amalia.

Le didascalie
Pirandello guida i propri attori e attrici attraverso le didascalie, stampate in carattere corsivo: in questo caso la signora Frola urla di gioia perché ritiene di incontrare finalmente la propria figlia Lina (che invece per Ponza è Giulia, la sua seconda moglie).

15	SIGNORA PONZA	(*volgendo il capo velato, quasi con austera solennità*) Non temete! Non temete! Andate via.
	SIGNOR PONZA	(*piano, amorevolmente, alla signora Frola*) Andiamo, sì, andiamo...
	SIGNORA FROLA	(*che si sarà staccata da sé, tutta tremante, umile, dall'abbraccio, farà eco subito, premurosa, a lui*) Sì, sì... andiamo, caro, andiamo...

20 E tutti e due abbracciati, carezzandosi a vicenda, tra due diversi pianti, si ritireranno bisbigliandosi tra loro parole affettuose. Silenzio. Dopo aver seguito con gli occhi fino all'ultimo i due, tutti si rivolgeranno, ora, sbigottiti e commossi alla signora velata.

	SIGNORA PONZA	(*dopo averli guardati attraverso il velo dirà con solennità cupa*) Che altro possono volere da me, dopo questo, lor signori? Qui c'è
25		una sventura, come vedono, che deve restar nascosta, perché solo così può valere il rimedio che la pietà le ha prestato.
	IL PREFETTO	(*commosso*) Ma noi vogliamo rispettare la pietà, signora. Vorremmo però che lei ci dicesse –
	SIGNORA PONZA	(*con un parlare lento e spiccato*) – che cosa? la verità? è solo questa:
30		che io sono, sì, la figlia della signora Frola –
	TUTTI	(*con un sospiro di soddisfazione*) – ah!
	SIGNORA PONZA	(*subito come sopra*) – e la seconda moglie del signor Ponza –
	TUTTI	(*stupiti e delusi, sommessamente*) – oh! E come?
	SIGNORA PONZA	(*subito come sopra*) – sì; e per me nessuna! nessuna!
35	IL PREFETTO	Ah, no, per sé, lei, signora: sarà l'una o l'altra!
	SIGNORA PONZA	Nossignori. Per me, io sono colei che mi si crede.

Guarderà attraverso il velo, tutti, per un istante; e si ritirerà. Silenzio.

	LAUDISI	Ed ecco, o signori, come parla la verità! (*Volgerà attorno uno sguardo di sfida derisoria.*) Siete contenti? (*Scoppierà a ridere*) Ah!
40		ah! ah! ah!

Tela

RIPASSIAMO
LA FORMA DI CORTESIA (LEI/LORO)

Il rimedio della compassione
Di fronte al turbamento di Ponza e Frola, entrambi sconvolti dall'incontro con la giovane donna, l'unico rimedio è la pietà, che però nessuno vuole concedere loro.

Due logiche opposte
I concittadini ragionano secondo la logica tradizionale (la verità è una sola), mentre la signora Ponza soddisfa più alternative contemporaneamente (la verità è relativa).

Risata d'autore
L'ironia di Laudisi, che ride alla fine di ogni atto e dietro il quale si cela Pirandello stesso, svela l'inconsistenza delle certezze assolute: la verità di per sé non esiste; esiste solo in rapporto a un soggetto.

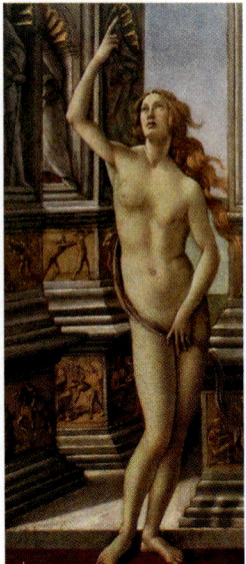

Sandro Botticelli, *La Verità*, 1496, tempera su tavola (Firenze, Gallerie degli Uffizi), particolare della *Calunnia*

L'attrice Lucy Notorio nei panni della signora Ponza nella produzione di Enzo Rapisarda, 1997

Il pittore rinascimentale raffigura l'allegoria della Verità nuda, con lo sguardo e il dito puntati verso il cielo; Pirandello, al contrario, ne fa una figura velata, scura, impenetrabile e relativa.

ATTIVITÀ

1 **RIPASSIAMO** **LA FORMA DI CORTESIA (*LEI/LORO*)** Quando ci si rivolge a una o più persone sconosciute o verso le quali si vuole mostrare rispetto, l'italiano prevede la forma di cortesia (il cosiddetto *lei*, al plurale *loro*). Trasforma le frasi dal *tu* al *lei* oppure dal *voi* al *loro*.

Esempio: Puoi mostrare un po' di compassione verso quel pover'uomo? → Può mostrare un po' di compassione verso quel pover'uomo?

1. Pensi che la verità sia una sola oppure più di una? →
2. Perché avete voluto torturarci nella nostra sventura? →
3. Vieni con me, abbracciami e stai tranquillo! →
4. Che cosa vuoi da me ora che sono arrivata? →
5. Sta' in silenzio e non fare più domande! →
6. Dovete capire che entrambe le opinioni sono valide. →

2 **SCRIVI IL TUO SAGGIO** La scena finale di *Così è (se vi pare)* mette in luce il relativismo conoscitivo, per cui la verità non è mai una sola; anzi la verità di un individuo è compatibile con la verità di un altro individuo, anche quando le due sembrano in contraddizione. È, questo, un tema caro al pensiero filosofico ma anche matematico del Novecento. Rifletti sulla percezione della verità dal Novecento al nostro secolo, partendo dalla figura della signora Ponza: quale verità si cerca oggi? Che rapporto c'è tra verità e menzogna negli studi, nella società, nell'informazione? Elabora le tue considerazioni formulando una tesi chiara in rapporto con l'opera di Pirandello in un saggio di 5-6 pagine.

Il fu Mattia Pascal, Il tragico antico e il tragico moderno → **EXTRA**

il troll — Pirandello fascista?

Come per D'Annunzio e per tanti scrittori e scrittrici vissuti/e sotto il fascismo, anche per Pirandello ci si interroga sui suoi rapporti con la dittatura e con il suo principale artefice, Benito Mussolini. Vediamo i fatti che riguardano Pirandello:

- **aderisce al partito fascista** nel settembre del 1924, quando Mussolini ha già mostrato il lato autoritario del nuovo regime, facendo uccidere il deputato socialista Giacomo Matteotti;
- **firma il *Manifesto degli intellettuali fascisti*** scritto dal filosofo Giovanni Gentile nel 1925;
- **dirige il Teatro d'Arte a Roma**, finanziato dal governo di Mussolini, ed è nominato **Accademico d'Italia**, la massima onorificenza in un'istituzione voluta dal fascismo;
- **difende l'impresa coloniale in Etiopia**, invasa dall'esercito fascista nel 1935-36.

Se alcuni di questi fatti possono essere motivati con l'**opportunismo** (ad esempio la ricerca di fondi per la propria compagnia teatrale), altri, come il sostegno al colonialismo, sono oggi giustamente indifendibili. E poco conta che Pirandello non sia solo: gli intellettuali che intuiscono da subito la deriva pericolosa del governo di Mussolini e che poi si oppongono all'invasione dell'Africa sono pochi e perseguitati.

D'altra parte, Pirandello non viene mai "sfruttato" dal regime; anzi, i **temi** dei suoi drammi e dei suoi romanzi sono molto **poco fascisti**, tanto da fargli vincere il premio Nobel per la Letteratura nel 1934: la disillusione rispetto al mito del Risorgimento, il relativismo, la dissoluzione dell'unità dell'io mal si conciliano con la volontà di Mussolini di far rinascere l'Impero romano secondo una forte ideologia nazionalistica. Infine, contro la proposta del regime di organizzare funerali di Stato, la famiglia Pirandello rispetta le volontà di Luigi: **cerimonia privata**, cremazione, collocazione delle ceneri ad Agrigento. Non è il gesto di un martire della libertà ma nemmeno quello di un fanatico del duce-mia-luce.

Umberto Saba

Professione
Impiegato e libraio

Segue
- Felicita Rachel Coen (madre)
- Giuseppina Gobrovich
- Carolina (Lina) Woelfler ♥
- Linuccia Saba (figlia)
- Edoardo Weiss
- Sigmund Freud
- Carlo Cerne
- Eugenio Montale

Contatti bloccati
- Ugo Edoardo Poli (padre)
- Partito nazionale fascista

Gruppi
Psicoanalisi

1883 Umberto Poli nasce a Trieste (allora nell'Impero austro-ungarico) da Ugo Edoardo, che abbandona la famiglia, e Felicita Rachel Coen, di origini ebraiche; il piccolo Berto è affidato alla balia cattolica Giuseppina Gabrovich.

1903-09 Dopo aver lavorato in un'attività commerciale, segue alcuni corsi all'università di Pisa e ha i primi segni di una malattia nervosa. Vive a Firenze, poi rientra a Trieste e sposa con rito ebraico Carolina (Lina) Woelfler.

1910 Nasce la figlia Linuccia e pubblica il volume *Poesie* con lo pseudonimo Umberto Saba.

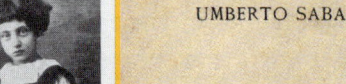

1919-21 Dopo la Prima guerra mondiale acquista una libreria antiquaria a Trieste (città passata al Regno d'Italia) e pubblica la prima edizione del *Canzoniere*.

1929-31 Va in analisi da Edoardo Weiss, allievo di Sigmund Freud.

1938-43 A causa delle leggi razziste del fascismo cede la libreria al commesso Carlo Cerne: i Saba vivono nascosti in più di dieci case diverse a Firenze, accolti fra gli altri da Eugenio Montale.

1945-48 Si trasferisce a Roma, dove collabora con varie riviste, e poi a Milano. Rientra definitivamente a Trieste. Le crisi nervose lo costringono a continui ricoveri.

1953 Lavora al romanzo autobiografico *Ernesto*, che per la tematica omosessuale non viene considerato pubblicabile (sarà stampato postumo dalla figlia).

1957 Muore d'infarto in una clinica di Gorizia; è sepolto a Trieste.

1961 Esce postuma l'edizione definitiva del *Canzoniere*.

35 Umberto Saba

Umberto Saba risale una via di Trieste

Trieste è lo sfondo prediletto delle poesie sabiane: i suoi quartieri popolari, vicino al porto, fanno sentire al poeta anziano la forza della vita.

Pipa in bocca e bastone in mano, Saba è spesso ricordato come un uomo che cammina: a volte osserva, a volte maledice l'Italia "porca".

La figura dell'adolescente è per Saba simbolo di vitalità ma anche di perturbante erotismo: di uno, Federico Almansi, figlio di un amico, si innamora.

> Qui tra la gente che viene che va
> dall'osteria alla casa o al lupanare,
> dove son merci ed uomini il detrito
> di un gran porto di mare,
> io ritrovo, passando, l'infinito
> nell'umiltà.
>
> (U. Saba, *Città vecchia*, vv. 5-10)

Il canzoniere

#tradizione
@FrancescoPetrarca

Nella sua raccolta poetica, Umberto Saba si richiama al re dei canzonieri medievali, quello di **Petrarca**. Fin dalla prima edizione, stampata nel **1921** con l'insegna della sua libreria di **Trieste**, Saba sceglie un **titolo spiazzante**, che sa di antico: *Il canzoniere*. Spiazzante perché in quegli anni la poesia italiana guarda altrove: ci sono gli ermetici, fedeli all'idea di una lirica "pura", in parte astrusa; c'è il vate D'Annunzio che scrive, combatte e vola per la patria non lontano da Trieste; ci sono i crepuscolari, che non sopportano D'Annunzio e propongono una poesia delle piccole cose; c'è Eugenio Montale, che va per una strada tutta sua (→ p. 194); ci sono infine i futuristi, una delle avanguardie storiche, che insultano la tradizione e persino la grammatica.

#psicoanalisi

#io

@Trieste

Saba sceglie una poesia dal **carattere narrativo**, che racconta, come un romanzo, gli eventi esterni, consapevole delle loro risonanze psicologiche. Più che una terapia, la **psicoanalisi** per il poeta è uno strumento di indagine interiore, che parte dall'infanzia, dalle figure dei genitori, della balia, della città d'origine, ovvero dal nucleo dei turbamenti dell'adulto. Se l'**io** del *Canzoniere* petrarchesco era quello di un uomo soprattutto innamorato e dubbioso, l'io del *Canzoniere* sabiano parla di un po' di tutto: della moglie, di **Trieste**, di solitudine e voglia di comunione, di guerra, di fanciulli e fanciulle, insomma di **vita**, anche quando incombe la morte.

#trevolumi

Il canzoniere sabiano si arricchisce di nuovi testi nel corso degli anni, fino all'edizione definitiva del 1961, pubblicata postuma e contenente poesie **dall'anno 1900 al 1954**. Il libro è diviso in **tre volumi**:
- il primo è dedicato alla **giovinezza** (1900-20);
- il secondo affronta la **maturità** (1921-32), ma ripercorre anche l'**infanzia**;

#vitalismo
- il terzo raccoglie le poesie della **vecchiaia** (1933-54), permeate da un estremo **vitalismo**.

191

Dal Novecento a oggi

I testi, pubblicati altrove o in raccolte autonome, ricevono nella collocazione del *Canzoniere* un nuovo **significato**: vanno letti in successione, come tappe di un itinerario; Saba li commenta in terza persona nel volume *Storia e cronistoria del Canzoniere*. Oltre che nel titolo, l'autore si mostra fedele alla tradizione italiana anche nelle scelte metriche: tanti sonetti, tanti omaggi ai grandi come Leopardi e persino ai libretti d'opera. Il suo è un **rinnovamento pacato**, senza rotture clamorose ma allo stesso tempo deciso, orientato a una **poesia** che lui stesso definisce "**onesta**", ovvero fedele alla propria ispirazione: non finta, non ostentata, ma autentica.

#rinnovamento
#poesiaonesta

Il canzoniere, volume 2°, sezione *Autobiografia (1924)*

T39 Leggerezza paterna, pesantezza materna

Questioni di genere
TRACCIA 39

In questo sonetto autobiografico Saba ricostruisce il proprio rapporto con un padre assente e una madre presente: nei genitori, figure fondamentali secondo la psicoanalisi di Freud, il poeta riconosce due individui che sono l'uno l'opposto dell'altra.

PER COMINCIARE

1 ATTIVIAMO IL VOCABOLARIO Collega ogni parola al suo significato.

1. assassino
2. dono
3. pellegrino
4. gaio

a. vagabondo senza meta oppure verso un luogo sacro
b. regalo, qualità
c. allegro, gioioso
d. omicida e in generale malvagio, cattivo

2 DA IERI A OGGI Leggi l'elenco di espressioni usate da Saba con la loro versione attuale; quindi completa la riscrittura delle tre frasi proposte sotto scegliendo le parole originali del poeta per sostituire quelle in corsivo.

che (v. 2): quando, in cui	**pasciuto** (v. 8): nutrito	**tenzone** (v. 14): contesa, disputa
egli (vv. 3, 9): lui	**ei** (v. 11): egli (lui)	
pel (v. 7): per il	**gli** (v. 11): le (a lei)	

1. Il giorno *in cui* (.................) ti ho incontrato avevo vent'anni.
2. Quell'uomo ha un aspetto florido: sembra ben *nutrito* (.................).
3. I duellanti erano pronti per la *disputa* (.................).

RIPASSIAMO
I POSSESSIVI CON I NOMI DI PARENTELA

Un incontro tardivo
L'incontro con il padre avviene nel 1903, ma non ricompone la separazione; Umberto, vicino alla psicoanalisi, sa che questa situazione, risalente all'infanzia, ha avuto conseguenze profonde su di lui.

Leggerezza contro pesantezza
Secondo la terminologia di Freud, la madre incarna il principio di realtà, il peso delle responsabilità, mentre il padre il principio del piacere, una leggerezza istintiva, sganciata dalla morale e dalla ragione.

Mio padre è stato per me "l'assassino",
fino ai vent'anni che l'ho conosciuto.
Allora ho visto ch'egli era un bambino,
4 e che il dono ch'io ho da lui l'ho avuto.

Aveva in volto il mio sguardo azzurrino,
un sorriso, in miseria, dolce e astuto.
Andò sempre pel mondo pellegrino;
8 più d'una donna l'ha amato e pasciuto.

Egli era gaio e leggero; mia madre
tutti sentiva della vita i pesi.
11 Di mano ei gli sfuggì come un pallone.

"Non somigliare – ammoniva – a tuo padre".
Ed io più tardi in me stesso lo intesi:
14 eran due razze in antica tenzone.

Un insulto familiare
Il padre di Umberto ha abbandonato la madre ancora prima del parto: essendo vicino ai patrioti italiani ribelli all'Impero austro-ungarico, era stato arrestato e bandito da Trieste. Nelle conversazioni casalinghe è indicato con epiteti negativi, nemmeno nominato; Umberto ne rifiuta il cognome.

Quale "dono"?
Dopo l'incontro con il padre, Umberto si rende conto di assomigliargli: forse per gli occhi (lo "sguardo azzurrino"), forse per l'amore fanciullesco per la vita.

35 Umberto Saba

ATTIVITÀ

▶ **1** **RIPASSIAMO** **I POSSESSIVI CON I NOMI DI PARENTELA** Leggi le frasi e aggiungi l'articolo determinativo negli spazi soltanto se necessario.

Esempio: Saba incontra ___X___ suo padre soltanto all'età di vent'anni; ha potuto studiare e lavorare grazie alla madre e alle risorse che ___le___ sue zie materne gli avevano messo a disposizione.

1. Quando Saba nasce, nel 1883, ... suoi genitori si sono già separati.
2. Il piccolo Berto è affidato da .... sua madre alle cure di una tata slovena.
3. Il poeta rifiuta .... proprio padre anche nel nome; secondo alcuni studiosi, Umberto cambia cognome in omaggio alle origini ebraiche della famiglia materna: *saba*, infatti, in ebraico significa "nonno".
4. Il poeta ritiene che .... suo padre sia una figura leggera, spensierata, diversa da quella dell'"assassino" di cui gli parlava .... sua madre.
5. Saba si rende conto che .... sua mamma rigorosa e .... suo papà farfallone appartengono come a due specie diverse.
6. Saba chiama .... sua figlia come .... sua moglie: Lina o Linuccia.

▶ **2** **SCRIVI IL TUO SAGGIO** Dalla poesia emerge una concezione ben precisa non solo della maternità (associata alla pesantezza dei doveri) e della paternità (associata alla leggerezza dei piaceri), ma anche del femminile e del maschile. In un saggio di circa 5-6 pagine, esponi le caratteristiche che Saba attribuisce alle figure dei genitori e al loro modo di vivere la propria identità; basa le tue considerazioni sulle espressioni usate da Saba, che dovrai citare puntualmente (puoi servirti sia dei versi della poesia sia del brano tratto dal romanzo *Ernesto* ➔ **EXTRA**).

Ernesto, Il coming out del giovane Ernesto ➔ **EXTRA** ⓘⓦ

CARTA GEOSTORICA

L'ITALIA DALLA PRIMA GUERRA MONDIALE AL FASCISMO

— Confine italiano all'ingresso in guerra
— Confine italiano dopo i trattati di pace (1919-20)
• Luoghi di violenze fasciste (1921-22)

36 Eugenio Montale

Professione
Collaboratore editoriale, redattore e critico musicale

Segue
- Sergio Solmi
- Gabinetto Vieusseux

- Drusilla Tanzi ❤
- Giubbe Rosse
- Irma Brandeis ❤
- "Corriere della Sera"
- Gianfranco Contini
- Rosanna Bettarini
- Umberto Saba

Contatti bloccati
Partito nazionale fascista

Gruppi
Premi Nobel per la Letteratura

1896 Nasce a Genova da Domenico, socio di una ditta chimica, e Giuseppina Ricci. Durante l'infanzia, trascorre le estati a Monterosso (Cinque Terre).

1917-18 Dopo il diploma di ragioniere, partecipa alla Prima guerra mondiale a Vallarsa e conosce il critico Sergio Solmi.

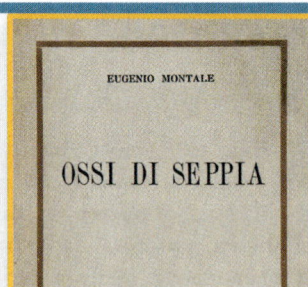

1925 Pubblica a Torino *Ossi di seppia*. Firma il *Manifesto degli intellettuali antifascisti*.

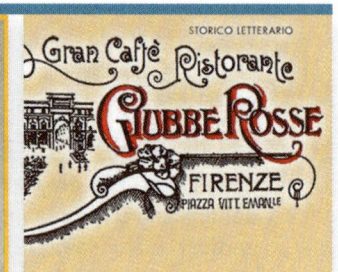

1927 Si trasferisce a Firenze, dove lavora per una casa editrice e dirige il Gabinetto Vieusseux. Conosce Drusilla Tanzi e frequenta il caffè "Giubbe Rosse", ritrovo di intellettuali.

1933 Si innamora della professoressa statunitense Irma Brandeis (la Clizia della raccolta *Le occasioni*).

1938-45 Perde il lavoro in quanto non iscritto al Partito nazionale fascista; durante la Seconda guerra mondiale partecipa alla liberazione di Firenze dai nazifascisti.

1948 Si trasferisce a Milano come redattore del quotidiano "Corriere della sera". Inizia a viaggiare moltissimo, in Europa e in America.

1975 Riceve il premio Nobel per la Letteratura a Stoccolma, dove tiene il discorso *È ancora possibile la poesia?*.

1980 L'amico Gianfranco Contini e Rosanna Bettarini avviano l'edizione critica di tutte le sue poesie.

1981 Muore a Milano; dopo i funerali di Stato, è sepolto accanto a Drusilla in un piccolo cimitero fiorentino.

194

36 Eugenio Montale

> Eugenio Montale e Drusilla Tanzi, 1960 circa, fotografia

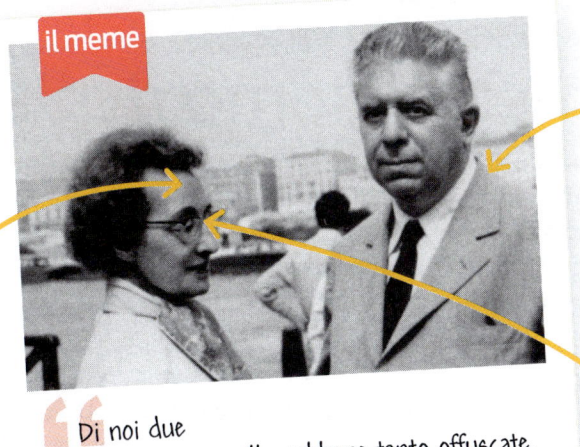

il meme

"Di noi due le sole vere pupille, sebbene tanto offuscate, erano le tue."
(E. Montale, *Ho sceso, dandoti il braccio, almeno un milione di scale*, vv. 10-12)

> Eugenio conosce Drusilla nel 1927, ma la donna è già sposata: i due si uniscono ufficialmente in matrimonio solo nel 1962, a Firenze, poco prima che lei muoia.

> In tutte le sue raccolte Montale si rivolge a un "tu" femminile che assume connotati sfuggenti, animaleschi oppure mitici: Esterina, Clizia, la volpe e la mosca, quest'ultima corrispondente a Drusilla Tanzi, compagna del poeta.

> Il soprannome "mosca" deriva dal fatto che per una malattia agli occhi Drusilla portava occhiali molto spessi, che modificavano i suoi lineamenti.

Ossi di seppia

@PieroGobetti

Nel **1925 Piero Gobetti**, intellettuale liberale perseguitato dal fascismo, pubblica per la sua casa editrice di Torino la raccolta poetica ***Ossi di seppia***: l'autore è un giovane di Genova, incerto se intitolarla così oppure ***Rottami***. L'idea di "cose da buttare" si manifesta nel destino di questa prima edizione, i cui esemplari sono in gran parte distrutti da un incendio scoppiato nel magazzino che li contiene. Quelli che sopravvivono alle fiamme rivelano un poeta che non si piega alle mode del tempo né a un linguaggio ordinario. Montale, amante dell'opera lirica, cerca innanzitutto la **parola musicale**, ora quotidiana ora aulica, ma sempre aderente alla **realtà**. Nell'Italia fascista, manipolata dalla propaganda e dalla retorica dell'Impero romano rinato, gli *Ossi di seppia* propongono una **visione del mondo** allo stesso tempo **semplice e complessa**: semplice perché nomina frutti, fiori, animali, piante; complessa perché ogni cosa nasconde l'abisso inquietante del **niente**. Il poeta è convinto che tutto sia collegato in maniera consequenziale, meccanica nella **catena delle Necessità**, ma sa che questa può essere spezzata da un "anello che non tiene": un evento inatteso, un **prodigio**, un atto ribelle.

#parolamusicale
#realtà

#niente
#Necessità
#prodigio

Gli *Ossi di seppia* sono divisi in varie sezioni. La prima, intitolata *Movimenti*, si apre con una lirica programmatica, *I limoni*, sintesi della poetica montaliana. Questa è tesa a:
- **mettere in primo piano gli oggetti**, senza suggerire analogie, ma indicando le cose con il loro nome per significare un'idea o un sentimento (a questo proposito la critica ricorre alla formula del poeta **T.S. Eliot**: "**correlativo oggettivo**");
- **rifiutare lo stile pomposo alla D'Annunzio**, un autore che secondo Montale va "attraversato", ovvero superato senza trascurarne la lezione migliore;
- **esprimere le contraddizioni della realtà e le** possibili **eccezioni positive**, i "**miracoli**" laici che qualche volta si manifestano.

@TSEliot
#correlativooggettivo
@GabrieledAnnunzio
#eccezioni

#malevivere

L'essere umano è dominato dal "**male di vivere**": si sente imprigionato in un mondo che lo rifiuta, come gli ossi di seppia vomitati sulla spiaggia dalla marea. Il paesaggio ligure, bruciato dal sole, delimitato da pezzi di vetro acuminato, rispecchia il sentimento del poeta: lui, sulla Terra, guarda speranzoso il mare azzurro, che sembra appartenere a un'altra dimensione. Nella dialettica continua fra il qui e l'altrove, fra il non-essere e la sfuggente verità, fra le tante ombre e la poca luce, Montale tiene viva una **tensione lirica** che ha su lettori e lettrici l'effetto di una scarica elettrica. Nei versi montaliani, in bilico tra **Dante** e **Leopardi**, il "male di vivere" si vede e si sente, senza "come" e senza "perché": è lì, davanti a noi.

#tensione
@Dante
@GiacomoLeopardi

Dal Novecento a oggi

Ossi di seppia, sezione *Ossi di seppia*

T40 Un mezzogiorno rivelatore

TRACCIA 40 — Ambiente, paesaggio, ecologia

Nella poesia più antica degli *Ossi di seppia* (risalente al 1916), Montale individua nel momento del mezzogiorno (il "meriggio") un riflesso della desolazione della vita umana. Sotto i raggi brucianti del sole, in uno spazio chiuso, tutto sembra sospeso e disarmonico. Nonostante il mezzogiorno sia nella tradizione un'ora sacra, il poeta sa che per lui non si verificherà nessun prodigio.

PER COMINCIARE

▶ **1** **ATTIVIAMO IL VOCABOLARIO** Descrivi ogni immagine con le parole corrette scegliendole tra quelle elencate.

orto • pruni e sterpi • crepe • merlo • muraglia • serpe • veccia • suolo • fronde • picco • cocci

1. ....
2. .... di vetro su una ....
3. ....
4. ....
5. ....
6. ....
7. ....
8. ....
9. .... del ....

▶ **2** Pronuncia ad alta voce le parole proposte e poi definisci brevemente il tipo di suono corrispondente. Se hai dubbi, consulta il dizionario.

1. schiòcco: ....
2. fruscìo: ....
3. pàlpito: ....
4. scrìcchio: ....

196

36 Eugenio Montale

RIPASSIAMO LE PARTI DEL GIORNO

Meriggiare pallido e assorto
presso un rovente muro d'orto,
ascoltare tra i pruni e gli sterpi
4 schiocchi di merli, frusci di serpi.

Nelle crepe del suolo o su la veccia
spiar le file di rosse formiche
ch'ora si rompono ed ora s'intrecciano
8 a sommo di minuscole biche.

Osservare tra frondi il palpitare
lontano di scaglie di mare
mentre si levano tremuli scricchi
12 di cicale dai calvi picchi.

E andando nel sole che abbaglia
sentire con triste meraviglia
com'è tutta la vita e il suo travaglio
16 in questo seguitare una muraglia
che ha in cima cocci aguzzi di bottiglia.

Metafore naturalistiche
Il poeta combina immagini diverse: i cumuli di terra dei formicai sono paragonati ai covoni di grano; le onde del mare illuminate dal sole sono come le squame di un pesce; le cime dei monti senza piante sono "calve" come una testa umana.

Una rivelazione negativa
Alla fine della serie dei modi infiniti ecco la rivelazione: il paesaggio della Liguria rispecchia una condizione esistenziale desolata, da *Waste Land*.

I suoni stridenti del male
Il disagio del vivere è espresso a livello sonoro da consonanti aspre, dure persino da pronunciare.

ATTIVITÀ

1 RIPASSIAMO LE PARTI DEL GIORNO Completa le frasi con la parola corretta tra quelle elencate.

~~mattino~~ • mezzogiorno • pomeriggio • sera • notte • meriggio • giorno

Esempio: Secondo il proverbio, il __mattino__ ha l'oro in bocca, cioè è il momento più produttivo della giornata.

1. Ci si saluta con "buon _____" la prima volta in cui ci si vede dopo il risveglio; "buona giornata", invece, conclude una conversazione.
2. La parola "_____" deriva dal latino e significa "dopo (post) il _____", cioè dopo le 12.
3. Quando si augura "buona _____", significa che è tardo pomeriggio; si dice invece "buona _____" prima di andare a dormire.
4. Al _____, ovvero le dodici postmeridiane, corrisponde la mezzanotte, ovvero le dodici antimeridiane o ventiquattro.

2 DIALOGA CON L'AUTORE La poesia di Montale illustra il "male di vivere" con una lunga serie di immagini; sono tutti esempi del cosiddetto correlativo oggettivo: al "travaglio" esistenziale corrisponde un "oggetto" preciso, vicino all'esperienza del poeta. Prova tu a fare lo stesso, proponendo in un brano di 2-3 pagine una lista ragionata di correlativi oggettivi tratti dalla contemporaneità. Puoi indicare immagini, video e suoni che esprimano sensazioni negative o positive, motivando le tue scelte. Infine, in un breve messaggio indirizzato a Montale, spiega se sei d'accordo oppure no con la sua visione.

Eugenio Montale, *Il ròccolo (trappola per uccelli)*, 1950, olio su legno (collezione privata)

Dal Novecento a oggi

Ossi di seppia, sezione *Ossi di seppia*

T41 Il "male di vivere"

TRACCIA 41 — Ambiente, paesaggio, ecologia

Attraverso immagini potenti e suoni acuti il poeta ci offre la sua versione del "male di vivere", quel senso di angoscia che pervade gli esseri umani. Montale, però, non ha paura di definirlo, suggerendo anche qualche possibile via di fuga.

PER COMINCIARE

1 ATTIVIAMO IL VOCABOLARIO Descrivi le immagini utilizzando le parole proposte per comporre una frase.

rivo • gorgogliante • montagna

1. ....

foglie • incartocciate • secche

2. ....

statua • cavallo • luce meridiana

3. ....

falco • in volo • in alto

4. ....

Essere, non sembrare
Il "male di vivere" non assomiglia a un'immagine: è quell'immagine, una condizione ben percepibile nella realtà terrena.

Spesso il male di vivere ho incontrato:
era il rivo strozzato che gorgoglia,
era l'incartocciarsi della foglia
4 riarsa, era il cavallo stramazzato.

RIPASSIAMO
GLI AVVERBI DI TEMPO

Contro il "male di vivere"
Anche il "prodigio" del bene si realizza attraverso immagini precise ma lontane, in cielo.

Bene non seppi, fuori del prodigio
che schiude la divina Indifferenza:
era la statua nella sonnolenza
8 del meriggio, e la nuvola, e il falco alto levato.

L'unica difesa
Contro il "male di vivere" il poeta consiglia di rimanere impassibili, indifferenti come una divinità greca, estranea al mondo umano: questa condizione è l'unico "bene".

198

36 Eugenio Montale

ATTIVITÀ

1 **RIPASSIAMO GLI AVVERBI DI TEMPO** Completa le frasi con l'avverbio di tempo corretto tra quelli elencati.

~~spesso~~ • sempre • mai • subito • talvolta • successivamente • ormai

Esempio: Il poeta dice di essersi imbattuto _spesso_ nel "male di vivere", ovvero nel disagio dell'esistenza.

1. Il corso di un ruscello (o rivo) .... è ostacolato da sassi o piante: in questi casi sembra "strozzato" ed emette un rumore caratteristico.
2. In autunno le foglie di molti alberi si ingialliscono, si seccano e .... cadono.
3. Secondo Montale, gli esseri umani vivono .... in un mondo negativo: soltanto in rare occasioni sperimentano un "prodigio", ovvero l'eccezione.
4. Se esiste qualche divinità, per Montale, questa non si occupa .... della Terra: alle vicende della storia è completamente indifferente.
5. La parola "pomeriggio" significa "dopo il meriggio", cioè dopo mezzogiorno, quando .... la luce del sole ha superato il punto di massima intensità.
6. Il falco è un uccello rapace: se mentre vola in cielo vede una possibile preda, ... si lancia verso terra per acchiapparla.

2 **PREPARA LA TUA PRESENTAZIONE** Il paesaggio, quasi sempre ispirato a quello della Liguria, è un elemento fondamentale negli *Ossi di seppia*. Esso riflette la condizione del poeta non attraverso un semplice paragone (ad esempio, il "male di vivere" assomiglia alla sofferenza di un cavallo caduto) ma come un correlativo oggettivo, cioè diretto, senza mediazioni (il "male di vivere" *è* il cavallo caduto). Lasciandoti ispirare dalle immagini contenute nella poesia che hai letto, prepara una presentazione digitale: elenca tutti gli "oggetti" citati da Montale (quelli negativi della prima strofa e quelli positivi della seconda), illustrali con immagini e musiche pertinenti, quindi spiega in 4-5 righe il significato di ciascuno.

---

il troll — Montale ermetico?

Negli anni Trenta e Quaranta del Novecento si afferma in Italia, in particolare a **Firenze**, una corrente poetica che coinvolge diversi autori e riviste: l'**Ermetismo** (dal nome di Ermete Trismegisto, una specie di santone-mago leggendario, autore di misteriosi testi filosofici). Questo movimento è caratterizzato da uno **stile volutamente opaco**, cioè oscuro, e da una **concezione pura ed essenziale dei versi poetici**, senza implicazioni politiche, secondo la lezione del **Simbolismo** francese. Gli autori ermetici (tra cui il siciliano Salvatore Quasimodo, premio Nobel per la Letteratura nel 1959) considerano Eugenio Montale e Giuseppe Ungaretti i loro maestri.

Eppure Montale si ribella all'inclusione del proprio nome tra gli ermetici: non solo perché la sua produzione letteraria abbraccia vari decenni, prima e dopo l'affermazione dell'Ermetismo, ma anche perché la sua **idea di poesia è lontana dall'oscurità del linguaggio**. Se la lettura dei suoi testi risulta difficile, non è perché Montale voglia nascondere le cose dietro un enigmatico filtro verbale: al contrario, il poeta ce le sbatte addosso brutalmente, con tutta la forza dei loro contrasti, scegliendo però un **lessico eletto**, spesso raro, che rafforza l'idea di una **realtà sconvolta**, anche storicamente.

Il nazifascismo, la guerra (che Montale definisce "la bufera"), l'allontanamento di persone care a causa delle leggi antisemite, l'alluvione di Firenze del 1966, la società consumistica entrano con **dolore** o **sarcasmo** nelle raccolte montaliane. Come scrive negli *Ossi di seppia*, al poeta non interessano "le piante / dai nomi poco usati": preferisce i comuni "limoni", meno raffinati forse, ma più stimolanti perché con la loro luminosità vincono "il gelo del cuore". In Montale è il **mondo** a essere **oscuro**, non la poesia.

37 Primo Levi

Professione
Chimico, consulente editoriale e traduttore

Segue
- Lucia Morpurgo ♥
- Casa editrice Einaudi

Contatti bloccati
Nazifascismo

Gruppi
Testimoni

1919 Nasce a Torino da Cesare ed Ester Luzzati, di origini ebraiche.

1937-41 Appassionato di chimica, si iscrive alla facoltà di Scienze dell'università di Torino, ma a causa delle leggi razziste del fascismo si laurea con difficoltà.

1943 Mentre il governo di Mussolini cade, entra in una formazione partigiana in Val d'Aosta, ma è arrestato dai fascisti.

1944 È internato in quanto ebreo nel campo di concentramento di Carpi-Fossoli e, all'arrivo dei nazisti, trasferito ad Auschwitz-Monowitz, dove viene sfruttato come lavoratore.

1945-46 Dopo la liberazione di Auschwitz e un viaggio di quasi nove mesi, rientra a Torino e inizia a lavorare in una fabbrica di vernici ad Avigliana.

1947 Trova un impiego simile a Torino e sposa Lucia Morpurgo. Spinto dall'esigenza della testimonianza, pubblica Se questo è un uomo.

1952-58 Collabora come consulente e traduttore con la casa editrice Einaudi, che ripubblica Se questo è un uomo.

1975 Si licenzia dalla fabbrica e si dedica completamente alla scrittura di racconti, saggi, poesie e traduzioni. Viaggia e racconta la propria esperienza di testimone.

1986 Pubblica le sue riflessioni sulla deportazione nel saggio I sommersi e i salvati.

1987 Muore, forse suicida, a Torino.

AUSCHWITZ-MONOWITZ
AOSTA
AVIGLIANA
TORINO
CARPI-FOSSOLI

37 Primo Levi

Primo Levi al computer, fotografia

il meme

"Io sono diviso in due metà. Una è quella della fabbrica, sono un tecnico, un chimico. Un'altra, invece, è totalmente distaccata dalla prima, ed è quella nella quale scrivo."

(P. Levi, *Conversazioni e interviste: 1936-1987*, a cura di M. Belpoliti, Einaudi, Torino 1997)

Levi paragona il mestiere di scrittore a quello di chimico: più innocuo forse, ma altrettanto esigente.

La chimica, verso la quale Levi sente una vera vocazione fin da piccolo, è il regno della precisione e della responsabilità: in vari racconti e saggi tenterà di mettere insieme le sue due professioni.

Se questo è un uomo

#Olocausto Tragedia, orrore, male assoluto: si usano spesso queste espressioni quando si parla dell'**Olocausto**, il genocidio del popolo ebraico messo in atto dal **regime nazista** di Adolf Hitler prima e durante la **Seconda guerra mondiale**. In effetti, soltanto ricorrendo a termini che individuano categorie emotive, irrazionali, sovrumane sembra possibile spiegare la persecuzione, l'internamento e lo sterminio di 6 milioni di persone, a cui vanno aggiunte le sperimentazioni genetiche e la reclusione di omosessuali, testimoni di Geova, rom e oppositori politici.

#incredulità Proprio questa inquietante dialettica tra **ragione e incubo**, tra **realtà storica** e **incredulità** è la premessa di *Se questo è un uomo*. L'autore, Primo Levi, è un sopravvissuto, ma è anche un

#testimonianza **testimone** che teme di non essere creduto; negli anni del ritorno dal Lager di Auschwitz a Torino, infatti, pochi sono interessati al suo racconto. Il libro esce prima nel 1947 per un piccolo editore e soltanto nel 1958 per Einaudi come "Saggio", dopo non poche discussioni redazionali.

Le parole di Levi scuotono le coscienze e cercano di ricostruire quel misto di odio, volontà

#annientamento di "**annientamento**" e delirio di onnipotenza che ha reso possibile la Shoah. Partendo

#partigiano dall'**esperienza partigiana** sui monti, per contrastare i fascisti ancora al potere nell'Italia settentrionale, Levi ripercorre le tappe della sua prigionia: l'arresto in quanto ebreo in Val d'Aosta con altri amici idealisti, l'internamento nel campo di **Carpi-Fossoli** (sì, anche in Italia

@Auschwitz c'erano campi di concentramento!), l'arrivo e la lunga permanenza ad **Auschwitz** (dal febbraio del 1944 per un anno circa). Nei 17 capitoli del libro, alternando stile diaristico e riflessioni antropologiche, Levi analizza quasi scientificamente il **sistema** alla base del genocidio ebraico. Essendo impiegato in una fabbrica e poi sfruttato per le sue competenze di chimico, Primo

#sommersi riesce a tirare avanti, a non sprofondare come molti "**sommersi**": pur con estrema fatica, si

#salvati colloca tra i "**salvati**". Coltiva qualche amicizia, non rinuncia alle piccole abitudini igieniche

@Dante che lo fanno sentire ancora un essere umano, ripete a memoria i versi dell'*Inferno* di **Dante** che gli rivelano il mistero di Dio; insomma, si piega, ma non si spezza.

#lucidità Il suo racconto, condotto volutamente con **lucidità** e chiarezza, intende stimolare nel pubblico una **reazione forte, propositiva**. Primo si è salvato perché è rimasto "un uomo" nonostante i suoi aguzzini lo volessero ridurre a cosa, anzi a niente. La sua testimonianza resta

#attualità **attuale**: non solo rispetto alla memoria dell'Olocausto, che alcuni osano negare, ma anche rispetto ai tanti casi di diritti umani violati, di fronte ai quali dovremmo chiederci come un mantra "se questo è un uomo", "se questa è una donna".

201

Dal Novecento a oggi

Se questo è un uomo, poesia d'apertura e capitolo 2° *Sul fondo*

T42 "Il mio nome è 174 517"

TRACCIA 42 — Storie di deportazioni e di migrazioni

Dopo una poesia introduttiva in cui ammonisce i lettori a non dimenticare l'Olocausto, a farne memoria, Levi inizia il suo racconto di deportato: arrivati ad Auschwitz dopo un viaggio massacrante, le ebree e gli ebrei italiani del suo gruppo sono spogliati di tutto e rinchiusi in una stanza fredda e inospitale.

PER COMINCIARE

1 ATTIVIAMO IL VOCABOLARIO Collega i verbi al loro argomento; se hai dubbi consulta il dizionario; quindi scrivi una frase con ogni espressione così ottenuta.

1. lottare
2. coricarsi
3. ripetere
4. essere privati
5. giacere
6. perdere

a. sul letto
b. sul fondo
c. per il pane
d. sé stessi
e. delle parole
f. di un oggetto caro

1. ....
2. ....
3. ....
4. ....
5. ....
6. ....

2 Completa la definizione delle parole proposte con le espressioni elencate.

simili • giudizio • mancanza • sorpresa • si ripete • demolizione

1. stupore: meraviglia, ...
2. abitudine: cosa che .... nel tempo con costanza
3. bisogno: condizione di ....
4. discernimento: capacità di ....
5. affinità: il sentirsi ....
6. annientamento: riduzione a niente, ... totale, assoluta

Voi che vivete sicuri
nelle vostre tiepide case,
voi che trovate tornando a sera
il cibo caldo e visi amici:

5 considerate se questo è un uomo
che lavora nel fango
che non conosce pace
che lotta per mezzo pane
che muore per un sì o per un no.
10 Considerate se questa è una donna,
senza capelli e senza nome
senza più forza di ricordare
vuoti gli occhi e freddo il grembo
come una rana d'inverno.

15 Meditate che questo è stato:
vi comando queste parole.

Il monito del testimone
L'importanza del ricordo è il cuore della testimonianza dei sopravvissuti ai campi: il 27 gennaio di ogni anno, anniversario della liberazione di Auschwitz, si celebra la Giornata della memoria, per far sì che l'Olocausto non si ripeta più.

Scolpitele nel vostro cuore
stando in casa andando per via,
coricandovi alzandovi;
20 ripetetele ai vostri figli.

Una maledizione biblica
Prendendo spunto dalle maledizioni della Bibbia, l'autore lancia una provocazione alle nuove generazioni per esortarle a coltivare la memoria.

O vi si sfaccia la casa,
la malattia vi impedisca,
i vostri nati torcano il viso da voi.

L'autocarro si è fermato, e si è vista una grande porta, e sopra una scritta vivamente illuminata (il suo ricordo ancora mi percuote nei sogni): ARBEIT MACHT FREI, il lavoro rende liberi.

Il motto di Auschwitz
Sul cancello di Auschwitz (un complesso di vari campi, di lavoro e di sterminio) tuttora si trova una scritta tristemente famosa; la frase è diventata odiosa per l'ironia del suo significato: nel campo si moriva o si lavorava come schiavi, non si veniva liberati.

Siamo scesi, ci hanno fatti entrare in una camera vasta e nuda, de-
5 bolmente riscaldata. Che sete abbiamo! Il debole fruscio dell'acqua nei radiatori ci rende feroci: sono quattro giorni che non beviamo. Eppure c'è un rubinetto: sopra un cartello, che dice che è proibito bere perché l'acqua è inquinata. Sciocchezze, a me pare ovvio che il cartello è una beffa, "essi" sanno che noi moriamo di sete, e ci mettono in una camera
10 e c'è un rubinetto, e *Wassertrinken verboten*. Io bevo, e incito i compagni a farlo; ma devo sputare, l'acqua è tiepida e dolciastra, ha odore di palude.

L'inferno del Lager
Levi, amante della *Commedia*, descrive l'ingresso ad Auschwitz come una rivisitazione dell'*Inferno* di Dante: non ci sono supplizi né dolore fisico per ora, ma una condizione di sospensione e tortura mentale.

Questo è l'inferno. Oggi, ai nostri giorni, l'inferno deve essere così, una camera grande e vuota, e noi stanchi di stare in piedi, e c'è un rubinetto che gocciola e l'acqua non si può bere, e noi aspettiamo qualcosa
15 di certamente terribile e non succede niente e continua a non succedere niente. Come pensare? Non si può più pensare, è come essere già morti. Qualcuno si siede per terra, il tempo passa goccia a goccia. [...]

Finalmente si apre un'altra porta: eccoci tutti chiusi, nudi tosati e in piedi, coi piedi nell'acqua, è una sala di docce. Siamo soli, a poco a
20 poco lo stupore si scioglie e parliamo, e tutti domandano e nessuno risponde. Se siamo nudi in una sala di docce, vuol dire che faremo la doccia. Se faremo la doccia, è perché non ci ammazzano ancora. E allo-

RIPASSIAMO
I VERBI CAUSATIVI

ra perché ci fanno stare in piedi, e non ci danno da bere, e nessuno ci spiega niente, e non abbiamo né scarpe né vestiti ma siamo tutti nudi
25 coi piedi nell'acqua, e fa freddo ed è cinque giorni che viaggiamo e non possiamo neppure sederci.

E le nostre donne? [...]

Nel campo di lavoro
Grazie alla sua condizione fisica, alla conoscenza elementare del tedesco e alle competenze chimiche, Levi è inizialmente impiegato come lavoratore in una fabbrica vicina; questo gli consentirà di sopravvivere alle camere a gas.

Noi siamo a Monowitz, vicino ad Auschwitz, in Alta Slesia: una regione abitata promiscuamente da tedeschi e polacchi. Questo campo
30 è un campo di lavoro, in tedesco si dice Arbeitslager; tutti i prigionieri (sono circa diecimila) lavorano ad una fabbrica di gomma che si chiama la Buna, perciò il campo stesso si chiama Buna. [...]

La fine della ragione umana
La ragione e il linguaggio non riescono a elaborare quello che sta succedendo: il "fondo", l'abisso della disumanizzazione, si rivela come in una visione irrazionale.

Allora per la prima volta ci siamo accorti che la nostra lingua manca di parole per esprimere questa offesa, la demolizione di un uomo. In un
35 attimo, con intuizione quasi profetica, la realtà ci si è rivelata: siamo arrivati al fondo. Più giù di così non si può andare: condizione umana più misera non c'è, e non è pensabile. Nulla più è nostro: ci hanno tolto gli abiti, le scarpe, anche i capelli; se parleremo, non ci ascolteranno, e se ci ascoltassero, non ci capirebbero. Ci toglieranno anche il nome: e se vor-
40 remo conservarlo, dovremo trovare in noi la forza di farlo, di fare sì che dietro al nome, qualcosa ancora di noi, di noi quali eravamo, rimanga.

Noi sappiamo che in questo difficilmente saremo compresi, ed è bene che così sia. Ma consideri ognuno, quanto valore, quanto significato è racchiuso anche nelle più piccole nostre abitudini quotidiane, nei cento oggetti nostri che il più umile mendicante possiede: un fazzoletto, una vecchia lettera, la fotografia di una persona cara. Queste cose sono parte di noi, quasi come membra del nostro corpo; né è pensabile di venirne privati, nel nostro mondo, ché subito ne ritroveremmo altri a sostituire i vecchi, altri oggetti che sono nostri in quanto custodi e suscitatori di memorie nostre.

Si immagini ora un uomo a cui, insieme con le persone amate, vengano tolti la sua casa, le sue abitudini, i suoi abiti, tutto infine, letteralmente tutto quanto possiede: sarà un uomo vuoto, ridotto a sofferenza e bisogno, dimentico di dignità e discernimento, poiché accade facilmente, a chi ha perso tutto, di perdere se stesso; tale quindi, che si potrà a cuor leggero decidere della sua vita o morte al di fuori di ogni senso di affinità umana; nel caso più fortunato, in base ad un puro giudizio di utilità. Si comprenderà allora il duplice significato del termine "Campo di annientamento", e sarà chiaro che cosa intendiamo esprimere con questa frase: giacere sul fondo.

Häftling: ho imparato che io sono un *Häftling*. Il mio nome è 174 517; siamo stati battezzati, porteremo finché vivremo il marchio tatuato sul braccio sinistro.

La disumanizzazione
Con una strategia precisa, i nazisti intendono privare i deportati della loro natura di esseri umani.

Da uomo a numero
L'atto finale, insieme fisico e simbolico, dell'iniziazione al campo è la perdita del nome: Primo è un prigioniero (in tedesco *Häftling*), identificato con un numero.

ATTIVITÀ

> **1** **RIPASSIAMO I VERBI CAUSATIVI** Completa le frasi coniugando insieme al presente i verbi tra parentesi nella forma causativa.
>
> **Esempio:** I nazisti ......*fanno entrare*...... (*fare - entrare*) i deportati in un ambiente spoglio, senza dire nulla.
>
> 1. Le guardie del campo .... (*fare - rasare*) i nuovi arrivati per umiliarli.
> 2. Gli aguzzini .... (*fare - stare*) in piedi Primo e i suoi compagni in una stanza di docce.
> 3. Un cartello non .... (*lasciare - bere*) i deportati, ma Primo assaggia l'acqua e prova a .... (*fare - fare*) lo stesso agli altri.
> 4. Il sistema dei campi di concentramento mira a .... (*fare - sentire*) gli ebrei come degli esseri non umani.
> 5. I nazisti .... (*lasciare - andare*) nelle camere a gas una parte dei nuovi arrivati e delle nuove arrivate.
> 6. Una guardia .... (*fare - tatuare*) sul braccio dei deportati un numero, che diventa il loro nuovo nome, come se fossero cose, non persone.

> **2** **DIALOGA CON L'AUTORE** L'opera di Levi è indirizzata a un pubblico che si deve far carico della missione di ricordare: la poesia iniziale suona quasi come una minaccia nel caso in cui i lettori e le lettrici non conservino la memoria della storia. Immagina di rispondere alla testimonianza di Levi sulla base della tua sensibilità e della tua conoscenza dell'Olocausto: sono esagerate le sue preoccupazioni oppure in effetti oggi si studia poco la storia e anzi si promuovono condizioni di "disumanità" simili a quelle sofferte dai deportati nei campi di concentramento? Elabora le tue osservazioni in una registrazione audio di circa 10 minuti, rivolgendoti direttamente a Primo Levi.

38 Anna Maria Ortese

Professione
Giornalista

Segue
- Rivista "L'Italia letteraria"
- Rivista "Sud"
- Unione delle donne italiane
- Maria Ortese (sorella)

Contatti bloccati
Partito comunista italiano

Gruppi
Riformisti disillusi

1914 Nasce a Roma da Oreste, funzionario statale, e Beatrice Vaccà.

1925-28 La famiglia si trasferisce in Libia, allora colonia italiana. Rientrata in Italia, si stabilisce a Napoli e ha una formazione quasi solo da autodidatta.

1933 Pubblica sulla rivista "L'Italia letteraria" il suo primo testo: una poesia per la morte del fratello marinaio.

1939 Si trasferisce a Venezia e inizia a lavorare come redattrice e giornalista.

1945 Rientra a Napoli e collabora con giornali e riviste progressiste, tra cui "Sud".

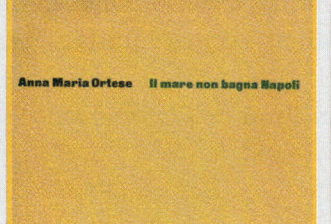

1953 Si trasferisce a Milano. Pubblica *Il mare non bagna Napoli*.

1954 Viaggia in Russia con l'Unione delle donne italiane. Lascia il Partito comunista italiano.

1975 Si trasferisce con la sorella Maria a Rapallo, in condizioni economiche e fisiche precarie.

1986 Grazie al sostegno di molti intellettuali, ottiene un vitalizio governativo e riprende a dedicarsi con assiduità alla scrittura letteraria e giornalistica.

1998 Muore nell'ospedale di Rapallo per un arresto cardiaco; esce postuma l'edizione definitiva del romanzo *Il porto di Toledo*.

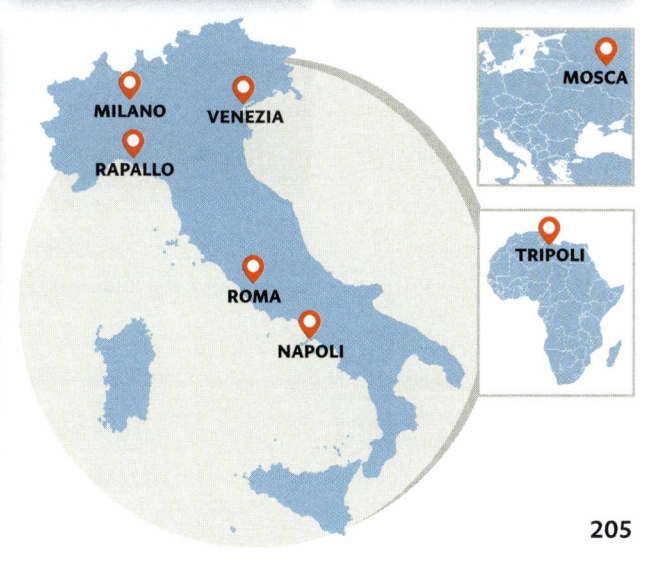

MILANO · VENEZIA · RAPALLO · ROMA · NAPOLI · MOSCA · TRIPOLI

205

Dal Novecento a oggi

Il mare non bagna Napoli

@Napoli

Se si osserva una carta geografica della **Campania**, si ha l'impressione che il titolo dell'opera più famosa di Anna Maria Ortese, *Il mare non bagna Napoli*, sia sbagliato. La città, infatti, è bagnata dal mar Tirreno, in un golfo azzurro su cui incombe il **Vesuvio**. Secondo un'antica leggenda, Napoli fu fondata sulla tomba della sirena **Partenope**, che tuttora riposerebbe sotto il castel dell'Ovo. Se però ci si inoltra nei quartieri del **centro storico**, lontano dal porto, il mare scompare dall'orizzonte. "Qui – spiega Ortese a proposito della zona di Forcella – il mare non bagnava Napoli. Ero sicura che nessuno lo avesse visto, e lo ricordava. In questa fossa oscurissima, non brillava che il fuoco del sesso, sotto il cielo nero del sovrannaturale". È a questa **città nascosta**, pervasa da una **strana energia**, che è dedicato il libro: esce nel 1953 per i **Gettoni**, collana della casa editrice Einaudi diretta dal siciliano **Elio Vittorini**, autore della prefazione.

#centrostorico

#cittànascosta

@ElioVittorini
#dueparti

Il volume è sostanzialmente **diviso in due**:
- la prima parte contiene quattro racconti che ripercorrono l'intricato mondo napoletano, non però come nella narrativa realista ma con uno **sguardo** un po' **allucinato**;
- la seconda parte (*Il silenzio della ragione*) riassume la **vita intellettuale** della Napoli del dopoguerra, animata da scrittori progressisti che alternano nobili ideali ad amarezze e meschinità.

Entrambe le parti scontentano i lettori, tra cui molti ex colleghi giornalisti dell'autrice, che proprio nel 1953 lascia Napoli per Milano. Ortese resta colpita dalle critiche e nel 1994, in occasione di una nuova edizione del libro, spiega che a guidare la sua penna è stata una "**nevrosi**". L'autrice riconosce il **fascino** della Napoli più impenetrabile, ma **rifiuta la poetica del Neorealismo**, cara sia al cinema sia al Partito comunista italiano, che la considerava un mezzo utile ad analizzare la società e a incoraggiare il progresso.

#nevrosi #fascino
#rifiutodelrealismo

Nei racconti, già pubblicati su giornali e riviste, Ortese traspone sé stessa e il proprio **personalissimo rapporto con Napoli**, città conosciuta da ragazza e ritrovata a pezzi dopo la guerra. Le vie delle storie, gli amici citati per nome, le donne che guidano la narratrice verso il basso (come Virgilio aveva fatto con Dante nell'*Inferno*) sono le vie, gli amici, le donne della vita di Anna Maria.

Il palazzo dei Granili a Portici (Napoli) all'inizio del Novecento

Il palazzo dei Granili, costruito nel Settecento sul mare, dopo la Seconda guerra mondiale è occupato da famiglie poverissime, rimaste senza casa. Ortese dedica a questa "Napoli infima" un racconto che fa scalpore, tanto che le autorità ordineranno la demolizione dell'edificio.

il meme

"Questa limpida e dolce bellezza di colline e di cielo, solo in apparenza era idillica e soave. Tutto, qui, sapeva di morte."
(A.M. Ortese, *Il mare non bagna Napoli*)

Il Vesuvio, il vulcano che nel 79 d.C. distrusse Pompei, domina su Napoli e ricorda ai suoi abitanti la fragilità della Terra.

In questa enorme struttura vivevano persone che sembravano fantasmi: i bambini, malati e abbandonati, crescevano senza un'infanzia.

38 Anna Maria Ortese

Il mare non bagna Napoli, 1° racconto *Un paio di occhiali*

T43 Vedere o non vedere il mondo?

TRACCIA 43

Ambiente, paesaggio, ecologia

La piccola Eugenia è miope e la zia Nunzia le ha regalato gli occhiali; quando però li indossa a casa, un senso di nausea si impossessa della bambina, costretta a toglierli e a continuare a vedere poco come prima.

PER COMINCIARE

1 ATTIVIAMO IL VOCABOLARIO Collega ogni espressione al suo sinonimo.

1. ebete
2. vomitare
3. accorgersi
4. cencioso
5. barcollare
6. viscido

a. scivoloso
b. rovesciare
c. lacero
d. ciondolare
e. rendersi conto
f. istupidito

2 Indica per ogni oggetto il recipiente relativo, scegliendolo tra quelli elencati.

portafoglio • barattolo • custodia • pattumiera

1. occhiali: ....
2. rifiuti: ....
3. caffè: ....
4. lire: ....

RIPASSIAMO
I NOMI SENZA SINGOLARE

Una rivelazione crudele
Eugenia ha già provato gli occhiali nel negozio e allora il mondo le era sembrato meraviglioso; indossati a casa, invece, le procurano una reazione di rigetto: tutto è troppo vicino e distinto.

Personificazioni e persone
I muri del palazzo, scrostati e pieni di crepe, sembrano malati, come la pelle di chi ha la lebbra, e sono interrotti da statue della Madonna addolorata. Intorno a Eugenia si sono raccolte persone con i volti davvero segnati dalle malattie: la mamma Rosa, la zia Nunzia, la portinaia Mariuccia, la cameriera del cavalier Amodio.

Una spesa importante
La zia ripete come in un ritornello il costo degli occhiali: per l'Italia degli anni Cinquanta, la cui valuta era la lira, si trattava di una cifra consistente, pari a circa un quarto dello stipendio di un operaio.

Il "basso"
Eugenia vive in un piccolo appartamento al piano terra, affacciato su un vicolo: tutta la famiglia è stipata in poche stanze, tutti vanno e vengono.

Eugenia, sempre tenendosi gli occhiali con le mani, andò fino al portone, per guardare fuori, nel vicolo della Cupa. Le gambe le tremavano, le girava la testa, e non provava più nessuna gioia. Con le labbra bianche voleva sorridere, ma quel sorriso si mutava in una smor-
5 fia ebete. Improvvisamente i balconi cominciarono a diventare tanti, duemila, centomila; i carretti con la verdura le precipitavano addosso; le voci che riempivano l'aria, i richiami, le frustate, le colpivano la testa come se fosse malata; si volse barcollando verso il cortile, e quella terribile impressione aumentò. Come un imbuto viscido il cortile, con la
10 punta verso il cielo e i muri lebbrosi fitti di miserabili balconi; gli archi dei terranei, neri, coi lumi brillanti a cerchio intorno all'Addolorata; il selciato bianco di acqua saponata, le foglie di cavolo, i pezzi di carta, i rifiuti, e, in mezzo al cortile, quel gruppo di cristiani cenciosi e deformi, coi visi butterati dalla miseria e dalla rassegnazione, che la guardavano
15 amorosamente. Cominciarono a torcersi, a confondersi, a ingigantire. Le venivano tutti addosso, gridando, nei due cerchietti stregati degli occhiali. Fu Mariuccia per prima ad accorgersi che la bambina stava male, e a strapparle in fretta gli occhiali, perché Eugenia si era piegata in due e, lamentandosi, vomitava.
20 "Le hanno toccato lo stomaco!" gridava Mariuccia reggendole la fronte. "Portate un acino di caffè, Nunziata!"
"Ottomila lire, vive vive!" gridava con gli occhi fuor della testa zi' Nunzia, correndo nel basso a pescare un chicco di caffè in un barattolo sulla credenza; e levava in alto gli occhiali nuovi, come per chiedere
25 una spiegazione a Dio. "E ora sono anche sbagliati!"
"Fa sempre così, la prima volta" diceva tranquillamente la serva di Amodio a donna Rosa. "Non vi dovete impressionare; poi a poco a poco si abitua."

207

"È niente, figlia, è niente, non ti spaventare!" Ma donna Rosa si sentiva il cuore stretto al pensiero di quanto erano sfortunati.

Tornò zi' Nunzia col caffè, gridando ancora: "Ottomila lire, vive vive!" intanto che Eugenia, pallida come una morta, si sforzava inutilmente di rovesciare, perché non aveva più niente. I suoi occhi sporgenti erano quasi torti dalla sofferenza, e il suo viso di vecchia inondato di lacrime, come istupidito. Si appoggiava a sua madre e tremava.

"Mammà, dove stiamo?"

"Nel cortile stiamo, figlia mia", disse donna Rosa pazientemente; e il sorriso finissimo, tra compassionevole e meravigliato, che illuminò i suoi occhi, improvvisamente rischiarò le facce di tutta quella povera gente.

"È mezza cecata!"

"È mezza scema, è!"

"Lasciatela stare, povera creatura, è meravigliata" fece donna Mariuccia, e il suo viso era torvo di compassione, mentre rientrava nel basso che le pareva più scuro del solito.

Solo zi' Nunzia si torceva le mani: "Ottomila lire, vive vive!"

Lo stordimento di Eugenia
Le vicine incolpano la miopia di Eugenia o addirittura la sua follia; la bambina semplicemente, proprio perché ora vede al cento per cento, non riconosce più i luoghi familiari, che la turbano.

Un tipico "basso" nel centro storico di Napoli oggi

ATTIVITÀ

1 RIPASSIAMO I NOMI SENZA SINGOLARE Sottolinea in ogni frase la parola che non ha una forma singolare.

Esempio: Tutto il racconto ruota intorno a un paio di occhiali.

1. Nei dintorni della casa della famiglia di Eugenia vive un piccolo universo di persone, di ogni ceto sociale.
2. All'epoca del racconto non erano ancora di moda i pantaloni poi detti jeans.
3. Nella cucina della zia si trovano stoviglie e pentole di ogni tipo.
4. Quando la bambina indossa per la prima volta le lenti, sente torcersi le viscere.
5. Eugenia vorrebbe ritagliarsi i propri spazi come con un paio di forbici.
6. Nel piccolo "basso" si sentivano vari odori di spezie.

2 PREPARA LA TUA PRESENTAZIONE Il racconto è ambientato in un quartiere popolare di Napoli, nel centro storico della città: nello stesso edificio vivono persone e famiglie di vari ceti sociali, dal piano terra dei poveri all'attico dei ricchi o ex aristocratici. Gli Ortese avevano abitato in un basso di via Palasciano, che ha ispirato ad Anna Maria questo racconto. Prova a disegnare o cerca un'immagine che possa rappresentare l'ambiente del brano: spiega la struttura del palazzo e i suoi vari elementi, facendo attenzione a usare i termini appropriati dell'architettura. Quindi cerca su Internet alcune fotografie dell'area urbana di Napoli, una delle più densamente popolate d'Europa ancora oggi. Organizza tutto il materiale raccolto in una presentazione digitale dal titolo: *I quartieri popolari tra centro storico e periferia*.

Elsa Morante

Professione
Collaboratrice editoriale e traduttrice

Segue
- Alberto Moravia ♥
- Bill Morrow ♥
- Pier Paolo Pasolini

Contatti bloccati
Nazifascismo

Gruppi
Premio Strega

1912 Nasce a Roma da Francesco Lo Monaco e Irma Poggibonsi, di origini ebraiche; è riconosciuta da Augusto Morante, marito di Irma.

1930 Lascia la famiglia e si mantiene dando lezioni private e scrivendo tesi di laurea. Inizia e interrompe l'università. Pubblica racconti e compone poesie.

1936 Incontra il romanziere Alberto Moravia, suo futuro marito.

1943 Elsa e Alberto, entrambi ebrei, lasciano Roma prima dell'occupazione nazista e si rifugiano nel paese di Sant'Agata, dove vivono in povertà.

1948 Pubblica il suo primo romanzo, *Menzogna e sortilegio*.

1957 Pubblica *L'isola di Arturo*, che vince il Premio Strega.

1959 Nel corso di uno dei suoi tanti viaggi, a New York incontra il pittore Bill Morrow e se ne innamora. Stringe amicizia con Pasolini e collabora ad alcuni suoi film.

1962 Morrow muore cadendo dall'Empire State Building (forse suicida); Elsa, sconvolta, si separa da Moravia.

1974 Il suo terzo romanzo, *La Storia*, sulla Seconda guerra mondiale, è accolto con entusiasmo dal pubblico e con scetticismo da intellettuali e amici.

1985 Muore d'infarto a Roma dopo un'operazione chirurgica: le sue ceneri sono disperse vicino all'isola di Procida.

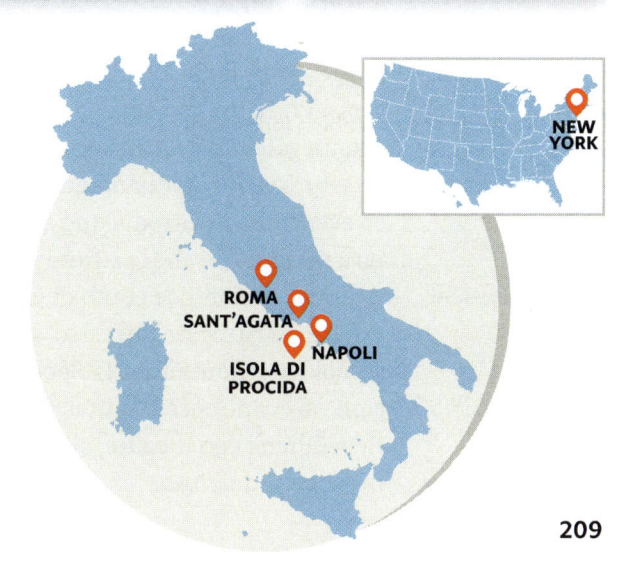

NEW YORK

ROMA
SANT'AGATA
ISOLA DI PROCIDA
NAPOLI

Dal Novecento a oggi

Ricostruzione dello studio di Elsa Morante (Roma, Biblioteca Nazionale Centrale)

il meme

Nello studio di Morante sono conservati alcuni quadri di Bill Morrow, il pittore statunitense amato da Elsa a New York: compaiono anche sulla copertina di alcuni suoi libri.

Un ritratto di Elsa è stato realizzato dal pittore e scrittore Carlo Levi.

Con questa macchina da scrivere Elsa ha composto molti dei suoi lavori, tra cui l'ultimo romanzo, *Aracoeli* (1982).

"*L'arte può rappresentare quasi la sola speranza del mondo.*"
(E. Morante, *Pro o contro la bomba atomica*, discorso tenuto a Torino nel 1965)

L'isola di Arturo

Nel 1957, in un'Italia che si sta faticosamente riprendendo dal trauma della Seconda guerra mondiale, Elsa Morante pubblica il **secondo** dei suoi quattro romanzi: ***L'isola di Arturo***, con il sottotitolo ***Memorie di un fanciullo***. Arturo è un bambino pieno di fantasia, che nasce e cresce praticamente da solo: la madre è morta di parto, il padre è impegnato in viaggi misteriosi e presto si risposa con la giovane Nunziata.

#fanciullo

@Procida

L'isola del titolo è la colorata **Procida**, nel golfo di Napoli, un eden quasi selvaggio in cui l'infanzia di Arturo trascorre fra sogni e piacevoli illusioni; nutrito dal balio Silvestro con latte di capra come un dio greco, gode della compagnia di Immacolatella, la sua cagnetta. Il ragazzo abita nella "Casa dei guaglioni", un tempo sede di feste e incontri fra maschi a cui partecipava anche il **padre** Wilhelm Gerace, un fascinoso **italotedesco** che per i suoi lineamenti e colori si è sempre distinto dagli isolani. Verso questa reincarnazione del dio Thor, Arturo nutre un vero e proprio culto: attorno alla **figura paterna**, infatti, il ragazzo intesse una trama di **suggestioni fiabesche e imprese epiche** dietro le quali scoprirà presto una realtà molto diversa. Wilhelm non solo è un uomo ordinario, ma le sue assenze sono dovute alla relazione con un galeotto del penitenziario di Procida, non troppo lontano da casa.

#padre

#fiaba

#fantasia

Arturo vede così disintegrarsi via via le **fantasie** che si era costruito e sperimenta passioni ed eventi che lo introducono all'età adulta: si innamora di Nunziata, che non riesce nemmeno a nominare e che lo rifiuta; diventa geloso del fratellastro Carmine; fa sesso con Assunta, una vedova. Si rende conto che **l'isola mitica da lui sognata non esiste**, non è mai esistita. Dopo aver ritrovato Silvestro, si imbarca con lui per il continente; entrambi sono decisi ad arruolarsi volontari nella **Seconda guerra mondiale** e diventare protagonisti della storia, come avevano spesso fantasticato. Arturo **parte** da Procida senza salutare Nunziata e senza riconciliarsi con il padre; si rifiuta persino di vedere il profilo dell'isola sparire all'orizzonte. **Crescere** è doloroso.

#illusioni

#addio

#crescita

39 Elsa Morante

L'isola di Arturo, capitolo 1°, paragrafo *Re e stella del cielo*

T44 Due genitori fantastici

TRACCIA 44 — Questioni di genere

Con la fantasia Arturo illumina di una luce nuova sé stesso e l'ambiente intorno: nella mente del bambino, la madre morta e il padre Wilhelm diventano creature sublimi, dai tratti divini.

PER COMINCIARE

1 ATTIVIAMO IL VOCABOLARIO Collega ogni nome alla sua definizione.

1. vanto
2. schiera
3. cartolina
4. soggiorno
5. statura

a. cartoncino che si inviava per posta, con un'immagine
b. altezza del corpo
c. gruppo compatto e ordinato di persone
d. azione o qualità di cui si è fieri
e. permanenza in un luogo

2 Scrivi un secondo sinonimo di ogni aggettivo in aggiunta a quello già proposto.

1. radioso: brillante, ...
2. stinto: sbiadito, ...
3. larvale: indistinto, ...
4. puerile: fanciullesco, ...
5. raro: inconsueto, ...

6. buffo: divertente, ...
7. forestiero: straniero, ...
8. carezzevole: dolce, ...
9. opaco: scuro, ...
10. prezioso: pregiato, ...

L'ombra del padre
Arturo definisce la propria identità all'ombra del padre, il "lui" che domina la sua infanzia anche quando non c'è.

Una fantasia brillante
Fin dall'inizio del romanzo la fantasia di Arturo, che parla in prima persona, trasfigura la realtà: il suo nome è come quello della stella nella costellazione di Boote e di re Artù, l'anima della Tavola rotonda.

Una madre regale
Arturo non ha mai conosciuto la madre, una donna semplice, che non sapeva leggere né scrivere; per lui diventa un personaggio mitologico, come una regina degna di re Artù.

Un'isola di passaggio
Procida, davanti a Napoli, è l'isola dell'infanzia di Arturo: il padre va e viene da casa e il piccolo immagina che sia protagonista di avventure straordinarie.

Uno dei miei primi vanti era stato il mio nome. Avevo presto imparato (fu *lui*, mi sembra, il primo a informarmene), che Arturo è una stella: la luce più rapida e radiosa della figura di Boote, nel cielo boreale! E che inoltre questo nome fu portato pure da un re dell'antichità, comandante a una schiera di fedeli: i quali erano tutti eroi, come il loro re stesso, e dal loro re trattati alla pari, come fratelli.

Purtroppo, venni poi a sapere che questo celebre Arturo re di Bretagna non era storia certa, soltanto leggenda; e dunque, lo lasciai da parte per altri re più storici (secondo me, le leggende erano cose puerili).
10 Ma un altro motivo, tuttavia, bastava lo stesso a dare, per me, un valore araldico al nome Arturo: e cioè, che a destinarmi questo nome (pur ignorandone, credo, i simboli titolati), era stata, così seppi, mia madre. La quale, in se stessa, non era altro che una femminella analfabeta; ma più che una sovrana, per me.

15 Di lei, in realtà, io ho sempre saputo poco, quasi niente: giacché essa è morta, all'età di nemmeno diciotto anni, nel momento stesso che io, suo primogenito, nascevo. E la sola immagine sua ch'io abbia mai conosciuta è stata un suo ritratto su cartolina. Figurina stinta, mediocre, e quasi larvale; ma adorazione fantastica di tutta la mia fanciullezza. [...]

20 Mio padre viveva, la maggior parte del tempo, lontano. Veniva a Procida per qualche giorno, e poi ripartiva, certe volte rimanendo assente per intere stagioni. A fare la somma dei suoi rari e brevi soggiorni nell'isola, alla fine dell'anno, si sarebbe trovato che, su dodici mesi, egli forse ne aveva passato due a Procida, con me. Così, io trascorrevo quasi tutti i miei giorni in assoluta solitudine; e questa solitudine, cominciata per me nella prima infanzia (con la partenza del mio balio Silvestro), mi pareva la mia condizione naturale. Consideravo ogni soggiorno di mio padre sull'isola come una grazia straordinaria da parte di lui, una concessione particolare, della quale ero superbo. [...]

211

Dal Novecento a oggi

RIPASSIAMO
IL PARTICIPIO PRESENTE

La mia infanzia è come un paese felice, del quale lui è l'assoluto regnante! Egli era sempre di passaggio, sempre in partenza; ma nei brevi intervalli che trascorreva a Procida, io lo seguivo come un cane. Dovevamo essere una buffa coppia, per chi ci incontrava! Lui che avanzava risoluto, come una vela nel vento, con la sua bionda testa forestiera, le labbra gonfie e gli occhi duri, senza guardare nessuno in faccia. E io che gli tenevo dietro, girando fieramente a destra e a sinistra i miei occhi mori, come a dire: "Procidani, passa mio padre!". La mia statura, a quell'epoca, non oltrepassava di molto il metro, e i miei capelli neri, ricciuti come quelli di uno zingaro, non avevano mai conosciuto il barbiere (quando si facevano troppo lunghi, io, per non esser creduto una ragazzina, me li accorciavo energicamente con le forbici; soltanto in rare occasioni mi ricordavo di pettinarli; e nella stagione estiva erano sempre incrostati di sale marino). [...]

Il rifiuto del parrucchiere
Il taglio dei capelli è un rito di iniziazione: con il suo rifiuto Arturo mostra di essere ancora legato all'infanzia, a un'identità in divenire.

La prima ragione della sua supremazia su tutti gli altri stava nella sua differenza, che era il suo più bel mistero. Egli era diverso da tutti gli uomini di Procida, come dire da tutta la gente che io conoscevo al mondo, e anche (o amarezza), da me. Anzitutto, egli primeggiava fra gli isolani per la sua statura (ma questa sua altezza si rivelava solo al paragone, vedendo lui vicino ad altri. Quando stava solo, isolato, appariva quasi piccolo, tanto le sue proporzioni erano graziose).

Un padre "diverso"
Nella mente del piccolo Arturo, la diversità di Wilhelm è dovuta alla sua origine tedesca, non mediterranea: nel corso del romanzo si intuisce poi che il padre ha una relazione omosessuale.

Oltre alla statura, poi, lo distinguevano dagli altri i suoi colori. Il suo corpo, nell'estate acquistava uno splendore bruno carezzevole, imbevendosi del sole, pareva, come d'un olio; ma nella stagione invernale ritornava chiaro come le perle. E io, che ero sempre scuro in ogni stagione, vedevo in ciò quasi il segno d'una stirpe non terrestre: come s'egli fosse fratello del sole e della luna.

Un dio d'oro
Al padre Arturo associa colori e caratteristiche proprie di una divinità: l'uomo appare circonfuso di luce, come se appartenesse al mondo soprannaturale; è il suo "eroe".

I suoi capelli, morbidi e lisci, erano di un colore biondo opaco, che si accendeva, a certe luci, di riflessi preziosi; e sulla nuca, dov'erano più corti, quasi rasi, erano proprio d'oro. Infine, i suoi occhi, erano d'un turchino-violaceo, che somigliava al colore di certi specchi di mare intorbidati dalle nuvole.

ATTIVITÀ

1 **RIPASSIAMO** **IL PARTICIPIO PRESENTE** Completa le frasi coniugando il verbo tra parentesi al participio presente, nella forma singolare o plurale.

Esempio: Artù era un leggendario sovrano medievale, ...**regnante**...... (*regnare*) in Gran Bretagna.

1. Wilhelm è presentato dal figlio come un grande .... (*comandare*), un re o addirittura un dio.
2. Il piccolo Arturo mostra un atteggiamento .... (*adorare*) verso i propri genitori.
3. D'estate a Procida il sole .... (*splendere*) in cielo fa assumere al mare una sfumatura dorata.
4. Durante i giri di padre e figlio per l'isola gli altri .... (*passare*) li osservano con stupore.
5. I capelli di Wilhelm diventano .... (*brillare*) sotto la luce del sole.
6. Molti al mare si spalmano sul corpo l'olio .... (*abbronzare*).

2 **SCRIVI IL TUO SAGGIO** Nell'infanzia di Arturo le figure dei due genitori, per quanto assenti (la madre morta, il padre lontano), acquistano tratti mitici: le loro identità sono definite dal punto di vista del figlio, che ancora sta scoprendo la propria. In molti autori e autrici italiani il rapporto con il contesto familiare è un tema ricorrente, che spesso genera sofferenze e traumi fino all'età adulta (come in Saba T39, p. 192, poeta molto amato da Morante). In un saggio di 5-6 pagine spiega come vengono rappresentate la figura materna e quella paterna nell'*Isola di Arturo* tra realtà e fantasia. Soffermati sugli elementi fisici e psicologici che emergono dalle relative descrizioni e sui termini di paragone utilizzati dal narratore per suggerire la loro trasfigurazione in esseri quasi divini.

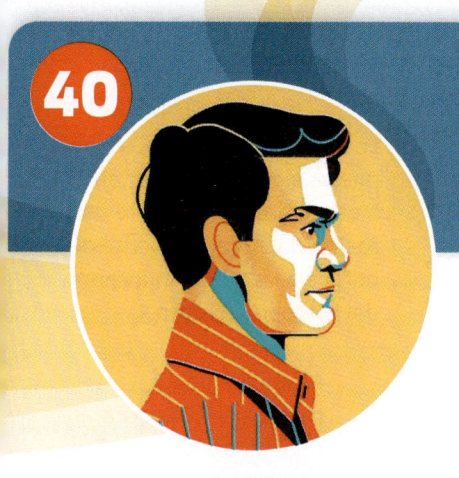

Pier Paolo Pasolini

40

Professione
Insegnante, editorialista, regista

Segue
- Guido Pasolini (fratello)
- Sandro Penna
- Giorgio Caproni
- Alberto Moravia
- Elsa Morante
- Federico Fellini
- Rivista "Officina"
- Ninetto Davoli ♥
- "Corriere della sera"

Contatti bloccati
- Carlo Alberto Pasolini (padre)
- Pio XII (papa)

Gruppi
Intellettuali scomodi

1922 Nasce a Bologna da Carlo Alberto, nobile e ufficiale severo, e Susanna Colussi, maestra elementare originaria di Casarsa, in Friuli.

1939-45 Si iscrive alla facoltà di lettere di Bologna, pubblica la sua prima raccolta poetica (censurata dal fascismo perché in dialetto) e si laurea su Pascoli. Suo fratello Guido, partigiano, è ucciso.

1947-49 Si iscrive al Partito comunista italiano e insegna in una scuola media. Accusato di "corruzione di minorenni", è denunciato, sospeso dalla scuola e cacciato dal Partito.

1950 Si trasferisce con la madre a Roma, nelle borgate di periferia. Frequenta gli intellettuali e poeti Sandro Penna e Giorgio Caproni, Alberto Moravia ed Elsa Morante.

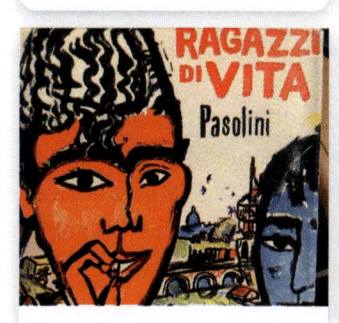

1954-55 Inizia a lavorare come sceneggiatore a Cinecittà con Federico Fellini. Pubblica il romanzo *Ragazzi di vita*, che gli causa un processo per "oscenità".

1955-59 Dirige con altri amici la rivista d'avanguardia "Officina", poi chiusa per una sua poesia contro papa Pio XII.

1961-62 Realizza il suo primo film da regista autodidatta, *Accattone*. Viaggia in India e Africa. Conosce l'attore Ninetto Davoli, di cui si innamora.

1964 Pubblica *Poesia in forma di rosa*.

1973 Scrive sul "Corriere della sera" editoriali sull'attualità, spesso provocatori.

1975 È brutalmente ucciso all'idroscalo di Ostia in circostanze mai del tutto chiarite.

CASARSA · BOLOGNA · OSTIA · ROMA · NAIROBI · MUMBAI · KOLKATA

213

Dal Novecento a oggi

Pier Paolo Pasolini dietro la macchina da presa mentre gira *Accattone*, 1961, fotografia

il meme

Lo sguardo di Pasolini, sia nelle poesie sia nei film, è attento a osservare ogni aspetto della realtà: dal mondo ipocrita della borghesia a quello innocente del sottoproletariato.

Pasolini è poeta, romanziere, saggista, regista, ma si identifica soprattutto nel ruolo di intellettuale: sente di non poter tacere di fronte alla degenerazione della società italiana, pur sapendo di rischiare la vita per la sua libertà di espressione.

"Io so perché sono un intellettuale."
(P.P. Pasolini, "Corriere della sera", 14 novembre 1974)

Poesia in forma di rosa

#contestazione

Per l'Italia e per l'intera Europa occidentale gli **anni Sessanta** sono un periodo complicato: la **contestazione studentesca** invoca un mondo nuovo, il movimento operaio protesta, gli intellettuali "eretici" si interrogano sulla politica repressiva del regime sovietico. A Roma i governi guidati dal partito cattolico della Democrazia cristiana oscillano tra la destra e la sinistra, mentre le **riforme**, a lungo invocate, sono continuamente **rimandate**.

#boomeconomico

#omologazione
#mutazioneantropologica

#consumismo

Pasolini avverte che qualcosa sta cambiando nel Paese: la straordinaria **crescita economica** non è accompagnata da quella culturale. La conseguenza è un processo di **omologazione**, una "**mutazione antropologica**" che interessa tutta la società. Ogni italiano, ricco o povero, sogna una Vespa, un televisore, una lavatrice; anche il mondo contadino, che Pasolini ha finora celebrato per la sua innocenza da paradiso terrestre, è travolto dall'ondata del **consumismo**.

#capitalismo

#preistoria

In questo contesto, nel **1964**, escono a breve distanza le due edizioni di *Poesia in forma di rosa*. Nella raccolta ci sono testi di svariati temi, registri e strutture: l'autore analizza la società e sé stesso, investito del ruolo di **profeta inascoltato** o di **vittima sacrificale**, come un nuovo Cristo crocifisso dal **sistema industriale**. Lui, il diverso, si ribella alla "normalità" che sta portando l'Italia e l'Occidente a una "**Nuova Preistoria**". Pagina dopo pagina, Pasolini sfoglia i petali della rosa dei propri dolori, che lo espongono a polemiche pubbliche, scandali, processi.

#modernità

Nei suoi versi, che rivisitano il modello della terzina dantesca, entrano le parole della **vita moderna**: le macchine, i taxi, i bar e i capolinea degli autobus si fondono con paragoni storici, con immagini crude, con l'"amore di corpi senza anima". Intorno, come una cornice idillica, c'è un paesaggio che sembra dipinto, percorso dal **poeta-vagabondo**: **Roma** e le borgate devastate dai palazzinari, l'Appennino con le sue case sparse, l'Africa dai colori abbaglianti, l'India, un kibbutz, l'Arabia…

#poetavagabondo @Roma

#passione #ideologia

Poesia in forma di rosa è definita dall'autore "un libro in versi come romanzo autobiografico": la **passione**, le ossessioni del poeta, la sua **ideologia** anticonformista, l'esposizione fisica del suo io si presentano come un grido estremo, già confinato nel **rimpianto**.

214

40 Pier Paolo Pasolini

Poesia in forma di rosa, sezione 1ª *La realtà*, vv. 1-5, 40-60 e 103-25

T45 La Guinea

Politica, guerra, mafia

TRACCIA 45

In questa lunga lirica, indirizzata nel 1962 all'amico poeta Attilio Bertolucci, Pasolini descrive il mondo ai margini del capitalismo: dai paesini delle montagne italiane fino all'Africa. Tutto ciò alimenta in lui un forte risentimento contro l'omologazione, che annienta chi si oppone ai modelli dominanti. Riportiamo i versi più significativi della poesia.

PER COMINCIARE

1 **ATTIVIAMO IL VOCABOLARIO** Completa le descrizioni delle immagini con il nome corretto, scegliendolo tra quelli elencati; quindi scrivi sotto una frase con ogni espressione così ottenuta.

sottana • foglia • maglietta • striscia

1. .... viola   2. .... verde   3. .... azzurra   4. .... oro

1. ....
2. ....
3. ....
4. ....

2 Collega ogni parola alla parte del corpo corrispondente.

1. zigomo
2. pollice
3. nuca
4. voce

a. mano
b. faccia
c. bocca
d. testa

Il "tu" della poesia
La poesia è indirizzata ad Attilio Bertolucci, che abitava a Casarola, sull'Appennino parmense: il paesaggio incontaminato delle montagne suggerisce il paragone con l'Africa equatoriale.

La terra
Non c'è vera differenza tra l'ambiente agreste dell'Africa, della Puglia o della pianura padana, nel Nord Italia: solo in questi scenari il poeta trova l'autenticità.

Il mal d'Africa
Per i suoi film Pasolini ha viaggiato molto, soprattutto in Kenya: nei colori accesi dei vestiti locali ha avvertito il segno di un mondo diverso, non ancora violato dal consumismo.

A volte è dentro di noi qualcosa
(che tu sai bene, perché è la poesia)
3 qualcosa di buio in cui si fa luminosa

la vita: un pianto interno, una nostalgia
gonfia di asciutte, pure lacrime. [...]

La Guinea... polvere pugliese o poltiglia
padana, riconoscibile a una fantasia
42 così attaccata alla terra, alla famiglia,

com'è la tua, e com'è anche la mia:
li ho visti, nel Kenia, quei colori
45 senza mezza tinta, senza ironia,

viola, verdi, verdazzurri, azzurri, ori,
ma non profusi, anzi, scarsi, avari,
48 accesi qua e là, tra vuoti e odori

inesplicabili, sopra polveri d'alveari
roventi... Il viola è una piccola sottana,
51 il verde è una striscia sui dorsali

215

Dal Novecento a oggi

Il fascino della Bellezza
Contro la corruzione e l'omologazione il poeta cerca disperatamente i segni della "Bellezza"; questi non si vedono soltanto nei capolavori classici e nei canoni dell'Occidente, ma emergono qua e là in tutto il mondo.

neri d'una vecchia, il verdazzurro una strana
forma di frutto, sopra una cassetta,
54 l'azzurro, qualche foglia di savana

intrecciata, l'oro una maglietta
di un ragazzo nero dal grembo potente.
57 Altro colpo di pollice ha la Bellezza;

modella altri zigomi, si risente
in altre fronti, disegna altre nuche.
60 Ma la Bellezza è Bellezza, e non mente [...].

L'intellettuale militante
Dopo la pausa idillica, Pasolini ritorna sull'oggi, sulla sua posizione di intellettuale scomodo, perennemente sotto attacco; ogni sua parola è strumentalizzata, da destra e da sinistra.

Ah, non potrò più resistere ai ricatti
dell'operazione che non ha uguale,
105 credo, a fare dei miei pensieri, dei miei atti,

altro da ciò che sono: a trasformare
alle radici la mia povera persona:
108 è, caro Attilio, il patto industriale.

Nulla gli può resistere: non vedi come suona
debole la difesa degli amici laici
111 o comunisti contro la più vile cronaca?

L'impero del capitalismo
La borghesia industriale, i giornali, i moralisti sono contro Pasolini; persino i suoi amici di sinistra non riescono a difenderlo.

L'intelligenza non avrà mai peso, mai,
nel giudizio di questa pubblica opinione.

Un popolo di tiepidi
Pasolini pensa che gli italiani non sappiano formulare valutazioni chiare: per esempio, un evento immane come l'Olocausto non è condannato da tutti.

114 Neppure sul sangue dei lager, tu otterrai

da una dei milioni d'anime della nostra nazione,
un giudizio netto, interamente indignato:
117 irreale è ogni idea, irreale ogni passione,

RIPASSIAMO
IL PRONOME RELATIVO *CUI*

di questo popolo ormai dissociato
da secoli, la cui soave saggezza
120 gli serve a vivere, non l'ha mai liberato.

Mostrare la mia faccia, la mia magrezza -
alzare la mia sola, puerile voce -
123 non ha più senso: la viltà avvezza

Un martire laico
Come Cristo sulla croce, il poeta si dice pronto a morire, a essere sacrificato; tuttavia, nemmeno dopo la morte avrà pace. Sembra una profezia della sua fine.

a vedere morire nel modo più atroce
gli altri, con la più strana indifferenza.
125 Io muoio, ed anche questo mi nuoce. [...]

◀ Una famiglia *masai* in Kenya

ATTIVITÀ

1 **RIPASSIAMO** **IL PRONOME RELATIVO *CUI*** Sostituisci le ripetizioni in corsivo con la forma corretta dell'articolo seguita dal pronome relativo *cui*.

Esempio: La poesia è come un sole, la luce *del sole* vince il buio della vita.
→ La poesia è come un sole la cui luce vince il buio della vita.

1. L'Africa equatoriale è una terra, i colori *della terra* colpiscono il poeta.
   →
2. La poesia è rivolta ad Attilio Bertolucci, la casa *di Attilio Bertolucci* si trovava sull'Appennino, vicino a Parma.
   →
3. Le parole della poesia suggeriscono un paragone tra il poeta e Cristo, la morte *di Cristo* avvenne sulla croce.
   →
4. Pasolini se la prende con gli italiani, la coscienza *degli italiani* è colpevole.
   →
5. Dobbiamo avere il coraggio di giudicare la storia, i mali *della storia* non possono lasciarci indifferenti.
   →
6. Tutti sembrano contro Pasolini, il corpo *di Pasolini* fu massacrato nel 1975.
   →

2 **PREPARA LA TUA PRESENTAZIONE** *La Guinea* è una poesia fortemente visiva: Pasolini da un lato indica colori e luoghi a lui familiari, dall'altro dipinge sé stesso pronto a essere immolato dal sistema politico ed economico che non lo tollera. Riassumi i nuclei tematici dei versi antologizzati: l'importanza della "terra", l'autenticità di chi vive ai margini in ogni parte del mondo, il "patto industriale", il ruolo degli intellettuali, i difetti degli italiani. Pasolini illustra questi temi con suggestioni da pittore: i colori dell'Africa e delle aree rurali, gli esempi di "Bellezza", il modello del Cristo crocifisso. Prepara una presentazione digitale per riassumere visivamente la poesia: puoi selezionare fotografie dei luoghi citati e delle opere d'arte evocate ma anche di Pasolini, dei giornali e dell'Italia negli anni Sessanta. Accompagna ogni immagine con una didascalia e con i versi della *Guinea* corrispondenti.

◄ **Pescatrici sul fiume Niger a Niandankoro, nel Nord della Guinea**
La Repubblica di Guinea, già colonia francese, diventa indipendente nel 1958 con un referendum della popolazione; l'evento ispira a Pasolini, che non è mai stato in Guinea, la scrittura di questa e altre poesie.

41 Italo Calvino

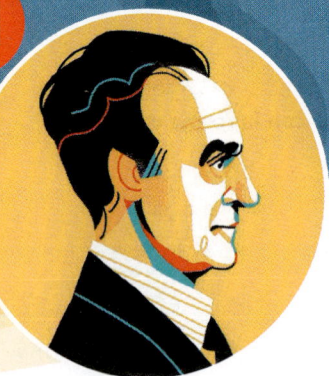

Professione
Redattore ed editorialista

Segue
- Mario Calvino (padre)
- Giulia Mameli (madre)
- Resistenza
- Giulio Einaudi
- Cesare Pavese
- Elio Vittorini
- Esther Judith Singer ❤
- Ou-li-po
- "Corriere della Sera"
- "la Repubblica"
- Eugenio Scalfari

Contatti bloccati
- Nazifascismo
- Partito comunista italiano

Gruppi
Sperimentatori

1923 Nasce a Cuba da Mario, agronomo ligure, e Giulia Mameli, botanica sarda, che poco dopo rientrano a Sanremo, diventata grazie a loro la "città dei fiori".

1941-45 Si iscrive senza entusiasmo alla facoltà di Agraria dell'università di Torino. Partecipa da comunista alla lotta partigiana contro i nazifascisti.

1947 Si laurea in lettere con una tesi su Joseph Conrad. Diventa collaboratore della casa editrice Einaudi; conosce gli scrittori Cesare Pavese ed Elio Vittorini. Pubblica *Il sentiero dei nidi di ragno*.

1957-60 Dopo le repressioni delle proteste da parte del regime sovietico, lascia il Partito comunista italiano. Soggiorna negli Stati Uniti e si innamora di New York.

1964 Sposa a Cuba la traduttrice Esther Judith Singer e si trasferisce a Roma.

1967 Si trasferisce a Parigi e conosce il gruppo *Ou-li-po* ("Laboratorio di letteratura potenziale"). Racconta per la radio l'*Orlando furioso*.

1974 Inizia a scrivere racconti, recensioni, storie per bambini, ed editoriali sul "Corriere della Sera".

1979 Pubblica *Se una notte d'inverno un viaggiatore*. Passa a scrivere sul quotidiano "la Repubblica" dell'amico Eugenio Scalfari.

1980 Rientra in Italia, a Roma.

1985 Muore a Siena nell'antico ospedale di Santa Maria della Scala. Le conferenze scritte per Harvard diventano un libro postumo (*Lezioni americane*).

218

41 Italo Calvino

Italo Calvino a Roma, 1984, fotografia

Osservare il mondo e poi descriverlo ordinatamente, sfidando il "labirinto" della realtà: è questo l'obiettivo della letteratura secondo Calvino.

Dietro la realtà, anche quella più caotica, si nascondono forme precise, geometriche, come forse era la Terra alle sue origini.

Le città moderne, cresciute in maniera disordinata tra gli anni Sessanta e Settanta, sono oggetto di varie opere di Calvino: i loro abitati hanno un che di infernale e per questo bisogna valorizzarne al meglio gli spazi.

il meme

> La letteratura ha sempre capito qualcosa di più delle altre discipline.
> (I. Calvino, *Mondo scritto e mondo non scritto*, James Lecture, 30 marzo 1983)

Se una notte d'inverno un viaggiatore

#sperimentazione

Gli anni Settanta, trascorsi a **Parigi**, sono per Calvino un momento di **sperimentazione**. L'autore rinuncia agli strumenti tradizionali della scrittura (trame lineari, schemi tipici, personaggi verosimili, ruolo distaccato del narratore) e studia vari **meccanismi combinatori** per vincere una **realtà sfuggente**. All'apice di questa attività esce nel **1979**, dopo due anni di elaborazione, *Se una notte d'inverno un viaggiatore*. Calvino lo definisce un **"iper-romanzo"**, ovvero un **romanzo che va oltre** il concetto abituale di **romanzo**, un romanzo sul romanzo, insomma un'operazione di **metaletteratura**.

#iperromanzo

#metaletteratura

#lettura

Fin dalle prime pagine ci ritroviamo spiazzati: il narratore, che dice "io", si rivolge direttamente al lettore (il "tu") e lo fa diventare un personaggio (il **Lettore**), innamorato della **Lettrice** Ludmilla. Dopo aver acquistato in libreria *Se una notte d'inverno un viaggiatore*, il Lettore inizia a leggerlo, ma scopre che per un errore di tiratura il **volume** è **incompleto**. Chiede dunque spiegazioni in libreria e riceve un secondo libro che di nuovo contiene solo l'inizio dell'opera; così il Lettore accumula via via gli **incipit di dieci romanzi** (e *Incipit* avrebbe dovuto intitolarsi il libro di Calvino). A questo punto Lettore e Lettrice si trovano coinvolti in un **complotto internazionale**, organizzato da Ermes Marana, un traduttore e falsario che cerca di fare colpo sulla Lettrice. Nonostante le loro disavventure, alla fine Lettore e Lettrice si sposano, appena in tempo per concludere la lettura di *Se una notte d'inverno un viaggiatore*.

#incipit

#complotto

#decostruzione

Nell'opera di **costruzione e decostruzione** dei dieci romanzi, Calvino intende evidenziare la fragilità delle strutture letterarie. In un'epoca in cui la critica europea e statunitense si interroga sul ruolo dell'autore, sulle modalità narrative, sulla relazione tra scrittura e realtà, Calvino progetta una macchina che sforna **dieci generi di inizi** ma non altrettante conclusioni. Emergono così le immense **potenzialità della letteratura** e del **rapporto autore-lettore**, non tutte destinate a riuscire.

#potenzialità

Dal Novecento a oggi

Se una notte d'inverno un viaggiatore, capitolo 1°

T46 Uno strano inizio

TRACCIA 46

La fantasia del mito, il mito della fantasia

Fin dalle prime pagine del libro siamo trascinati dal narratore dentro il romanzo: paradossalmente in queste righe non succede nulla ai personaggi, che ancora non si vedono; siamo noi come lettori e lettrici a dover agire.

PER COMINCIARE

1 ATTIVIAMO IL VOCABOLARIO Completa la tabella collocando ogni oggetto elencato nell'ambiente della casa corretto.

poltrona • divano • sedia a dondolo • sedia a sdraio • pouf • amaca • cuscino • scrivania

SALOTTO	TERRAZZA	STUDIO
....	....	....
....	....	....
....	....	....

Stai per cominciare a leggere il nuovo romanzo *Se una notte d'inverno un viaggiatore* di Italo Calvino. Rilassati. Raccogliti. Allontana da te ogni altro pensiero. Lascia che il mondo che ti circonda sfumi nell'indistinto. La porta è meglio chiuderla; di là c'è sempre la televi-
5 sione accesa. Dillo subito, agli altri: "No, non voglio vedere la televisione!". Alza la voce, se no non ti sentono: "Sto leggendo! Non voglio essere disturbato!". Forse non ti hanno sentito, con tutto quel chiasso; dillo più forte, grida: "Sto cominciando a leggere il nuovo romanzo di Italo Calvino!". O se non vuoi non dirlo; speriamo che ti lascino in pace.
10 Prendi la posizione più comoda: seduto, sdraiato, raggomitolato, coricato. Coricato sulla schiena, su un fianco, sulla pancia. In poltrona, sul divano, sulla sedia a dondolo, sulla sedia a sdraio, sul pouf. Sull'amaca, se hai un'amaca. Sul letto, naturalmente, o dentro il letto. Puoi anche metterti a testa in giù, in posizione yoga. Col libro capovolto,
15 si capisce.

Certo, la posizione ideale per leggere non si riesce a trovarla. Una volta si leggeva in piedi, di fronte a un leggio. Si era abituati a stare fermi in piedi. Ci si riposava così quando si era stanchi d'andare a cavallo. A cavallo nessuno ha mai pensato di leggere; eppure ora l'idea
20 di leggere stando in arcioni, il libro posato sulla criniera del cavallo, magari appeso alle orecchie del cavallo con un finimento speciale, ti sembra attraente. Coi piedi nelle staffe si dovrebbe stare molto comodi per leggere; tenere i piedi sollevati è la prima condizione per godere della lettura.

25 Bene, cosa aspetti? Distendi le gambe, allunga pure i piedi su un cuscino, su due cuscini, sui braccioli del divano, sugli orecchioni della poltrona, sul tavolino da tè, sulla scrivania, sul piano del tavolo, sul mappamondo. Togliti le scarpe, prima. Se vuoi tenere i piedi sollevati; se no, rimettitele. Adesso non restare lì con le scarpe in una mano e
30 il libro nell'altra.

L'avvento della tv
Negli anni Settanta in Italia la televisione è ormai popolare: le trasmissioni, soprattutto della Rai (la rete di Stato), sono un appuntamento fisso, che fa concorrenza alla lettura.

Un narratore molto invadente
Il narratore non solo dà vari consigli al lettore, ma si aspetta di essere seguito alla lettera, tanto da puntualizzare ogni minimo dettaglio.

220

La linea della scrittura
La scrittura per Calvino è come una linea ora dritta ora irregolare: i caratteri si inseguono l'uno dopo l'altro; sta al lettore decifrarli sotto la giusta luce.

Regola la luce in modo che non ti stanchi la vista. Fallo adesso, perché appena sarai sprofondato nella lettura non ci sarà più verso di smuoverti. Fa' in modo che la pagina non resti in ombra, un addensarsi di lettere nere su sfondo grigio, uniformi come un branco di topi; ma sta' attento che non le batta addosso una luce troppo forte e non si rifletta sul bianco crudele della carta rosicchiando le ombre dei caratteri come in un mezzogiorno del Sud. Cerca di prevedere ora tutto ciò che può evitarti d'interrompere la lettura. Le sigarette a portata di mano, se fumi, il portacenere. Che c'è ancora? Devi far pipì? Bene, saprai tu.

Non che t'aspetti qualcosa di particolare. Sei uno che per principio non s'aspetta più niente da niente. Ci sono tanti, più giovani di te o meno giovani, che vivono in attesa d'esperienze straordinarie; dai libri, dalle persone, dai viaggi, dagli avvenimenti, da quello che il domani tiene in serbo. Tu no. Tu sai che il meglio che ci si può aspettare è di evitare il peggio. Questa è la conclusione a cui sei arrivato, nella vita personale come nelle questioni generali e addirittura mondiali. E coi libri? Ecco, proprio perché lo hai escluso in ogni altro campo, credi che sia giusto concederti ancora questo piacere giovanile dell'aspettativa in un settore ben circoscritto come quello dei libri, dove può andarti male o andarti bene, ma il rischio della delusione non è grave.

Il patto autore-lettore
La letteratura sembra una disciplina più innocua delle altre, perché se fallisce non produce effetti devastanti; eppure ogni lettore vorrebbe trovare un libro decente, frutto dell'impegno dell'autore.

Dunque, hai visto su un giornale che è uscito *Se una notte d'inverno un viaggiatore*, nuovo libro di Italo Calvino, che non ne pubblicava da vari anni. Sei passato in libreria e hai comprato il volume. Hai fatto bene.

RIPASSIAMO
LE ESPRESSIONI DI TEMPO CON *DA*

ATTIVITÀ

1 **RIPASSIAMO** **LE ESPRESSIONI DI TEMPO CON *DA*** Completa le frasi scegliendo la forma corretta del verbo tra le due proposte.

Esempio: Il lettore *attendeva*/ha atteso da tempo l'ultimo libro di Calvino.

1. Fin da quando era piccolo, Italo *ama/amava* la scrittura.
2. Il nuovo romanzo di Calvino *sembra/sembrò* un'opera molto originale fin dalle prime pagine.
3. Da quando ha comprato quella poltrona comoda, Italo non *smetteva/smette* mai di usarla.
4. Da anni non mi *aspetto/sono aspettato* più nulla dalla vita.
5. Da quanto tempo non *vedi/hai visto* i tuoi amici del circolo dei lettori?
6. La critica *ritiene/riteneva* da svariati anni che lo stile di Calvino sia chiaro ma allo stesso tempo ben ponderato.

2 **SCRIVI IL TUO SAGGIO** L'inizio del romanzo svela il rapporto non sempre lineare che si instaura nella lettura: quello fra l'autore/narratore e il pubblico di lettori. Calvino rompe l'illusione che li separa e si rivolge direttamente al lettore, facendone addirittura un personaggio della narrazione; altri autori (ad esempio Elena Ferrante ⮕ p. 232) rinunciano alla propria identità storica e si inventano una biografia immaginaria. Le possibilità offerte dalla scrittura sono numerose e la critica, soprattutto negli anni Sessanta e Settanta, si è divertita a classificarle. In un saggio di 4-5 pagine analizza il rapporto autore-lettore che emerge dal brano di Calvino; in base alla tua esperienza e alle tue conoscenze, spiegane l'efficacia e prova a definire la concezione della letteratura che sta alla base di questa operazione.

Lezioni americane, Il valore della leggerezza nella letteratura ⮕ EXTRA

Umberto Eco

Professione
Professore

Segue
- Rai
- Rivista "Il Verri"
- Gruppo 63

- Renate Ramge ♥
- Rivista "L'Espresso"
- Elisabetta Sgarbi
- La nave di Teseo

Contatti bloccati
Bompiani

Gruppi
- Semiotica
- Premio Strega
- Postmodernismo

1932 Nasce ad Alessandria da Giulio, ferroviere, e Rita Bisio. Trascorre l'infanzia a Nizza Monferrato.

1954 Si laurea in filosofia all'università di Torino con una tesi sul teologo medievale Tommaso d'Aquino. Vince un concorso per lavorare nella rete tv Rai.

1959-61 Cura la rubrica di costume e società *Diario minimo* sulla rivista "Il Verri". Lavora per la casa editrice Bompiani.

1962 Contribuisce alla fondazione del Gruppo 63, che promuove la neoavanguardia letteraria. Sposa la scrittrice tedesca Renate Ramge.

1974 Diventa professore di semiotica all'università di Bologna e ispira la creazione del corso di laurea in discipline delle arti, della musica e dello spettacolo.

1980 Pubblica il suo primo romanzo *Il nome della rosa*, con cui vince il Premio Strega.

1985 Cura la rubrica letteraria *La bustina di Minerva* sull'ultima pagina della rivista "L'Espresso".

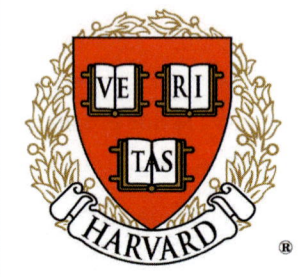

1992-93 Tiene un ciclo di lezioni all'università di Harvard, poi pubblicate nel saggio *Sei passeggiate nei boschi narrativi*.

2015 Lascia Bompiani e fonda con Elisabetta Sgarbi e altri autori la casa editrice La nave di Teseo.

2016 Muore a Milano per un cancro al pancreas.

TORINO — MILANO — ALESSANDRIA — NIZZA MONFERRATO — BOLOGNA — CAMBRIDGE

222

Umberto Eco nella biblioteca della sua casa milanese

La sterminata biblioteca personale di Eco conta decine di migliaia di volumi, classificati con metodo.

il meme

Le copertine colorate e le varie altezze dei volumi rivelano una disposizione accurata, che riproduce l'ordine (o il disordine) della realtà.

" Se la biblioteca è un modello dell'Universo, cerchiamo di trasformarla in un universo a misura d'uomo."
(U. Eco, De Bibliotheca, in Sette anni di desiderio, Bompiani, Milano 1983)

Il nome della rosa

Nel **1980** il professor Umberto Eco, esperto di **semiotica**, nuova disciplina che grazie a lui si diffonde in Italia, pubblica il suo primo romanzo: *Il nome della rosa*. È un **giallo poliziesco** ambientato nell'anno **1327**. Come Manzoni prima di lui, Eco finge di aver ritrovato un **manoscritto** e di riproporre le vicende in esso raccontate. Protagonista dell'avvincente romanzo è una **coppia di chierici**: **Guglielmo da Baskerville**, frate francescano inglese dall'intuito infallibile, e **Adso da Melk**, che racconta da adulto quel che ha vissuto da novizio con il suo maestro Guglielmo nell'arco di una settimana piena di avvenimenti.

I due si recano in un'imprecisata **abbazia benedettina** del Piemonte perché lì è stato organizzato un incontro tra **delegati del papa** (allora residente ad Avignone, non a Roma) e **delegati dell'imperatore** germanico. All'epoca ferve il dibattito sul ruolo del potere temporale e del potere spirituale e sull'interpretazione del concetto di **povertà**, predicata da Gesù nei *Vangeli*. Oltre a partecipare a queste discussioni teologiche e politiche, Guglielmo e Adso si trovano coinvolti in una catena di **omicidi** che colpiscono come un veleno i monaci dell'abbazia. Spinto dalla curiosità e dalla propria **capacità deduttiva**, Guglielmo inizia a indagare, come una specie di Sherlock Holmes assistito da Adso-Watson. Mettendo insieme indizi e prove, il frate si rende conto che tutto parte dalla **biblioteca** del monastero, il misterioso "Edificio", in cui domina la figura di Jorge da Burgos, l'ex bibliotecario, cieco e tenace custode della tradizione. Questo monaco-mastino fa la guardia alla sezione dei **libri proibiti** e vuole impedire ai confratelli di trovare nei testi antichi un appiglio che possa mettere in discussione l'autorità della Chiesa. Jorge vigila in particolare su un'opera di **Aristotele**, autore di riferimento dei pensatori medievali, che avrebbe teorizzato la legittimità filosofica del riso; secondo Jorge, infatti, l'**ironia** è un'arma pericolosa contro la stabilità della fede e dei suoi dogmi.

Nello scontro tra l'intelligenza dinamica di Guglielmo e l'intransigenza inflessibile di Jorge si dispiega la **dimensione postmoderna** del romanzo: Eco mette in scena la **crisi della verità a senso unico** e il **trionfo dell'interpretazione**, della varietà, delle **contraddizioni**. Dopo il rogo che brucia la biblioteca e l'intera abbazia, delle certezze filosofiche e teologiche medievali rimane solo cenere; della presunta essenza universale delle cose, come la rosa del titolo – conclude Adso –, non resta che il semplice nome.

#Medioevo
#manoscritto

#abbazia

#omicidi
#deduzione

#biblioteca

@Aristotele

#ironia

#Postmodernismo
#verità #contraddizioni

Dal Novecento a oggi

Il nome della rosa, giorno 1°, ora 1ª

T47 Una biblioteca inquietante e un frate sagace

TRACCIA 47 — Fede e sacro

All'inizio del racconto, Adso e Guglielmo osservano l'abbazia dove sono diretti, dominata da una monumentale biblioteca. Il frate anziano dà subito prova del proprio intuito straordinario nel dialogo con i monaci che incontrano.

PER COMINCIARE

▶ **1** **ATTIVIAMO IL VOCABOLARIO** Indica sotto ogni immagine la figura geometrica che rappresenta, scegliendola tra quelle elencate.

tetragono • ettagono/eptagono • triangolo • ottagono • pentagono

1. ....   2. .... (o cubo)   3. ....

4. ....   5. ....

▶ **2** **Completa le frasi scegliendo la parola corretta tra le due proposte.**

1. Il luogo in cui vivono i monaci dell'Ordine fondato da san Benedetto si chiama *abbazia/ospedale*.
2. Alle *cime/falde* di un monte spesso si apre una zona pianeggiante.
3. I castelli medievali sono dominati da un imponente *soffitto/mastio* o torrione.
4. Le strade di montagna presentano numerosi *tornanti/incroci*, ovvero curve.
5. Le zampe del cavallo terminano con gli *alluci/zoccoli* e la sua corsa è detta *galoppo/passeggiata*.
6. La *scuderia/cantina* è l'ambiente in cui si tenevano cavalli e carrozze, mentre nel fienile si conservava lo *stazzo/strame*.

▶ **3** **Cerca la definizione delle sei qualità o emozioni elencate, quindi scrivi una frase con ciascuna.**

giocondità • spavento • inquietudine • urbanità • giubilo • acume

1. ....
2. ....
3. ....
4. ....
5. ....
6. ....

42 Umberto Eco

RIPASSIAMO I VERBI ATMOSFERICI

La giornata del monaco
Le ore della vita religiosa sono scandite dalle preghiere dell'alba (le lodi), del giorno (terza alle 9, sesta alle 12, nona alle 15), della sera (vespri e poi compieta) e dalla messa quotidiana.

La biblioteca del monastero
Della grande abbazia Adso osserva già da lontano l'immensa biblioteca, in cui sono conservati o, meglio, nascosti i "libri" degli autori classici, pagani, e di quelli cristiani.

La simbologia dei numeri
Secondo le credenze medievali, i numeri hanno un carattere simbolico, così come le figure solide che li incarnano: il sette in particolare è il numero della perfezione, somma di tre (la Trinità divina: Padre, Figlio e Spirito Santo) e quattro (gli elementi della natura fisica: aria, acqua, terra e fuoco).

Le emozioni del narratore
Adso parla in prima persona da adulto, raccontando della sua esperienza nell'abbazia in gioventù. La paura che prova alla vista della biblioteca, custode dei libri sacri, è motivata dalla sua leggendaria fondazione, come se le pietre fossero state trasportate lì da dei giganti.

Era una bella mattina di fine novembre. Nella notte aveva nevicato un poco, ma il terreno era coperto di un velo fresco non più alto di tre dita. Al buio, subito dopo laudi, avevamo ascoltato la messa in un villaggio a valle. Poi ci eravamo messi in viaggio verso le montagne, allo spuntar del sole.

Come ci inerpicavamo per il sentiero scosceso che si snodava intorno al monte, vidi l'abbazia. Non mi stupirono di essa le mura che la cingevano da ogni lato, simili ad altre che vidi in tutto il mondo cristiano, ma la mole di quello che poi appresi essere l'Edificio. Era questa una costruzione ottagonale che a distanza appariva come un tetragono (figura perfettissima che esprime la saldezza e l'imprendibilità della Città di Dio), i cui lati meridionali si ergevano sul pianoro dell'abbazia, mentre quelli settentrionali sembravano crescere dalle falde stesse del monte, su cui s'innervavano a strapiombo. Dico che in certi punti, dal basso, sembrava che la roccia si prolungasse verso il cielo, senza soluzione di tinte e di materia, e diventasse a un certo punto mastio e torrione (opera di giganti che avessero gran familiarità e con la terra e col cielo). Tre ordini di finestre dicevano il ritmo trino della sua sopraelevazione, così che ciò che era fisicamente quadrato sulla terra, era spiritualmente triangolare nel cielo. Nell'appressarvici maggiormente, si capiva che la forma quadrangolare generava, a ciascuno dei suoi angoli, un torrione eptagonale, di cui cinque lati si protendevano all'esterno – quattro dunque degli otto lati dell'ottagono maggiore generando quattro eptagoni minori, che all'esterno si manifestavano come pentagoni. E non è chi non veda l'ammirevole concordia di tanti numeri santi, ciascuno rivelante un sottilissimo senso spirituale. Otto il numero della perfezione d'ogni tetragono, quattro il numero dei vangeli, cinque il numero delle zone del mondo, sette il numero dei doni dello Spirito Santo. Per la mole, e per la forma, l'Edificio mi apparve come più tardi avrei visto nel sud della penisola italiana Castel Ursino o Castel dal Monte, ma per la posizione inaccessibile era di quelli più tremendo, e capace di generare timore nel viaggiatore che vi si avvicinasse a poco a poco. E fortuna che, essendo una limpidissima mattinata invernale, la costruzione non mi apparve quale la si vede nei giorni di tempesta.

Non dirò comunque che essa suggerisse sentimenti di giocondità. Io ne trassi spavento, e una inquietudine sottile. Dio sa che non erano fantasmi dell'animo mio immaturo, e che rettamente interpretavo indubitabili presagi iscritti nella pietra, sin dal giorno che i giganti vi posero mano, e prima che la illusa volontà dei monaci ardisse consacrarla alla custodia della parola divina.

Castel Ursino, fortezza di Federico II di Svevia, costruita nel 1239-50 (Catania)

Castel del Monte, fortezza di Federico II di Svevia, costruita intorno al 1240 (Andria)

Dal Novecento a oggi

Mentre i nostri muletti arrancavano per l'ultimo tornante della montagna, là dove il cammino principale si diramava a trivio, generando due sentieri laterali, il mio maestro si arrestò per qualche tem-
45 po, guardandosi intorno ai lati della strada, e sulla strada, e sopra la strada, dove una serie di pini sempreverdi formava per un breve tratto un tetto naturale, canuto di neve.

"Abbazia ricca", disse. "All'Abate piace apparire bene nelle pubbliche occasioni".

50 Abituato come ero a sentirlo fare le più singolari affermazioni, non lo interrogai. Anche perché, dopo un altro tratto di strada, udimmo dei rumori, e a una svolta apparve un agitato manipolo di monaci e di famigli. Uno di essi, come ci vide, ci venne incontro con molta urbanità: "Benvenuto signore", disse, "e non vi stupite se immagino chi
55 siete, perché siamo stati avvertiti della vostra visita. Io sono Remigio da Varagine, il cellario del monastero. E se voi siete, come credo, frate Guglielmo da Bascavilla, l'Abate dovrà esserne avvisato. Tu", ordinò rivolto a uno del seguito, "risali ad avvertire che il nostro visitatore sta per entrare nella cinta!".

60 "Vi ringrazio, signor cellario", rispose cordialmente il mio maestro, "e tanto più apprezzo la vostra cortesia in quanto per salutarmi avete interrotto l'inseguimento. Ma non temete, il cavallo è passato di qua e si è diretto per il sentiero di destra. Non potrà andar molto lontano perché, arrivato al deposito dello strame, dovrà fermarsi. È troppo in-
65 telligente per buttarsi lungo il terreno scosceso...".

"Quando lo avete visto?" domandò il cellario.

"Non l'abbiamo visto affatto, non è vero Adso?" disse Guglielmo volgendosi verso di me con aria divertita. "Ma se cercate Brunello, l'animale non può che essere là dove io ho detto".

70 Il cellario esitò. Guardò Guglielmo, poi il sentiero, e infine domandò: "Brunello? Come sapete?".

"Suvvia", disse Guglielmo, "è evidente che state cercando Brunello, il cavallo preferito dall'Abate, il miglior galoppatore della vostra scuderia, nero di pelo, alto cinque piedi, dalla coda sontuosa, dallo zoccolo
75 piccolo e rotondo ma dal galoppo assai regolare; capo minuto, orecchie sottili ma occhi grandi. È andato a destra, vi dico, e affrettatevi, in ogni caso".

Il cellario ebbe un momento di esitazione, poi fece un segno ai suoi e si gettò giù per il sentiero di destra, mentre i nostri muli riprendeva-
80 no a salire. Mentre stavo per interrogare Guglielmo, perché ero morso dalla curiosità, egli mi fece cenno di attendere: e infatti pochi minuti dopo udimmo grida di giubilo, e alla svolta del sentiero riapparvero monaci e famigli riportando il cavallo per il morso. Ci passarono di fianco continuando a guardarci alquanto sbalorditi e ci precedettero
85 verso l'abbazia. Credo anche che Guglielmo rallentasse il passo alla sua cavalcatura per permettere loro di raccontare quanto era accaduto. Infatti avevo avuto modo di accorgermi che il mio maestro, in tutto e per tutto uomo di altissima virtù, indulgeva al vizio della vanità quando si trattava di dar prova del suo acume e, avendone già apprezzato le doti
90 di sottile diplomatico, capii che voleva arrivare alla meta preceduto da una solida fama di uomo sapiente.

La vita economica del monastero
Le abbazie medievali erano dei piccoli centri economici in un'epoca di scarsa urbanizzazione: ogni monaco aveva mansioni precise (il "cellario" era l'addetto alle scorte alimentari) e per il monastero lavoravano contadini e servitori (i "famigli").

Guglielmo, il frate-investigatore
Guglielmo è inglese e il suo nome originario dovrebbe suonare "William of Baskerville": questo fonde il nome di un filosofo medievale, William of Ockham, e il titolo di un romanzo di Arthur Conan Doyle, *The Hound of the Baskervilles*, cognome italianizzato in "Bascavilla".

Il ragionamento deduttivo
Guglielmo intuisce quel che è successo senza bisogno di spiegazioni: ha dedotto da pochi indizi che gli uomini stanno cercando un cavallo, ne ha immaginato il nome, il cavaliere e il luogo dove si può essere fermato.

Il carattere del maestro
Insieme con le tante qualità, Adso riconosce nel maestro una punta di vanità; ha già sperimentato le capacità oratorie di Guglielmo, ex inquisitore e consigliere dell'imperatore.

ATTIVITÀ

1 **RIPASSIAMO** **I VERBI ATMOSFERICI** Completa il brano con i verbi elencati. Attenzione: due sono di troppo.

~~è nevicato~~ • piove • gela • grandina • faccia freddo • è sereno • fa buio

Dopo che ...è nevicato..., Guglielmo e Adso si mettono in marcia sui loro muli verso l'abbazia; nonostante **(1.)** ...., partono presto. Adso rimane colpito dall'"Edificio", ovvero la grandiosa architettura geometrica che custodisce i codici e i manoscritti, i "libri" del Medioevo. Il giovane novizio è contento di arrivarci ora che **(2.)** ...., e non quando **(3.)** .... o **(4.)** ....; con il tempo brutto, infatti, la biblioteca deve fare ancor più paura. Durante la salita, lui e Guglielmo si imbattono in un gruppo di persone in cerca del cavallo dell'abate.

2 **PREPARA LA TUA PRESENTAZIONE** Nella prima parte del brano Eco descrive la biblioteca del monastero, "l'Edificio" per antonomasia. Per sua stessa ammissione, l'articolata descrizione geometrica ricorda sia pagine letterarie (in particolare *La biblioteca di Babele* di Jorge Luis Borges) sia architetture antiche e moderne: oltre ai citati Castel Ursino (in Sicilia), Castel del Monte (in Puglia) e alla Sacra di San Michele (in Piemonte), sembra che Eco si sia ispirato alla struttura di alcune biblioteche da lui frequentate, come la Sterling Library dell'università di Yale e la Robarts di Toronto. Svolgi una ricerca su questi edifici e prepara una presentazione digitale con testi e immagini significativi. Confronta il brano di Eco e la sua densa simbologia con le architetture analizzate ed esponi i risultati del tuo lavoro in circa 20 minuti.

La mappa dell'abbazia immaginata da Eco e stampata all'inizio del romanzo

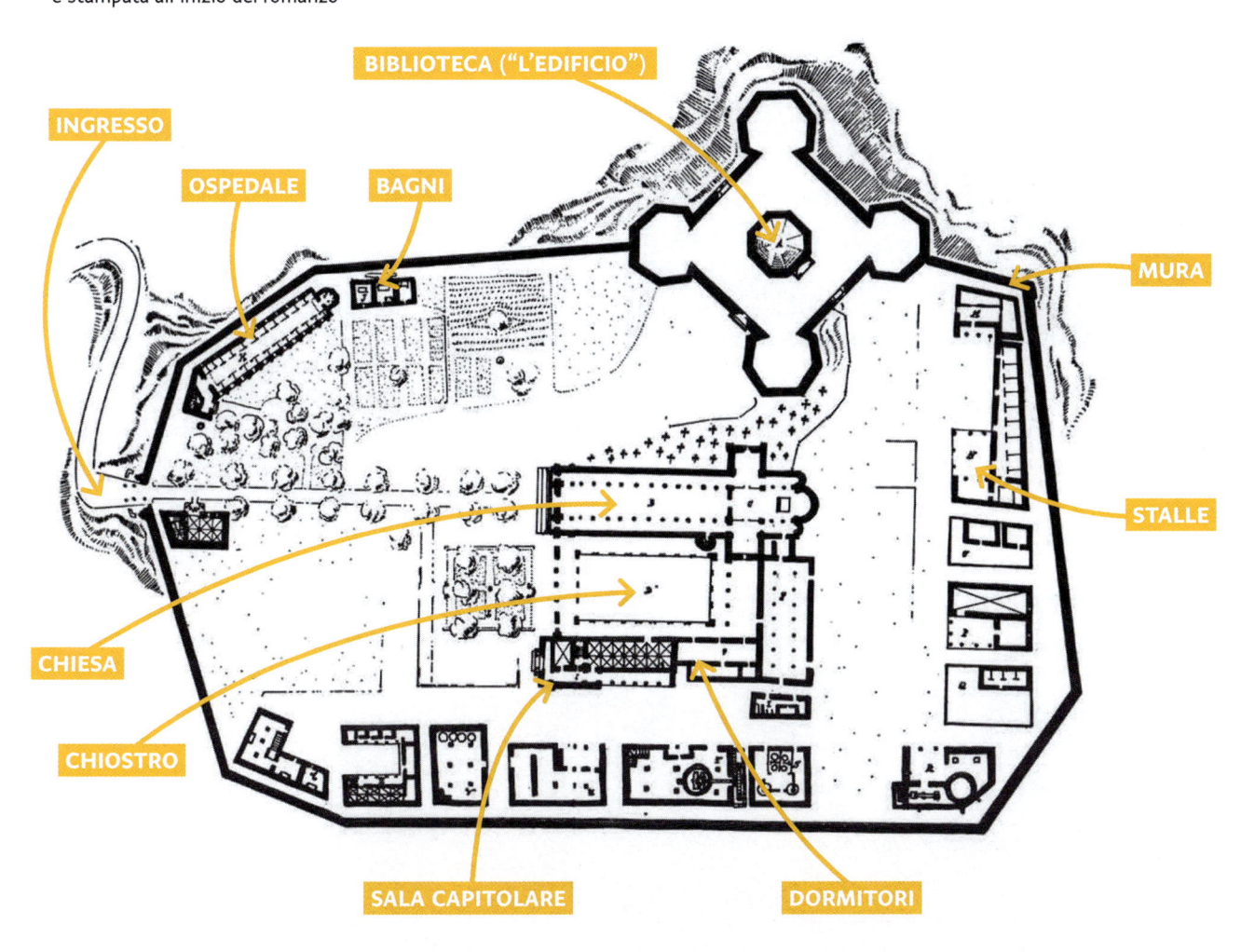

Roberto Saviano

Professione
Giornalista

Segue
- Fabio Fazio
- Sergio Sollima

Contatti bloccati
Camorra

Gruppi
Intellettuali scomodi

1979 Nasce nel quartiere Secondigliano di Napoli da Luigi, medico, e Maria Rosaria Ghiara. Cresce a Caserta.

2003 Si laurea in filosofia all'università Federico II di Napoli con una tesi su Max Weber e lavora come giornalista.

2006 Pubblica il libro *Gomorra* sulla camorra e per questo gli viene assegnata la scorta.

2010 Conduce il programma televisivo *Vieni via con me* con Fabio Fazio negli studi Rai di Milano.

2014 Collabora alla sceneggiatura della serie tv *Gomorra* con la regia di Sergio Sollima. Si trasferisce a New York.

2016-17 Pubblica i due romanzi *La paranza dei bambini* e *Bacio feroce*.

MILANO
NEW YORK
CASERTA
NAPOLI

← **Le Vele di Scampia, 1962-75** I sette condomini progettati dall'architetto Francesco Di Salvo per rivalutare il quartiere napoletano di Scampia sono stati occupati da famiglie povere e spesso sono sotto il controllo della criminalità; dopo le demolizioni decise dall'autorità ne rimarrà soltanto uno.

Gomorra

#Bibbia

camorra @Campania @Napoli

La **Bibbia** racconta che le antiche città di Sodoma e Gomorra furono distrutte con una pioggia di fuoco da Dio per i peccati dei loro abitanti. I due nomi sono dunque associati ad azioni malvagie; per l'assonanza con "**camorra**" (la mafia della **Campania**, la regione di **Napoli**) il giornalista Roberto Saviano ha scelto di intitolare *Gomorra* il suo libro d'esordio sulla malavita, con il sottotitolo: *Viaggio nell'impero economico e nel sogno di dominio della camorra*.

#inchieste #processi

La mafia e gli italiani sono spesso sinonimi nella percezione comune degli stranieri e in tanti film (come *Il padrino* di F.F. Coppola). Saviano rinuncia alla finzione letteraria e, pur classificando il proprio libro come "romanzo", vi rielabora dati, episodi, legami illeciti tratti da **inchieste giornalistiche** e **atti giudiziari**. Nelle pagine del libro leggiamo dettagli di cronaca, nomi e cognomi dei camorristi, i luoghi delle loro operazioni dalla Campania al Canada. La verità messa per iscritto, insieme alla risonanza internazionale ottenuta da *Gomorra*, ha procurato all'autore svariate **minacce di morte**. Dal 2006, anno di uscita del libro grazie a un'intuizione di **Gian Arturo Ferrari** della casa editrice Mondadori, Saviano vive sotto **scorta**. In più, la sua persona è oggetto di continui **attacchi pubblici**, come se denunciare a voce alta un atto criminale fosse più grave che commetterlo o favorirlo nel silenzio.

@GianArturoFerrari
#scorta

#sistema
#antropologia

Gomorra è in effetti un libro coraggioso, che al contrario delle opere di fantasia descrive analiticamente la camorra, in due parti e undici capitoli tematici; leggendo Saviano non si prova nessuna invidia per i delinquenti, non si instaura nessuna empatia. Lo Stato nello Stato non è il progetto di un gruppo di imprenditori illuminati: è un "**sistema**" brutale, con le sue regole e i suoi riti. Saviano azzarda **spiegazioni antropologiche** per spiegare le scelte di vita e i gusti dei capi, delle donne, dei ragazzini e delle ragazzine che sognano di arricchirsi in poco tempo, a rischio di morire. C'è anche spazio per le **vittime**: gli innocenti finiti nel fuoco incrociato delle vendette tra bande o i veri oppositori, come il sacerdote don Peppino Diana, ucciso in un agguato per il suo attivismo civile.

#vittime

#stilecrudo

Gomorra è per stomaci forti; è un libro duro, in cui l'autore ricorre a **metafore crude**, carnali, che adattano anche il linguaggio figurato alla realtà di sangue della vita di camorra.

Gli attori Salvatore Esposito e Marco D'Amore sul set della prima stagione di *Gomorra - La serie*, regia di Sergio Sollima, Italia, 2014

Gennaro Savastano, detto Genny, è l'erede di una potente famiglia camorristica di Secondigliano: il personaggio rispecchia i meccanismi del "sistema" mafioso, tra spaccio di droga, gestione dei rifiuti tossici e investimenti immobiliari.

il meme

Una delle Vele di Scampia è diventata il simbolo del controllo camorristico del territorio.

Ciro Di Marzio, soprannominato "l'Immortale", è l'uomo fidato dei Savastano; con il tempo si sottrae al loro controllo e si ritaglia una propria fetta di potere.

"Ci ripigliamo tutto quello che era nostro!"
(*Gomorra - La serie*, stagione 2ª, 2016)

Dal Novecento a oggi

Gomorra, parte 1ª, capitolo *Donne*

T48 Le carnefici e le vittime della camorra

TRACCIA 48 — Politica, guerra, mafia

Dopo aver ricordato il ruolo delle donne nella camorra, Saviano racconta la storia di una giovane vittima: Annalisa Durante, morta ammazzata durante una sparatoria tra malavitosi.

PER COMINCIARE

▶ **1** **ATTIVIAMO IL VOCABOLARIO** Collega le espressioni elencate all'ambito a cui si riferiscono.

1. avvocato
2. imprenditore
3. sbarre — **a.** economia e finanza
4. prestito
5. arresto
6. udienza
7. capitale — **b.** giustizia e legge
8. carceri
9. far fruttare

▶ **2** Cancella il verbo sbagliato in ogni serie.

1. Una persona può… *urlare / piovere / baciare*.
2. Un cliente può… *essere trascorso / pagare / rivendere*.
3. Una voce può… *straziare / sparare / gracchiare*.
4. Un motorino può… *sgommare / impennarsi / rimbalzare*.

Per molte donne sposare un camorrista spesso è come ricevere un prestito, come un capitale conquistato. Se destino e capacità lo permetteranno quel capitale frutterà, e le donne diventeranno imprenditrici, dirigenti, generalesse di un potere illimitato. Può andare
5   male e rimarranno solo ore in sala d'attesa nelle carceri e preghiere umilianti per andare a fare la colf in concorrenza con le slave, per poter pagare gli avvocati e dare da mangiare ai figli, se il clan va in rovina e non riesce più a dare la mesata. Le donne di camorra attraverso il loro corpo concedono fondamento ad alleanze, il loro volto e il loro
10 comportamento raccolgono e dimostrano il potere della famiglia, in pubblico si riconoscono i loro veli neri ai funerali, le urla durante gli arresti, i baci lanciati oltre le sbarre durante le udienze ai processi.

L'immagine delle donne di camorra sembra comporsi di visioni scontate, donne capaci di fare da eco solo al dolore e alle volontà dei
15 maschi: fratelli, mariti, figli. Non è così. La trasformazione del mondo camorristico negli ultimi anni ha portato anche a una metamorfosi del ruolo femminile che da identità materna, da assistente di sventura è divenuta vera e propria figura manageriale, impegnata quasi esclusivamente nell'attività imprenditoriale e finanziaria, delegando
20 ad altri le imprese militari e i traffici illegali. [...]

Il volto del potere assoluto del sistema camorristico assume sempre più i tratti femminili, ma anche gli esseri stritolati, schiacciati dai cingolati del potere sono donne. Annalisa Durante, uccisa a Forcella il 27 marzo 2004 dal fuoco incrociato, a quattordici anni.

Dalle stelle alle stalle
Quando un camorrista è arrestato, l'organizzazione criminale procura alla famiglia una specie di stipendio mensile (la "mesata") come risarcimento; se questo non avviene, l'eventuale moglie è costretta a lavorare, in genere come badante.

Un'epica del male
Le attività sporche della mafia, ovvero le vendette e lo spaccio di droga, sono riservate agli ultimi gradini dell'organizzazione: i capi, uomini e donne, gestiscono soprattutto gli affari, dietro le quinte.

Metafore forti
Saviano predilige il linguaggio crudo: qui le vittime della camorra sono paragonate a corpi divorati dai meccanismi del potere mafioso che come un carro armato travolge tutto.

La morte di una innocente
Annalisa Durante è stata uccisa nel centro storico di Napoli, a Forcella, durante l'inseguimento di un boss e la conseguente sparatoria: il suo diario è stato pubblicato nel 2005.

25 Quattordici anni. Quattordici anni. Ripeterselo è come passarsi una spugna d'acqua gelata lungo la schiena. Sono stato al funerale di Annalisa Durante. Sono arrivato presto nei pressi della chiesa di Forcella. I fiori non erano ancora giunti, manifesti affissi ovunque, messaggi di cordoglio, lacrime, strazianti ricordi delle compagne di classe. Annalisa è stata uccisa. La serata calda, forse
30 la prima serata realmente calda di questa stagione terribilmente piovosa, Annalisa aveva deciso di trascorrerla giù al palazzo d'una amica. Indossava un vestitino bello e suadente. Aderiva al suo corpo teso e tonico, già abbronzato. Queste serate sembrano nascere apposta per incontrare ragazzi, e quattordici anni per una ragazza di Forcella è l'età propizia per iniziare a scegliersi un
35 possibile fidanzato da traghettare sino al matrimonio. Le ragazze dei quartieri popolari di Napoli a quattordici anni sembrano già donne vissute. I volti sono abbondantemente dipinti, i seni sono mutati in turgidissimi meloncini dai push-up, portano stivali appuntiti con tacchi che mettono a repentaglio l'incolumità delle caviglie. Devono essere equilibriste provette per reggere il
40 vertiginoso camminare sul basalto, pietra lavica che riveste le strade di Napoli, da sempre nemica d'ogni scarpa femminile. Annalisa era bella. Parecchio bella. Con l'amica e una cugina stava ascoltando musica, tutte e tre lanciavano sguardi ai ragazzetti che passavano sui motorini, impennando, sgommando, impegnandosi in gincane rischiosissime tra auto e persone. È un
45 gioco al corteggiamento. Atavico, sempre identico. La musica preferita dalle ragazze di Forcella è quella dei neomelodici, cantanti popolari di un circuito che vende moltissimo nei quartieri popolari napoletani ma anche palermitani e baresi. [...] D'improvviso però, mentre lo stereo spedisce in aria un acuto gracchiante del neomelodico, due motorini, tirati al massimo, rincorrono
50 qualcuno. Questo scappa, divora la strada con i piedi. Annalisa, sua cugina e l'amica non capiscono, pensano che stanno scherzando, forse si sfidano. Poi gli spari. Le pallottole rimbalzano ovunque. Annalisa è a terra, due pallottole l'hanno raggiunta. Tutti fuggono, le prime teste iniziano ad affacciarsi ai balconi sempre aperti per auscultare i vicoli. Le urla, l'ambulanza, la corsa in
55 ospedale, l'intero quartiere riempie le strade di curiosità e ansia.

La costruzione narrativa
A partire da un fatto di cronaca Saviano ricostruisce la giornata della vittima: i sogni di Annalisa e i suoi piccoli gesti quotidiani rivivono grazie alla penna dello scrittore.

La colonna sonora di Napoli
Il genere della musica neomelodica è molto popolare a Napoli ma anche a Bari e Palermo: racconta soprattutto storie d'amore tormentato, di solito in dialetto, e piace molto ai camorristi.

RIPASSIAMO
I PRONOMI PERSONALI DIRETTI

Tra curiosità e omertà
Nei paesi della camorra le persiane sono chiuse, mentre le finestre, da dentro, sono aperte: tutti sentono e vedono, ma poi non è detto che siano pronti a testimoniare davanti alla legge.

ATTIVITÀ

1 **RIPASSIAMO** **I PRONOMI PERSONALI DIRETTI** Inserisci nelle frasi la forma corretta dei pronomi personali diretti e poi completa il verbo.

Esempio: Le donne camorriste non sono più solo madri o mogli dei boss, ma ...li... hanno anche affiancat.i.. nei ruoli dirigenziali.

1. Quella sera faceva molto caldo e per questo le ragazze ………. hanno passat…. fuori casa.
2. È un errore pensare che le mafie operino soltanto nelle regioni in cui molti film ………. hanno ritratt…. .
3. La "mesata" è quella sorta di stipendio mensile che la camorra consegna alla famiglia di un affiliato quando questo ………. ha dovut…. abbandonare in quanto arrestato o in fuga.
4. Le giovani amiche di Annalisa hanno comprato dei trucchi e se ………. sono mess…. sul viso.
5. Un camorrista ha sparato alcuni proiettili in direzione della piccola Annalisa e ………. ha raggiunt…. .
6. Cara Annalisa, non dimenticheremo la tua storia: grazie a questa lettura ………. abbiamo ricordat…. .

2 **PREPARA LA TUA PRESENTAZIONE** La vita mafiosa è fatta di simboli, di riti, di gesti eclatanti; alcuni di questi sono ricordati da Saviano nel brano che hai letto: il pianto esasperato, il corteggiamento e l'aspirazione a un matrimonio conveniente, la musica popolare. Sottolinea nel testo le immagini che ti hanno colpito di più e associa a ciascuna una fotografia o un video (la vicenda di Annalisa Durante è ancora presente negli archivi dei quotidiani italiani, alla sezione "Cronache"). Raccogli poi il materiale in una presentazione digitale e commentalo con frasi a effetto: saranno il punto di partenza per un'esposizione orale in classe.

44 Elena Ferrante

Professione
Ignota

Segue
- Casa editrice e/o
- Europa Editions
- Ann Goldstein
- Anita Raja
- "The Guardian"

Contatti bloccati
Claudio Gatti

Gruppi
Best-seller internazionali

1943 o 1953 Nasce a Napoli, forse da una madre sarta, e si trasferisce altrove per lavoro.

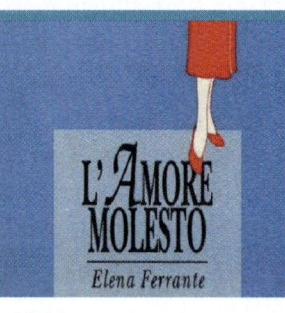

1992 Pubblica il suo primo romanzo senza dare alcun dettaglio su di sé: *L'amore molesto*, per la casa editrice romana e/o.

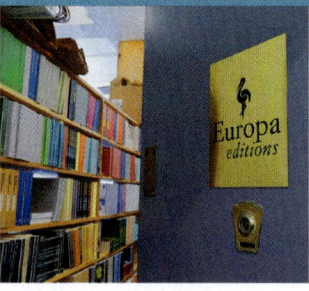

2005 La casa editrice e/o fonda a New York Europa Editions e fa tradurre in inglese i romanzi ferrantiani ad Ann Goldstein: inizia il successo internazionale di Ferrante.

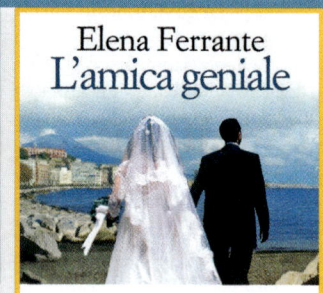

2011-14 Pubblica la saga *L'amica geniale*, in quattro volumi, da cui è tratta una serie tv.

2016 Il giornalista Claudio Gatti identifica Elena Ferrante con la traduttrice Anita Raja.

2018-19 Tiene una rubrica settimanale sul "Guardian", poi raccolta e tradotta nel libro *L'invenzione occasionale*.

Il rione Luzzatti a Napoli
Sorto all'inizio del Novecento, il quartiere si espande dopo la Seconda guerra mondiale grazie all'edilizia popolare, con affitti agevolati; qui nascono e crescono i personaggi e le famiglie dell'*Amica geniale*.

L'amica geniale

Quando il cognome di una scrittrice vivente ricorre nei dizionari, significa che è fatta: la fama è stata raggiunta in maniera definitiva. L'aggettivo **"ferrantiano"** è ormai entrato nel vocabolario, soprattutto dopo il successo internazionale della **saga** dell'*Amica geniale*, suddivisa in **quattro volumi**: il primo ha dato il titolo all'intera serie (appunto, *L'amica geniale*, 2011), poi sono venute la *Storia del nuovo cognome* (2012), la *Storia di chi fugge e di chi resta* (2013) e infine la *Storia della bambina perduta* (2014).

Protagonista dei quattro romanzi o, meglio, dell'**unico romanzo** diviso in quattro fasi che vanno dall'infanzia alla vecchiaia, è una coppia di "amiche geniali": Elena detta **Lenù** e Raffaella detta **Lila**. Sono due ragazzine cresciute nella periferia di **Napoli** al tempo del **secondo dopoguerra**, quando la **scuola** sembrava dare ai figli e alle figlie delle famiglie povere un'occasione di riscatto. Lenù riesce a completare il ciclo di studi e a raggiungere l'università, frequentando la Scuola Normale Superiore di Pisa (la Oxbridge italiana) e facendo della **scrittura** la propria professione. Lila invece si arrende alle dinamiche del rione, sposa il salumiere per poi ribellarsi alle sue violenze e ai ricatti e cercare una strada nuova, che però si rivelerà dolorosa. In una trama ricca di colpi di scena, su cui è bene non fare spoiler, le due amiche si cercano e si lasciano, riunite e separate continuamente dalle vicende della vita. Si ha quasi l'impressione che le due donne siano in realtà una sola, **un'unica "amica geniale"** nella quale alcuni hanno voluto identificare la stessa autrice.

Elena Ferrante ambienta la tetralogia in un'Italia in trasformazione: dalla miseria della Seconda guerra mondiale alla crescita economica degli anni Sessanta, dalle proteste studentesche e operaie degli anni Settanta (gli anni di piombo) fino al terzo millennio. È un **percorso complesso**, che fa rivivere *La Storia* di **Elsa Morante** e i racconti di **Anna Maria Ortese** e che appassiona come una saga fantasy.

Si tende a considerare *L'amica geniale* un esempio di **letteratura femminista**, che mette finalmente al centro due piccole grandi donne, che rompe gli schemi degli stereotipi di genere, che mostra un reale e sofferto cammino di **emancipazione**. È vero, nei quattro libri c'è tutto questo; ma c'è anche la forza irresistibile di una **bella storia**, quella di un'**amicizia** che sfida gli ostacoli sociali e familiari, le botte, la povertà, la camorra, la mentalità paesana. La scrittura ferrantiana, del resto, evoca ma evita il **dialetto**: Lenù, diventata a sua volta autrice, crea così una distanza tra sé e il racconto. Ferrante **scrive in italiano**, non in napoletano, e come Ortese o come Verga si colloca entro un orizzonte letterario per nulla regionalistico. La sua Napoli è il mondo, siamo noi.

#saga

#Lenù
#Lila @Napoli
#scuola

#scrittura

@ElsaMorante
@AnnaMariaOrtese

#emancipazione
#amicizia

#dialetto

Elisa Del Genio (Lenù) e Ludovica Nasti (Lila) nella serie tv dell'*Amica geniale*, regia di Saverio Costanzo, Italia-Usa, 2018

Lenù è la narratrice della saga, la protagonista diventata scrittrice. Tutto è osservato dai suoi occhi, secondo una visione che sembra oggettiva e che invece è parziale.

il meme

"Mo vengo: quello che fai tu lo faccio anch'io."
(*L'amica geniale*, serie tv, 1ª stagione, 2018)

Lila, alter ego impulsivo e "geniale" di Lenù, sembra più sicura di sé, ma la sua creatività è frustrata dal contesto sociale.

L'infanzia delle due protagoniste trascorre nel rione Luzzatti: pur non essendo molto lontano dal centro di Napoli, si presenta isolato dal resto della città.

Dal Novecento a oggi

L'amica geniale, volume 1º, *Adolescenza*, capitolo 2º

T49 La "smarginatura"

TRACCIA 49

Ambiente, paesaggio, ecologia

Un momento fondamentale nella vita di Lila è la scoperta di un senso di abisso, in cui tutte le certezze e i tratti del mondo fisico si confondono: durante queste crisi per lei regna il caos. Solo da adulta Lila confesserà all'amica Lenù di aver dovuto passare la vita a tenerle a bada.

PER COMINCIARE

1 ATTIVIAMO IL VOCABOLARIO Collega le espressioni elencate al senso con il quale si possono percepire.

1. colpi di pistola
2. spumante
3. fuoco d'artificio
4. fumo
5. scoppio
6. detonazione
7. urla

a. gusto

b. udito

c. olfatto

2 Fornisci una breve definizione di ogni aggettivo; se hai dubbi consulta il dizionario.
1. morbido: ....
2. meschino: ....
3. tozzo: ....
4. amichevole: ....

Una parola nuova
Dopo aver introdotto la parola "smarginatura", Elena la spiega: è una sensazione solo apparente di libertà, che porta dall'ordine al caos, dal contorno definito all'inconsistente. Lila ha una sensazione fisica di rigetto, quasi di vomito.

Elena grande
Il racconto è condotto in prima persona da Elena, che è diventata scrittrice e che narra le vicende del passato a distanza di molti anni, quando ha perso le tracce di Lila.

RIPASSIAMO
LE PREPOSIZIONI IMPROPRIE

Il 31 dicembre del 1958 Lila ebbe il suo primo episodio di smarginatura. Il termine non è mio, lo ha sempre utilizzato lei forzando il significato comune della parola. Diceva che in quelle occasioni si dissolvevano all'improvviso i margini delle persone e delle cose. Quando
5 quella notte, in cima al terrazzo dove stavamo festeggiando l'arrivo del 1959, fu investita bruscamente da una sensazione di quel tipo, si spaventò e si tenne la cosa per sé, ancora incapace di nominarla. Solo anni dopo, una sera del novembre 1980 – avevamo entrambe trentasei anni, ormai, eravamo sposate, con figli – mi raccontò minutamente cosa le
10 era accaduto in quella circostanza, cosa ancora le accadeva, e ricorse per la prima volta a quel vocabolo.

Eravamo all'aperto, in cima a una delle palazzine del rione. Sebbene facesse molto freddo avevamo messo abiti leggeri e scollati per sembrare belle. Guardavamo i maschi, che erano allegri, aggressivi, figure nere
15 travolte dalla festa, dal cibo, dallo spumante. Accendevano le micce dei fuochi d'artificio per festeggiare l'anno nuovo, rito alla cui realizzazione Lila, come poi racconterò, aveva collaborato moltissimo, tanto che ora si sentiva contenta, guardava le strisce di fuoco nel cielo. Ma all'improvviso – mi disse –, malgrado il freddo aveva cominciato a coprirsi di
20 sudore. Le era sembrato che tutti gridassero troppo e che si muovessero troppo velocemente. Questa sensazione si era accompagnata a una nausea e lei aveva avuto l'impressione che qualcosa di assolutamente materiale, presente intorno a lei e intorno a tutti e a tutto da sempre, ma senza che si riuscisse a percepirlo, stesse spezzando i contorni di
25 persone e cose rivelandosi.

Il cuore le si era messo a battere in modo incontrollato. Aveva cominciato a provare orrore per le urla che uscivano dalle gole di tutti

234

quelli che si muovevano per il terrazzo, tra i fumi, tra gli scoppi, come se la loro sonorità obbedisse a leggi nuove e sconosciute. Le era montata la nausea, il dialetto aveva perso ogni consuetudine, le era diventato insopportabile il modo secondo cui le nostre gole umide bagnavano le parole nel liquido della saliva. ==Un senso di repulsione aveva investito tutti i corpi in movimento, la loro struttura ossea, la frenesia che li scuoteva.== Come siamo mal formati, aveva pensato, come siamo insufficienti. Le spalle larghe, le braccia, le gambe, le orecchie, i nasi, gli occhi, le erano sembrati attributi di esseri mostruosi, calati da qualche recesso del cielo nero. E il ribrezzo, chissà perché, si era concentrato soprattutto sul corpo di suo fratello Rino, la persona che pure le era più familiare, la persona che amava di più.

Le era sembrato di vederlo per la prima volta come realmente era: una forma animale tozza, tarchiata, la più urlante, la più feroce, la più avida, la più meschina. Il tumulto del cuore l'aveva sopraffatta, si era sentita soffocare. Troppo fumo, troppo malodore, troppo lampeggiare di fuochi nel gelo. Lila aveva cercato di calmarsi, si era detta: devo afferrare la scia che mi sta attraversando, devo gettarla via da me. Ma a quel punto aveva sentito, tra le urla di giubilo, una specie di ultima detonazione e accanto le era passato qualcosa come un soffio d'ala. ==Qualcuno stava sparando non più razzi e trictrac, ma colpi di pistola.== Suo fratello Rino gridava insopportabili oscenità in direzione dei lampi giallastri.

Nell'occasione in cui mi fece quel racconto, Lila disse anche che la cosa che chiamava smarginatura, pur essendole arrivata addosso in modo chiaro solo in quella occasione, non le era del tutto nuova. Per esempio, aveva già avuto spesso la sensazione di trasferirsi per poche frazioni di secondo in una persona o in una cosa o un numero o una sillaba, violandone i contorni. E ==il giorno che suo padre l'aveva buttata dalla finestra== si era sentita assolutamente certa, proprio mentre volava verso l'asfalto, che piccoli animali rossastri, molto amichevoli, stessero dissolvendo la composizione della strada trasformandola in una materia liscia e morbida. Ma quella notte di Capodanno le era accaduto per la prima volta di avvertire entità sconosciute che spezzavano il profilo del mondo e ne mostravano la natura spaventosa. Questo l'aveva sconvolta.

Un'epifania
La "smarginatura" porta con sé un senso di schifo che travolge tutto, a partire dalle persone e dalle abitudini familiari: Lila scopre l'abisso che si nasconde dietro la realtà.

Il suono della camorra
Le pistole appartengono ai fratelli Solara, che gestiscono l'economia del rione e persino il tempo libero degli abitanti da veri camorristi.

La violenza del rione
Lila subisce più di Elena ogni genere di violenza domestica: un giorno il padre, in preda all'ira, butta letteralmente la figlia dalla finestra come se fosse una cosa. È il segno di un'aggressività implacabile, che si manifesta soprattutto contro le donne che non si sottomettono.

Lucio Fontana, *Concetto spaziale, Attese*, 1965, idropittura su tela e cornice in legno laccato (mancante) (collezione privata)

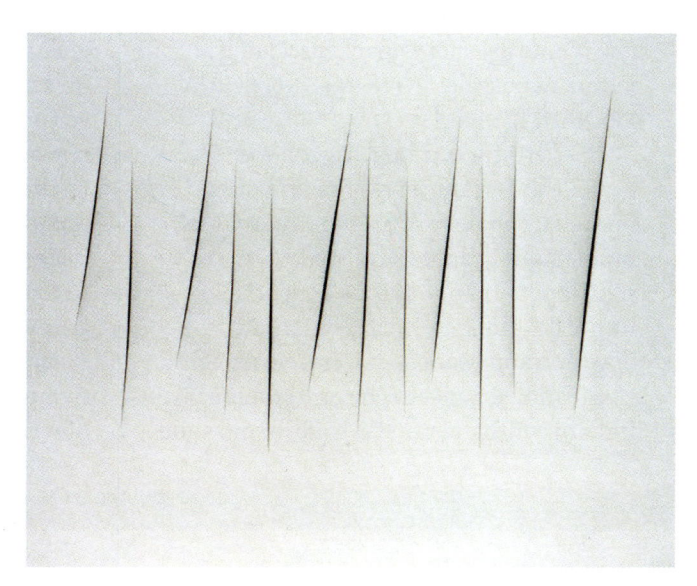

Dal Novecento a oggi

ATTIVITÀ

1 **RIPASSIAMO LE PREPOSIZIONI IMPROPRIE** Completa le frasi con le preposizioni corrette, scegliendole tra quelle elencate.

~~nonostante~~ • lungo • secondo • malgrado • tranne • oltre • durante

Esempio: _Nonostante_ i tanti preparativi, Lila non riesce a festeggiare.

1. ………………………… Lila, il mondo intorno nasconde una natura brutale, paurosa.
2. Gli amici e le amiche stanno aspettando il Capodanno in piedi ………………………… il terrazzo.
3. Elena sa che, ………………………… tutto, lei e Lila rimarranno sempre amiche.
4. ………………………… la festa nessuno si accorge che Lila si sta sentendo male.
5. Tutti ………………………… Lila si stanno divertendo.
6. ………………………… quel balcone hanno sentito addirittura degli spari.

2 **DIALOGA CON L'AUTRICE** "Smarginatura" è uno dei potenti neologismi, cioè delle parole nuove o rivisitate, che Elena Ferrante dissemina nei suoi romanzi per spiegare momenti altrimenti impercettibili della trama. Ciò che avviene dentro i suoi personaggi diventa fondamentale per capire ciò che avviene fuori, nel mondo. Immagina di vivere nella tua esperienza quotidiana un episodio simile alla "smarginatura" e di raccontarlo a Elena Ferrante via e-mail: metti un titolo originale nell'oggetto del tuo messaggio e in circa 3-4 pagine prova a spiegare che cosa ti è successo.

il troll — Ferrante indagata?

Nel 2016 il giornalista italiano **Claudio Gatti** pubblica sul quotidiano "**Il Sole 24 ore**" un'"inchiesta" sulla vera identità di Elena Ferrante. La notizia, ripresa contemporaneamente da "New York Review of Books", "Mediapart" e "Frankfurter Allgemeine Zeitung", fa subito rumore. A stupire non è tanto la presunta scoperta, che si vociferava da tempo, quanto i mezzi utilizzati per realizzarla. Dietro Elena Ferrante si nasconderebbe **Anita Raja**, traduttrice dal tedesco (una vera autorità per le versioni italiane di Christa Wolf) e moglie di **Domenico Starnone** (scrittore a sua volta, che in uno dei suoi romanzi proclama a lettere maiuscole: "IO NON SONO ELENA FERRANTE").

In effetti fra le trame di Starnone e quelle di Ferrante si respira aria di famiglia: coppie in crisi, approcci sessuali problematici, rapporti tra genitori e figli oppure tra nonni o zie e nipoti al limite del sadismo, la città di Napoli, dove entrambi sono nati e cresciuti negli stessi anni. È pur vero che tanti romanzi italiani contemporanei si soffermano sulle **relazioni familiari**: una costante che nei casi peggiori diventa un'ossessione. Ma non è questo il punto.

L'"inchiesta" (sempre tra virgolette) non si è basata su confronti linguistici né su parallelismi letterari. Il giornalista ha esaminato le **dichiarazioni dei redditi** della coppia Starnone-Raja, notando come i beni mobili e immobili siano via via aumentati con le vendite dei romanzi ferrantiani e con la cessione dei relativi diritti per la realizzazione di film. Ovviamente i diretti interessati **hanno smentito**: la casa editrice e/o ha tuonato contro il giornalista per la violazione della privacy; il giornalista ha invocato il ruolo pubblico della scrittrice; Ferrante ha taciuto. Molti temevano che non avrebbe più scritto; invece nel 2018 ha iniziato una collaborazione con "The Guardian" e nel 2019 ha pubblicato _La vita bugiarda degli adulti_.

Essendo una **persona libera**, e non una criminale, Elena Ferrante, come Anita Raja e come Domenico Starnone, continuerà a riempire con il suo nome gli scaffali delle librerie.

Igiaba Scego

45

Professione
Ricercatrice e editorialista

Segue
- Rivista "Nigrizia"
- Università Ca' Foscari

Contatti bloccati
Colonialisti

Gruppi
- Premio Mondello
- Dialogo interculturale

1974 Nasce a Roma da una famiglia originaria della Somalia.

2003 Pubblica il romanzo d'esordio *La nomade che amava Alfred Hitchcock*. Inizia a collaborare con giornali, riviste e antologie su temi di argomento "coloniale" (migrazioni, afrodiscendenti, monumenti).

2007-09 Dopo la laurea in letterature straniere all'università di Roma la Sapienza, consegue il dottorato in pedagogia all'università Roma Tre. Cura la rubrica *I colori di Eva* per la rivista "Nigrizia".

2011 Vince il premio letterario Mondello con il romanzo *La mia casa è dove sono*.

2017-19 Organizza un progetto di ricerca all'università Ca' Foscari di Venezia sugli effetti del colonialismo italiano.

2020 Pubblica *La linea del colore*.

VENEZIA

ROMA

← *Fiat Tagliero* (Asmara) Terminata nel 1938 dall'ingegnere Giuseppe Pettazzi, questa stazione di servizio è un esempio dell'architettura razionalista del fascismo e una testimonianza del colonialismo italiano in Eritrea.

237

Dal Novecento a oggi

La linea del colore

#Ottocento
#colonialismo
#LafanuBrown

#tahrib

@ToniMorrison

#emancipazione

#arte

#pittura

@Roma

#monumenti

#ingiustizia

Alla fine dell'**Ottocento**, mentre l'Italia colonialista tenta di conquistare l'**Eritrea** e l'**Etiopia**, a Roma vive una **pittrice americana**: si chiama **Lafanu Brown**. La sua figura e la sua storia sono ispirate a quelle di **Sarah Parker Remond** (ostetrica e attivista) e di **Edmonia Lewis** (scultrice), tutte afrodiscendenti. Igiaba Scego costruisce un **romanzo storico** che si intreccia con il presente, oggi che dall'Africa subsahariana tantissime giovani sognano il *tahrib*, il viaggio verso l'Europa, ma sono bloccate dalla violenza dei criminali e dalle leggi (non tutti i passaporti sono uguali).

Lafanu Brown, che ricorda certi personaggi di **Toni Morrison**, finisce a Roma da un villaggio nativo degli Stati Uniti. È stata educata grazie all'interessamento di alcune donne bianche che a modo loro incoraggiano l'**emancipazione** dei neri: lo fanno per vanità più che per ragioni umanitarie, eppure nell'America schiavista prima della Guerra di secessione è già qualcosa. Gli studi aprono a Lafanu le porte dell'**arte**: durante le lezioni private con l'istitutrice Lizzie Manson, nella puritanissima cittadina di Salenius (la Salem del *Crucible* di Arthur Miller), la ragazza scopre la vera **"linea del colore"**. Non quella della segregazione, del razzismo, del senso di superiorità dei bianchi, da cui subisce anche una violenza sessuale; la "linea del colore" di Lafanu è soprattutto quella della **pittura**, che unisce impercettibilmente tutte le tinte.

Proprio grazie alla sua arte e alla benevolenza delle sue protettrici, Lafanu riesce a sbarcare in **Europa**: prima in Gran Bretagna, a Londra, quindi in Italia, a quel tempo sulla strada dell'unificazione nazionale. A **Roma**, una Roma che da sonnacchiosa scenografia papale si sta trasformando nella nuova capitale del Regno d'Italia, Lafanu si emancipa definitivamente: non cessano gli insulti razzisti né gli episodi di emarginazione, ma la protagonista riesce a farsi un bel giro di clienti tra gli espatriati americani. Gli attivisti della causa di liberazione dei neri interpretano alcuni suoi lavori (ad esempio il ritratto di un patriota della Guerra di secessione) come un tradimento. Lafanu, però, sa che la propria **arte** è **libera** e che il solo fatto di poterla esercitare come **mestiere** sarà un esempio per tante e tanti.

L'arte, vera passione di Scego, è una presenza costante nel romanzo. I personaggi si imbattono in **monumenti** e **quadri** che ritraggono uomini e donne d'Africa; i "Mori" di tante sculture e pitture impressionano per come sono stati ritratti anche in anni recenti. I loro volti spaventati e le mani incatenate raccontano una **storia di ingiustizia** con cui dobbiamo fare i conti. Lafanu Brown dimostra che un'altra storia è possibile: quella dei colori, nessuno escluso.

↰ *La scultrice Edmonia Lewis*, 1870 circa, stampa (Washington, Smithsonian Institution, National Portrait Gallery)

↰ Edmonia Lewis, *Forever Free*, 1867, marmo (Washington, Howard University, Gallery of Art)

45 Igiaba Scego

→ Pompeo Castiglia, *Fontana dei "Quattro Mori"*, 1632 (ricostruita nel 1969), marmo e peperino (Marino, piazza Matteotti)

il meme

La Fontana dei "Quattro Mori" di Marino fu progettata per commemorare la battaglia di Lèpanto, in Grecia: nel 1571 la flotta della Lega santa (papa, Stati italiani e Spagna) sconfisse quella turca. Durante la Sagra dell'Uva, ogni autunno, viene riempita di vino.

Tra le forze militari turche c'erano schiavi africani che dopo la sconfitta furono catturati dagli europei: il monumento ritrae quattro di loro (due donne e due uomini) seminudi e incatenati.

Le statue esprimono il senso di sofferenza e di terrore di un intero continente, l'Africa, e fanno riflettere sulla legittimità di monumenti simili: è giusto abbatterli oppure bisogna conservarli riflettendo sulla memoria storica?

" Il delicato dibattito sulle tracce del passato non va ridotto all'abbattimento o meno di statue e monumenti. Va tutto discusso e reso patrimonio comune. In questa storia non c'è giusto o sbagliato. Ci sono le relazioni. "

(I. Scego, *Cosa fare con le tracce scomode del nostro passato*, "Internazionale", 9 giugno 2020)

La linea del colore, capitolo 7

T50 La scoperta dell'Italia

TRACCIA 50 — Arte, musica, teatro

Pensando al nome dell'Italia che risuona da una sponda all'altra dell'Atlantico durante il Risorgimento, Lafanu si lascia andare all'immaginazione: tra turbamento e fascino per la nazione non ancora unificata, l'artista è pronta per una nuova vita nel Bel Paese.

PER COMINCIARE

1 ATTIVIAMO IL VOCABOLARIO Leggi ad alta voce gli aggettivi elencati con l'accento indicato; quindi collegali alla loro definizione e aggiungi un nome a cui possano essere riferiti; infine, rispondi alla domanda proposta sotto.

1. corpóso
2. morbóso
3. lussurióso
4. impàvido
5. affamàto
6. disdegnóso
7. scàlzo
8. lùrido
9. voglióso

a. sporco, tenuto male
b. sprezzante
c. che ha fame
d. denso, spesso
e. esagerato, ossessivo
f. avido di sesso
g. desideroso, bramoso
h. senza scarpe
i. coraggioso, senza paura

....
....
....
....
....
....
....
....
....

Quale somiglianza noti tra gli aggettivi numerati 1, 2, 3, 6, 9? ....

239

Dal Novecento a oggi

Un'istitutrice illuminata
Dopo l'espulsione dal collegio, Lafanu è affidata a un'insegnante privata che diventa la sua guida: sarà lei a indirizzarla sulla via della pittura.

Letture ottocentesche
Lafanu scopre l'Italia attraverso la lettura degli autori di moda nell'Ottocento, protagonisti del *Grand Tour*, il viaggio nelle bellezze artistiche e paesaggistiche italiane: Goethe, Stendhal, Lord Byron, Percy e Mary Shelley. Il mondo dei cavalieri erranti, invece, è quello di Ariosto e dell'*Orlando furioso*.

Personaggi letterari, mostri, artiste
Anche questa carrellata di nomi viene dalle letture di Lafanu: Circe è la maga che nel mito greco trasforma gli uomini di Ulisse in maiali; Scilla e Cariddi sono i due mostri che bloccano le navi nello stretto di Messina; la Sibilla è un'indovina; le Sabine sono le donne rapite e violentate all'epoca della fondazione di Roma; Beatrice è la musa di Dante; Caterina è la mistica medievale autrice delle *Lettere*; Artemisia Gentileschi e Sofonisba Anguissola sono due pittrici del Cinque-Seicento.

RIPASSIAMO
LE COMPARATIVE DI PROPORZIONALITÀ

L'Italia verso l'Unità nazionale
Il 17 marzo 1861 è proclamato il Regno d'Italia, dopo l'unificazione dei vari Stati regionali, molti dei quali sotto l'Austria. Dopo tre guerre di indipendenza, battaglie sanguinose e l'occupazione del Lazio (allora controllato del papa), nel 1871 Roma diventa la nuova capitale.

Le origini di Lafanu
Lafanu è figlia di una nativa (della popolazione Chippewa o Ojibwa, in Michigan) e di un predicatore di Haiti, che poi ha lasciato il villaggio.

Fu tra i diciassette e i diciotto anni, ovvero tra il 1859 e il 1860, in quell'anno magico in cui fu allieva di Lizzie Manson, che Lafanu Brown scoprì l'Italia.

L'Italia era qualcosa che Lafanu stringeva tra le sue piccole
5 grandi mani ansiose di futuro. Fu Lizzie naturalmente a consigliarle delle letture a cui presto Lafanu divenne devota. Erano libri corposi, suadenti, dalla scrittura fitta e a tratti morbosa. L'Italia era tutta un castello in fiamme, un lago tenebroso, una masnada di monaci lussuriosi. L'Italia era un mistero denso fatto
10 di camere nascoste e trappole disseminate lungo i sentieri per ingannare i giovani cavalieri armati solo dei loro cuori impavidi. Era un mare impetuoso, l'Italia. Un mare di demoni dal viso leggiadro, mostri che illudevano il prossimo con un sorriso prima di divorarlo in pieno sole. Era un mare di streghe che sapevano
15 come trasformare un uomo in un maiale. Era un mare di paura. Ma l'Italia era anche una montagna troppo alta da scalare. Era la secca che bloccava le navi. Era la fauce di un lupo affamato. Era Circe. Era Scilla. Era Cariddi. La dolce Sibilla. Le Sabine oltraggiate. Era Beatrice la disdegnosa. Caterina la santa. Artemisia la corag-
20 giosa. Sofonisba la talentuosa. L'Italia era un piede infreddolito e scalzo, una libbra di carne consumata. L'Italia era la pastasciutta, il sugo, i bomboloni ripieni e le viscere condite con le cipolle. L'Italia era la natura che prendeva il sopravvento sull'uomo, la natura che faceva tremare la terra e il cielo, che ricopriva di
25 aspidi la strada maestra degli eroi. Ma l'Italia era anche il bene che la gente si voleva. Era fatta di baci appassionati in sottoscala luridi. Era plasmata sugli amori adulterini che si perdevano nel caos delle menzogne.

Ah Italia, terra di amori contrastati e di sovrani corrotti.
30 [...] Ma l'Italia, nelle letture di Lafanu in quell'anno magico in cui fu allieva di Lizzie Manson, era anche la terra di pastori che trovavano ogni occasione per ringraziare la luna con balli e canti melodiosi. Pastori musicanti e pastorelle in fiore. Era l'Italia ad averla fatta diventare donna. Ad averle insegnato la malizia.
35 E Lafanu si rendeva conto che, più si avvicinava all'Italia, più la bambina che era stata laggiù al villaggio Chippewa svaniva nel corpo dell'adulta che stava diventando.

E poi c'era la lotta di quel Paese non ancora nato, con i suoi martiri e le sue baionette spiegate al vento contro gli austriaci, ad
40 affascinarla follemente. Nelle notti di tempesta Lafanu si vedeva con il viso allungato di un'amazzone, anche lei pronta a sguainare la spada come i giovani italiani vogliosi di una patria. Era in ansia per quella gente che nemmeno conosceva. E ogni giorno i suoi occhi, grazie alle sue letture, si riempivano di quell'Italia
45 lontana, "dove un giorno, lo giuro, andrò".

Erano i piedi grandi che aveva ereditato dall'haitiano che la riempivano di voglia di viaggi e profumi nuovi. La donna che stava diventando voleva percorrere i sentieri sconosciuti del futuro.

240

ATTIVITÀ

▶ 1 **RIPASSIAMO** **LE COMPARATIVE DI PROPORZIONALITÀ** Completa le frasi aggiungendo una seconda parte a tua scelta: deve includere una comparativa di proporzionalità coordinata con la prima parte.

Esempio: Più Lafanu pensa a un viaggio in Italia, *più si lascia prendere dall'entusiasmo* .

1. Più la protagonista legge libri sull'Italia, ...
2. Più si avvicina la data della partenza, ...
3. Meno si conosce la storia, ...
4. Più seguiamo la dieta mediterranea, ...
5. Meno riflettiamo sulle nostre origini e radici, ...
6. Più si studia la cultura italiana, ...

▶ 2 **PREPARA LA TUA PRESENTAZIONE** Mentre sogna l'Italia, Lafanu immagina un elenco di personaggi letterari (da Circe a Beatrice), un elenco di scrittrici e artiste (santa Caterina, le pittrici Artemisia Gentileschi e Sofonisba Anguissola), un elenco di luoghi e di cibi tipicamente italiani. Scegli uno di questi elenchi e prova a illustrarlo con fotografie e musiche significative in una presentazione digitale: puoi aggiungere accanto a ogni documento multimediale una didascalia esplicativa. Concludi con un'immagine che secondo te rappresenta la figura della protagonista e la sua attività di pittrice.

⬅ Artemisia Gentileschi, *Allegoria della pittura (autoritratto)*, 1638-39, olio su tela (Londra, Kensington Palace)

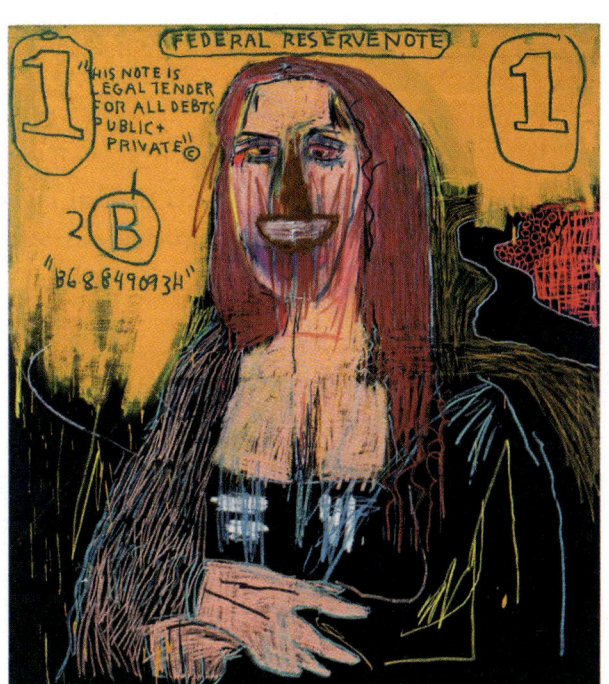

➡ Jean Michel Basquiat, *Monna Lisa*, 1983, acrilico e matita su carta (collezione privata)

Tre esempi di scrittura accademica

Sergio Luzzatto, Gabriele Pedullà, *Atlante della letteratura italiana*, *Introduzione*

S1 La geografia della letteratura italiana

Sergio Luzzatto e Gabriele Pedullà hanno curato per la casa editrice Einaudi l'*Atlante della letteratura italiana* (2010-12): è un'opera molto originale e dunque molto discussa perché non affronta lo studio della letteratura suddividendo il materiale per autori o per opere, ma adotta un approccio geografico e statistico, procedendo per schede con cartine, dati numerici e grafici. Nell'*Introduzione*, i due studiosi spiegano le ragioni della loro scelta, mostrando come il tessuto urbano della penisola italiana, priva fino al 1861 di uno Stato unitario, abbia alimentato una straordinaria fioritura culturale.

PER COMINCIARE

1 ATTIVIAMO IL VOCABOLARIO Collega le espressioni alla loro definizione.

1. spartiacque
2. perno
3. *in pectore*
4. infrastrutture
5. *savante*
6. cosmopolitica
7. combinato disposto
8. medaglione
9. barriera invalicabile
10. epigono

11. crocevia
12. cardine

a. impianti, costruzioni fondamentali
b. che guarda oltre i confini nazionali
c. dotta, acculturata
d. insieme che funziona solo se integrato
e. linea divisoria
f. grande medaglia o ritratto incorniciato
g. imitatore di un modello illustre
h. incrocio di percorsi diversi
i. elemento essenziale, che garantisce l'unità
j. elemento grazie al quale ruota una porta e, per estensione, fondamento di un sistema
k. non ufficiale
l. muro, sbarramento che non può essere superato

2 Scrivi il participio passato dei verbi elencati, quindi forniscine la definizione.

Verbo all'infinito	Participio passato	Definizione
1. polarizzare		
2. inquadrare		
3. reputare		
4. montare		
5. coincidere		
6. imprimere		

3 Scrivi accanto a ogni espressione l'autore o autrice corrispondente, scegliendolo/a tra quelli elencati.

Machiavelli • Poliziano • de Fonseca Pimentel • Foscolo • Verdi

1. Umanista: ....
2. Scrittore in ambasceria: ....
3. Compositore di melodrammi: ....
4. Protagonista del Triennio giacobino (1796-99): ....
5. Esule del Risorgimento: ....

242

1ª antitesi
A lungo sono stati considerati come autori del canone soltanto quelli che parlavano "fiorentino" o che avevano come riferimento la città di Roma; la letteratura, invece, è molto più ricca e variegata.

La tesi
Diversamente da altre nazioni europee, l'Italia è stata per secoli un territorio politicamente diviso, senza una capitale che imponesse una lingua dominante.

Pensata nello spazio oltreché nel tempo, la storia della letteratura italiana assume un profilo estremamente mosso. È un profilo che restituisce tutto il loro rilievo alle presunte periferie di un'Italia troppo a lungo disegnata intorno a un unico asse centrale, quello toscano. Ne emerge un dato evidente
5 e mai messo a fuoco con tanta nettezza, anche se da tempo risaputo: l'Italia letteraria ha conosciuto, dal Duecento all'Ottocento, una geografia policentrica, come non è avvenuto per nessun altro Paese europeo (salvo forse la Germania); ha ruotato, spesso e lungamente, intorno a città diverse da Firenze o da Roma, o addirittura esterne ai confini della penisola, com'era
10 l'Avignone trecentesca dei papi. Si può dire che fino allo spartiacque del 1860-61, cioè fino alle sorprendenti e quasi mirabolanti vicende che propiziarono l'Unità, la civiltà italiana abbia vissuto al ritmo di una singolare alternanza fra città-perno: capitali *in pectore* di Italie probabili o improbabili, possibili o impossibili, capitali letterarie elettive [...].
15 E se numerose sono state le città che hanno polarizzato lo svolgimento della nostra vicenda letteraria, dalla Ferrara di Boiardo e Ariosto alla Catania di Verga e De Roberto, qui abbiamo individuato nove centri urbani – Padova, Avignone, Firenze, Venezia, Trento, Roma, Napoli, Milano, Torino – ai quali riconoscere un autentico primato storico, per ragioni diverse e per durate
20 ineguali. Primato che poté riuscire trasparente o opaco, grato o sgradito agli uomini del tempo. E che poté fondarsi su infrastrutture politico-economiche, come la capacità d'attrazione di una corte, o su requisiti più propriamente culturali, come la particolare vitalità di una sede universitaria o la peculiare effervescenza di imprese editoriali; che poté riflettere una supremazia
25 letteraria, scientifica, artistica degli italiani in Europa, come durante il Rinascimento, o una decadenza più o meno pronunciata, come a partire dalla metà del Seicento, quando la penisola prese a scivolare inarrestabilmente verso la periferia dell'Europa *savante*; che poté segnalare l'esistenza di un'Italia più cosmopolitica che patriottica, come nell'età dei Lumi, o appoggiarsi sul
30 mito di una gloriosa tradizione militare, come nel corso del Risorgimento. In ogni caso, soltanto le circostanze dell'unificazione finirono per generare, con Roma capitale dopo il 1870, quanto si era rivelato proibitivo per le Italie pregresse: un combinato disposto di ingredienti istituzionali, ambientali, intellettuali, morali, tale da propiziare, con la costruzione dello Stato, la
35 nascita di una nazione nel senso moderno del termine.

1° argomento: le ragioni dei vari primati cittadini
Numerose città italiane, per motivi diversi, sono state nei secoli capitali della cultura. Se nel Rinascimento la letteratura e l'arte italiana sono punti di riferimento europei, nel Seicento iniziano a perdere centralità; nel Settecento si diffonde l'Illuminismo e soltanto nel Risorgimento, grazie alla lotta per l'indipendenza nazionale, l'Italia ritrova una propria identità.

2ª antitesi
La letteratura italiana non può essere studiata solo per autori/autrici esemplari, capolavori, movimenti (l'Umanesimo, il Rinascimento ecc.), secoli oppure generi, ma va considerata nello spazio geografico.

In genere, la storia di una civiltà letteraria viene raccontata secondo format consolidati. Attraverso una sequenza di medaglioni di uomini illustri. O inquadrando i diversi autori secondo i movimenti culturali ai quali hanno preso parte (il succedersi delle poetiche dominanti). O classico dopo
40 classico, a costruire una successione di libri reputati irrinunciabili. O per secoli (anche se questi secoli possono non coincidere esattamente con periodi uniformi di cento anni). Oppure, al limite, per generi letterari. Sono tutte strade percorribili, e appunto già percorse. Ma [...] una volta restituita alla ricchezza, ma anche alla complessità dell'intreccio fra i suoi tempi e i suoi
45 spazi, una letteratura non può ridursi al canone dei suoi grandi autori, né alla successione delle loro opere maggiori o minori, né alla vicenda dei generi o al successo delle mode.

Tre esempi di scrittura accademica

2° argomento: i confini naturali non esistono
Così come il mar Mediterraneo a sud, anche le Alpi a nord non sono mai state un muro per l'Italia; già prima della realizzazione dei trafori stradali e ferroviari con la Francia (il Frejus), la Svizzera (il Sempione e il San Gottardo) e l'Austria (il Brennero), persone, cose e idee oltrepassavano le montagne in un continuo scambio materiale e culturale.

[...] facendo storia della letteratura italiana si deve avere chiaro come le Alpi non siano mai state, dal Duecento all'Ottocento, una barriera talmente 50 gigantesca da riuscire invalicabile. Anzi, se una cosa colpisce nella geografia storica della nostra civiltà letteraria, è la relativa facilità con cui le persone, le parole, le idee hanno traversato e riattraversato l'arco alpino. Poesie provenzali, papi di Roma, umanisti a caccia di codici, scrittori in ambasceria, lettere private o semipubbliche, opuscoli luterani, predicatori, eretici, condottieri 55 militari e poeti cesarei, progetti illuministici di riforma, stranieri attirati nella penisola dalle sue rovine o dai suoi litorali, enciclopedie e melodrammi, epigoni del Triennio giacobino o esuli del Risorgimento: ben da prima che si scavassero i tunnel del Frejus e del Sempione, del San Gottardo e del Brennero, cioè ben da prima che gli scrittori e i libri potessero vincerle montando su 60 un treno, le Alpi non sono bastate a tenere l'Italia lontana dall'Europa, né a tenere l'Europa lontana dall'Italia.

[...] Il duraturo primato europeo dell'Italia letteraria ha coinciso con la sua capacità di farsi crocevia di culture. Lo dimentichiamo troppo spesso: come dimentichiamo il dettaglio per cui il primissimo volume stampato in carat-65 teri arabi fu impresso non in Siria o in Egitto, ma a Roma nel 1514.

Conferma e precisazione della tesi
Il "policentrismo" della cultura italiana è dovuto soprattutto alla fioritura delle città, dove si incontrano le persone e si stampano i libri.

[...] Sono loro, le città, il cardine intorno al quale ha ruotato la storia (non soltanto letteraria) del nostro Paese. Se i libri si scrivono volentieri in villa, è nel tumulto dei centri abitati che gli uomini si incontrano e che si diffondono le idee.

↑ Guarino Guarini, Facciata di Palazzo Carignano, 1679-85 (Torino), sede del primo Parlamento italiano

ATTIVITÀ

1 **DIALOGA CON GLI AUTORI** La proposta di studiare la letteratura italiana dal punto di vista geografico è molto innovativa e consente di fare collegamenti interdisciplinari e transculturali. Scegli uno degli autori o una delle autrici che hai incontrato nel libro e prova a ricostruirne in 2-3 pagine il percorso biografico e letterario tenendo conto delle città in cui ha vissuto, lavorato e scritto. Quindi, nel finale, spiega se la tesi di Luzzatto e Pedullà sul "policentrismo" della letteratura italiana vale oppure no per l'autore o autrice che hai scelto.

Tre esempi di scrittura accademica

Monica Farnetti, *Liriche del Cinquecento*

S2 Le caratteristiche del petrarchismo femminile

Nell'analizzare lo stile della poesia femminile (ad esempio di Vittoria Colonna, Gaspara Stampa e Isabella Andreini), la studiosa Monica Farnetti nota come il codice linguistico fondato da Petrarca sia sfruttato per affermare l'autenticità dell'amore. Al contrario di tanti poeti uomini che cantano figure sfuggenti e quasi astratte, le poetesse fanno sentire nei loro versi l'intima verità di sentimenti o di passioni effettivamente vissute.

PER COMINCIARE

1 ATTIVIAMO IL VOCABOLARIO Collega ogni espressione al suo sinonimo.

1. albori
2. omologazione
3. scarto
4. scossa
5. panni
6. cerchia
7. udienza
8. poli
9. matrice
10. calco

a. deviazione
b. vestiti
c. ascolto
d. fulcri
e. inizi
f. fonte
g. copia
h. sussulto
i. uniformazione
j. gruppo

2 Completa le frasi scegliendo l'alternativa corretta tra i due verbi proposti.

1. Il linguaggio petrarchesco è *deputato/considerato* a esprimere amore e sentimenti.
2. Le poesie femminili *replicano/sovvertono* la tradizione dall'interno.
3. Se le scrittrici non si fossero adeguate al modello imperante, questo avrebbe *comportato/convocato* la loro esclusione dal mondo della letteratura.
4. Il fenomeno della cortigiania ovvero il ruolo di cortigiana si *oppone/interseca* con la vita di molte poetesse del Rinascimento.

La lirica femminile cinquecentesca aderisce alla tradizione, assumendone i temi e fondamenti platonici (l'amore terreno e la sua perdita, l'aspirazione all'amore divino e la consolazione della poesia) nonché i fatti metrici e gli aspetti formali, di lingua, di stile e di genere letterario. Mentre un antico e solidissimo sistema di convenzioni che regolano, fin dagli albori
5 della letteratura d'Occidente, il parlare d'amore costituisce il contesto culturale di riferimento.

La tesi
Il linguaggio petrarchesco è volutamente assunto dalle poetesse in quanto codice condiviso della lirica; tuttavia, attraverso quel linguaggio, le donne esprimono la genuinità delle proprie esperienze.

E tuttavia la poesia femminile, apparentemente così ben inserita nel canone e così adattabile al codice petrarchesco, lavora a ben vedere più sulla differenza che non sull'omologazione, o imitazione che dir si voglia, e per apprezzarla occorre individuare con cura la particolare posizione di equilibrio fra tradizione e innovazione, o di incrocio fra norma e scarto, nella quale
10 e sulla quale essa si colloca e si sostiene.

Interviene infatti, nel caso delle poetesse, un modo diverso di praticare e forse addirittura di concepire il linguaggio, soprattutto se deputato a governare e a esprimere – com'è sempre nella lirica – sentimenti e passioni. Il che sbilancia e addirittura sovverte, dal di dentro, il meccanismo della tradizione, il quale subisce una scossa violenta sebbene dissimulata e
15 poco appariscente. Come il visitatore di un paese straniero, che ne apprende lingua e costumi per esservi accolto, così, in un certo senso, queste poetesse vestono i panni dei loro simili, ne imparano la lingua e i costumi letterari e ne replicano gli atteggiamenti per essere ospitate e riconosciute fra essi. Poiché rimanere al di fuori della loro cerchia avrebbe comportato non avere udienza né autorizzazione alcuna al bel mestiere della poesia. Mentre d'altra parte la dif-
20 ferenza femminile si sarebbe rivelata sconcertante, e con ogni probabilità inaccettabile, se si fosse palesata subito per quello che era. Per queste poetesse è stato dunque necessario fingere

245

la somiglianza per esprimere la differenza, e per guadagnarsi quella posizione strategica fra dentro e fuori dal sistema letterario che ha garantito loro al medesimo tempo l'appartenenza e la libertà: esattamente la stessa posizione, si noti, che Virginia Woolf avrebbe poi scelto per sé – dentro ma non prigioniera, fuori ma non straniera – rispetto alla cerchia o meglio al "cerchio", immaginario, dei sapienti che lei disegna nella sua mente.[1]

[...] La pienezza e la felicità dell'esperienza amorosa, e il dolore struggente della perdita dell'amato, sono i due poli in cui la loro passione si fa estrema e proprio per ciò matrice di espressività, nutrimento di una poesia che dice il vero e convoca, anziché solo evocare, la presenza di chi la pronuncia. Laddove il calco dell'itinerario petrarchesco si rivela per l'appunto apparente, e la tradizione che sembrerebbe venire onorata è sottoposta invece a una profonda trasformazione. Non è un caso perciò che la cultura delle petrarchiste si alimenti di miti e di immagini in cui si esprimono la potenza creativa del pianto, la facoltà di convertire il dolore in conoscenza e di riscattare la malinconia come fonte di espressività.[2] **Né è un caso che il fenomeno della cortigiania sfiori da vicino o addirittura intersechi l'esperienza di queste rimatrici, imponendo a chi le studia di considerare l'esperienza erotica anche fuor di metafora.**[3] Il che del resto accade a tutte loro, cortigiane e non cortigiane.

---

1. Cfr. Woolf 1998, p. 324: "e pensai a quanto fosse sgradevole esserne chiusi fuori; e pensai a come, forse, debba essere peggio rimanere chiusi dentro". Ricordo che con la dicitura "mimetismo ludico" Luce Irigaray indica un'analoga pratica di scarto, tale per cui una donna ripete le caratteristiche della posizione che le è stata attribuita ma senza identificarvisi e senza coincidere con essa (cfr. Irigaray 1978). Jones 1981, p. 146 riconosce quindi a sua volta nelle poetesse francesi del Rinascimento Pernette du Guillet e Louise Labé un atteggiamento di questo tipo, che definisce "critical partecipation".

2. Le modalità del *planctus* (sul cui modello antropologico cfr. De Martino 1975), ampiamente sviluppate nella poesia petrarchesca (su cui cfr. Bettarini 1998), sono elaborate con splendidi risultati da Loraux 1991, Kristeva 1983 e 1988, e Jones 1997.

3. Imposizione che ha dato però origine anche a indagini più o meno equivoche, come Zorzi 1986 e Padoan 1990 (soprattutto ai danni di Veronica Franco). Più equilibrato il classico lavoro di Larivaille 1989, e più politico e soddisfacente quello di Cibin 1985.

Bibliografia

Bettarini Rosanna, *Lacrime e inchiostro nel Canzoniere di Petrarca*, Bologna, Clueb, 1998.

Cibin Patrizia, *Meretrici e cortigiane a Venezia nel '500*, "Nuova DWF", 25/26, 1985, pp. 79-102.

De Martino Ernesto, *Morte e pianto rituale* [1958], Torino, Bollati Boringhieri, 1975.

Irigaray Luce, *Questo sesso che non è un sesso* [1977], trad. it. di Luisa Muraro, Milano, Feltrinelli, 1978.

Jones Ann Rosalind, *Assimilation with a Difference. Renaissance Women Poets and Literary Influence*, "Yale French Studies", 62, 1981, pp. 135-53.

Jones Nancy A., *By Women's Tears Redeemed: Female Lament in St. Augustine's Confessions and the Correspondence of Abelard and Heloise*, in Barbara K. Gold, Paul Allen Miller, Charlese Platters, eds., *Sex and Gender in Medieval and Renaissance Texts. The Latin Tradition*, Albany, State University of New York Press, 1997, pp. 15-39.

Kristeva Julia, *Stabat Mater* [1976], in *Histoires d'amour*, Paris, Denoël, 1983, pp. 295-327.

Kristeva Julia, *Sole nero. Depressione e malinconia* [1987], trad. it. di Alessandro Serra, Milano, Feltrinelli, 1988.

Larivaille Paul, *La vita quotidiana delle cortigiane nell'Italia del Rinascimento* [1975], trad. it. di Maura Pizzorno, Milano, Rizzoli, 1989.

Loraux Nicole, *Le madri in lutto* [1990], trad. it. di Maria Paola Guidobaldi, Roma-Bari, Laterza, 1991.

Padoan Giorgio, *Il mondo delle cortigiane nella letteratura rinascimentale*, in *Le cortigiane di Venezia dal Trecento al Settecento*, Catalogo della mostra (Venezia, Casinò Municipale Ca' Vendramin Calergi, 2 febbraio - 16 aprile 1990), Milano, Berenice, 1990, pp. 63-71.

Woolf Virginia, *Una stanza tutta per sé* [1929], trad. it. di Maria Antonietta Saracino, in *Saggi, prose, racconti*, a cura di Nadia Fusini, Milano, Mondadori, 1998, pp. 297-426.

Zorzi Alvise, *Cortigiana veneziana. Veronica Franco e i suoi poeti*, Milano, Camunia, 1986.

ATTIVITÀ

1 SCRIVI IL TUO SAGGIO Sulla scia delle osservazioni di Farnetti, scegli un'autrice che hai studiato nel tuo percorso scolastico e prova a interrogarti sulla sua adesione al sistema dominante della sua epoca (non solo il petrarchismo o la poetica di maggior successo ma anche il potere politico, le regole familiari e sociali ecc.). Pensi che l'emancipazione femminile passi anche attraverso la partecipazione a un sistema creato e gestito da uomini e riformato dall'interno? Oppure servono una rottura rivoluzionaria e la fondazione di un sistema completamente diverso, con premesse di parità ed equità? Elabora le tue osservazioni in un saggio di 5-6 pagine, facendo gli opportuni riferimenti ai testi letti e alla critica sull'argomento. Ricorda di inserire almeno cinque note a piè di pagina e la bibliografia in fondo. Infine, cerca una rivista online a cui inviare il tuo saggio e adegua il tuo documento alle sue regole redazionali.

Tre esempi di scrittura accademica

Luigi Blasucci, *Lettura in classe e commento scolastico*

S3 Leopardi e Montale: la vitalità del "negativo"

Invitato al convegno *Per leggere il testo in classe: seminario sul commento divulgativo e scolastico*, tenutosi all'università di Bologna nel novembre del 2008, il critico Luigi Blasucci ha parlato di Leopardi e di Montale. Le sue riflessioni toccano sia le caratteristiche principali della loro poesia e del loro stile sia il modo in cui sono stati letti nelle scuole italiane.

PER COMINCIARE

▶ **1** **ATTIVIAMO IL VOCABOLARIO** Collega ogni aggettivo al suo sinonimo.

1. frugale
2. eletto
3. misurato
4. eversivo
5. ingiurioso
6. materico
7. paesistico
8. icastico
9. affine

a. ponderato
b. rivoluzionario
c. offensivo
d. materiale
e. sobrio
f. incisivo
g. simile
h. naturalistico
i. selezionato

▶ **2** Spiega il significato dei modi di dire elencati. Se hai dubbi, consulta il dizionario. Infine, verifica se nella tua lingua d'origine ci sono espressioni idiomatiche simili e discutine in classe.

1. fare la parte del leone: ....
2. comportarsi da par suo: ....
3. dire cose da finimondo: ....
4. essere agli antipodi: ....
5. mettere troppa carne al fuoco: ....

La formula di apertura
L'oratore inizia la relazione facendo riferimento al tema del convegno e all'oggetto specifico del suo discorso.

Venendo in particolare agli autori di cui dovrei parlare, secondo il programma del convegno, ossia Leopardi e Montale, dico che i due sono accomunati da qualcosa di sostanziale: sono cioè due poeti del negativo. Tutti e due tendono a rappresentare l'infelicità, il male di vivere, il dolore della condizione umana. Ma tutti e
5 due, pur essendo poeti del negativo, non esprimono una negazione della vita.
   Pensate a quanto spazio hanno nella poesia leopardiana le illusioni antiche, oppure le sensazioni dell'infanzia, oppure i cosiddetti "piaceri dell'immaginazione", come l'infinito, la ricordanza, la vita solitaria; pensate, d'altra parte, a tante situazioni montaliane in cui, sia pure per un lampo o per un attimo, si ha la rivelazione

1ª tesi
Sia Leopardi sia Montale mettono in evidenza la negatività dell'esistenza, ma lo fanno con un coinvolgimento così intenso da risultare poeti vitali, non rassegnati.

10 di qualcosa che riscatta la nostra penosa *routine* quotidiana. Ma anche quando i due poeti rappresentano il puro negativo (come per esempio Leopardi in *A se stesso* o Montale in *Costa San Giorgio*), questo negativo è espresso con tanta forza, che la stessa nettezza del pronunciamento diventa un atto vitale, dunque a suo modo positivo.
   Ciò che Leopardi stesso ha teorizzato da par suo in un pensiero dello *Zibaldone*,
15 di cui mi piace qui citare la parte iniziale (con la raccomandazione di andare a leggervelo tutto): "Hanno questo di proprio le opere di genio, che quando anche rappresentino al vivo la nullità delle cose, quando anche dimostrino evidentemente e facciano sentire l'inevitabile infelicità della vita, quando anche esprimano le più terribili disperazioni, tuttavia ad un'anima grande che si trovi anche in uno sta-
20 to di estremo abbattimento, disinganno, nullità, noia e scoraggiamento della vita [...], servono sempre di consolazione, raccendono l'entusiasmo, e non trattando né

247

rappresentando altro che la morte, le rendono, almeno momentaneamente, quella vita che aveva perduta" (4 ottobre 1820: pp. 259-60).

Agli studenti, dunque, bisogna far capir questo. Una volta si tendeva a giustificare il pessimismo di un autore con i suoi meriti morali. Scorrendo i commenti leopardiani, noto che per tutto l'Ottocento, ma anche ai primi del Novecento, c'era questa preoccupazione pedagogica: "Se presentiamo agli studenti un autore per il quale la vita è triste, facciamo opera diseducativa. D'altra parte, Leopardi è un grande poeta: come facciamo a rinunciare a Leopardi?". Si tormentavano in questo dilemma, e alla fine si risolvevano a dire: "Leopardi scriveva queste cose, ma era un'anima nobile"; oppure: "Queste cose le diceva in un momento di disperazione, però anche lui ha conosciuto momenti di letizia" [...]. Invece, adottando il criterio della forza espressiva di quelle stesse negazioni, del fatto che tutto sommato sono delle affermazioni di vita e non di morte, si riesce a far accettare tutto Leopardi senza essere diseducativi.

Esiste un filo Leopardi-Montale, per cui si può parlare anche di un leopardismo montaliano. C'è anzi un critico, Gilberto Lonardi, che ha scritto un libro intero sul leopardismo nel '900, dove Montale fa appunto la parte del leone. Ma tra i due ci sono anche delle differenze. Queste differenze sono innanzitutto di tipo ideologico: non si può parlare per Montale di una base sensistico-materialistica; la sua posizione si richiama semmai a certa filosofia post-positivistica di primo Novecento, come quella ad esempio di un Boutroux, con la sua contrapposizione tra necessità e libertà (o "contingenza"): ma in Montale con un senso più desolato della "necessità", che rende assai più problematica la salvezza dell'individuo. Ma la differenza tra Leopardi e Montale è anche di tipo linguistico. Leopardi è frugale, direi "petrarchesco" nel suo lessico, un lessico eletto e non molto ricco [...]. Leopardi rimane pur sempre un poeta del pudore della parola; l'ardire in lui non è nell'uso delle parole, ma nell'uso dei concetti. Lui con parole misurate dice concetti eversivi; con parole della tradizione petrarchesca dice cose da finimondo. In Montale invece c'è uno spreco (no, uno spreco è ingiurioso, diciamo un'abbondanza, una ricchezza) di elementi lessicali, anche materici, nella rappresentazione di una realtà negativa, sia paesistica che interiore. Montale è in questo senso un antipetrarchista, non segue la tradizione del velare la realtà con il pudore della parola; semmai segue la tradizione dantesca, quella di rappresentare la realtà con la forza icastica della parola. "Era il rivo strozzato che gorgoglia": notate la matericità delle parole. Questo lo distingue dagli ermetici, e dallo stesso Ungaretti, più selettivi e petrarcheschi nel loro linguaggio. Guardate allora questa cosa interessante: che dal punto di vista della visione del mondo, del porsi davanti alla realtà, Leopardi e Montale sono poeti affini, perché son tutti e due poeti del negativo; però dal punto di vista linguistico sono agli antipodi.

[...] Io continuerei volentieri, scendendo in dettagli testuali. Ma mi fermo qui, perché ho già messo troppa carne al fuoco. Vi ringrazio dell'ascolto.

Contestualizzazione
L'oratore inserisce le proprie riflessioni nel contesto del convegno a cui partecipa, dedicato al commento scolastico, e riassume quello che accadeva nel passato in classe tra insegnanti e alunni.

Note dissimulate
Quelle che in un saggio sarebbero note a piè di pagina, in una relazione orale diventano riferimenti espliciti: è il caso del libro di Lonardi (*Leopardismo: saggio sugli usi di Leopardi dall'Otto al Novecento*, Sansoni, Firenze 1974 e poi 1990) e del pensiero di Émile Boutroux, che sostiene il carattere sfuggente dell'interiorità individuale contro il positivismo e l'esaltazione della scienza e del determinismo (la "catena della Necessità" ➔ p. 195).

2ª tesi
Leopardi è un poeta di parole, Montale di cose. Leopardi, seguendo Petrarca, si inserisce nella tradizione lirica (perifrasi, coppie di sinonimi, paesaggi letterari); Montale, seguendo Dante, mescola toni, registri e stili (termini tecnici, espressioni dure, paesaggi reali).

La formula di chiusura
Il finale della relazione suggerisce ulteriori spunti di riflessione, a cui segue il ringraziamento agli ascoltatori e ascoltatrici presenti.

ATTIVITÀ

1 PREPARA LA TUA PRESENTAZIONE Immagina di aver preparato tu la relazione che hai appena letto e di doverla accompagnare con una presentazione digitale. Riassumi i punti centrali del testo in slides con titoli efficaci ed elenchi puntati; indica le citazioni bibliografiche presenti (dallo *Zibaldone* e dalle altre opere di Leopardi e di Montale) e fornisci una breve presentazione di ognuna dopo averne approfondito i dettagli; aggiungi in ogni slide un'immagine pertinente, suggerita dalle poesie dei due autori.

Glossario attivo

Cronologia

a.C./d.C. In Italia, come in tutto l'Occidente, si segue la cronologia dell'era cristiana, basata cioè sulla nascita di Gesù Cristo come spartiacque della storia; gli anni precedenti a questo evento sacro sono detti "avanti Cristo", abbreviato "a.C." (in inglese BCE, "before Christian/Common Era"); gli anni successivi sono detti "dopo Cristo" o "d.C." (in inglese si usa l'espressione latina AD, *Anno Domini*, "nell'anno del Signore").

Secolo In italiano i secoli (periodi di cento anni ciascuno) sono indicati spesso con il numero romano, ma bisogna stare attenti a leggerli; ad esempio, il VI (sesto) secolo a.C. comprende gli anni dal 600 al 501 avanti Cristo; il VI secolo d.C., invece, comprende gli anni dal 501 al 600 dopo Cristo. Per i secoli dall'anno 1200 in poi si usano anche i numerali sostantivati; ad esempio, "il Duecento" (dal 1201 al 1300), "il Trecento" (dal 1301 al 1400), e così via. Per lo stesso scopo si può usare anche il numero abbreviato '200 o '300. Quando si dice "il milletrecento", si indica invece solo l'anno 1300, non l'intero secolo.

Forme metriche

Ballata Nata in Toscana nel Duecento con accompagnamento musicale, viene via via codificata attraverso la presenza di una ripresa (ossia la ripetizione di una parte all'interno della poesia) e la divisione in stanze. I versi sono endecasillabi (di undici sillabe) e settenari (di sette sillabe). Nel Quattrocento si afferma il modello della barzelletta, come nei *Canti carnascialeschi* di L. de' Medici. Ecco l'esempio della *Canzona di Bacco e Arianna* (T9, p. 52); le lettere colorate indicano lo schema delle rime:

	Quant'è bella giovin**ezza**	x
	che si fugge tuttav**ia**:	y
	chi vuol esser lieto, s**ia**,	y
	di doman non c'è cert**ezza**.	x
		ripresa (vv. 1-4)
5	Quest'è Bacco e Ari**anna**,	a
	belli, e l'un dell'altro ard**enti**:	b
	perché 'l tempo fugge e ing**anna**,	a
	sempre insieme stan cont**enti**.	b
	Queste ninfe e altre g**enti**	b
10	sono allegre tuttav**ia**.	y
	Chi vuol esser lieto, s**ia**,	y
	di doman non c'è cert**ezza**.	x

stanza (vv. 5-12) con ritornello finale (vv. 11-12)

In questo caso gli ultimi versi della stanza presentano non semplicemente le rime ma quasi per intero il testo della ripresa (da "tuttavia" a "certezza"). I versi sono ottonari: Quan-t'è-bel-la-gio-vi-nez-za.

Glossario attivo

Ottava Detta anche stanza, è una strofa di otto versi endecasillabi (ovvero di undici sillabe), che G. Boccaccio usa per la prima volta in italiano non da sola ma in serie; è la forma metrica tipica dei poemi epico-cavallereschi di età rinascimentale e dei cantori, ovvero delle rielaborazioni popolari. Lo schema delle rime è ABABABCC, ovvero due coppie di versi in rima alternata e l'ultimo distico, che chiude la strofa in un ideale bilancio finale, in rima baciata. Ecco un esempio tratto dal libro 1° delle *Stanze* di Poliziano, ottava 99 (T10, p. 56):

Nel tempestoso Egeo in grembo a T**eti**	A
si vede il frusto genitale acc**olto**,	B
sotto diverso volger di pian**eti**	A
errar per l'onde in bianca schiuma a**volto**;	B
e drento nata in atti vaghi e li**eti**	A
una donzella non con uman **volto**,	B
da zefiri lascivi spinta a pr**oda**,	C
gir sovra un nicchio, e par che 'l cel ne g**oda**.	C

Ai fini della rima si conta solo la parte di parola dall'accento tonico in poi; notiamo che la rima avolto: volto si estende anche alla consonante *v*; in questo caso si parla di rima inclusiva (la parola "volto" è "inclusa" nella parola "avolto"). Dividiamo ora in sillabe il primo verso: Nel-tem-pe-sto-so^E-ge-o^in-grem-bo^a-Te-ti. Dal punto di vista grammaticale, le sillabe sono più di undici; quando però una parola finisce per vocale (come "tempesto-so") e quella seguente inizia per vocale ("E-geo"), si ha la sinalèfe (^), che conta come una sola sillaba (-so^E-).

Sonetto Inventato secondo la tradizione dal poeta siciliano Giacomo da Lentini (1210-60 circa), il sonetto è diviso in quattro strofe, due quartine e due terzine, per un totale di 14 endecasillabi; lo schema delle rime può variare, ma è ben diviso tra le due parti. Ecco un esempio tratto da F. Petrarca, nel cui *Canzoniere* il sonetto è la forma più ricorrente (T4, p. 32):

Erano i capei d'oro a l'aura sp**arsi**	A	
che 'n mille dolci nodi gli avolg**ea**,	B	Prima quartina
e 'l vago lume oltra misura ard**ea**,	B	
4 di quei begli occhi, ch'or ne son sì sc**arsi**;	A	
e 'l viso di pietosi color' f**arsi**,	A	
non so se vero o falso, mi par**ea**:	B	Seconda quartina
i' che l'ésca amorosa al petto av**ea**,	B	
8 qual meraviglia se di sùbito **arsi**?	A	
Non era l'andar suo cosa mort**ale**,	C	
ma d'angelica forma, et le par**ole**	D	Prima terzina
11 sonavan altro che pur voce hum**ana**:	E	
uno spirto celeste, un vivo s**ole**	D	
fu quel ch'i' vidi: et se non fosse or t**ale**,	C	Seconda terzina
14 piagha per allentar d'arco non s**ana**.	E	

L'idea di una successione di sonetti insieme con altre forme metriche (specialmente canzoni e ballate) su un unico argomento amoroso, con una sola destinataria e dal registro uniforme nasce e quasi finisce con F. Petrarca: il suo *Canzoniere* è considerato un modello di lingua e di stile dal Cinquecento, ma viene variato continuamente (presenza di più destinatarie o destinatari, aggiunta di metri diversi, alternanza di registri), come dimostrano i *Canti* di G. Leopardi. I sonetti italiani sono in genere scritti dal punto di vista del poeta che parla in prima persona (l'io lirico).

Terzina Inventata quasi sicuramente da Dante, forse sul modello delle terzine finali del sonetto, la terzina o terza rima è detta appunto dantesca. Consiste nella successione di strofe di tre endecasillabi ciascuna, con rima incatenata: questo schema consente di narrare e allo stesso tempo di rilanciare continuamente il discorso, potenzialmente all'infinito. È il metro della *Commedia*; eccone i primi versi (T3, p. 25):

Nel mezzo del cammin di nostra v**ita**	A
mi ritrovai per una selva osc**ura**,	B
3 ché la diritta via era smarr**ita**.	A
Ahi quanto a dir qual era è cosa d**ura**	B
esta selva selvaggia e aspra e f**orte**	C
6 che nel pensier rinova la pa**ura**!	B

Le rime sono incastrate fra loro e quella che si inserisce fra le prime due (nell'esempio: "f-orte"), rilancia il ragionamento che sembrava concluso. Raggruppate fra loro le terzine formano un canto o capitolo.

Verso libero Nel Novecento i poeti stravolgono le regole della metrica canonica; pur servendosi di versi e rime regolari, creano strutture nuove, impossibili da classificare. Le innovazioni possono essere prodotte con versi tradizionali: è il caso di G. Pascoli, che ama le strofe di novenari e decasillabi (T35, p. 172), o di Montale, che predilige le quartine di endecasillabi, spesso con un preciso schema rimico (T40, p. 196). P.P. Pasolini, invece, tenta di riprodurre la terzina dantesca senza rime e senza la successione regolare di soli endecasillabi (T45, p. 215).

Verso sciolto Il verso più nobile della tradizione lirica italiana, l'endecasillabo, nel Cinquecento è usato nelle traduzioni dei testi poetici greci e latini (scritti in versi esàmetri). I versi sciolti non prevedono la divisione in strofe né uno schema rimico rigoroso, sostituito al massimo da assonanze e consonanze. In endecasillabi sciolti V. Alfieri scrive le sue tragedie (T26, p. 128) e G. Leopardi scrive gli idilli, a partire dall'*Infinito* (T30, p. 147, che alcuni critici considerano un sonetto dissimulato).

Forme della prosa

Dialogo Scritto che riproduce una conversazione, in genere immaginaria, con interlocutori reali o fittizi; può essere in presa diretta, con i nomi dei vari personaggi dialoganti, oppure riferito a distanza di tempo. Si diffonde in Italia a partire da F. Petrarca e poi soprattutto nel Rinascimento, con B. Castiglione (T13, p. 74) e M. Fonte (T21, p. 104).

Discorso diretto Dialoghi o pensieri riportati tra virgolette ("") o introdotti da un trattino lungo (–) e preceduti da un verbo di dire e dai due punti (ad es. "dice: – Sono io").

Discorso indiretto Dialoghi o pensieri riportati da una prospettiva esterna, in terza persona, senza virgolette (ad es. "Disse che..."). Una forma particolare è il discorso indiretto libero, in cui il narratore riporta i pensieri del personaggio come se fluissero liberamente dalla sua mente, senza introdurli con verbi di dire. Ad es. "Ma il pensiero di Lucia, quanti pensieri tirava seco! Tante speranze, tante promesse, un avvenire così vagheggiato, e così tenuto sicuro, e quel giorno così sospirato! **E come, con che parole annunziarle una tal nuova?**" (A. Manzoni T29, p. 142).

Lettera Scritto su carta (antenato della e-mail) con data, formule di saluto e di chiusura, firma finale e anticamente sigillo di autenticità. Le raccolte epistolari (come quella di Caterina da Siena) sono lettere davvero scritte o ricevute nella vita personale o pubblica di un autore o autrice e pubblicate in seguito, in genere dopo la sua morte. Si parla di romanzo epistolare quando l'intera creazione è frutto d'invenzione e delinea una vicenda unificata per argomento e ambientazione.

Glossario attivo

Novella Racconto più o meno lungo dedicato a un'unica vicenda che ha uno o più protagonisti, aiutanti e antagonisti; segue una struttura ricorrente, articolata in un inizio, uno sviluppo e una conclusione. La raccolta di più novelle, come il *Decameron* di Boccaccio (T6) (T7), pp. 38, 41), è detta novelliere; e novelliere (o novellatore) è anche l'autore o narratore di una novella. Attenzione: l'inglese *novel* indica il romanzo, non la novella.

Racconto Rispetto alla novella, il racconto presenta una struttura libera, può avere un punto di vista introspettivo e seguire un percorso non lineare, come quelli del *Mare non bagna Napoli* di A.M. Ortese (T43, p. 207).

Romanzo Nato nel Settecento in Inghilterra, il romanzo ha alcuni precedenti nell'età antica e nel Medioevo, ma si afferma pienamente in Europa e Nord America soltanto in età moderna. I primi romanzi hanno un'ambientazione borghese, un protagonista maschile che nel corso delle vicende afferma sé stesso e le proprie capacità, un antagonista (umano o non), degli aiutanti, un'impostazione realistica. L'Ottocento vede un grande successo di romanzi, mentre nel Novecento e fino ai giorni nostri i generi del romanzo si sono moltiplicati: dal romanzo storico di A. Manzoni (T29, p. 142) al romanzo verista di G. Verga (T32, p. 155), dal romanzo fantastico di C. Collodi (T33, p. 161) al romanzo giallo di U. Eco (T47, p. 224), dal romanzo psicologico di L. Pirandello (→ EXTRA) alla saga di formazione dell'*Amica geniale* di E. Ferrante (T49, p. 234). Ci sono poi casi, come quello di Eco (T47, p. 224), in cui si incrociano più sottogeneri (poliziesco, storico, di formazione). Ogni romanzo è diviso in capitoli, numerati e in genere con un titolo, e questi in capoversi (da un a capo al successivo).
Il romanzo alterna sequenze descrittive, narrative e dialogiche e può prevedere lunghe digressioni, che interrompono il racconto per affrontare questioni parallele e aumentare il senso di attesa. In genere si distingue tra autore/autrice, ovvero la persona che ha realmente scritto l'opera, e narratore/narratrice, che conduce il racconto con una personalità propria, spesso ironica (come nei *Promessi sposi* di A. Manzoni). Quando un romanzo riflette sulla costruzione stessa del romanzo (come quelli di I. Calvino (T46, p. 220), si parla di metaletteratura, cioè di opera che ha per oggetto i meccanismi letterari.

Trattato Opera dedicata a un tema specifico, analizzato con metodo e sistematicità. *Il principe* di N. Machiavelli (T11, p. 62) è un esempio di trattato politico.

Il teatro

Atto Ciascuna delle suddivisioni principali di un'opera teatrale: il teatro classicheggiante (come le tragedie di V. Alfieri (T26, p. 128) prevede cinque atti, con una precisa distribuzione degli eventi della trama dall'uno all'altro secondo le indicazioni attribuite ad Aristotele; esistono opere in tre atti (come *La locandiera* di C. Goldoni (T24, p. 120, o *Così è (se vi pare)* di L. Pirandello (T38, p. 187) e anche atti unici.

Commedia Spettacolo teatrale caratterizzato da inizio triste e finale lieto, trame realistiche e personaggi ordinari. La Commedia dell'arte, nata nel Trecento, prevede attori professionisti che interpretano ruoli fissi (le maschere di Arlecchino, Pantalone, Colombina ecc.) e che improvvisano. Nel Settecento, C. Goldoni riforma la commedia italiana, introducendo i copioni scritti e personaggi verosimili, non stereotipati. Nel Novecento, le commedie di L. Pirandello stravolgono i presupposti tradizionali del genere: introducono il tema del relativismo e della crisi dell'io e violano le convenzioni teatrali, come la separazione tra palco e pubblico.

Opera lirica Detta anche melodramma, indica un genere teatrale in cui l'azione scenica è data dall'insieme di testo cantato e musica entro una precisa scenografia, a volte anche con coreografie (balletti). Il testo è scritto dal librettista (come T. Solera per il *Nabucco* (T31, p. 151), la musica è realizzata dal compositore (come il maestro G. Verdi). Oltre alla divisione in atti e scene, l'opera presenta una successione di arie (cantate da un solo personaggio) e cori, duetti o terzetti. Le voci maschili sono il tenore e il basso (in genere l'antagonista), quelle femminili il contralto e il soprano (la protagonista).

Pastorale Dramma o favola di ambientazione campestre, in genere nell'Arcadia, con personaggi mitologici (ninfe, pastori, satiri) che cantano e si danno all'amore. È scritta in versi e divisa in atti e scene, come la *Mirtilla* di I. Andreini (T20, p. 100).

Scena Breve episodio compreso all'interno di un atto teatrale caratterizzato dalla presenza degli stessi personaggi che dialogano o di un unico personaggio che monologa.

Tragedia Spettacolo teatrale caratterizzato da un inizio lieto e da un finale drammatico; le trame sono di soggetto mitologico, biblico o storico e i personaggi appaiono vittime del destino. Dopo la stagione teatrale rinascimentale e barocca, con scenografie spettacolari e trame intricate, nel Settecento V. Alfieri propone tragedie dalla trama essenziale, con pochi personaggi e nessuna attenzione per l'apparato scenografico.

Figure retoriche

Allegorìa Significato che va oltre quello letterale attraverso un processo logico che deve tenere conto del contesto storico e culturale dell'autore o autrice ma anche del testo nel suo insieme.

> La lupa del canto 1° della *Commedia* (T3, p. 25) è allegoria dell'avidità per volontà di Dante, non in quanto parte di una simbologia diffusa (altrimenti sarebbe un simbolo).

Allitterazióne Ripetizione degli stessi suoni ovvero delle stesse lettere in parole vicine.

> "**ve**rgine ... **Ve**ne**re**" (U. Foscolo T28, p. 138).

Anàfora Ripetizione della stessa parola o parole all'inizio di due versi consecutivi.

> "**era** il rivo strozzato che gorgoglia, / **era** l'incartocciarsi della foglia" (E. Montale T41, p. 198).

Analogìa Collegamento tra due entità o concetti sulla base di una somiglianza spesso arbitraria.

> I parallelismi in *X agosto* di G. Pascoli (T35, p. 172) suggeriscono continue analogie tra "rondine" e "un uomo", senza esplicitarle attraverso paragoni, ma giustapponendole.

E. Montale porta alle estreme conseguenze i rapporti analogici attraverso il correlativo oggettivo (T41, p. 198).

Antìtesi Accostamento di due concetti fra loro opposti per evidenziarne la contraddizione.

> "...Io... [...] pieno [...] d'**ira**,... e di **pietade**" (V. Alfieri T26, p. 128).

Antonomàsia Utilizzo di un nome comune come nome proprio (ad es. "l'Edificio" per indicare la biblioteca dell'abbazia nel *Nome della rosa* T47, p. 224) oppure del nome di una personalità celebre come attribuzione fisica o caratteriale (ad es. "essere un ercole", ovvero forte come l'eroe mitologico Ercole).

Assonànza Somiglianza fonica delle vocali della parte accentata delle parole finali in due versi consecutivi; è di fatto una rima imperfetta.

> "sovrum**ani**" e "intermin**ati**" nell'*Infinito* di G. Leopardi (vv. 4-5 T30, p. 147).

Quando avviene tra suoni consonantici si chiama consonanza.

Chiàsmo Incrocio di elementi simili dal punto di vista grammaticale, sintattico o concettuale.

> "Le donne, i cavallier, l'arme, gli amori" (L. Ariosto, *Orlando furioso*, canto 1°, v. 1)
>
> "Le donne" e "gli amori", ovvero la materia amorosa dell'*Orlando furioso*, sono agli estremi del verso e contrapposti a "i cavallier" e "l'arme" al centro, ovvero la materia guerresca.

Glossario attivo

Clìmax Successione di concetti (in genere tre) in ordine di intensità crescente.

| "Cominciarono a **torcersi**, a **confondersi**, a **ingigantire**" (A.M. Ortese T43, p. 207).

Quando avviene al contrario, ovvero in ordine di intensità decrescente, si parla di anticlìmax.

Ècfrasi Descrizione particolareggiata di un ambiente o di un'opera d'arte, con cui la letteratura sembra entrare in competizione.

| La descrizione delle porte del palazzo di Venere nelle *Stanze per la giostra* di Poliziano (T10, p. 56).

Enjambemênt Detto anche inarcatura, è la rottura della continuità sintattica di un'espressione o frase tra un verso e il successivo.

| "le tempeste / del ciel turbato" (P. Bembo → p. 83).

Eufemìsmo Parola o espressione che sostituisce un concetto percepito come inappropriato o minaccioso secondo una certa mentalità.

| "quelle cose" per indicare una relazione gay (U. Saba → EXTRA).

Fonosimbolìsmo Procedimento che attribuisce al significante (suoni e lettere) la capacità di trasmettere un messaggio di significato, spesso attraverso allitterazioni e onomatopee.

| Le parole accentate in *à* trasmettono l'idea di "infinito" in G. Leopardi (T30, p. 147).

Inversióne Sconvolgimento dell'ordine regolare della frase; può avvenire l'inversione di due parole o espressioni fra loro e in questo caso si parla di anàstrofe (U. Foscolo T28, p. 138).

| "colui che l'acque / cantò fatali" per "colui che cantò l'acque fatali".

Quando l'inversione avviene con l'aggiunta di un elemento ulteriore a spezzare l'ordine, si parla di ipèrbato.

| "bello di fama e di sventura / baciò la sua petrosa Itaca Ulisse" per "Ulisse, bello di fama e di sventura, baciò la sua petrosa Itaca" (U. Foscolo T28, p. 138).

Ipèrbole Esagerazione della realtà a fini espressivi.

| "il Pesce-cane seguitava a dormire di un sonno così profondo, che **non l'avrebbe svegliato nemmeno una cannonata**" (C. Collodi T33, p. 161).

Ironìa Procedimento che consiste nel lasciar intendere il contrario di quello che si dice; la sua comprensione dipende dal contesto e non va intesa solo come generatrice di comicità. Può essere limitata a una sola espressione e in questo caso è anche detta antìfrasi.

| "di questo popolo ormai dissociato / da secoli, la cui **soave saggezza** / gli serve a vivere" (P.P. Pasolini T45, p. 215: qui gli italiani sono criticati per la loro incapacità di condannare il male, eppure si vantano di avere "saggezza", cosa che invece dimostrano di non possedere davvero).

L'ironia può anche riguardare porzioni estese di testo e in generale l'atteggiamento del narratore che prende le distanze dalla materia narrata, come L. Ariosto o A. Manzoni.

Metàfora Sostituzione di un termine con un altro, con cui condivide un rapporto di somiglianza che però viene lasciato implicito.

| "Di madre in figlia, da secoli, si tramanda il servaggio. È una mostruosa **catena**" (S. Aleramo T36, p. 178: la "catena" degli schiavi è metafora della discriminazione femminile).

Si parla di metafora continuata quando più immagini tratte dallo stesso campo semantico sono usate insieme.

| "il **naufragar** m'è dolce in questo **mare**" (G. Leopardi T30, p. 147: la fantasia del poeta si perde nel "mare" del pensiero dell'indefinito).

Glossario attivo

Onomatopèa Un termine che riproduce direttamente un suono particolare, come il verso di un animale o un'esclamazione (ad es. "Uuu"), oppure che lo spiega integrandolo in una parola che segue le norme linguistiche (ad es. "ululare").

Ossimòro Accostamento di parole dal significato opposto; è un tipo di antitesi più denso e conciso.
| "quella **modestia** un po' **guerriera**" (A. Manzoni T29, p. 142).

Parallelìsmo Disposizione regolare di parole o sintagmi, senza inversioni né chiasmi.
| "giovane d'anni e vecchio d'intelletto", con struttura doppia di aggettivo + complemento di limitazione (G. Stampa T18, p. 92).

Perìfrasi Espressione composta di più parole che sostituiscono quella che da sola normalmente identifica una persona o un oggetto.
| "L'apostolo santo" per san Giovanni (L. Ariosto T12, p. 67).

Personificazióne Attribuzione di caratteristiche proprie della nostra specie a un oggetto o entità non umana.
| Ad es. "**il mare** gli **brontolava** la solita storia sotto" (G. Verga T32, p. 155).

Reticènza Interruzione del discorso, espressa graficamente con i puntini di sospensione, per non dover nominare una persona o un fatto che si ritenga inappropriato, ostile oppure esagerato.
| "mascalzone, assassino, peggio di tuo..." (sottinteso "padre"; U. Saba → EXTRA).

Senhal (leggi: *señàl*) Nome finto utilizzato nella poesia medievale per nascondere la vera identità della persona amata (quasi sempre una donna già sposata oppure misteriosa).
| "L'aura" per "Laura", la cui l'identità è quasi svelata per l'utilizzo di un'espressione che di fatto coincide con il nome della donna amata (F. Petrarca T4, p. 32).

Sìmbolo Trasposizione di una qualità o di un concetto astratto in un oggetto o entità concreta, secondo un'associazione condivisa e immediatamente intuibile. Si tratta di rapporti che si sono affermati in una o più società oppure all'interno di movimenti culturali che ne hanno decretato il successo.
| Il fuoco e l'atto di ardere indicano la passione d'amore nella lirica petrarchesca (T4, p. 32; T5, p. 34; T15, p. 80; T20, p. 100).

Similitùdine Accostamento di due entità basato su un rapporto di somiglianza esplicito.
| "una donna [...] **come una rana d'inverno**" (P. Levi T42, p. 202).

Sinestesìa Accostamento di espressioni appartenenti a sfere sensoriali diverse.
| "sì gran **pianto** / nel concavo cielo **sfavilla**", con un'immagine di suono unita a una di luminosità visiva (G. Pascoli T35, p. 172).

Tòpos Tema o motivo che ricorre in un movimento letterario o anche in più autori nel tempo.
| Il topos della donna-angelo nella poesia stilnovistica (D. Alighieri T2, p. 23).

Per approfondire:
- B. Mortara Garavelli, *Manuale di retorica*, Bompiani, Milano 1988
- P.G. Beltrami, *Gli strumenti della poesia*, il Mulino, Bologna 2002

Glossario attivo

ATTIVITÀ

1 **A quali anni corrisponde il XVI secolo d.C.?**
- a. Dal 1400 al 1500.
- b. Dal 1501 al 1600.
- c. Dal 1601 al 1700.
- d. Dal 1600 al 1700.

2 **L'espressione "il Seicento" indica...**
- a. l'anno 1600.
- b. il XVI secolo.
- c. il XVII secolo.
- d. l'anno 600 d.C.

3 **Quanti sonetti ci sono in questo libro?**
- a. Quattro.
- b. Cinque.
- c. Sette.
- d. Nove.

4 **Fornisci lo schema delle rime di ogni sonetto.**

....
....
....
....
....
....
....
....

5 **Di quante sillabe è composto l'endecasillabo?**
- a. 8.
- b. 9.
- c. 10.
- d. 11.

6 **Fai un esempio di endecasillabo da uno dei testi che hai letto nel libro.**

....

7 **Quale tipo di verso sono "Va', pensiero, sull'ali dorate" (T31, p. 151) e "San Lorenzo, io lo so perché tanto" (T35, p. 172)?**
- a. Settenari.
- b. Novenari.
- c. Decasillabi.
- d. Endecasillabi.

8 **Come si chiamano le strofe dei poemi epico-cavallereschi e perché?**
- a. Strofe o stanze, in quanto sono concepite come un luogo chiuso.
- b. Stanze o ottave, di otto versi ciascuna.
- c. Terzine, di tre versi ciascuna.
- d. Capitoli o canti, in quanto venivano musicati.

9 **Quale di queste opere NON è scritta in ottave?**
- a. La *Commedia* di D. Alighieri.
- b. L'*Orlando furioso* di L. Ariosto.
- c. La *Gerusalemme liberata* di T. Tasso.
- d. L'*Adone* di G.B. Marino.

10 **La poesia di Pasolini (T45, p. 215) rivisita una struttura metrica tradizionale: quale e come?**
- a. La terzina dantesca, di cui abolisce le rime incatenate.
- b. Il sonetto petrarchesco, di cui abolisce la divisione in strofe.
- c. L'ottava narrativa, di cui abolisce la rima baciata finale.
- d. La ballata medievale, di cui abolisce la ripresa.

11 **Quale di questi NON è un romanzo storico?**
- a. *I promessi sposi* di A. Manzoni.
- b. *Se una notte d'inverno un viaggiatore* di I. Calvino.
- c. *Il nome della rosa* di U. Eco.
- d. *La linea del colore* di I. Scego.

Glossario attivo

12 Definisci il discorso indiretto libero e fanne un esempio da uno dei testi in prosa che hai letto.

....
....
....
....

13 Quale di queste affermazioni è l'unica corretta?
   a. Le figure retoriche riguardano solo le poesie.
   b. Le figure retoriche riguardano qualsiasi testo, orale o scritto.
   c. Le figure retoriche riguardano solo la prosa.
   d. Le figure retoriche riguardano soprattutto la poesia.

14 Quale di queste frasi contiene una metafora?
   a. "Si po dir quella esser vera arte che non pare esser arte" (B. Castiglione).
   b. "Che io mai debbia esser cagione di macchiar in minimissima parte l'onor vostro" (M. Bandello).
   c. "Nelle notti di luna tutto questo popolo misterioso anima le colline e le valli" (G. Deledda).
   d. "Le era sembrato di vederlo per la prima volta come realmente era" (E. Ferrante).

15 In che cosa consiste un *enjambement*?
   a. Nella rottura della coincidenza tra ritmo sintattico e scansione metrica.
   b. Nell'inversione dell'ordine di due espressioni.
   c. Nell'andare a capo tra un verso e l'altro.
   d. Nella sostituzione di una parola comune con una più rara.

16 Quale di questi NON è un esempio di personificazione?
   a. Collo della bottiglia.
   b. Gamba del tavolo.
   c. Piedi del letto.
   d. Osso del polso.

17 La citazione "Come un imbuto viscido il cortile, con la punta verso il cielo e i muri lebbrosi" di A.M. Ortese (T43, p. 207) contiene...
   a. una similitudine e due metafore.
   b. una similitudine, una metafora e una personificazione.
   c. una personificazione e un'inversione.
   d. una sinestesia e un ossimoro.

18 Quali allegorie contiene il canto 1° della *Commedia* di Dante (T3, p. 25)?

....
....
....
....
....
....
....
....

19 Nella strofa della poesia di P. Levi "Voi che vivete sicuri / nelle vostre tiepide case, / voi che trovate tornando a sera / il cibo caldo e visi amici" (T42, p. 202) c'è un esempio di...
   a. assonanza.
   b. climax.
   c. anafora.
   d. iperbole.

20 La poesia di E. Montale "Spesso il male di vivere ho incontrato" (T40, p. 196) contiene vari esempi di correlativo oggettivo: quali?

....
....
....
....
....

I dieci film da vedere
ispirati alla letteratura italiana con le canzoni da ascoltare

In alcuni box **il meme** *abbiamo inserito i fotogrammi di celebri film ispirati alla letteratura italiana; li riproponiamo qui insieme con altri, utili per suggerire confronti o approfondimenti in classe. Aggiungiamo l'indicazione di alcune canzoni tratte dalla colonna sonora dei film oppure tematicamente affini, cantate e scritte dalle grandi cantanti e dai cantautori e compositori italiani.*

TITOLO DEL FILM O DELLA SERIE	AUTORE/AUTRICE/OPERA LETTERARIA CHE L'HA ISPIRATO/A | CANZONE/I	PRESENTAZIONE
1. F. Zeffirelli, *Fratello sole, sorella luna*, Italia-Regno Unito, 1972	Francesco d'Assisi, *Cantico di frate Sole* **T1**, p. 18. > C. Baglioni, *Dolce sentire*, *Preghiera semplice* e *Canzone di San Damiano*, testi francescani, musica di R. Ortolani > A. Branduardi, album *L'infinitamente piccolo*	Il film, il cui titolo ricorda il testo più famoso del santo, è dedicato alla prima parte della vita di Francesco, dalla scelta della povertà radicale all'approvazione della *Regola* del nuovo Ordine da parte del papa.
2. P.P. Pasolini, *Il Decameron*, Italia-Francia-Repubblica federale di Germania, 1971	G. Boccaccio, *Decameron* (selezione di novelle, tra cui quella di Elisabetta da Messina **T7**, p. 41). > A. Ventura, *Serenata*, arrangiamento di E. Morricone > D. Riondino, album *Bocca baciata non perde ventura anzi rinnova come fa la luna*	Tratto dal capolavoro di Boccaccio, il film di Pasolini inquadra le novelle selezionate entro una nuova cornice: non la brigata di dieci giovani, ma il regista stesso in veste di pittore, che crea un affresco ispirato a Giotto. Pasolini accentua la dimensione erotica dei racconti, tanto che il film fu censurato e il regista processato e poi assolto.
3. A. De Lillo, *Il resto di niente*, Italia, 2004	E. Striano, *Il resto di niente: storia di Eleonora de Fonseca Pimentel e della rivoluzione napoletana del 1799* ➡ p. 130. > P. Daniele, *Napule è* > F. De Gregori, *Viva l'Italia*	Basato sulla biografia novecentesca di E. de Fonseca Pimentel, il film racconta la parabola della Repubblica Partenopea, dall'entusiasmo per la diffusione dei nuovi ideali democratici al ritorno dell'assolutismo monarchico.

I dieci film da vedere

TITOLO DEL FILM O DELLA SERIE	AUTORE/AUTRICE/OPERA LETTERARIA CHE L'HA ISPIRATO/A | CANZONE/I	PRESENTAZIONE
4. T. Solenghi, A. Marchesini, M. Lopez, *I promessi sposi*, Italia, 1990 	A. Manzoni, *I promessi sposi* ➜ p. 140. › Quartetto Cetra, *Un bacio a mezzanotte*, testo di Garinei & Giovannini, musica di G. Kramer › G. Morandi, *Fatti mandare dalla mamma a prendere il latte*, testo di F. Migliacci, musica di L. Enriquez	In questa miniserie della Rai in cinque puntate, il Trio mette in scena una divertentissima parodia del romanzo manzoniano. I personaggi originali sono rivisitati in chiave comica, fra travestimenti, integrazioni, cammei di celebrità televisive e riferimenti alla cultura pop contemporanea.
5. M. Martone, *Il giovane favoloso*, Italia, 2014 	G. Leopardi, *Canti*, *Operette morali* e *Zibaldone* ➜ p. 145. › R. Vecchioni, *Sogna, ragazzo, sogna*, *Ho conosciuto il dolore* e album *L'infinito*	Con una sceneggiatura ricca di citazioni delle opere di Leopardi, il film ne ricostruisce la vita, dall'infanzia a Recanati alla morte a Napoli, sotto il Vesuvio fumante. Il pensiero e la poesia leopardiana emergono in tutta la loro freschezza e genuinità.
6. R. Benigni, *Pinocchio*, Italia, 2002 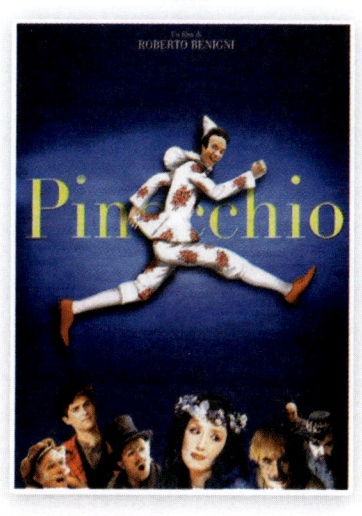	C. Collodi, *Le avventure di Pinocchio: storia di un burattino* ➜ p. 160. › E. Bennato, album *Burattino senza fili* › R. Benigni, *La canzone di Pinocchio*, musica di N. Piovani	Trasposizione fedelissima del romanzo di Collodi a partire dall'accento toscano del protagonista, il *Pinocchio* di Benigni ne offre una versione moderna e apprezzabile. La sceneggiatura porta la firma dello stesso Benigni e dello scrittore Vincenzo Cerami.

I dieci film da vedere

TITOLO DEL FILM O DELLA SERIE	AUTORE/AUTRICE/OPERA LETTERARIA CHE L'HA ISPIRATO/A | CANZONE/I	PRESENTAZIONE
7. P. Sorrentino, *La grande bellezza*, Italia-Francia, 2013	G. d'Annunzio, *Il piacere* ➔ p.166. > R. Carrà, *A far l'amore comincia tu*, testo di D. Pace, musica di F. Bracardi > A. Venditti, *Forever*	Anche se non mette in scena la trama del *Piacere*, il film di Sorrentino, ambientato ai giorni nostri, risente della figura dell'esteta e delle atmosfere romane care a D'Annunzio: i monumenti rinascimentali e barocchi, la mondanità, la solitudine del dandy e l'inconsistenza dei suoi amori.
8. M. Placido, *Un viaggio chiamato amore*, Italia, 2002	Lettere di S. Aleramo e D. Campana ➔ p. 176. > F. De André, *Un matto* > S. Cristicchi, *Ti regalerò una rosa*	Il film ripercorre la tormentata vicenda sentimentale tra Sibilla Aleramo, affermata scrittrice, e Dino Campana, poeta incompreso, le cui crisi nervose lo costringono a penosi ricoveri. La parte di Sibilla è interpretata dall'attrice Laura Morante, nipote di Elsa (➔ p. 209).
9. S. Sollima e altri/e, *Gomorra – La serie*, Italia, 2014-in produzione	*Gomorra* di R. Saviano ➔ p. 229. > F. Battiato, *Povera patria* > F. Moro, *Pensa* > R. Hunt, *Nu juorno buono*	Liberamente ispirata al libro di Saviano, che firma la sceneggiatura, la serie ha per protagonisti gli esponenti e le esponenti di famiglie e bande camorristiche e i loro affari: il traffico internazionale e lo spaccio di stupefacenti, gli investimenti immobiliari, la gestione illegale dei rifiuti tossici e il riciclaggio di denaro.
10. S. Costanzo, A. Rohrwacher, *L'amica geniale*, Italia, Stati Uniti, 2018-in produzione	*L'amica geniale* di E. Ferrante ➔ p. 233. > Mina, *Nessuno*, testo di A. De Simone, musica di E. Capotosti, V. Mascheroni > G. Paoli, *Vivere ancora*	Divisa in quattro parti come la tetralogia originale, la serie dell'*Amica geniale* fa rivivere il Neorealismo del cinema italiano degli anni Cinquanta. Con uno sforzo scenografico e linguistico notevole (le protagoniste qui parlano in dialetto) e con la benedizione a distanza di E. Ferrante, i registi hanno offerto alle tante lettrici e lettori della saga un prodotto di altissima qualità.

Indice dei nomi

Abba, Marta, p. 185
Accorsi, Stefano, p. 177
Aga Khan, Karim, p. 181
Alceo, p. 170
Aldobrandini, Cinzio, p. 93
Aldobrandini, Pietro, p. 108
Aldrin, Buzz, p. 20
Aleramo, Sibilla, 9, **pp. 176-79**
Alessandro VI, papa, pp. 60, 62
Alfieri, Antonio, p. 126
Alfieri, Giulia, p. 126
Alfieri, Vittorio, pp. 10-12, **126-29**, 136, 150
Alighieri, Alighiero, p. 21
Alighieri, Bella, p. 21
Alighieri, Dante, pp. 8-9, 12, **21-29**, 30, 33, 36, 55, 66, 71, 97, 113, 129, 171, 178-79, 182, 195, 201, 203, 206, 240
Almansi, Federico, p. 191
Ambrogini, Angelo, vedi: Poliziano
Ambrogini, Benedetto, p. 54
Ammannati, Giulia, p. 113
Andrea del Sarto, p. 91
Andreini, Francesco, pp. 98-99
Andreini, Isabella, pp. 12, **98-101**, 245
d'Angiò, Roberto, re di Napoli, p. 36
Anguissola, Sofonisba, pp. 240-41
Anguissola, Renata, p. 165
Antici, Adelaide, p. 145
Ariosto, Ludovico, pp. 10, **65-71**, 95, 240, 243
Ariosto, Niccolò, p. 65
Ariosto, Virginio, p. 65
Aristotele, pp. 115-17
Audouard, Pau, p. 121
Augusto, p. 27
d'Avalos, Costanza, p. 82
d'Avalos, Ferrante, pp. 82-83
Baccherini, Anna, p. 118
Bandello, Giovanfrancesco, p. 86
Bandello, Matteo, pp. 10, **86-89**
Bandello, Vincenzo, p. 86
Barberini, Maffeo, vedi: Urbano VIII
Barbò, Anna, p. 122
Barezzi, Margherita, p. 149
Basquiat, Jean Michel, p. 241
Battaglia, Domenico, p. 131
Baudelaire, Charles, pp. 94, 97
Baxter, Catherine Elizabeth, p. 41
Beccaria, Cesare, pp. 10, **122-25**, 140
Beccaria, Giovanni Saverio, p. 122
Beccaria, Giulia, p. 140
Bellarmino, Roberto, p. 113
Bellini, Vincenzo, p. 151
Belpoliti, Marco, p. 201
Bembo, Pietro, pp. 49, 65, 72-74, 83, 86-87
Benigni, Roberto, p. 160
Benincasa, Iacopo, p. 46
Benincasa, Lapa, p. 46
Benucci, Alessandra, p. 65
Bernini, Gian Lorenzo, p. 107
di Bernardone, Pietro, p. 16
Bertolucci, Attilio, pp. 215, 217
Bettarini, Rosanna, p. 194
Bisio, Giulia, p. 222
Black, R., p. 11
Blasco, Teresa, p. 122
Blasucci, Luigi, pp. 247-48
Blondel, Enrichetta, p. 140
Boccaccio, Boccaccino, p. 36
Boccaccio, Giovanni, pp. 9, 30, **36-45**, 87
Boccaccio, Jacopo, p. 36
Boiardo, Matteo Maria, pp. 65-66, 243
Böklin, Arnold, p. 66
Bonaiuti, Andrea, p. 9
Bonaparte, Napoleone, pp. 107, 135-37, 142

Bonifacio VIII, papa, p. 21
Borges, Jorge Luis, p. 227
Borgia, Cesare, pp. 60, 62-63
Borri Stampa, Teresa, p. 140
Borromini, Francesco, p. 106
Botticelli, Sandro, pp. 50-51, 54-55, 57, 188
Boutroux, Émile, p. 248
Brandeis, Irma, p. 194
Braschi, Nicoletta, p. 160
Brecht, Bertolt, p. 115
Buffalmacco, p. 39
Buonarroti, Ludovico, p. 76
Buonarroti, Michelangelo il Giovane, pp. 76-77
Buonarroti, Michelangelo, pp. 9, 11, 73, **76-81**, 82-83, 85, 168
Byron, George Gordon, p. 240
Calcondilla, Demetrio, p. 55
Callas, Maria, p. 151
Calvino, Italo, pp. 10, **218-21**
Calvino, Mario, p. 218
Cambosu, Francesca, p. 180
Campana, Dino, pp. 176-77
Canali, Paolo, p. 98
Canigiani, Eletta, p. 30
di Canossa, Ludovico, p. 73
Canova, Antonio, pp. 129, 137, 139
Caproni, Giorgio, p. 213
di Capua, Matteo, p. 108
da Capua, Raimondo, pp. 46-47
Capuana, Luigi, pp. 153, 154, 180
Caravaggio, pp. 108, 109
Carducci, Giosue, p. 170
Carlo Magno, p. 66
Carlo V, imperatore, pp. 72-73
Carracci, Agostino, p. 96
Castiglia, Pompeo, p. 239
Castiglione, Baldassarre, pp. 10, **72-75**, 87
Castiglione, Cristoforo, p. 72
Caterina da Siena, santa, pp. 10, **46-49**, 83, 240-41
Caterina II, zarina di Russia, p. 123
Cattaneo, Simonetta, pp. 54-55, 57
Cavalcanti, Guido, pp. 21-22
Cavalieri, Tommaso, pp. 76-77
Cellarius, Andreas, p. 115
Cena, Giovanni, pp. 176-77
Cerami, Vincenzo, p. 160
Cerne, Carlo, p. 190
Cerquozzi, Michelangelo, p. 98
Cessar, Jon, p. 51
Chiari, Pietro, p. 118
Cicerone, p. 74
Clemente IV, papa, pp. 48-49
Clemente VII, antipapa, p. 46
Clemente VII, papa, pp. 72, 76
Coen, Felicita Rachel, p. 190
Cola di Rienzo, p. 30
Cole, Thomas, p. 101
di Collalto, Collaltino, pp. 90-92
Collodi, C., pp. 11, **159-64**
Colonna Giacomo, p. 30
Colonna, Agapito, p. 30
Colonna, Fabrizio, p. 82
Colonna, Vittoria, pp. 8, 76-77, **82-85**, 245
Colussi, Susanna, p. 213
Connio, Nicoletta, p. 118
Conrad, Joseph, p. 218
Contini, Gianfranco, p. 194
Coppola, Francis Ford, p. 229
da Correggio, Guido, p. 30
Corsini, Marietta, p. 60
Cortesi, Paolo, p. 54
Costantino, imperatore romano, p. 70
Costanzo, Saverio, p. 233

Cottino, Ernesta, p. 176
Cruyllas, Maria Gravina, p. 165
Cuarón, Alfonso, p. 67
D'Amore, Marco, p. 229
d'Annunzio, Francesco Paolo, p. 165
d'Annunzio, Gabriele, pp. 11, **165-69**, 170, 176-78, 180, 189, 191, 195
D'Aquino, Tommaso, p. 222
d'Azeglio, Massimo, p. 141
da Bagnoregio, Bonaventura, p. 17
Darwin, Charles, pp. 158, 167
Davoli, Ninetto, p. 213
de Benedictis, Luisa, p. 165
de Fonseca Pimentel, Clemente, p. 130
de Fonseca Pimentel, Eleonora, pp. 10, **130-33**, 242
De Roberto, Federico, p. 243
De Sanctis, Francesco, p. 146
de Sylva, Miguel, p. 73
Del Genio, Elisa, p. 233
Delacroix, Eugène, pp. 94, 97
Deledda, Giovanni, p. 180
Deledda, Grazia, pp. 8, 176, **180-84**
della Casa, Giovanni, p. 91
della Quercia, Priamo, p. 27
Di Mauro, Caterina, p. 153
Diana, don Peppino, p. 229
Dickinson, Emily, p. 181
Doglioni, Nicolò, p. 102
Donati, Gemma, p. 21
Donati, Lucrezia, pp. 50-51
Donizzetti, Gaetano, p. 151
Doré, Gustave, p. 70
Dostoevskij, Fëdor, p. 181
Dovizi da Bibbiena, Bernardo, p. 72
Durante, Annalisa, pp. 230-31
Duse, Eleonora, pp. 121, 165, 180
Eco, Giulio, p. 222
Eco, Umberto, pp. 8, **222-27**
Einaudi, Giulio, p. 218
Einstein Albert, pp. 185-86
Elia, frate, p. 16
Eliot, Thomas Stearns, p. 195
Enrico IV, re di Francia, p. 98
Enrico VII, imperatore, p. 28
Esposito, Salvatore, p. 229
d'Este Isabella, pp. 86-87
d'Este, Alfonso II, pp. 93-94, 97
d'Este, Alfonso, p. 65
d'Este, Ippolito, p. 65
d'Este, Leonora, p. 93
d'Este, Lucrezia, p. 93
d'Este, Luigi, p. 93
Fabre, François-Xavier, p. 127
Faccio, Ambrogio, p. 176
Faccio, Rina, vedi: Aleramo, Sibilla
Fanfani, Enrico, p. 83
Farnetti, Monica, pp. 245-46
di Favarone, Chiara, p. 16
Fazio, Fabio, p. 228
Fedi, Roberto, p. 40
Fellini, Federico, p. 213
Ferrante, Elena, pp. 8, **232-36**
Ferrari, Gian Arturo, p. 229
Fiammetta, pp. 36, 45
Ficino, Marsilio, pp. 51, 55
Fontana, Lucio, p. 235
Fonte, Moderata, pp. 9, **102-5**
Foscolo, Andrea, p. 136
Foscolo, Mary, p. 136
Foscolo, Ugo, pp. 10, 12, 61, 129, **136-39**, 242
Francesco d'Assisi, santo, pp. 8, **16-20**
Francken, Hieronimus il Vecchio, p. 99
Fregoso, Cesare, p. 86

Indice dei nomi

Freud, Sigmund, pp. 97, 190, 191
Galilei, Galileo, pp. 10, 109-10, **113-17**, 129
Galilei, Vincenzio, p. 113
Gamba, Enrico, p. 119
Gatti, Claudio, pp. 232, 236
Gentile, Giovanni, p. 189
Gentileschi, Artemisia, pp. 240-41
Germano, Elio, p. 146
Ghiara, Maria Rosaria, p. 228
Ghirlandaio, Domenico, pp. 55, 76
Giannotti, Donato, pp. 76-77
Ginzburg, Natalia, p. 141
Giordani, Pietro, p. 145
Giorgi, Laura, p. 164
Giotto, p. 17
Giulio Cesare, p. 27
Giulio II, papa, pp. 60, 65, 76, 78, 81
Giuseppe II, imperatore d'Austria, p. 123
Gobetti, Piero, p. 195
Gobrovich, Giuseppina, p. 190
Goethe, Johann Wolfgang, pp. 97, 240
Goldoni, Carlo, pp. 12, **118-21**, 127
Goldoni, Giulio, p. 118
Goldstein, Ann, p. 232
Gonin, Francesco, p. 142
Gonzaga, Aloisa, p. 72
Gonzaga, Cesare, p. 73
Gonzaga, Elisabetta, pp. 72-73
Gonzaga, Federico, p. 86
Gonzaga, Francesco, p. 54
Gonzaga, Giulia, p. 85
Gonzaga, Vincenzo, p. 93
Grassi, Orazio, p. 113
Gregorio XI, papa, pp. 46, 48-49
Gritti, Andrea, p. 90
Guarini, Guarino, p. 243
Guicciardini, Francesco, pp. 51, 60
Guinizzelli, Guido, p. 22
Hardouin di Gallese, Maria, p. 165
Hitler, Adolf, p. 201
Ingegneri, Angelo, p. 93
Innocenzo III, papa, p. 16
Innocenzo VIII, papa, p. 50
Kopernik, Mikołaj, pp. 115-17
Landino, Cristoforo, p. 55
Lapi, Giovanni, p. 125
Lauberg, Carlo, p. 131
Laura, pp. 9, 30-35
Laurana, Luciano, p. 75
Lavigna, Vincenzo, p. 149
Lawrence, David Herbert, p. 180
Leonardo da Vinci, pp. 63, 86-87
Leone X, papa, pp. 50, 61, 72, 76
Leone, frate, pp. 16-17
Leoni, Barbara, p. 165
Leopardi, Giacomo, pp. 8, 97, **145-48**, 192, 195, 247-48
Levi, Carlo, p. 210
Levi, Cesare, p. 200
Levi, Primo, pp. 12, **200-204**
Lewis, Edmonia, p. 238
Lo Monaco, Francesco, p. 209
Lonardi, Gilberto, p. 248
Lopez de Leon, Caterina, p. 130
di Lorena, Cristina, p. 98
Lorenzini, Carlo, vedi: Collodi C.
Lorenzini, Domenico, p. 159
Luigi XII, re di Francia, p. 60
Luigi XIII, re di Francia, p. 108
Luigi XV, re di Francia, p. 118
Lutero, Martin, p. 85
Luzzati, Ester, p. 200
Luzzatto, Sergio, pp. 242-44
Machiavelli, Bernardo, p. 60
Machiavelli, Niccolò, pp. 9-11, **60-64**, 87, 126, 129, 242,
Madesani, Palmiro, p. 180
Maestro di san Francesco, p. 19

Maillard de Tournon, Monica, p. 126
Malaguzzi Valeri, Daria, p. 65
Mameli, Giulia, p. 218
Manuzio, Aldo, p. 47
Manzoni, Alessandro, pp. 8, 122, **140-44**, 148, 149, 151, 223
Manzoni, Pietro, p. 140
Marino, Giovan Battista, pp. 9, 11-12, 99, **108-14**
Marino, Giovan Francesco, p. 108
Martoglio, Nino, p. 185
Martone, Mario, p. 146
Marx, Carl, p. 158
Mascagni, Pietro, p. 153
Massimiliano I, imperatore di Germania, p. 60
Matteotti, Giacomo, p. 189
Mazzini, Giuseppe, pp. 150-51
Medebach, Girolamo, p. 118
de' Medici, Alessandro, p. 98
de' Medici, Cosimo II, p. 113
de' Medici, Francesco I, p. 103
de' Medici, Giuliano, pp. 50-51, 54-55, 61, 73, 79
de' Medici, Lorenzo, pp. 10, **50-53**, 54-55, 61, 72, 76
de' Medici, Maria, regina di Francia, pp. 98, 108
de' Medici, Piero, pp. 50, 54, 61
Merati, Federica, p. 94
Merisi, Michelangelo, vedi Caravaggio
Metastasio, Pietro, p. 130
Michelini, Jean Maria, p. 51
Michelozzi, Michelozzo, p. 159
Michetti, Francesco Paolo, p. 165
Miller, Arthur, p. 238
Milton, John, p. 97
Mocenni Magiotti, Quirina, p. 136
Molteni, Giuseppe, p. 141
Montaigne, p. 97
Montale, Domenico, p. 194
Montale, Eugenio, pp. 8, 190, **194-99**, 247-48
di Montefeltro, Agnesina, p. 82
da Montefeltro, Emilia Pia, p. 73
da Montefeltro, Guidubaldo, pp. 72-73
Montessori, Maria, p. 176
Morante, Augusto, p. 209
Morante, Elsa, pp. 9, **209-12**, 213, 233
Morante, Laura, p. 177
Moravia, Alberto, pp. 209, 213
dal Moro, Marietta, p. 102
Morpugo, Lucia, p. 200
Morrison, Toni, p. 238
Morrow, Bill, pp. 209-10
Murtola, Gaspare, pp. 108-109
Mussolini, Benito, pp. 12, 165, 189, 200
Muti, Riccardo, p. 151
Nasti, Ludovica, p. 233
de' Nelli, Bartolomea, p. 60
del Neri, Francesca, p. 76
Notorio, Lucy, p. 188
Ochino, Bernardino, p. 82
Olmi, Ermanno, p. 10
Omero, pp. 137-39
Onorio III, papa, p. 16
Orsini, Clarice, pp. 50-51, 54
Ortese, Anna Maria, pp. 8, **205-208**, 233
Ortese, Maria, p. 205
Ortese, Oreste, p. 205
Orzali, Angiolina, p. 159
Ovidio, p. 33
Pallavicino, Gaspare, p. 73
Paolo III, papa, pp. 76, 82
di Paolo, Giovanni, p. 47
di Parenzo, Petracco, p. 30
Parker Remond, Sarah, p. 238
Pascoli, Giovanni, pp. 8, **170-73**
Pascoli, Ida, pp. 170-71
Pascoli, Maria, pp. 170-71
Pascoli, Ruggiero, pp. 170-73
Pasolini, Carlo Alberto, p. 213

Pasolini, Guido, p. 213
Pasolini, Pier Paolo, pp. 9-10, 209, **213-17**
Pavese, Cesare, p. 218
de' Pazzi, Francesco, p. 51
Pedullà, Gabriele, pp. 242-44
Pelizza da Volpedo, Giuseppe, p. 154
Penna, Sandro, p. 213
Petrarca, Francesco, pp. 9, 12, **30-35**, 36, 45, 59, 65, 78, 83, 91-92, 100, 129, 178-79, 191, 245
Petrarca, Gherardo, p. 30
Pettazzi, Giuseppe, p. 237
Pierangeli, Ulderico, p. 176
Piermarini, Giuseppe, p. 150
Piero di Cosimo, p. 50
Piissimi, Vittoria, p. 98
Pio XII, papa, p. 213
Pirandello, Luigi, pp. 11-12, 176, 180, **185-89**
Pirandello, Stefano, p. 185
Pizzi, Pier Luigi, p. 152
Placido, Michele, p. 177
Poggibonsi, Irma, p. 209
Pole, Reginald, pp. 82, 85
da Polenta, Guido Novello, p. 21
Poli, Ugo Edoardo, p. 190
Poli, Umberto, vedi Saba, Umberto
Poliziano, pp. 9, 11, 50-51, **54-57**, 76, 100, 242
Pomponazzi, Pietro, p. 87
Pontani, Filippomaria, p. 55
Portinari, Beatrice (Bice), pp. 9, 21-24, 27-28, 33, 241
Portinari, Folco, p. 21
Portolano, Maria Antonietta, p. 185
Pourbus, Frans, p. 109
Poussin, Nicolas, pp. 108, 112
da Pozzo, Ieronimo, p. 102
da Pozzo, Lunardo, p. 102
da Pozzo, Modesta, vedi: Fonte, Moderata
Proulx, Annie, p. 100
Pulci, Luigi, p. 51
Quasimodo, Salvatore, pp. 87, 89, 199
Raffi, Maddalena, p. 119
Raja, Anita, pp. 232, 236
Ramge, Renate, p. 222
Rangone, Costanza, p. 86
Ranieri, Antonio, p. 145
Rapisarda, Enzo, p. 188
Renata di Francia, p. 82
Ricci Gramitto, Caterina, p. 185
Ricci, Giuseppina, p. 194
del Riccio, Luigi, pp. 76-77
Rinaldi, Girolamo, p. 169
Roberto d'Angiò, re di Napoli, p. 30
Rosmini, Antonio, p. 140
de' Rossi, Porzia, p. 93
Rossini, Gioacchino, p. 151
Rousseau, Jean-Jeaques, p. 123
Ruju, Salvator, p. 181
Rullo, Donato, p. 83
Rustici, Giovan Francesco, p. 37
Saba, Linuccia, p. 190
Saba, Umberto, pp. 9, **190-93**, 194
Saint John Hamilton, Sophia, p. 136
di Saliceto, Giovanni Maria, p. 122
Salimbeni, Antonia, p. 54
Salvioni, Margherita, p. 118
Di Salvo, Francesco, p. 228
Sanguineti, Federico, pp. 40-41
Sanzio, Raffaello, pp. 10, 22, 72-73
Saraceni, Prospero, p. 102
Saviano, Luigi, p. 228
Saviano, Roberto, pp. 10, **228-31**
Savonarola, Girolamo, pp. 50, 60
della Scala, Cangrande, p. 21
Scalfari, Eugenio, p. 218
Scego, Igiaba, pp. 11, **237-41**
Scott, Walter, p. 141
Segre, Liliana, p. 12

Indice dei nomi

Serao, Matilde, p. 176
Servillo, Toni, p. 166
Sforza, Ippolita, p. 87
Sgarbi, Elisabetta, p. 222
Shakespeare, William, pp. 33, 87, 88-99, 127
Shelley, Mary, p. 240
Shelley, Percy, p. 240
Silvestro I, papa, p. 70
Singer, Esther Judith, p. 218
Sisto IV, papa, pp. 50, 55
Soderini, Piero, p. 60
Solera, Temistocle, pp. 150-52
Sollima, Sergio, pp. 194, 228-29
Sorrentino, Paolo, p. 166
Spathis, Diamantina, p. 136
Speroni, Sperone, p. 93
Spinazzi, Innocenzo, p. 61
Stampa, Bartolomeo, p. 90
Stampa, Cassandra, pp. 90-91
Stampa, Cecilia, p. 90
Stampa, Gaspara, pp. 9, **90-92**, 245
Starnone, Domenico, p. 236
Stendhal, p. 240
Stolberg, Luisa, pp. 126, 129, 136
Strepponi, Giuseppina, pp. 149, 151
Stuart, Edward Charles, p. 126

Sustermans, Justus, p. 114
Tanzi, Drusilla, pp. 194-95
Targioni Tozzetti, Fanny, pp. 145-46
Tasso, Bernardo, p. 93
Tasso, Torquato, pp. 8-9, 12, **93-97**, 98, 100, 109, 145
Teotochi, Isabella, pp. 136-37
Tolomeo, Claudio, pp. 115, 117
Tommasi, Angiolo, p. 157
Tommaso Marinetti, Filippo, p. 176
Tornabuoni, Lucrezia, pp. 50-51
Torrelli, Ippolita, p. 72
Treves, Emilio, p. 166
Tria de Solis, Pasquale, p. 130
Ungaretti, Giuseppe, pp. 199, 248
Urbano V, papa, pp. 48-49
Urbano VI, papa, p. 46
Urbano VIII, papa, pp. 113-14
Uttini, Luigia, p. 149
Vaccà, Beatrice, p. 205
Vasàrhelvi, Gyula Làszlò, p. 186
de Valdés, Juan, p. 82
Vendramin, Antonio, p. 118
Verdi, Carlo, p. 149
Verdi, Giuseppe, pp. 11, **149-52**, 242
Verdini, Raul, p. 163

Verga, Giovanni Battista, p. 153
Verga, Giovanni, pp. 12, **153-58**, 233, 243
Verri, Alessandro, p. 122
Verri, Giovanni, p. 140
Verri, Pietro, p. 122
Vespucci, Marco, p. 55
Vettori, Francesco, pp. 60-61
Villari, Pasquale, p. 146
Vincenzi Allocatelli, Caterina, p. 170
Virgilio, pp. 25, 27, 28, 29, 33, 55, 206
Visconti, Giovanni, p. 30
Vittorini, Elio, pp. 206, 218
Vittorio Emanuele II di Savoia, re d'Italia, pp. 135, 140
Vittorio Emanuele III di Savoia, re d'Italia, p. 12
Voltaire, p. 130
Weber, Max, p. 228
Weiss, Edoardo, p. 190
Woelfler, Carolina, p. 190
Wolf, Christa, p. 236
Woolf, Virginia, pp. 33, 246
Wurstein di Rostock, Christopher, p. 116
Zen, Bartolomeo, p. 90
Zola, Émile, pp. 153, 158
Zorzi, Filippo, p. 102
Zuccari, Federico, p. 169

Edizioni dei testi

T1 San Francesco d'Assisi in G. Contini, *Letteratura italiana delle origini*, Sansoni, Firenze 1994

T2 D. Alighieri, *La Vita nuova*, a c. di M. Barbi, Bemporad, Firenze 1932

T3 D. Alighieri, *Inferno*, a c. di A.M. Chiavacci Leonardi, Mondadori, Milano 1991

T4 , **T5** F. Petrarca, *Canzoniere*, a c. di M. Santagata, Mondadori, Milano 1996

T6 , **T7** G. Boccaccio, *Decameron*, a c. di A. Quondam, M. Fiorilla, G. Alfano, Bur, Milano 2013

T8 Santa Caterina da Siena, *Le lettere*, a c. di U. Meattini, Paoline, Milano 1987

T9 Lorenzo de' Medici, *Tutte le opere*, a c. di P. Orvieto, Salerno, Roma 1992

T10 A. Poliziano, *Poesie volgari*, a c. di F. Bausi, Vecchiarelli, Manziana 1997

T11 N. Machiavelli, *Il principe*, a c. di G. Inglese, Einaudi, Torino 1995

T12 L. Ariosto, *Orlando furioso*, a c. di C. Segre, Mondadori, Milano 1976

T13 B. Castiglione, *Il libro del cortegiano*, a c. di W. Barberis, Einaudi, Torino 1998

T14 , **T15** M. Buonarroti, *Rime e lettere*, a cura di P. Mastrocola, Utet, Torino 1992

T16 V. Colonna in *Liriche del Cinquecento*, a c. di M. Farnetti, L. Fortini, Iacobelli, Roma 2014

T17 M. Bandello, *La seconda parte de le novelle*, a c. di D. Maestri, Edizioni dell'Orso, Alessandria 1993

T18 G. Stampa, *Rime*, a c. di A. Salza, Laterza, Bari 1913

T19 T. Tasso, *Gerusalemme liberata*, a c. di L. Caretti, Mondadori, Milano 1988

T20 I. Andreini, *La Mirtilla*, a c. di M.L. Doglio, Pacini Fazzi, Lucca 1995

T21 M. Fonte, *Il merito delle donne*, a c. di A. Chemello, Eîdos, Milano 1988

T22 G.B. Marino, *L'Adone*, a c. di G. Pozzi, Adelphi, Milano 1988

T23 G. Galileo, *Dialogo sopra i due massimi sistemi del mondo*, a c. di L. Sosio, Einaudi, Torino 1970

T24 C. Goldoni, *Tutte le opere*, a c. di G. Ortolani, vol. 4, Mondadori, Milano 1940

T25 C. Beccaria, *Dei delitti e delle pene*, a c. di G. Armani, Garzanti, Milano 1987

T26 V. Alfieri, *Tragedie*, a c. di L. Toschi, Sansoni, Firenze 1985

T27 E. de Fonseca Pimentel, *Il Monitore repubblicano del 1799*, a c. di B. Croce, Laterza, Bari 1943

T28 U. Foscolo, *Poesie e tragedie*, a c. di F. Gavazzeni, M.M. Lombardi, F. Longoni, Einaudi-Gallimard, Torino 1994

T29 A. Manzoni, *I promessi sposi*, a c. di A. Chiari, F. Ghisalberti, Mondadori, Milano 1954

T30 G. Leopardi, *Canti*, a c. di L. Blasucci, vol. 1, Guanda, Milano 2019

T31 G. Verdi, *Libretti*, Mondadori, Milano 2000

T32 G. Verga, *I grandi romanzi*, a c. di F. Cecco, C. Riccardi, Mondadori, Milano 1972

T33 C. Collodi, *Opere*, a c. di D. Marcheschi, Mondadori, Milano 1995

T34 G. d'Annunzio, *Prose di romanzi*, vol. 1, a c. di A. Andreoli, N. Lorenzini, Mondadori, Milano 1988

T35 G. Pascoli, *Myricae*, a c. di F. Melotti, Bur, Milano 1981

T36 S. Aleramo, *Una donna*, Feltrinelli, Milano 2002

T37 G. Deledda, *Romanzi e novelle*, a c. di N. Sapegno, Mondadori, Milano 1971

T38 L. Pirandello, *Maschere nude*, vol. 1, Mondadori, Milano 1986

T39 U. Saba, *Il canzoniere*, a c. di N. Palmieri, Einaudi, Torino 2014

T40 , **T41** E. Montale, *Tutte le poesie*, a c. di G. Zampa, Mondadori, Milano 1984

T42 P. Levi, *Se questo è un uomo*, Einaudi, Torino 1958

T43 A.M. Ortese, *Il mare non bagna Napoli*, Adelphi, Milano 1994

T44 E. Morante, *L'isola di Arturo*, Einaudi, Torino 2014

T45 P.P. Pasolini, *Poesia in forma di rosa*, Garzanti, Milano 2001

T46 I. Calvino, *Se una notte d'inverno un viaggiatore*, Mondadori, Milano 2016

T47 U. Eco, *Il nome della rosa*, Bompiani, Milano 1999

T48 R. Saviano, *Gomorra*, Mondadori, Milano 2006

T49 E. Ferrante, *L'amica geniale*, e/o, Roma 2011

T50 I. Scego, *La linea del colore*, Bompiani, Milano 2020

EXTRA

N. Machiavelli, *Mandragola*, a c. di G. Davico Bonino, Einaudi, Torino 1964

V. Alfieri, *Vita*, a c. di G. Cattaneo, Garzanti, Milano 1977

U. Foscolo, *Prose e saggi*, a c. di F. Gavazzeni, M.M. Lombardi, F. Longoni, Einaudi-Gallimard, Torino 1995

G. Leopardi, *Zibaldone*, a c. di R. Damiani, Mondadori, Milano 1996

L. Pirandello, *Il fu Mattia Pascal*, a c. di M. Guglielminetti, L. Nay, Mondadori, Milano 1993

U. Saba, *Ernesto*, a c. di M.A. Grignani, Einaudi, Torino 1995

I. Calvino, *Lezioni americane*, Mondadori, Milano 1993

p.83: Fondazione Cassa di Risparmio, Perugia/www.radiovan.fm;p.85: © The Trustees of the British Museum/Scala, Firenze;p.86 (alto da sx): slurpy.it;© MONDADORI PORTFOLIO/Antonio Quattrone/Santa Maria delle Grazie, Milano; Wikipedia Pubblico Dominio;G.Dall'Orto, 2008/Wikipedia Pubblico Dominio;(centro da sx): Kunsthistorisches Museum, Vienna;© Museo Nacional del Prado, Madrid;J.Mossot, 2014/Wikipedia Creative Commons 4.0;www.labougeottefrancaise.com;(basso da sx): Wikipedia Pubblico Dominio;J.Mossot, 2014/Wikipedia Creative Commons 4.0;© boreala/Shutterstock;p.87: www.hotel.info;p.90 (alto da sx): J.Lagarde, 2004/Wikipedia Creative Commons 2.5;© Taweep Tang/Shutterstock;National Gallery of Art, Washington/Wikipedia Pubblico Dominio;© Heritage Image Partnership Ltd/Alamy/IPA;(centro da sx): D.Descouens, 2015/Wikipedia Creative Commons 4.0;poemsalloftimenew.netlify.app;(b): © G.Trevisan/iStock;p.91: Galleria degli Uffizi, Firenze;p.93 (alto da sx): Museo Correale di Terranova, Sorrento;© jozef sedmak/iStockphoto;karmaroma.joydaz.ca;Sotheby's;(centro da sx): Gift of William H. Riggs, 1913/The Metropolitan Museum of Art, New York;www.cronacacomune.it;www.sothebys.com;Pinacoteca Nazionale di Bologna;(basso da sx): Biblioteche del SiBEP, 2013/Flickr Creative Commons; Torvindus, 2005/Wikipedia Creative Commons 3.0;p.94: Oskar Reinhart Collection, Winterthur/www.21secolo.news;p.96: Sailko, 2017/Wikipedia Creative Commons 4.0;p.98 (alto da sx): Da flow, 2010/Wikipedia Creative Commons 3.0;© Rafael Valls Gallery, London, UK / The Bridgeman Art Library;books.google.it;www.uffizi.it/Wikipedia Pubblico Dominio;(centro da sx): © Archivio Seat/Archivi Alinari;© Foto Scala,Firenze - su concessione Ministero Beni e Attività Culturali;© boreala/Shutterstock;(b): sothebys.com;p.99: Musée Carnavalet, Parigi/www.artribune.com;p.101: New-York Historical Society/Wikipedia Pubblico Dominio;p.102 (alto da sx): © M.Lindstrom/iStock;Rijksmuseum, Amsterdam/Wikipedia Pubblico Dominio;D.Descouens, 2016/Wikipedia Creative Commons 4.0;(centro da sx): Konemann/Getty Images; ARCHIWEB/Biblioteca digitale dell'Archiginnasio di Bologna;(b): © canadastock/Shutterstock;p.103: ARCHIWEB/Biblioteca digitale dell'Archiginnasio di Bologna;pp.106-107: © Aerial-motion/Shutterstock;p.108 (alto da sx): Sailko, 2016/Wikipedia Creative Commons 3.0;www.nobili-napoletani.it;© Foto Scala, Firenze;G.Carrier-Dalbion, 2006/Wikipedia GNU Free Documentation License;(centro da sx): © MONDADORI PORTFOLIO/Electa/Sergio Anelli;Galleria degli Uffizi, Firenze/Giunti, Firenze, 2001;gallica.bnf.fr;© incamerastock/Alamy/IPA;(basso da sx): Bazarovi/Wikipedia GNU Free Documentation License;khaosland.com;© boreala/Shutterstock;p.109 (as): Web Gallery of Art/Wikipedia Pubblico Dominio;(ad): © Historic Images/Alamy/IPA;p.110 (bs): © E.Isselee/Shutterstock;(bd): Sailko/Wikipedia Creative Commons 3.0;p.112 (c): ©The Bridgeman Art Library /Archivi Alinari,Firenze;(b): © agefotostock/Alamy/IPA;p.113 (alto da sx): © B.Stroujko/Shutterstock;© MONDADORI PORTFOLIO/LEEMAGE;© Foto Scala, Firenze;(centro da sx): © Photo Josse/Scala, Firenze;© Herbert Sandberg/MONDADORI PORTFOLIO/AKG Images;© Basilica di San Pietro, Città del Vaticano/ DeAgostini Picture Library/Scala, Firenze;(basso da sx): Biblioteca Nazionale Braidense, Milano/ouhos.files.wordpress.com;sailko, 2011/Wikipedia GNU Free Documentation License;p.114: Wellcome Collection, Londra/www.statnews.com;p.115 (bs): new-muslims.info;(bd): www.phys.uu.nl/Wikipedia Pubblico Dominio;p.118 (alto da sx): Palazzo della Pilotta, Galleria Nazionale di Parma/catalogo.beniculturali.it;Library of Congress, Washington/Wikipedia Creative Commons;© A.Scarpi/Thinkstock;(centro da sx): pociopocio.altervista.org;Wikipedia Pubblico Dominio;© DeAgostini/Getty Images;© Casa Goldoni, Venezia/The Bridgeman Art Library;(bs): kknews.cc;(bd): © boreala/Shutterstock;p.119: sothebys.com;p.121: © Lebrecht Music & Arts / Alamy Stock Photo;p.122 (alto da sx): © Foto Scala, Firenze/Mauro Ranzani;© elesi/Depositphotos;www.hortusexpo2015.org;www.abebooks.co.uk;(centro da sx): Bibliothéque Nationale, Cabinet des Médailles, Parigi;www.wikiwand.com;Wikipedia Pubblico Dominio;(basso da sx): Musée Carnavalet, Parigi;archiviodelverbanocusioossola.com;© boreala/Shutterstock;p.123: J.Oddy, 2003/GEDI Gruppo Editoriale L'Espresso;p.125: © White Images/Scala, Firenze;p.126 (alto da sx): © 2014 DeAgostini Picture Library/Scala, Firenze;Pmk58, 2017/Wikipedia Creative Commons 4.0;Musée National du Chateau, Versailles/UTET Torino, 1994;Fondazione Centro Studi Alfieriani, Asti;(centro da sx): © Fondazione Musei, Museo Civico d'Arte Antica e Palazzo Madama,Torino; www.abebooks.it;www.worthpoint.com;(basso da sx): © Mary Evans/Scala, Firenze;Galleria degli Uffizi, Firenze/www.uffizi.it;© boreala/Shutterstock;p.127: Galleria degli Uffizi, firenze/www.uffizi.it;p.129: sailko, 2011/Wikipedia GNU Free Documentation License;p.130 (alto da sx): © Foto Scala, Firenze;vesuvioweb.com;National Gallery of Victoria (Felton Bequest) Melbourne, Australia/1998 by CASA RICORDI-BMG Ricordi, S.p.A. e Giunti Gruppo Editoriale;© Fine Art Images/Archivi Alinari, Firenze;(centro da sx): A.Piseri, 2007;pandolfini.it;Musée national du Château de Malmaison;(basso da sx): © Realy Easy Star/Alamy/IPA;Wikipedia Pubblico Dominio;p.131: © DeAgostini Picture Library/Scala, Firenze;pp.134-135: © VILTVART/Shutterstock;p.136 (alto da sx): © Netfalls Remy Musser/Shutterstock;Einaudi, 2007;Palazzo di Versailles e Trianon, Versailles/Web Gallery of Art/Wikipedia Pubblico Dominio;www.livrarii.net; picclick.fr;www.auction.fr; Emanzamp, 2017/Wikipedia Creative Commons 4.0;saiko, 2013/Wikipedia GNU Free Documentation License;(basso da sx): © Photo 12/Alamy/IPA;Chiswick Chap, 2013/Wikipedia Creative Commons 3.0;© boreala/Shutterstock;p.137: Jean-Pierre Dalbéra, 2015/Wikipedia Creative Commons 2.0;p.140 (alto da sx): archiviodelverbanocusioossola.com;Mondadori 1985;Tate Gallery, Londra/Collections of the Tate Britain/Wikipedia Pubblico Dominio;Baudry Parigi, 1827/www.abebooks.it;(centro da sx): Wikipedia Pubblico Dominio;Electa, 1985;Internet Archive/Wikipedia Pubblico Dominio;© Gianni Dagli Orti/Shutterstock;(basso da sx): it.wikisource.org Creative Commons;© Robson90/Shutterstock;© boreala/Shutterstock;p.141: © Art Collection 2/Alamy/IPA;p.142: Archivio Loescher;p.145 (alto da sx): © DeA Picture Library, concesso in licenza ad Alinari;© Foto Scala, Firenze;www.sololibri.net;www.iuppiternews.it;(centro da sx): Sailko, 2017/Wikipedia Creative Commons 3.0;www.alisei.net;© The History Collection/Alamy/IPA;www.ebay.it;(basso da sx): Palomar, Rai Cinema, 2014/01 Distribution;Giulio Einaudi Editore-La biblioteca di Repubblica, L'Espresso, 2007;p.146: Palomar, Rai Cinema, 2014/01 Distribution;p.148: Claudio.stanco, 2016/Wikipedia Creative Commons;p.149 (alto da sx): www.parmawelcome.it;© L. Romano/Foto Scala, Firenze; www.sothebys.com;(centro da sx): © Foto White Images/Scala Firenze;bibliolmc.ntv31.com;© Bridgeman Images;Wikipedia Pubblico Dominio;(basso da sx): www.milanoguida.com;© imageBROKER/Alamy/IPA;© Armita/Shutterstock;p.150: © Foto Scala, Firenze;p.152: impiccioneviaggiatore.iteatridellest.com;p.153 (alto da sx): © D.Grandi/Shutterstock;© trabantos/Shutterstock Dressier o./Comune di Firenze/Wikipedia Creative Commons 3.0;ilvulcanico.it;(centro da sx): Musée d'Orsay, Parigi/Google Art Project/Wikipedia Pubblico Dominio;www.alai.it; www.ilsommopoeta.it;Sonzogno 1890/abebooks.it;(basso da sx): Wikipedia Pubblico Dominio; www.radiounavocevicina.it;© boreala/Shutterstock;p.154: © Foto Scala, Firenze - su concessione Ministero Beni e Attività Culturali;p.155: © Acitrezza sea and Faraglioni cliff/Alamy/IPA;p.157: © Album/Scala, Firenze;p.159 (alto da sx): sailko, 2008/Wikipedia GNU Free Documentation License;© Archivah/Alamy/IPA;www.katawiki.it;Sailko, 2014/Gallerie di Piazza Scala, Milano/Wikipedia Creative Commons 3.0;(centro da sx): www.atuttascuola.it;sailko, 2008/Wikipedia GNU Free Documentation License;(b): L.H.Heydenreich,W. Lotz, 1987;p.160: Melampo Cinematografica/Medusa Film/Cecchi Gori Group;p.161 (centro da sx): © JupiterImages;© E.Isselee/Shutterstock;www.freewebs.com;© v.butterworth/Shutterstock;© Nagel Photography/Shutterstock;(basso da sx): Parsec Traveller, 2008;© Ondrej Prosicky/Shutterstock;© V. Volkov/Shutterstock;© Worraket/Shutterstock;© taviphoto/Shutterstock;p.163: R.Verdini, 1974;p.164: © L. Giorgi, 2005;p.165 (alto da sx): casemuseoitalia.it;© A.Ragazzoni/Shutterstock;Fratelli Traves Editori, 1889/www.abebooks.it;www.abruzzonews.eu;(centro da sx): © White Images/Scala, Firenze;Fratelli Treves Editori, 1893/www.dimanoinmano.it;Bridgeman Images;Archivio IGDA/Banca Popolare di Novara, Novara, 1997;(basso da sx): www.associazionemontfort.it;© boreala/Shutterstock;p.166: Indigo Film, Medusa Film, Babe Films, Pathé/Medusa Film, 2013/www.cameralook.it;p.169 (bs): G.Schelbert, 2003/Wikipedia Creative Commons 3.0;(bd): © r. nagy/Shutterstock;p.170 © M.Bonotto/Foto Scala, Firenze;© MONDADORI PORTFOLIO;sfoglialibri.wordpress.com;(centro da sx): © MONDADORI PORTFOLIO;Libreria Antiquaria Pontremoli;© NAN728/Shutterstock; www.sistemamusealevalledelserchio.it;(basso da sx): www.sluurpy.it;M.Pia/nostra168.rssing.com;p.171: © DeAgostini Picture Library/Scala, Firenze;p.173: Archivio San Mauro Pascoli/castelliemiliaromagna.it;pp.174-175: © katatonia82/iStock;p.176 (alto da sx): www.mosaico-cem.it; www.flixbus.it; © DeA Picture Library, concesso in licenza ad Alinari;© BAMSphoto/Scala, Firenze;(centro da sx): Società Tipografico-Editrice Nazionale, 1907/www.vialibri.net;Editori Riuniti 1997;Einaudi-Gruppo editoriale L'Espresso, 2007/Marradi, Centro Studi Dino Campana;Wikipedia Creative Commons 4.0;(basso da sx): www.booktobook.it;Cynthia Korzekwa, 2016/veranomonumentalcemetery.wordpress.com;p.177: Cattleya, Rai Cinema, 2002/01 Distribution;p.180 (alto da sx): www.sardegnadigitallibrary.it;Archivio dell'Istituto Superiore Regionale Etnografico/1994, Nuoro, Istituto Superiore Regionale Etnografico-Ilisso Edizioni;© DeAgostini Picture Library/Scala, Firenze;(centro da sx): www.studiumbri.it;www.vialibri.net;Fratelli Treves Editore, 1993/www.autoprogettazione.com;Società Anonima Ambrosio, 1916/evenice.it;(basso da sx): Bruni Archive/Age Fotostock/www.storicang.it; Treves Editore, 1936/amerblog.wordpress.com;© boreala/Shutterstock;p.181 (as): Max.oppo/Wikipedia GNU Free Documentation License;(ad): Rosanna C., 2008/Wikipedia GNU Free Documentation License;p.183: M.Mereu, 2006/Wikipedia Creative Commons 2.5;p.184: © Giuma/Shutterstock;p.185 (alto da sx): © Adam Eastland/Marka;© nevereverro/iStockphoto;Istituto di Italiano di Cultura Dublino/iicdublino.esteri.it;www.libreriapontremoli.it;(centro da sx): Wikipedia Pubblico Dominio;ilmirino.it;RCS Quotidiani/Corriere della Sera, 2005;© Archivi Alinari, Firenze;(basso da sx): © The Picture Art Collection/Alamy/IPA;www.arrivederciitalia.it;© boreala/Shutterstock;© Ad_hominem/Shutterstock;p.186: © rook76/Shutterstock;p.188 (bs): Galleria degli Uffizi, Firenze;(bd): © 2011 Enzo Rapisarda;p.190 (alto da sx): © F.Rostagno/123RF;© Biblioteca del Museo di Storia della Fotografia Fratelli Alinari, Firenze;Mondadori, 1976;letteraturatattile.it;(centro da sx): Max Halberstad/warosu.org;© DUfoto/Foto Scala, Firenze;Utet, 1996/Sede regionale Rai,Trieste;pictures.abebooks.com;(basso da sx): Sfumich, 2014/Wikipedia Creative Commons 4.0;Einaudi, 1961/www.amazon.it;p.191: Mondadori, 1976;p.194 (alto da sx): parchiletterari.com;www.faredecorazione.it;minervaauctions.com;www.sololibri.net;(centro da sx): Mondadori, 1996;Arnoldo Mondadori Editore, 1996;© Studio Patellani/CORBIS;© ANSA su licenza Archivi Fratelli ALINARI;(basso da sx): www.dimanoinmano.it;www.tgcom24.mediaset.it;© boreala/ Shutterstock;p.195: Wikipedia Creative Commons 3.0;p.196 (alto da sx): © Masayuki/Shutterstock;www.amoilibri23.com;© G. Maltinti/Shutterstock;(centro da sx): www.kornnatterlexikon.de;© W.Limsakul/Shutterstock;vengomatto, 2006/Wikipedia Creative Commons 2.0;(basso da sx): © Jupiter Images;© P.Student/Shutterstock;© maradon 333/Shutterstock;p.197: E.Montale, 1950/Libri Scheiwiller 1996;p.198 (as): © Dean Fikar/Shutterstock;(ad): © T.Zadvornov/Shutterstock;(cs): © Minnitre/Shutterstock;(cd): © G.Bechea/Shutterstock;p.200 (alto da sx): westitaly.net;www.chimica.unito.it;www.adnkronos.com/Istituto Piemontese per la storia della società contemporanea "Giorgio Agosti", Torino;www.cinziamalaguti.it;(centro da sx): www.soyviajes.com;con-una-lettera.tumblr.com;Einaudi, 1958/www.anobii.com;www.museodiffusotorino.it;(basso da sx): Einaudi, 1986/www.cacciatoredilibri.com; Andrea Cerchi;© boreala/Shutterstock;p.201: www.doppiozero.com;p.205 (alto da sx): © M.Golovianko/Shutterstock;D.Stanley, 2010/Wikipedia Creative Commons 2.0;www.gozzini.it;© M.Stejskalova/Shutterstock;(centro da sx): © xtoforens/Shutterstock;Giulio Einaudi Editore, 1953/www.nazdravie.it;archiviodigitale.udinazionale.org;© A.Cordeschi/Shutterstock;(basso da sx): Effigie; D.Papalini, 2014/Wikipedia Creative Commons 3.0;© Borhax/Shutterstock;© Armita/Shutterstock;p.206: © The Picture Art Collection/Alamy/IPA;p.208: © N.Shcherbyna/Shutterstock;p.209 (alto da sx): © Photo Beto/iStock;www2.comune.roma.it/Wikipedia Pubblico Dominio;Compagnia Cinematografica Champion, Les Films Marceau, Cocinor, Société Générale de Cinématographie, 1960/Titanus;(centro da sx): Einaudi, 1948;Einaudi, 1957/www.sololibri.net;www.raicultura.it;Getty Images;(basso da sx): Einaudi, 1974/www.anobii.com;© PerseoMedusa/Shutterstock;© Ad_hominem/Shutterstock;p.210: Biblioteca Nazionale, Roma/www.roma2oggi.it;p.213 (alto da sx): fantasticandoinsieme.wordpress.com;Gribaudo 1995/Archivio Associazione Fondo Pasolini;abitarearoma.it;(centro da sx): Garzanti, 1955/www.ebay.it/Archivio Pier Paolo Pasolini di Bologna, 2004;Cino del duca, 1961/www.cineteatrodonbosco.com/Garzanti, 1964/www.umbertocantone.it;(basso da sx): Corriere della Sera, 1973,RCS/www.umbertocantone.it;© D.Fracchia/Alamy/IPA;© Armita/Shutterstock;© Kositlimsiri/Shutterstock;p.214: barcelona.lecool.com;p.215 (alto da sx): © E.Chertova/Shutterstock;© Madlen/Shutterstock;© Vladimirkarp/Shutterstock;www.surinamemarathon.org;p.216: © ICPonline;p.217: J.Harneis, 2012/Wikipedia Creative Commons 2.0;p.218 (alto da sx): Library of Congress, Washington/Wikipedia Pubblico Dominio;© istoreto;www.museotorino.it;Einaudi;www.lindiceonline.com;(centro da sx): vaaju.com;Grazia Nidasio, 2009/Mondadori;Einaudi;© Team/Archivi Alinari;casavacanze.poderesantapia.com;© boreala/Shutterstock;© Ad_hominem/Shutterstock;p.219: misia77.blog.tiscali.it;p.222 (alto da sx): Frukko, 2017/Wikipedia Creative Commons 4.0;www.und.nodak.edu Mondadori, 1963/www.abebooks.it;F.Scianna/Magnum/Contrasto;(centro da sx): corsi.unibo.it;Bompiani, 1980/historical.ha.com;GEDI Gruppo Editoriale L'Espresso, 1997;© Harvard University/www.logodatabases.com;(basso da sx): www.adnkronos.com;© P.M.Tacca/Getty Images;© Ad_hominem/Shutterstock;p.223: G.Silva, 2013/www.nytimes.com;p.224 (alto da sx): © Kanuman/Shutterstock;© F.Oleksiy/Shutterstock;© burakyalcin/Shutterstock;(cs): © Casper1774 Studio/Shutterstock;© C.Palazzini/Shutterstock;p.225 (bs): L. Neumann Ciuffo, 2008/Wikipedia Creative Commons 2.0;(bc): © Guido Alberto Rossi;p.227: Bompiani/reader.epubee.com;p.228 (alto da sx): www.unicreditsubitocasa.it;F.Quagliolo/storienapoli.it;Mondadori, 2006;© S.D'Alessandro/Getty Images;(centro da sx): Sky, Cattleya, Fandango, LA7, Beta Film/Sky Atlantic Sky Cinema 1/www.zone-telechargement.ws;Feltrinelli, 2016/www.amazon.it;© Ad_hominem/Shutterstock;(b): F.Zappalà, 2015/Wikipedia Creative Commons 3.0;p.229: © Christophel/Foto Scala, Firenze;p.232 (alto da sx): shop.brunellocucinelli.com7Pubblico Dominio;Edizioni e/o, 1992; www.booksactuallyshop.com;Edizioni e/o;(centro da sx): Gruppo 24 ORE, 2016;Guardian News and Media/www.theguardian.com;© Ad_hominem/Shutterstock;(b): www.archiviofotograficocarbone.it;p.233: Wildside, Fandango, Umedia, Rai Fiction per HBO, TIMvision/www.wildside.it;**p.235: © L.Fontana,Concetto spaziale, Attese,1965, idropittura su tela e cornice in legno laccato (mancante) (collezione privata), by SIAE Roma 2021**;p.237 (alto da sx): © grafalex/Shutterstock;festivaleletteraturamilano.wordpress.com;© rarrarorro/Shutterstock;gds.it;(centro da sx): © MONDADORI PORTFOLIO/RUE DES ARCHIVES/Collection Gregoire;Bompiani, 2020/www.doppiozero.com;(b): Sailko, 2015/Wikipedia GNU Free Documentation License;p.238 (basso da sx): Smithsonian Institution, National Portrait Gallery, Washington/www.afroitaliansouls.it;Howard University, Gallery of Art, Washington/Trivium Art History/Wikipedia Pubblico Dominio;p.239: E.Scialis, 2020/Wikipedia Creative Commons 4.0;p.241 (as): British Royal Colection/The Atheaeum/Wikipedia Pubblico Dominio;(b): **© J.M.Basquiat,Monna Lisa, 1983, acrilico e matita su carta (collezione privata), by SIAE Roma 2021**;p.244: © D.Egidi/iStock;p.258 (dall'alto): Euro International Films/Vic Film, 1972;PEA Produzione Europee Associate, Les Productions Artistes Associés, Artemis Film/T.Avelli/Mediane libri, 2007;Factory Film Corsari Ministero per i Beni e le Attività Culturali (MiBAC)/Istituto Luce, 2005/pics.filmaffinity.com;p.259 (dall'alto): Rai Radiotelevisione Italiana, 1990;Palomar, Rai Cinema, 2014/01 Distribution/Paname Distribution;Melampo Cinematografica, 2002/Medusa Film/Cecchi Gori Group;p.260 (dall'alto): Medusa Film , 2013;Cattleya, Rai Cinema, 2002/01 Distribution; Sky, Cattleya, Fandango, LA7, Beta Film/Sky Atlantic Sky Cinema 1/www.zone-telechargement.ws;Wildside, Fandango, Umedia, Rai Fiction per HBO, TIMvision/E. Castaldo/G.Girace/M.Mazzucco.